证券投资系列丛书

证券投资案例分析

李淑芳　肖欢明　主编

中国物资出版社

图书在版编目（CIP）数据

证券投资案例分析/李淑芳，肖欢明主编．—北京：中国物资出版社，2011.2
（证券投资系列丛书）
ISBN 978－7－5047－3751－9

Ⅰ.①证…　Ⅱ.①李…　②肖…　Ⅲ.①证券投资—案例—分析　Ⅳ.①F830.91

中国版本图书馆 CIP 数据核字（2010）第 255095 号

策划编辑　钱　瑛
责任编辑　董　涛
责任印制　何崇杭
责任校对　孙会香　杨小静

中国物资出版社出版发行
网址：http：//www.clph.cn
社址：北京市西城区月坛北街 25 号
电话：（010）68589540　邮编：100834
全国新华书店经销
中国农业出版社印刷厂印刷

开本：787mm×1092mm　1/16　印张：19.75　字数：444 千字
2011 年 2 月第 1 版　2011 年 2 月第 1 次印刷
书号：ISBN 978－7－5047－3751－9/F·1465
印数：0001—4000 册
定价：36.00 元

前 言

自从上证综指在2005年6月6日创下历史新低998.23点后，中国股市开始进入了一段波澜壮阔的牛市行情，仅仅两年多时间，上证综指就在2007年10月16日创下了6124.04点的新高。股市的暴涨带来了巨大的财富效应，伴随而来的是各种各样令人眩晕的一夜暴富故事，无数的新股民在财富神话的感召下，将自己所有的存款取出来，将房子、车子抵押出去，全身心地投入到股海中，他们在没有任何前期学习和准备的情况下，将自己的全部家当押在这个自己丝毫不懂，但是据说投进去就能挣大钱的地方。中国开始了疯狂的全民炒股时代。然而美梦难以成真，股市进入了漫长的调整中，大量股票被腰斩，甚至跌去2/3，无数的股民被深度套牢。如果普通投资者在投资前能多了解一些证券投资的常识，就会知道股市是有风险的，当股票价格严重偏离其价值时，股票价格必然要回归。当然我们并不是提倡普通投资者不要参与证券交易，而是投资者在将自己的血汗钱投入到证券投资这个陌生的领域前一定要做足功课，即所谓知己知彼，百战不殆。

市面上有大量的证券投资方面的书。这些书主要分为两类：一类是实战技巧方面的，偏重于某方面的实战培训；另一类是理论方面的，偏重于构建证券投资的理论体系。但是对于新股民来说，他们需要能够进行系统培训的、由简单到复杂、从理论到操作、从基础知识到股票分析的循序渐进的书籍。而且现在开设证券投资课程的学校和专业也越来越多，市场上为课程学习开发的教材也各具特色，但是深入详尽，能从各方面立体培养投资技能的书籍不多。正是基于为新股民服务和为证券投资课程立体教学服务，我们编写了《证券投资系列丛书》，该丛书包含《证券投资》、《证券投资案例分析》、《证券投资实训》和《证券投资练习》。其中，《证券投资》主要探讨证券投资的基础知识、基础理论和基本操作；《证券投资案例分析》按照《证券投资》一书的结构体系，用贴切的现实案例来分析探讨证券投资中的各种问题和技巧；《证券投资实训》按照《证券投资》一书的结构体系，对证券投资中的各个环节安排实训操作，让投资者在实训中提高投资技能；《证券投资练习》按照《证券投资》一书的结构体系，对证券投资中的各个环节安排练习（包括理论练习和实训练习），帮助投资者巩固和强化所学知识。相信本系列丛书的出版，能够为那些具备一定文化基础知识的新股民和证券投资课程教学提供有益的帮助。

《证券投资案例分析》一书为《证券投资》配套的专门案例分析书籍，全书共分成11章。本书的主要特色有三点：一是按照《证券投资》的章节和知识点编制案例，读者可以通过证券市场发生的实际案例来理解《证券投资》一书中相应的知识点，实现理论和实际的结合；二是每个案例后面都附有若干个相关问题和参考答案，可以帮助读者分析和理解案例；三是案例被分成基础案例、运用案例和练习案例，基础案例主要帮助读者理解知识点，运用案例主要帮助读者学习各种方法和工具，练习案例主要帮助读者练习需要重点掌握的方法和工具，三种案例的有机结合可以更好地帮助读者实现理论→实践→能力的跨越。

本书第1章、第2章、第8章、第10章由李淑芳撰写；第4章、第5章、第6章、第11章由肖欢明撰写；第9章由潘越峰撰写；第3章、第7章由时坤撰写。我们希望能尽量把对证券投资这个课题的阐述做到既浅显易懂、理论和实际紧密结合，又能有一定的理论性和逻辑性，但是由于作者水平有限，加上时间仓促，书中难免有不足之处，恳请读者朋友提出宝贵意见，并及时反馈给作者（联系邮箱：lishufang77@163. com）。

李淑芳

浙江商业职业技术学院

2010年10月

目　录

上篇　证券投资基础

下篇 证券投资分析

上　篇

证券投资基础

1 证券投资基础

1.1 证券市场

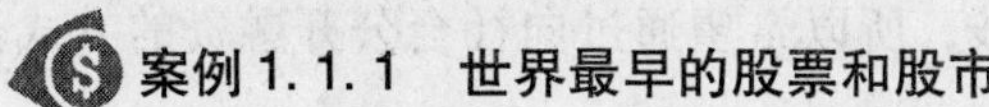

案例 1.1.1 世界最早的股票和股市

【案例知识点】证券市场的起源

【案例类型】基础案例

【案例来源】百度文库

【案例时间】2010 年 6 月

【案例内容】世界最早的股票和股市诞生于 400 年前的荷兰。在欧洲西北部，有一个和英国隔海相望的国家，它的面积只相当于今天的两个半北京，它的名字叫做荷兰。在 800 年以前，这里是一片没有人烟，只有海潮出没的湿地和湖泊。从 12 世纪到 14 世纪，才逐步形成了人类可以居住的土地。直到今天，荷兰仍有 1/3 的国土位于海平面以下。就是这样一个地方，在 400 年前，也就是 17 世纪的时候，却是整个世界的经济中心和最富庶的地区。一个仅有 150 万人口的荷兰，将自己的势力几乎延伸到地球的每一个角落，被马克思称为当时的"海上第一强国"。

1602 年，荷兰联合东印度公司成立。它是第一个联合的股份公司，为了融资，他们发行股票，公司承诺对这些股票分红。他们聚集了 650 万的资金，通过向全社会融资的方式，东印度公司成功地将分散的财富变成了自己对外扩张的资本。甚至，阿姆斯特丹市市长的女仆也成了东印度公司的股东之一。成千上万的国民愿意把安身立命的积蓄投入到这项利润丰厚，同时也存在着巨大风险的商业活动中，一方面是出于对财富的渴望，更重要的原因是荷兰政府也是东印度公司的股东之一。

政府将一些只有国家才能拥有的权利，折合为 25000 荷兰盾，入股东印度公司，这就大大增加了东印度公司的权限和信誉。前 10 年他们（东印度公司）没有付任何的利息，因为投资者喜欢把钱投到造船、造房子，以及在亚洲建立一个贸易王国上面。10 年后，公司第一次给股东派发了红利。1609 年，世界历史上第一个股票交易所诞生在荷兰阿姆斯特丹。只要愿意，东印度公司的股东们可以随时通过股票交易所，将自己手中的股票变成现金。大量的股息收入从这个面积不超过 1000 平方米的院子，流入荷兰国库和普通荷兰人的腰包，荷兰东印度公司已经拥有15000个分支机构，贸易额占到全世界贸易总额的一半。悬挂着荷兰三色旗的10000多艘商船游弋在世界的五大洋之上，17世纪的荷兰阿姆斯特丹是世界的中心。马克思这样评价道：1648年的荷兰已达到了商业繁荣的顶点。

【案例问题】

（1）根据案例分析，荷兰联合东印度公司为什么要发行股票？

（2）根据案例分析，普通人为什么愿意把安身立命的积蓄投入到这项利润丰厚，同时也存在着巨大风险的商业活动中？

（3）根据案例分析，政府以什么形式入股荷兰联合东印度公司？

（4）根据案例分析，世界上第一个股票交易所诞生在哪里？起了什么作用？

【案例分析】

（1）因为荷兰联合东印度公司自己没有钱，所以希望通过向社会公开融资的方式获得资金。

（2）普通人之所以愿意把安身立命的积蓄投入到荷兰联合东印度公司，一方面是出于对财富的渴望，更重要的原因是，荷兰政府也是东印度公司的股东之一，相当于和政府一起投资。

（3）政府将一些只有国家才能拥有的权利，折合为25000荷兰盾，入股东印度公司。

（4）1609年，世界历史上第一个股票交易所诞生在荷兰阿姆斯特丹。只要愿意，东印度公司的股东们可以随时通过股票交易所，将自己手中的股票变成现金。

案例1.1.2 牛市和熊市及其特征

【案例知识点】牛市和熊市及其特征

【案例类型】基础案例

【案例来源】中金在线

【案例时间】2010年7月

【案例内容】所谓“牛市”，也称多头市场，指市场行情普遍看涨，延续时间较长的大升市。所谓“熊市”，也称空头市场，指市场行情普遍看淡，延续时间相对较长的大跌市。

道·琼斯根据美国股市的经验数据，总结出牛市和熊市的不同市场特征，认为牛市和熊市可以各自分为三个不同阶段。

牛市第一阶段

与熊市第三阶段的一部分重合，往往是在市场最悲观的情况下出现的。大部分投资者对市场心灰意冷，即使市场出现好消息也无动于衷，很多人开始不计成本地抛出所有的股票。有远见的投资者则通过对各类经济指标和形势的分析，预期市场情况即将发生变化，开始逐步选择优质股买入。市场成交逐渐出现微量回升，经过一段时间后，许多股票已从盲目抛售者手中流到理性投资者手中。市场在回升过程中偶有回落，但每一次回落的低点

都比上一次高，于是吸引新的投资者入市，整个市场交投开始活跃，这时候，上市公司的经营状况和公司业绩开始好转，赢利增加引起投资者的注意，进一步刺激人们入市的兴趣。

牛市第二阶段

这时市况虽然明显好转，但熊市的惨跌使投资者心有余悸。中场出现一种非升非跌的僵持局面，但总的来说大市基调良好，股价力图上升。这段时间可维持数月甚至超过一年，主要视上次熊市造成的心理打击的严重程度而定。

牛市第三阶段

经过一段时间的徘徊后，股市成交量不断增加。越来越多的投资者进入市场。大市的每次回落不但不会使投资者退出市场，反而吸引更多的投资者加入。市场情绪高涨，充满乐观气氛。此外，公司利好的新闻也不断传出，例如赢利倍增、收购合并等。上市公司也趁机大举集资，或送红股或将股票拆细，以吸引中小投资者。在这一阶段的末期，市场投机气氛极浓，即使出现坏消息也会被作为投机热点炒作，变为利好消息。垃圾股、冷门股股价均大幅度上涨，而一些稳健的优质股则反而被漠视。同时，炒股席卷社会各个角落，各行各业、男女老幼均加入了炒股大军。当这种情况达到某个极点时，市场就会出现转折。

熊市第一阶段

熊市第一阶段就是牛市第三阶段的末段，往往出现在市场投资气氛最高涨的情况下，这时市场绝对乐观，投资者对后市变化完全没有戒心。市场上真真假假的各种利好消息到处都是。公司的业绩和赢利达到不正常的高峰。不少企业在这段时期内加速扩张，收购合并的消息频传。正当绝大多数投资者疯狂沉迷于股市升势时，少数明智的投资者和个别投资大户已开始将资金逐步撤离或处于观望。因此，市场的交投虽然十分炽热，但已有逐渐降温的迹象。这时如果股价再进一步攀升，成交量却不能同步跟上的话，大跌就可能出现。在这个时期，当股价下跌时，许多人仍然认为这种下跌只是上升过程中的回调。其实，这是股市大跌的开始。

以我国2007年为例，当上证指数超过6000点时，大家开始谈论8000点甚至10000点的时候，市场已经悄无声息地开始转变，上证指数触及4778点后迎来了一波反弹，还配合着放大的成交量，但涨势趋缓，说明市场多空分歧有所加大，但是仍有资金不断买入。

熊市第二阶段

这一阶段，股票市场一有风吹草动，就会触发“恐慌性抛售”，一方面市场热点太多，想要买进的人反而因难以选择而退缩不前，处于观望。另一方面更多的人开始急于抛出，加剧股价急速下跌。在允许进行信用交易的市场中，从事买空交易的投机者遭受的打击更大，他们往往因偿还融入资金的压力而被迫抛售，于是股价越跌越急，一发不可收拾。经过一轮疯狂的抛售和股价急跌以后，投资者会觉得跌势有点过分。因为上市公司以及经济环境的现状尚未达到如此悲观的地步，于是市场会出现较大的回升和反弹。这一段中期性反弹可能维持几个星期或者几个月，回升或反弹的幅度一般为整个市场总跌幅的1/3～1/2。

以我国2007年为例，上证综指反弹至5500点一带止步，随后小幅下跌两天，第三天，随着存款准备金率上调消息的公布，市场下跌2.63%，这已和上涨阶段市场对提高存款准备金率的反应有所不同，次日市场略有反弹，随之而来的是连续两天大跌，分别下跌5%以上和7%以上，这时，市场的快速下跌开始，直到2990点政策出台，其间都没有像样的反弹。

熊市第三阶段

经过一段时间的中期性反弹以后，经济形势和上市公司的前景趋于恶化，公司业绩下降，财务困难。各种真假难辨的利空消息又接踵而至，对投资者信心造成进一步打击。这时整个股票市场弥漫着悲观气氛，股价反弹后又较大幅度下挫。

在熊市第三期中，股价持续下跌，但跌势没有加剧。由于那些质量较差的股票已经在第一、第二期跌得差不多了，再跌的可能性已经不大，而这时由于市场信心崩溃，下跌的股票集中在业绩一向良好的蓝筹股和优质股上。这一阶段正好与牛市第一阶段的初段吻合，有远见和理智的投资者会认为这是最佳的吸纳机会，这时购入低价优质股，待大市回升后可获得丰厚回报。

一般来说，熊市经历的时间要比牛市短，大约只占牛市的1/3～1/2。不过每个熊市的具体时间都不尽相同，因市场和经济环境的差异会有较大的区别。

熊市的五个特征

(1) 指数跌易涨难

从盘面上看，个股跌多涨少，指数跌易涨难。一般来说，市场每次下跌时下跌个股数都远远超过上涨个股数，大盘也是跌时急，涨时无力，市场就呈现出典型的熊市走势，而不仅仅是调整走势。

(2) 热点持续性不强

从市场热点看，热点往往昙花一现，持续性不强，而蓝筹股经常成为杀跌对象，一些题材股和ST股反而受追捧，价值理念与投资理念被舍弃，投机风气盛行。

(3) 价量不匹配现象凸显

从价量配合看，价量不匹配现象凸显，常出现有价无量或有量无价，前者说明主力资金没有进场，后者说明主力出货可能性较大。

(4) 股指具备头部形态

从技术上看，股指具备头部形态，如双顶形态或圆弧顶形态等，股价“有效”跌破重要的均线和趋势线，比如接连跌破半年线和年线，并且连续多日无法回到年线之上。

(5) 投资者漠视利好

从投资者心理层面看，他们往往漠视利好，放大利空。熊市中的利好消息也不少，但

市场根本不买账，依然呈现加速下跌趋势，而一旦有利空消息则会出现大跌，反弹的力度也越来越小，反弹的时间越来越短，表明整个市场已经进入熊市之中。

【案例问题】

(1) 根据案例分析，什么是牛市？什么是熊市？

(2) 根据案例分析，牛市第一阶段有什么特征？

(3) 根据案例分析，熊市有哪些特征？

【案例分析】

(1) 牛市，也称多头市场，指市场行情普遍看涨，延续时间较长的大升市。熊市，也称空头市场，指市场行情普遍看淡，延续时间相对较长的大跌市。

(2) 牛市第一阶段的主要特征有：①大部分投资者对市场心灰意冷，市场对利好消息不敏感；②有远见的投资者开始逐步选择优质股买入；③市场成交逐渐出现微量回升；④市场在回升过程中偶有回落，但每一次回落的低点都比上一次高，整个市场交投开始活跃；⑤上市公司的经营状况和公司业绩开始好转。

(3) 熊市特征主要有：①指数跌易涨难；②热点持续性不强；③价量不匹配现象凸显；④股指具备头部形态；⑤投资者漠视利好。

案例 1.1.3 中国股市数次牛市熊市大盘点

【案例知识点】中国股市的发展历程

【案例类型】基础案例

【案例来源】天下财经网

【案例时间】2008 年 10 月

【案例内容】中国证券市场从成立以来经历了七次大的牛市和熊市，它们的特点分别是：

特点 1：波动极大

牛市：1990 年 12 月 19 日—1992 年 5 月 26 日

上交所正式开业以后，历时两年半的持续上扬，终于在取消涨跌停板的刺激下，一举达到 1429 点高位。

熊市：1992 年 5 月 26 日—1992 年 11 月 17 日

冲动过后，市场开始价值回归，不成熟的股市波动极大，仅半年时间，股指就从 1429 点下跌到 386 点。

特点 2：上涨极快

牛市：1992 年 11 月 17 日—1993 年 2 月 16 日

快速下跌爽，快速上涨更爽，半年的跌幅，3 个月就全部涨回来。从 386 点到 1558 点，只用了 3 个月的时间。

熊市：1993 年 2 月 16 日—1994 年 7 月 29 日

快速牛市上涨完成后，上海老八股宣布扩容，伴随着新股的不断发行，股指回到325点。

特点3：出台利好救市

牛市：1994年7月29日—1994年9月13日

为了挽救市场，相关部门出台三大利好救市：①年内暂停新股发行与上市；②严格控制上市公司配股规模；③采取措施扩大入市资金范围，一个半月时间，股指涨幅达200%，最高达1052点。

熊市：1994年9月13日—1995年5月17日

随着股价的炒高，总有无形的手将股市打低，在1995年5月17日，股指已经回到577点，跌幅接近50%。

特点4：牛市极短

牛市：1995年5月18日—1995年5月22日

这次牛市只有3个交易日。受到管理层关闭国债期货消息的影响，3天时间股指就从582点上涨到926点。

熊市：1995年5月22日—1996年1月19日

短暂的牛市过后，股指达到阶段低点512点，绩优股股价普遍超跌，新一轮行情条件具备。

特点5：绩优股带头

牛市：1996年1月19日—1997年5月12日

崇尚绩优股开始成为市场主流投资理念，在深发展等股票的带领下，股指重新回到1510点。从1996年4月1日算起，至同年12月12日，上证综指涨幅达124%，深成指涨幅达346%，涨幅达5倍以上的股票超过百种。两只领头羊深发展从6元到20.50元，四川长虹（600839，股吧）从7元至27.45元。

熊市：1997年5月12日—1999年5月18日

这轮大调整也是因为过度投机，在绩优股得到了充分炒作之后，股指已经跌至1047点。最知名的当属《人民日报》发表《正确认识当前股票市场》的特约评论员文章，指出对于证券市场的严重过度投机和可能造成的风险，要予以高度警惕。文章发表当天，配合涨跌停板制度的出台，市场暴跌。

特点6：一度历史最高

牛市：1999年5月19日—2001年6月14日

这次的牛市俗称“5·19”行情，网络概念股的强劲喷发将上证指数推高到了2245点的历史最高点。“5·19”行情直接的爆发点是上海证券报记者李威的《网络股能否成为领头羊——关于中国上市公司进军网络产业的思考》，一开市领头的是东方明珠、广电股份、深桑达等网络股。

这一次，《人民日报》再次发表特约评论员文章《坚定信心，规范发展》，重申股市

是恢复性上涨，要求各方面坚定信心。就是在这轮行情中亿安科技破了百元大关，但最终成为一桩丑闻。

熊市：2001 年 6 月 14 日—2005 年 6 月 6 日

“5 · 19”行情过后，市场最关注的就是股权分置问题。股指也从 2245 点一路下跌到 998 点，4 年时间股指下跌超过 50%。

特点 7：历史之最

牛市：2005 年 6 月 6 日—2007 年 10 月 16 日

正常的技术性反转，再加上“股改”的东风，2005 年 5 月，管理层启动股改试点，上证指数从 2005 年 6 月 6 日的 1000 点附近再次启动，2006 年 5 月 9 日，上证指数终于再次站上 1500 点。

2006 年 11 月 20 日，上证指数站上 2000 点。2006 年 12 月 14 日，上证指数首次创历史最高纪录，收于 2249. 11 点。8 个交易日后，2006 年 12 月 27 日，上证指数首次冲上 2500 点关口。

2007 年 2 月 26 日，大盘首次站上 3000 点大关。

2007 年 5 月 9 日，大盘首次站上 4000 点大关。

2007 年 5 月 14 日，大盘再次创下纪录 4081 点。

2007 年 10 月 16 日，大盘创造历史最高点 6124. 04 点。

熊市：2007 年 10 月 16 日—2008 年 10 月 28 日

由于股改承诺的大小非解禁，估值偏高，平安再融资，CPI 值不断升高，人民币汇率升高，美国次贷危机等问题。大盘从 6124. 04 点一直跌到 2008 年 10 月 28 日的 1664. 93 点。

【案例问题】

（1）根据案例分析，股市会不会永远是牛市或熊市?

（2）根据案例分析，中国股市从成立以来经历了几次牛市和熊市?

（3）根据案例分析，引发历次牛市和熊市的主要原因是什么?

【案例分析】

（1）股市不会永远是牛市或熊市，它总是处在牛市和熊市的不断转换中。

（2）中国股市从成立以来经历了七次牛市和熊市。

（3）第一次牛市的原因是取消涨跌停板，第一次熊市的原因是股市不成熟和价值回归；第二次牛市的原因是快速下跌后的反弹，第二次熊市的原因是上海老八股的扩容；第三次牛市的原因是政府出台三大利好救市：年内暂停新股发行与上市，严格控制上市公司配股规模，采取措施扩大入市资金范围，第三次熊市的原因是股价的炒高后无形的手打压股市；第四次牛市的原因是管理层关闭国债期货，第四次熊市的原因是短暂牛市后的股价下跌；第五次牛市的原因是崇尚绩优股开始成为市场主流投资理念，第五次熊市的原因是过度投机后，《人民日报》发表《正确认识当前股票市场》的特约评论员文章，以及涨跌停板制度的出台；第六次牛市的原因是网络概念股的强劲喷发、上海证券报记者李威的《网络股能否成为领头羊——关于中国上市公司进军网络产业的思考》、《人民日报》的特约评论员文章《坚定信心，规范发展》，第六次熊市的原因是股权分置；第七次牛市的原因是正常的技术性反转，再加上“股改”的东风，第七次熊市的原因是大小非解禁，估值偏高，平安再融资，CPI 值不断升高，人民币汇率升高，美国次贷危机等问题。

案例 1.1.4　打新股产品：追逐资本市场的财富脚步

【案例知识点】证券发行市场和交易市场

【案例类型】基础案例

【案例来源】上海证券报

【案例时间】2007 年 12 月

【案例内容】2007 年的牛市，在造就了众多财富神话的同时，也促使打新股产品日渐火暴，成为投资者追逐资本市场财富脚步的“另类”投资渠道。

在证券市场的牛市背景下，因为收益较好、风险相对较小，市场上各类打新股产品一直受到追捧。尤其在股市遭遇调整“寒流”的时候，投资者更是把打新股产品看成是资金的“避风港”，纷纷加入打新大军。而银行一直是打新股理财产品的主力军，几乎所有银行都已推出了自己的打新股产品，打新股产品已然成为银行进军股市的一大突破点。

综合来看，各家银行的打新股产品，其收益率大都在 4% ~20%，平均在 10% 左右。由于个人打新股资金有限，因此通过化零为整的方式，成功率会更高。此外，银行打新股产品的安全性较高，没有中签的资金可获得原数返还，目前仅从网上申购来看，银行打新股产品的投资者已能赚取远远高于同期存款的收益。

此外，在 2007 年加息频繁、CPI 高企的情况下，打新股产品为了顺应理财市场的需求，也将其投资期限缩短，甚至产生了活期化的趋向。此前，大多数银行“打新股”产品是固定期限的，其本金和收益只能到期支取，提前赎回需要支付一定费用。这就使得投资者面对突然出现的投资机会时，由于流动性问题而错过赚钱时机。而“活期”新股申购产品则没有固定期限，平时与普通存款无异，当有新股发行的时候，银行会发公告并扣款集资参与新股申购，未中签的资金则返还到投资者卡上，收益也会在卖掉新股后一并返还到卡上。

但此种种，并非意味着打新股产品是一种可以让投资者高枕无忧的理财产品。2007 年下半年，随着各路打新资金的增多，打新股产品的收益也在下降。根据统计，2007 年以来新股的网上中签率平均为 0.346%，而 9 月后网上中签率开始大幅降低。9 月新股平均中签率为 0.57%，10 月平均为 0.35%，11 月平均为 0.15%。由于申购新股的资金屡创新高，导致了网上中签率不断走低。一旦中签率和新股上市首日涨幅继续走低，那么届时打新股类产品的收益走低的可能也是有的。

【案例问题】

（1）根据案例分析，股票发行市场和交易市场存在怎样的套利机会？

（2）根据案例分析，普通投资者通过何种方式可以参与证券发行市场的交易？

（3）根据案例分析，打新股理财产品相比普通投资者打新股有什么优势？

【案例分析】

（1）在市场行情比较好的时候，新股上市首日往往会出现较大涨幅。投资者如果申购新股成功，然后在股票上市首日抛出，往往能获得不菲的收益。而且股票从发行到上市往往时间很短，风险较低。

（2）普通投资者通过申购新股（俗称打新股）可以参与证券发行市场的交易。

（3）因为打新股的人和资金很多，所以摇号中签率往往比较低。普通投资者资金有限，中签的概率极低。打新股理财产品通过化零为整的方式，可以大大提高整体收益率。

1.2 证 券

案例 1.2.1 巴菲特投资中石油分析

【案例知识点】证券投资收益

【案例类型】基础案例

【案例来源】新浪网

【案例时间】2010 年 8 月

【案例内容】

主要赚钱方法

低估值买入，通过企业赢利带来价值增长赚钱。

内在价值

2002—2003 年，巴菲特给中石油估值为 1000 亿美元。

安全边际

在价格 370 亿美元时买进，安全边际为 63%，就是在打了 3.7 折时买。

能力圈

正：能源股，具有油气等硬资产，作为中国能源巨头，垄断地位稳固，商业逻辑简单。

反：国企股，亚洲公司，信息上不占优势。

1. 买入

（1）价格、时机

巴菲特原来就持有中石油 10 多亿股，而在 2003 年 4 月 9 日—24 日的 15 天内，B. H 基金以低于 1.7 港元/股的价格，7 度出击，至少购入中石油 H 股 8577 亿股。这样，截至 4 月 30 日，巴菲特手中持有中石油股票总量为 23.47761 亿，占中石油总股本的 1.33%。

（2）估值

买入时市净率1倍，市盈率8倍，股息率6%

（3）市场背景

①SARS期间；②恒指长年下跌（2003年4月恒指跌回10年前，到1993年8000多点的水平）；③油价在25美元/桶附近，1999—2003年已横盘4年；④恒指刚好处于历史大底最低点（2003年4月25日创出8331.87点的大底部后一直上涨到2007年10月30日31958.41点的大顶）。

（4）中间波动

“买股票前，你要假设这只股票从明天起开始停牌3~5年”，巴菲特说到也做到了，2003年5月—2007年6月，4年多巴菲特一直没操作中石油。

2. 卖出

（1）价格、时机

巴菲特在2007年7~10月，11港元至15港元区间内连续卖出中石油，5亿美元的本金卖了40亿美元左右，获利约35亿人民币，净赚7倍。2007年11月1日中石油H股创出20.25港元的最高价后就一路下跌。

（2）估值

卖出时市净率约3.5倍，市盈率约17倍

（3）市场背景

①次级债风暴在2007年8月开始大规模爆发，迅速蔓延；②中石油董事会于2007年6月19日通过了发行A股的决议，启动回归A股计划；③全球流动性泛滥，油价站上70美元/桶；④恒指在23000点左右；⑤2007年8月中国外管局宣布了“港股直通车”计划，港股大涨。

【案例问题】

（1）根据案例分析，巴菲特在中石油上主要运用了什么赚钱方法？

（2）根据案例分析，为什么巴菲特认为2003年买入中石油能赚钱？

（3）根据案例分析，为什么巴菲特认为2003年是合适的买入时机？

（4）根据案例分析，巴菲特2007年卖出中石油的收益率是多少？

（5）根据案例分析，巴菲特为什么认为2007年是合适的卖出时机？

【案例分析】

（1）巴菲特在中石油上主要运用了低估值买入，通过企业赢利带来价值增长赚钱。

（2）2002—2003年，巴菲特给中石油估值为1000亿美元，当时中石油买入价格为370亿美元，有63%的安全边际。

（3）巴菲特认为2003年是合适买入时机的理由是SARS、恒指长年下跌、油价在25美元/桶附近、1999—2003年已横盘4年、恒指刚好处于历史大底最低点。

（4）巴菲特2007年卖出中石油的收益率是700%。

（5）巴菲特认为2007年是合适卖出时机的理由有：次级债风暴在2007年8月开始大规模爆发，迅速蔓延；中石油董事会于2007年6月19日通过了发行A股的决议；全球流动性泛滥；油价站上70美元/桶；恒指在23000点左右；2007年8月中国外管局宣布了“港股直通车”计划，港股大涨。

案例1.2.2 1929年美国股市大崩盘

【案例知识点】证券投资风险

【案例类型】基础案例

【案例来源】网易

【案例时间】2010年6月

【案例内容】1929年华尔街的崩盘结束了历史上一幕最大的疯狂投机。

1924年前，美国道琼斯工业指数一直在相对狭小的价格区间内窄幅波动，每当它超过110点，就会遭受强烈卖压。到了1924年年底，股指终于突破这个界限。在1925年股指跃升到150点以上。股指的上升标志着多头好日子的到来。

从股市非常萧条的1921—1928年，工业产值每年平均增加4%，而1928—1929年，则增加了15%。通货膨胀率很低，新兴工业四处萌芽。

乐观主义越来越流行，再加上资金成本很低，大大刺激了股票投资者的投资活动，经过1926年短暂的反转下跌后，股市月月创新高，由此诞生了一代炒股致富的人。这又煽动了更多的人通过经纪人现金贷款以买进更多的股票。随着股民的增多，信托投资公司也随之增加。在1921年，大概只有40家信托公司，而到1927年年初，这个数目上升到160家，同年年底又达到300家。从1927年初到1929年秋，信托投资公司的总资产增加了10倍，人们基本上毫不怀疑这些公司的信用。

其中最著名的是高盛公司，它于1928年出资成立高盛贸易公司，这个公司很快就发行了1亿美元的股票，以面值卖给母公司。母公司再以104美元的价格卖给普通投资者，由此获利400万美元。1929年2月7日，股票价格是每股222.5美元。买家中就有高盛贸易公司，它在3月14日共持有5700万美元自己公司的股票，投资者一点也不担心前面等待他们的是什么。

崩盘并不是突然发生的。但是当巴布森于1929年9月5日发表股市要跌60~80点的著名预言后，市场开始对巴布森的警告有了第一次反应。当天，道琼斯指数就下跌了10点，很快就有了“巴布森突变”的说法。几天后，受到利好谈话的刺激，买家重新入市，这其中有耶鲁大学教授欧文·费雪的著名论断：“即使以现在的价格来衡量，股市也还远远没有达到其内在实际价值。”许多报纸也刊登正面股评，以抵消负面批评。证券交易杂志《拜伦》更是如此，它在9月9日那一期封面公开取笑巴布森，将他描述为“来自韦尔斯利山的预言家”。

但是，股票价格却没有回到过去的高点，到了9月底，新的大跌开始出现，这次股价跌到上一年夏天的高点。市场再次反弹，但是没有创新高，而且成交量与前次下跌比较大幅萎缩。10月15日，国家城市银行总裁查尔斯·米切尔发表谈话，指出纵观全国，股市是正常的、健康的。他的谈话很快得到费雪教授的支持，费雪教授说："我预期股市在几个月内就会看好，并创新高。"

但是，1929年10月21日，《拜伦》的读者可以看到图学家威廉·彼得·哈密尔顿的文章，他警告指数图形走势很不好，指数已经跌破密集成交区。按照哈密尔顿的说法，如果工业指数跌穿325.17点、铁路指数跌穿16826点，那将是一个"强烈的熊市信号"。就在那一天，工业指数跌穿了哈密尔顿的临界值。两天后铁路指数也步其后尘。市场垂直跳水，成交量也达到历史第三位，高达600万股，崩盘拉开序幕。

10月24日，成交量放大到1200万股，人们聚集在大街上，流露出明显的恐慌气氛。事态已经明显失去控制，10月25日，胡佛总统发表下述谈话："国家的经济基本面，即商品的生产和销售，是建立在踏实和繁荣的基础上的。"胡佛的讲话与宇航员宣布发动机没有着火具有同样的保证作用。恐慌迅速蔓延，随后几天股价连续跳水，市场似乎永远无底。

10月29日，开盘时，并没有出现什么值得注意的迹象，而且有一段时间股指还非常坚挺，但交易量非常大。突然，股价开始下跌。到了上午11：00，股市陷入了疯狂，人们竞相抛盘。

到了11：30，股市已经完全听凭盲目无情的恐慌摆布，狂跌不止。自杀风从那时起开始蔓延，一个小时内，就有11个知名的投机者自杀身亡。那一天，换手的股票达到1289460股，而且其中的许多股票售价之低，足以导致其持有人的希望和美梦破灭。

随后的一段日子，纽约证券交易所迎来了自成立112年来最为艰难的一个时期，大崩盘发生，而且持续的时间也超过以往经历的任何一次。直到11月13日，指数跌到224点才稳住阵脚。那些以为股票已经很便宜而冒险买进的投资者又犯了个严重错误。罗斯福想利用他的"新政"化解这个危机，其结果只是范围更大、更严重的衰退。1930年价格进一步下跌，直到1932年7月8日跌至58点才真正见底。工业股票跌去原市值的85%，而高盛公司的投资证书不到2美元就可买到。

【案例问题】

（1）根据案例分析，1929年以前股市繁荣的原因是什么？

（2）根据案例分析，在1929年股市崩盘中，哪些人发表了对股市有利的正面言论？

（3）根据案例分析，在1929年股市崩盘中，哪些人发表了对股市不利的反面言论？

【案例分析】

（1）1929年以前股市繁荣的原因是经济繁荣、通货膨胀率很低和资金成本低。

（2）1929年9月耶鲁大学教授欧文·费雪在巴布森预言后作出论断："即使以现在的价格来衡量，股市也还远远没有达到其内在实际价值。"证券交易杂志《拜伦》在1929年9月9日那一期封面公开取笑巴布森，将他描述为"来自韦尔斯利山的预言家"。没有

任何人怀疑谁应该对这场危机负责：巴布森。2009 年 10 月 15 日，国家城市银行总裁查尔斯·米切尔发表谈话，指出纵观全国，股市是正常的、健康的。他的谈话很快得到费雪教授的支持，费雪教授说："我预期股市在几个月内就会看好，并创新高。"2009 年 10 月 25 日，胡佛总统发表下述谈话："国家的经济基本面，即商品的生产和销售，是建立在踏实和繁荣的基础上的。"

（3）在 1929 年股市崩盘中，巴布森于 1929 年 9 月 5 日发表股市要跌 60 ~ 80 点的著名预言；1929 年 10 月 21 日，《拜伦》的读者可以看到图学家威廉·彼得哈密尔顿的文章，他警告指数图形走势很不好，指数已经跌破密集成交区。按照哈密尔顿的说法，如果工业指数跌穿 325.17 点、铁路指数跌穿 16826 点，那将是一个"强烈的熊市信号"。

1.3 证券市场参与者

案例 1.3.1 百度上市一天创造 7 名亿万富翁，上百名千万富翁

【案例知识点】证券发行人

【案例类型】基础案例

【案例来源】北京晨报

【案例时间】2005 年 8 月

【案例内容】一位 5 年前做最粗浅工作的程序员昨天惊讶地发现，一觉醒来之后，自己已成了千万富翁，缔造这场奇迹的是中国最大网络搜索公司百度。因为百度在美上市，7 名亿万富翁、上百名千万富翁与数量更多的百万富翁在昨天诞生，他们中多数人 6 年前还是学生。

百度昨天成为"百元股"，不同的是，它的计价单位是美元。北京时间 8 月 5 日晚 11:40，百度正式在美国纳斯达克挂牌上市，发行价 27 美元，开盘价 66 美元，不到 3 小时就突破了 100 美元，最高冲刺到 151.21 美元天价。到昨天交易首日收盘时，百度股价为 122.54 美元，市值达到 39.58 亿美元，股价涨幅达到了疯狂的 353.85%！

按照昨天股价计算，百度公司创始人与 CEO 李彦宏的身价已超过 9 亿美元。按照今年 3 月公布的内地富豪 500 强资产排名，李彦宏将有望进入中国内地富豪前 5 名。

【案例问题】

（1）根据案例分析，百度在哪个证交所上市？

（2）根据案例分析，公司上市后为什么持有公司股票的人身价会提高？

（3）根据案例分析，是不是所有的公司都愿意到证券市场上市？

【案例分析】

（1）百度在美国纳斯达克挂牌上市。

（2）公司未上市前，股价一般都以公司的每股净资产计价。公司一旦上市，股价往

往会超过公司的每股净资产价值，出现一定的溢价。因此公司上市后持有公司股票的人身价会上升。

（3）不是所有的公司都愿意到证券市场上市，因为上市虽然可以获得大量资金，同时提高公司的知名度，但是公司上市后需要接受严格的监管，同时股权稀释后可能会引发控制权之争。

案例 1.3.2　金融巨鳄索罗斯的经典案例

【案例知识点】机构投资者

【案例类型】基础案例

【案例来源】创业网

【案例时间】2010 年 7 月

【案例内容】

1. 阻击英镑

20 世纪 90 年代初期，英国经济长期不景气，英国不可能维持高利率的政策，要想刺激本国经济发展，唯一可行的方法就是降低利率。但假如德国的利率不下调，英国单方面下调利率，将会削弱英镑，迫使英国退出欧洲汇率体系。虽然英国首相梅杰一再申明英国将信守它在欧洲汇率体系下维持英镑价值的政策，但索罗斯及其他一些投机者在过去的几个月里却仍然在不断扩大头寸的规模，为狙击英镑做准备。

英国政府需要贬值英镑，刺激出口，但英国政府却受到欧洲汇率体系的限制，必须勉力维持英镑对马克的汇价在 1∶2.95 左右。高利率政策受到许多金融专家的质疑，国内的商界领袖也强烈要求降低利率。在 1992 年夏季，英国的首相梅杰和财政大臣虽然在各种公开场合一再重申坚持现有政策不变，英国有能力将英镑留在欧洲汇率体系内，但索罗斯却深信英国不能保住它在欧洲汇率体系中的地位，英国政府只是虚张声势罢了。

1992 年 9 月 15 日，索罗斯决定大量放空英镑。英镑对马克的比价一路下跌至 2.80，虽有消息说英格兰银行购入 30 亿英镑，但仍未能挡住英镑的跌势。到傍晚收市时，英镑对马克的比价差不多已跌至欧洲汇率体系规定的下限。英国政府动用了价值 269 亿美元的外汇储备，但最终还是遭受惨败，被迫退出欧洲汇率体系。随后，意大利和西班牙也纷纷宣布退出欧洲汇率体系。意大利里拉和西班牙比赛塔开始大幅度贬值。

索罗斯从英镑空头交易中获利已接近 10 亿美元，在英国、法国和德国的利率期货上的多头和意大利里拉上的空头交易使他的总利润高达 20 亿美元，其中索罗斯个人收入占 1/3。在这一年，索罗斯的基金增长了 67.5%。他个人也因净赚 6.5 亿美元而荣登《金融世界》杂志的华尔街收入排名榜的榜首。

2. 席卷东南亚

早在 1996 年，国际货币基金组织的经济学家莫里斯·戈尔茨坦就曾预言：在东南亚诸国，各国货币正经受着四面八方的冲击，有可能爆发金融危机。尤其是泰国，危险的因

素更多，更易受到国际游资的冲击，发生金融动荡。但戈尔茨坦的预言并未引起东南亚各国的重视，反而引起反感。东南亚各国仍陶醉于自己所创造的经济奇迹。

1997 年 3 月，当泰国中央银行宣布国内 9 家财务公司和 1 家庄房贷款公司存在资产质量不高以及流动资金不足问题时，索罗新认为千载难逢的时机已经来到。索罗斯及其他套利基金经理开始大量抛售泰铢，泰国外汇市场立刻波涛汹涌、动荡不宁。泰铢一路下滑。1997 年 6 月下旬，索罗斯筹集了更加庞大的资金，再次向泰铢发起了猛烈进攻，7 月 2 日，泰国政府由于再也无力与索罗斯抗衡，不得已改变了维系 13 年之久的货币联系汇率制，实行浮动汇率制。泰铢更是狂跌不止。泰国政府被国际投机家一下子卷走了 40 亿美元，许多泰国人的腰包也被掏得精光。

索罗斯初战告捷，并不以此为满足，他决定席卷整个东南亚，再狠捞一把。索罗斯飓风很快就扫荡到了印度尼西亚、菲律宾、缅甸、马来西亚等国家。印度尼西亚盾、菲律宾比索、缅甸缅元、马来西亚林吉特纷纷大幅贬值，导致工厂倒闭、银行破产、物价上涨等一片惨不忍睹的景象。这场扫荡东南亚的索罗斯飓风一举刮去了百亿美元之巨的财富，使这些国家几十年的经济增长化为灰烬。

【案例问题】

（1）根据案例分析，为什么索罗斯认为阻击英镑可行？

（2）根据案例分析，在东南亚金融危机之前，有谁预言了它的发生？

（3）根据案例分析，索罗斯在什么信号下开始攻击泰国货币？

（4）根据案例分析，索罗斯在攻击东南亚货币当中获益多少？

【案例分析】

（1）索罗斯认为阻击英镑可行的理由是英国要留在欧洲汇率体系必须保持高利率，但英国经济不景气不足以维持高利率。

（2）1996 年国际货币基金组织的经济学家莫里斯·戈尔茨坦就曾预言：在东南亚诸国，各国货币正经受着四面八方的冲击，有可能爆发金融危机。尤其是泰国，危险的因素更多，更易受到国际游资的冲击，发生金融动荡。

（3）1997 年 3 月，当泰国中央银行宣布国内 9 家财务公司和 1 家庄房贷款公司存在资产质量不高以及流动资金不足问题时，索罗斯开始攻击泰国货币。

（4）索罗斯在攻击东南亚货币当中获益百亿美元。

案例 1.3.3 “中国散户第一人”杨百万的第一桶金

【案例知识点】个人投资者

【案例类型】基础案例

【案例来源】新浪财经

【案例时间】2001 年 4 月

【案例内容】杨百万是 1988 年 3 月 23 日辞职的，此前，他在拥有 6000 名职工的上海铁合金厂当工人，文化程度是初中，辞职前每月工资60元。虽然文化程度不高，他却很喜欢看报读书，辞职前，他订了22份报纸，从报上看到中央将开放国债市场的消息。1988年4月21日，上海国债市场交易的第一天，他携着前几年帮部队企业推销产品攒下的2万元资本下海，第一天就挣了800元，相当于在工厂一年的工资，后来全国共有8个城市开办国债市场，同样的国库券有不同的价格，他采取异地买卖国债的方法，利用自己的2万元本钱加上借了一些钱，一年下来，居然挣了50万元。

在做国债的同时，他也开始留意股票。1988年7月1日，他买了1万股电真空，一直到1989年6月，共买进20万股电真空。由于当时银行储蓄保值贴补率很高，很多人都抛股票将钱存入银行，所以他买的电真空都在面值以下，最低时100股电真空只花了89元。当时的股票分红率在8%以上，一般都按15%分红。

想不到1990年股票暴涨，他以每100股850元的价格抛掉手中的电真空。同年年底，上海证券交易所成立，开业的第一天，电真空每100股以374元开盘，他又买回10万股，一直到每100股涨到2300元时又抛掉。

【案例问题】

（1）根据案例分析，杨百万的第一桶金来源于股票市场、债券市场还是证券投资基金市场？

（2）根据案例分析，杨百万第一次做国债由哪些因素推动？

（3）根据案例分析，第一次买国债获利后，杨百万如何继续从国债中获利？

（4）根据案例分析，杨百万买的第一只股票是什么股票？

【案例分析】

（1）杨百万的第一桶金来源于债券市场。

（2）杨百万第一次做国债，主要有几个因素：一是他订有多份报纸，信息灵通；二是他有帮部队企业推销产品攒下的2万元；三是他敢为人先。

（3）第一次买国债获利后，杨百万通过异地买卖国债继续获利。

（4）杨百万买的第一只股票是电真空。

案例1.3.4 世界十大证券交易所

【案例知识点】证券交易所

【案例类型】基础案例

【案例来源】排名网

【案例时间】2005年11月

【案例内容】根据《世界商业评论》所作的排名（如图1-1所示），全球十大证交所分别为：纳斯达克股票市场、纽约证交所、伦敦证交所、东京证交所、德国证交所、巴黎证交所、多伦多证交所、香港证交所、澳大利亚证交所和圣保罗证交所。

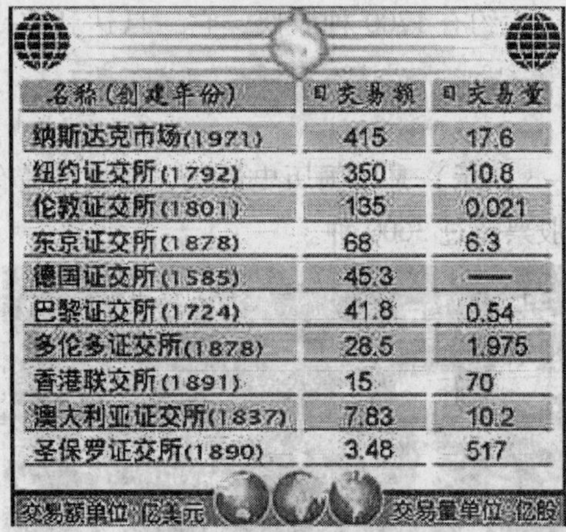

名称(创建年份)	日交易额	日交易量
纳斯达克市场(1971)	415	17.6
纽约证交所(1792)	350	10.8
伦敦证交所(1801)	135	0.021
东京证交所(1878)	68	6.3
德国证交所(1585)	45.3	—
巴黎证交所(1724)	41.8	0.54
多伦多证交所(1878)	26.5	1.975
香港联交所(1891)	15	70
澳大利亚证交所(1837)	7.83	10.2
圣保罗证交所(1890)	3.48	517

交易额单位：亿美元　交易量单位：亿股

图1-1　全球十大证交所

前五大交易所的基本情况如下：

1. 纳斯达克股票市场

纳斯达克股票市场（如图1-2所示）的英文直译名为“全美证券交易商协会自动报价系统”（The National Association of Securities Dealers Automated Quotations），它是全球第一个电子化的股票市场。作为以扶植处于成长期的高科技企业为己任的创业板市场，纳斯达克不仅上市标准低于主板市场，而且其本身的运作模式和效率就是高科技成果的充分体现。

图1-2　纳斯达克股票市场

纳斯达克起源于场外交易的自动化发展，逐步演变为与纽约证券交易市场和全美证券市场并立的三大证券市场之一。在纳斯达克上市的公司要根据其规模大小、业绩状况和规则严格与否进行分类：一类为纳斯达克全美市场体系，大约有4400种股票；另一类为纳斯达克小额市值市场体系，大约有1700种股票，它一旦达到前一类的规模与要求，便可跻身前一类行列。

2. 纽约证交所

纽约证交所（如图1－3所示）是美国历史最长、最大且最有名气的证券市场，至今已有208年的历史，上市股票超过3600种。

（a）

（b）

（c）

图1－3　纽约证交所

纽约证券交易所约有3000家总市值高达1700万亿美元的大企业挂牌进行买卖，辖下共有400家左右的会员企业，每天约有3000人在交易场地工作，20个交易地点合共400多个交易位。

纽约证交所的交易方式也跟传统市场一样，是采取议价方式，股票经纪人会依客户所开出的买卖条件，在交易大堂内公开寻找买主卖主，然后讨价还价后完成交易。纽约证交所上市条件较为严格，还没赚钱就想上市集资的公司无法进入纽约证交所。

3. 伦敦证交所

作为世界上最国际化的金融中心，伦敦不仅是欧洲债券及外汇交易领域的全球领先者，还受理超过2/3的国际股票承销业务。伦敦的规模与位置，意味着它为世界各地的公司及投资者提供了一个通往欧洲的理想门户。

在保持伦敦的领先地位方面，伦敦证券交易所（如图1-4所示）扮演着中心角色。伦敦证交所运作着世界上国际性最强的股票市场，其外国股票的交易超过其他任何证交所。

（a）

（b）

图1-4　伦敦证券交易所

来自63个国家和地区的大约500家外国公司在伦敦上市和交易。2000年，伦敦的外国证券交易总额达到约5亿美元。世界上没有其他证交所可与此数字媲美，或在为国际发行者服务方面有如此悠久的历史。

超过550家外国银行和170家全球证券公司在伦敦设有办事处，为来自世界各地的发行者提供它们的专业技术服务——成为又一项伦敦证交所的优越性。

4. 东京证交所

东京证券交易所（如图1-5所示）的前身是1879年5月成立的东京证券交易株式会社。由于当时日本经济发展缓慢，证券交易不兴旺，1943年6月，日本政府合并所有证券交易所，成立了半官方的日本证券交易所，但成立不到4年就解体了。第二次世界大战前，日本的资本主义虽有一定的发展，但由于军国主义向外侵略，重工业、兵器工业均由国家垄断经营，纺织、海运等行业也由国家控制，这种战争经济体制带有浓厚的军国主义色彩。那时，即使企业发行股票，往往也被同一财阀内部的企业所消化。因此，证券业务难以发展。日本战败后，1946年在美军占领下交易所解散。1949年1月美国同意东京证券交易所重新开业。随着日本战后经济的恢复和发展，东京证券交易所也发展繁荣起来。

图1-5　东京证券交易所

5. 德国证交所

德国证券交易所（如图1-6所示）是欧洲最活跃的证券交易市场。在德国证券交易所交易的股票来自全球70个国家，它的每日交易显著高于欧洲证券交易所、伦敦证券交易所等。德交所的上市费用在整个欧洲是最为低廉的，5000~10000欧元不等。德国证券交易所有多层次的上市标准，它可根据企业的生命周期选择：初级、一般、高级三种不同透明度的标准上市，以符合不同市场的需求。与此同时，公司上市时还可选择高级市场、初级市场、一般市场、公开市场四个信息披露和监管层次不同的上市板块。

（a）

（b）

图1－6 德国证券交易所

【案例问题】

（1）根据案例分析，世界前十大证交所分别是哪些证交所？

（2）根据案例分析，纽约证交所的特点是什么？

（3）根据案例分析，纳斯达克证交所的特点是什么？

（4）根据案例分析，伦敦证交所的特点是什么？

【案例分析】

（1）全球十大证交所分别为：纳斯达克股票市场、纽约证交所、伦敦证交所、东京证交所、德国证交所、巴黎证交所、多伦多证交所、香港证交所、澳大利亚证交所和圣保罗证交所。

（2）纽约证交所是美国历史最长、最大且最有名气的证券市场，上市企业一般是大企业。

（3）纳斯达克市场是以扶植处于成长期的高科技企业为己任的创业板市场，上市标准低于主板市场。纳斯达克起源于场外交易的自动化发展，逐步演变为与纽约证券交易市场和全美证券市场并立的三大证券市场之一。在纳斯达克上市的公司要根据其规模大小，业绩状况和规则严格与否进行分类，公司一旦达到前一类的规模与要求，便可跻身前一类行列。

（4）伦敦不仅是欧洲债券及外汇交易领域的全球领先者，还受理超过 2/3 的国际股票承销业务。其外国股票的交易额超过其他任何证交所。

案例 1.3.5　回顾中石油高调回归 A 股 8 个月

【案例知识点】证券服务机构

【案例类型】基础案例

【案例来源】东方财富网

【案例时间】2008 年 8 月

【案例内容】自 2007 年 11 月 5 日高调回归 A 股以来，中石油就一直处在风口浪尖，股价从 48 元之巅一路狂跌，到 2008 年 6 月股价已缩水至上市首日的 1/3，当初的“定海神针”不仅成了散户杀手，更屡屡拖累大盘走低，市场上哀鸿遍野。

在这期间，研究机构这群资本市场的弄潮儿，在中石油的下跌中，在众多散户高位被套中，扮演着怎样的角色呢？他们的研究报告所做出的结果导向是否正确？事实证明，自中石油 A 股上市以来，券商们的研究报告多数时候是不及格的，对中石油的走向常常看走眼。

1. 上市前夕报告狂热追捧（2007 年 10 月至上市前夕）

2007 年 11 月 5 日，中石油上市时，不少业内人士预计，中石油上市首日至少会出现 100% 左右的涨幅。资料显示，中石油 2007 年上半年实现营业利润 1059 亿元，相当于 A 股上半年总利润的 22%，而前 6 个月高达 838 亿元的净利润更使其成为中国乃至亚洲最赚钱的企业。

在中石油回归 A 股市场挂牌上市前夕，各大机构券商均被这艘“石油航母”所吸引，券商们成为了那个头顶“亚洲最赚钱的公司”光环的狂热追捧者，纷纷发布中石油首发定位研究报告，30 元以上、35 元以上、40 元以上均是机构们预测的区间。然而，这些价位，在今天的中石油看来，已变得那样的遥远。

最看好中石油的国海证券、平安证券和国泰君安对中石油的首日定价都在 40 元以上，当时他们在报告中是这样分析的。国海证券与国泰君安的核心观点基本一致，他们认为，中石油在油气资源储备上具有显著优势，并以上游业务为核心，发展下游产品的一体化产业链，具有长期竞争力，在国际油价屡创新高背景下，优势更明显。同时，当时发改委提高成品油价格，对公司业绩有较好贡献。

平安证券认为，中石油是我国最大的油气生产销售商，中国经济的快速发展使得油气需求异常强劲，成品油、天然气定价机制改革预期将为公司带来丰厚利润。给予中石油 2007 年 50 ~ 55 倍 PE 水平，对应上市定价为 39.50 ~ 43.45 元。

相比较而言，中信建投当时的估值区间是较为有预见性的了，给予中石油2007年30倍市盈率的定位，认为合理股价为24.38元。事实上，在上市后不到3个月时间，股价就已跌至中信建投当时预测的区间。而这些看好的研究报告对股民的投资是否有影响？影响多大呢？据《新快报》与搜狐证券联合调查的结果显示，在当初高位买入中石油股票的股民中，仅不到1成股民是根据自己的判断买入的，也就是说，受机构看好的研究报告影响而高位买入被套的股民占9成以上，其中又有6成股民是受券商预测首日定价40元以上的影响买入的。

2. 上市首日机构边荐边抛

上市第一天，中石油不负众望受到市场追捧，以48.60元令人眩晕的高价开盘，较发行价16.7元涨191.02%，收盘报43.96元涨163.23%，全天成交额高达700亿元，约占当天沪市成交额的一半。股价表现明显超预期，中石油一跃成为全球最大市值的上市公司。

油价暴涨、股市火热、内地投资热情高涨、成品油价格上调等，的确中石油此次回归之旅，赶上了一个好时机。但这只是昙花一现，各大券商猜到了开头，却没有料到中石油之后的路。

对中石油首日的表现，长江证券（000783）发布报告点评认为中石油在A股市场上演了王者归来的一幕，并维持“推荐”评级。

在上市首日，虽然各大券商都表示看好，建议增持，但保险、QFII、券商自营部等机构投资者却在这一天大幅抛售。其中，被市场认为是中国人寿（601628）的T20471当天净卖出36.26亿元，占当日中石油700亿元总成交额的5.18%；QFII云集的中金公司上海淮海中路营业部以及申银万国上海新昌路营业部分别卖出10.13亿元和3.87亿元。

在抛售的券商中，申银万国早有投资建议在先，认为中石油业绩弹性比较中庸，如果原油价格继续上涨，则中海油收益更大，如果看好成品油价格与国际接轨，则中国石化（600028）的受惠程度高于中石油，给出了27.6~31.6元相对合理的股价。

如果说申银万国的抛售早有预期，而中金公司现实的举动，却让人感觉是在搬起石头砸自己的脚。中金公司曾发布评级报告，对中石油首次关注便给予推荐评级，认为中石油是与国际超大公司比肩的巨人，天然气和下游业务是公司长期增长点，同时，国际化扩张保证长期可持续发展，中石油还有强大的赢利能力和稳定的分红政策。

回过头看，虽然与荐股时表示看好相矛盾，但当时机构抛售的举动是正确的，此后，中石油走上了一条跌跌不休的漫漫长路。机构出逃，却套牢了大批散户。

3. 首轮盘整券商集体迷茫（盘整期2007年12月5日—2008年1月14日股价：30元左右）

2007年12月5日—2008年1月14日，上证指数在回调后走出了一轮反弹行情，中石油跟随上证指数的反弹在前期连续阴跌后横盘整理一个半月，此时的点位一直游动在30元左右。

中石油基本面看好，而上市后的股价走势不佳，其后市的走向成为市场争论的热点话题。国金证券分析师刘波认为，该公司的市值目前相对合理，进一步下跌的空间不大，并给予中石油2008年30倍的市盈率，目标价29.34元。同时又提醒投资者，目前保持谨慎仍是投资首选。

在此期间，中银国际认为，相对A股而言，将目标价格设定在较H股溢价122%的水平，得出中石油目标价格27.29元，考虑到下跌空间有限，将中石油A股首次评级同步大市。由上可知，在这轮盘整中，虽然机构对中石油的基本面看好，但又对其股价表现不佳表示迷茫。在迷茫中，机构表现得有所犹豫，认为要保持谨慎，而未来的市场依然是值得看好的。殊不知，又一轮下跌已渐渐来临。

4. 年度报告看法起分歧（2008年3月19日股价：22.58元）

在新的一轮下跌中，中石油的股价已告别了30元，跌进了20元区间，较上市首日已跌去一半。3月20日中石油公布了2007年年报，高企的油价不但没有让中石油受益，其利润反而出现了下滑。报告显示，按国内会计准则，2007年中石油每股收益0.76元，比2006年略低，2007年整体经营业绩与2006年持平。受此影响，中石油股价3月20日当天跌幅超过3%，最低至20.35元/股。

各大机构就中石油2007年年报也充满热情地发布了大量研究报告，据统计，在中石油已跌去一半价位的时候，仍然有多数券商维持“增持”、“买入”或“推荐”的评级，另外也有部分券商看空，认为20元不是底。

安信证券、中信证券、中金公司等多数券商均表示看多，认为中石油在未来的表现将强于大盘，并给出了25~32元的目标价位。安信证券认为，公司股价经历大幅高速下跌后估值已处于合理位置，考虑到2008年所得税下降到25%，公司赢利能力将保持增长，预计每股收益达到0.84元，评级“增持”；海通证券（600837）分析，油价大涨，资源优势带动公司炼油业务赢利能力得到改善，国内成品油还有很大的上涨空间，维持“增持”投资评级；中金公司认为中石油在近期会跑赢中国石化，大盘下跌的时候比较抗跌，能够跑赢指数，但上涨空间也不大。

与此同时，国信证券分析师李晨却保持了“中性”评级，提出“20元不是底”的观点，一时之间令业内哗然。报告分析中石油2007年每股收益低于预期，上游油气业务增长乏力，2008年炼油销售业务继续难以赢利，一季度业绩堪忧，全年业绩恐难增长。相对于公司赢利成长性，目前30.1倍市盈率偏高，所以认为20元不是底，维持“中性”评级，建议投资者回避。

讽刺的是，尽管多数券商认为中石油股价已处于合理估值，推出了32元之高的目标价位，但仍阻挡不了中石油下跌的脚步，3月20日便以下跌2.03元的20.55元低开，之后更是收出5连阴，股价再度掉下一个台阶到17元左右，直逼发行价16.7元。短短的6个交易日，中石油下跌了近25%。

5. 首次破发底部机构建仓（2008年4月18日首次破发股价：16.02元）

4月18日，中石油终于破发了。之前，中石油屡次跌到发行价附近旋即拉升，这次破发也了却了机构的一桩心事。破发后，各大机构又在忙于寻找其真正的底部。

招商证券在研究报告中表示，国内两大石化巨头受国际原油价格持续高位运行影响，炼油业务出现亏损，而发改委对于成品油价格调整时间比较晚，业绩不甚理想，调低中石油今后两年的每股收益为0.88元和0.95元，判断该股的合理价值在17.5元。前期唱空的国信证券分析师李晨则预测，中石油2008年一季度将出现200亿元以上亏损，因此摊薄一季度业绩至每股0.12~0.14元，其合理的估值区间应该在16~20元。中石油此时的价位已处于安全边际。

国金证券石化行业研究员刘波称，目前的估值已经趋于合理，同时他通过探明储量、可采年限、储量更替率等评价指标对中石油进行评估后认为，中石油和埃克森美孚的市值不应偏离太多，而目前中石油的市值已经低于埃克森美孚。

中金公司上海淮海中路营业部买入5.02亿元。中金公司席位此时的大举建仓，多半出于对上证指数和中石油均跌至底部的判断。在券商们出此批报告后的一个半月，中石油的价格又回到了18元一线盘整。但6月3日起沪市遭遇了史无前例的十连阴，中石油也受其拖累，再次击穿券商们所认同的合理区间，跌至15元一线，创造了14.2元的最低价。但在十连阴期间，相对上证指数19.2%的跌幅，中石油下跌14.7%的确表现了其抗跌性。然而，中石油今后的路该何去何从，这个券商们一直以来极为关注但又屡屡不及格的课题，仍需留待市场来考验。

【案例问题】

（1）根据案例分析，机构在中石油上市前为什么对其上市后的表现寄予厚望？

（2）根据案例分析，中石油上市首日开盘价是多少？哪些机构在这一天大幅抛售中石油？申银万国在这一天抛售中石油的理由是什么？

（3）根据案例分析，2007年年报推出后，各券商看多的理由是什么？

（4）根据案例分析，2007年年报推出后，国信证券保持中性的理由是什么？

【案例分析】

（1）因为中石油被誉为亚洲最赚钱的公司，并且国海证券与国泰君安认为中石油在油气资源储备上具有显著优势，并以上游业务为核心，发展下游产品的一体化产业链，具有长期竞争力，在国际油价屡创新高背景下，优势更明显。同时，当时发改委提高成品油价格，对公司业绩有较好贡献；平安证券认为，中石油是我国最大的油气生产销售商，中国经济的快速发展使得油气需求异常强劲，成品油、天然气定价机制改革预期将为公司带来丰厚利润；中金公司发布评级报告，对中石油首次关注便给予推荐评级，认为中石油是与国际超大公司比肩的巨人，天然气和下游业务是公司长期增长点，同时，国际化扩张保证长期可持续发展，中石油还有强大的赢利能力和稳定的分红政策。

（2）中石油上市首日开盘价为48.60元。保险、QFII、券商自营部等机构投资者在这一天大幅抛售中石油。申银万国之所以在这一天抛售中石油，是认为中石油业绩弹性比较中庸，如果原油价格继续上涨，则中海油收益更大，如果看好成品油价格与国际接轨，则中国石化的受惠程度高于中石油。

（3）2007 年年报推出后，安信证券、中信证券、中金公司等多数券商均表示看多。安信证券认为，公司股价经历大幅高速下跌后估值已处于合理位置，考虑到 2008 年所得税下降到 25%，公司赢利能力将保持增长；海通证券分析，油价大涨，资源优势带动公司炼油业务赢利能力得到改善，国内成品油还有很大的上涨空间；中金公司认为中石油在近期会跑赢中国石化，大盘下跌的时候比较抗跌，能够跑赢指数，但上涨空间也不大。

（4）国信证券提出“20 元不是底”的观点。报告分析中石油 2007 年每股收益低于预期，上游油气业务增长乏力，2008 年炼油销售业务继续难以赢利，一季度业绩堪忧，全年业绩恐难增长。相对于公司赢利成长性，目前 30.1 倍市盈率偏高，所以认为 20 元不是底。

案例 1.3.6　审计整整 16 载，安然倒闭安达信遭遇诚信危机

【案例知识点】证券服务机构

【案例类型】基础案例

【案例来源】上海证券报

【案例时间】2002 年 1 月

【案例内容】美国最大的能源公司安然（Enron）的倒闭使安达信——世界第五大会计师事务所遇到了难题。

安达信自安然公司成立伊始就为它做审计，已经做了整整 16 年。除了单纯的审计外，安达信还提供内部审计和咨询服务。但是尽管有如此得天独厚的条件，安达信仍然没有发现安然公司公布了错误的财务报表。因为没有尽责，安达信现在正面对几千名员工、股东和债权人的愤怒和合法索赔，这些人将因为安然公司的倒闭而损失几十亿美元。

2001 年 11 月，安然公司重新公布了 1997—2000 年的年度财务报表，结果与以往相比，累积利润减少了 5.91 亿美元，而债务却增加了 6.28 亿。该公司称，原因在于公司在股权交易中，公司发行股权换取了应收票据。这些应收票据在公司的账本上记录为资产，发行的股票记录为股东权益。按照会计原理，在没有收到现金前不能记录权益的增加，而安达信却这样做了。

在国会的一次听证会上，安达信的首席执行官布鲁迪诺承认，他的公司犯了一个判断错误，但是他同时指出，安然公司并未提供有关这笔股权交易的信息，而且安达信曾经警告过安然公司的审计委员会，该公司存在“可能的非法行为”。安然公司对此进行了反驳，称其不仅发现和汇报了有关信息，而且安达信在同一时刻还参与了所有主要财务票据的审计程序。如果安达信真的提出过什么建议，作为一家专业的会计师事务所，它是很难对存在的问题避而不谈的。

美国证券交易委员会 SEC 正在调查安达信在安然的审计工作，同时也在提出针对安达信的诉讼。但是已经有观察家质疑，在目前这种情况下，安达信能否过关。2001 年，证券交易委员会对安达信曾罚款 700 万美元，因为它在处理一家废品管理公司的账务中所使用的结算方法误导了投资者。在 2001 年春天，安达信因为替一家即将破产的公司做假账，被罚了 1.1 亿美元。因此，证券交易委员会很可能会禁止安达信在一段时间内接受新的审计客户。至于现在正在提出的诉讼，如果原告胜诉，安达信将赔偿相当大的一笔钱。

不管安然公司是否隐瞒了信息，这个事件的影响远比事件本身更重要，因为它揭示了一点：职业会计服务并不一定靠得住，其他诸如信用等级机构、投资银行等也是如此。五大会计师事务所中的其余四家的老总纷纷发表了评论，他们认为标准制定者的行动太慢，对不平衡的报表未能制定出相适应的规则，财务报表模式已经过时了，应该有更严格的规范和纪律，应该做出更大的改进来提高审计效率。

这些话都是实话，但关键要看美国的职业会计公司对变化的接受度有多大。目前，审计师们靠长期的自律来保持诚实。大公司采用“同事检查”的方法来相互审核审计结果，而审计监督委员会则缺乏必要的独立性，其资金和人员都是来自会计公司，因此无法对不诚实的审计师加以惩罚。

【案例问题】

（1）根据案例分析，安达信为安然公司提供什么服务？

（2）根据案例分析，安达信在安然公司倒闭事件中应该对什么问题负责？

（3）根据案例分析，安然公司的财务报表出了什么问题？

（4）根据案例分析，会计师事务所、信用评级机构等中介机构做出的结论是不是一定可靠？

【案例分析】

（1）安达信为安然公司做审计、内部审计和咨询服务。

（2）安达信在安然公司倒闭事件中，应该对没有发现安然公司发布错误的财务报表问题负责。

（3）公司在股权交易中，发行股权换取了应收票据。这些应收票据在公司的账本上记录为资产，发行的股票记录为股东权益。按照会计原理，在没有收到现金前不能记录权益的增加，而安达信却这样做了。

（4）职业会计服务并不一定靠得住，其他诸如信用等级机构、投资银行等也是如此。

2 股票投资

2.1 股票概述

案例 2.1.1 工商银行股票基本概况

【案例知识点】股票的概念和特征

【案例类型】基础案例

【案例来源】钱龙

【案例时间】2010 年 7 月

【案例内容】工商银行股票基本概况如表 2－1 所示。

表 2－1 工商银行股票基本概况

股票代码	601398
股票简称	工商银行
公司名称	中国工商银行股份有限公司
成立日期	1984－1－1 0：00：00
注册资本	33401885.00 万元
法人代表	姜建清
公司类型	国有
注册地址	北京市西城区复兴门内大街 55 号
办公地址	北京市西城区复兴门内大街 55 号
主营业务	公司银行业务、个人银行业务、资金业务以及其他业务
所属行业	银行业

【案例问题】

(1) 根据案例分析，工商银行在哪里上市?

(2) 根据案例分析，工商银行的成立日期和上市日期一致吗?

(3) 根据案例分析，工商银行的股本为多少?

(4) 根据案例分析，工商银行的注册地址和办公地址一致吗? 公司的注册地址和办公地址是否可以不一致?

(5) 如果投资者购买了工商银行的股票，他和工商银行之间会形成一种什么关系?

(6) 如果投资者购买了工商银行的股票，他将面临什么收益和损失? 他的最大损失是多少? 最大损失在什么情况下会发生?

(7) 如果投资者购买了工商银行的股票，他除了获取收益外，作为所有者还可以享受什么重大权利? 他如何行使这一权利?

【案例分析】

(1) 工商银行在上海证交所上市，因为工商银行代码以6开头，属于上海证交所的编码范围。

(2) 工商银行的成立日期和上市日期不一致，成立日期在前，上市日期在后。

(3) 工商银行的股本为3340亿股，因为工商银行的注册资本为3340亿元，中国的股票面值为1元。

(4) 工商银行的注册地址和办公地址一致，但公司的注册地址和办公地址可以不一致。

(5) 如果投资者购买了工商银行的股票，他将成为工商银行的股东，即按照其持股比例对工商银行享有权益。

(6) 如果投资者购买了工商银行的股票，他将可能从工商银行获得分红，以及低买高卖的价差，也有可能损失部分或全部本金。最大损失是全部本金，当购买股票的发行公司破产，并且没有任何资产可供股东分配时，最大损失才会发生。

(7) 如果投资者购买了工商银行的股票，他除了获取收益外，作为所有者还可以享受重大决策参与权。投资者可以通过参加股东大会，按照所持有的股票份额对重大事项进行投票。

案例 2.1.2 工商银行股本结构

【案例知识点】股票的概念和特征

【案例类型】基础案例

【案例来源】钱龙

【案例时间】2010年7月

【案例内容】工商银行的股本结构如表2-2所示。

表 2-2　　工商银行的股本结构　　单位：万股

时　间	2009-12-31	2008-12-31	2007-12-31	2006-12-31
总股本	33401885.0	33401885.0	33401885.0	33401885.0
发起人国家股	0.00	23601234.8	23601234.8	23601234.8
流通 A 股	26414315.9	25096234.8	25096234.8	25096234.8
流通 H 股	6987569.06	4476961.50	4476961.50	3475333.70
实际流通 A 股	25096234.8	1495000.00	1206539.00	683078.00
限售的流通股	1318081.13	23601234.8	23889695.8	24413156.8

【案例问题】

（1）根据案例分析，截至 2009 年 12 月 31 日，工商银行总股本有多少亿股？近几年工商银行总股本有没有发生变化？说明工商银行最近几年有没有增资扩股？

（2）根据案例分析，工商银行在哪些国家和地区的证交所上市？

（3）根据案例分析，截至 2009 年 12 月 31 日，工商银行还有多少限售的流通股？

【案例分析】

（1）截至 2009 年 12 月 31 日，工商银行总股本有 3340 亿股，近几年工商银行总股本没有发生变化，说明工商银行最近几年没有增资扩股。

（2）工商银行同时在中国内地和香港证交所上市。

（3）截至 2009 年 12 月 31 日，工商银行还有 131.8 亿股限售的流通股。

案例 2.1.3　阳普医疗前十名无限售条件流通股股东

【案例知识点】股东的权利

【案例类型】基础案例

【案例来源】钱龙

【案例时间】2010 年 7 月

【案例内容】阳普医疗前十名无限售条件流通股股东如表 2-3 所示。

表 2-3　　阳普医疗前十名无限售条件流通股股东

十大流通股东（2010-03-31）	持股数（万股）	占流通股（%）	性质	增减情况
国投信托投资有限公司——国投瑞丰证券投资资金信托	69.26	3.72	信托	新进
英国保诚资产管理（香港）有限公司	53.37	2.87	QFII	新进
广发大盘成长混合型证券投资基金	46.04	2.48	基金	新进

续 表

十大流通股东（2010-03-31）	持股数（万股）	占流通股（%）	性质	增减情况
富国天惠精选成长混合型证券投资基金	36.36	1.95	基金	新进
东方证券股份有限公司	30.39	1.63	券商	新进
天弘周期策略股票型证券投资基金	24.99	1.34	基金	新进
信诚盛世蓝筹股票型证券投资基金	17.00	0.91	基金	新进
宝盈泛沿海区域增长股票证券投资基金	16.79	0.90	基金	新进
杭州之江开关股份有限公司	16.44	0.88	其他	新进
魏红	15.00	0.81	其他	新进
合计	325.63	17.51		

【案例问题】

（1）根据案例分析，阳普医疗前十名无限售条件流通股股东主要是什么性质？

（2）根据案例分析，基金、信托和QFII投资阳普医疗的目的是为了通过参与公司经营管理提高公司业绩吗？

【案例分析】

（1）阳普医疗前十名无限售条件流通股股东主要是证券投资基金等机构投资者。

（2）不是，基金、信托和QFII投资阳普医疗的目的是通过投资该公司获得资本利得和分红。

案例2.1.4 贵州茅台历年分红

【案例知识点】股东的权利

【案例类型】基础案例

【案例来源】钱龙

【案例时间】2010年7月

【案例内容】贵州茅台历年分红情况如表2-4所示。

表2-4 贵州茅台历年分红情况

分红年度	分红方案	每股收益（元）
2009-12-31	10派11.8500（含税）（税后派）10.6650	4.5700
2008-12-31	10派11.5600（含税）（税后派）10.4040	4.0300
2007-12-31	10派8.3600（含税）（税后派）7.5240	3.0000

续 表

分红年度	分红方案	每股收益（元）
2006－12－31	10派7.0000（含税）（税后派）6.3000	1.5900
2005－12－31	10派3.0000（含税）（税后派）2.7000	2.3700
2004－12－31	10派5.0000（含税）	2.0900
2003－12－31	10派3.0000（含税）	1.9400
2002－12－31	10派2.0000（含税）	1.3700
2001－12－31	10派6.0000（含税）转增1.0000	1.3100

【案例问题】

（1）根据案例分析，贵州茅台从2001年以来是否每年都分红？

（2）公司利润越高，是否分红就一定越多？

（3）根据案例分析，贵州茅台分红较多，是否值得投资？

【案例分析】

（1）贵州茅台2001年以来每年都分红。

（2）公司利润越高，分红不一定越多，这取决于公司的股利政策。

（3）贵州茅台每年连续分红，说明公司有良好的股利政策，且现金充裕，值得投资。

案例2.1.5　浪莎重组*ST长控，成为最大赢家

【案例知识点】股票的概念和特征

【案例类型】基础案例

【案例来源】百度空间

【案例时间】2007年7月

【案例内容】2006年5月1日前后，宜宾政府当地确定浪莎参与重组*ST长控。8月31日，宜宾国资公司与浪莎控股签署股权转让协议，以7000万元的价格将*ST长控57.11%的股权（3467.13万股）转让给浪莎控股。

2007年5月16日，*ST长控向浙江浪莎控股有限公司定向发行1010.63万股，那时定向增发的价格只有6.79元/股。至此，浪莎控股持有的*ST长控股票达到4129.5353万股。

自2007年5月30日开始，*ST长控脱胎换骨，股票简称变更为“*ST浪莎”。

在历时一年的*ST长控改造过程中，浪莎无疑成为最大赢家。5月28日，*ST长控（600137）再次涨停，报收39.65元。浪莎控制的4129万限售流通股的价值已不可同日而语。参照5月28日收盘价39.65元/股计算，浪莎控制的股权市值高达16.78亿元。形成鲜明对比的是，浪莎实际的收购代价只有1亿多元，包括股权转让款7000万元，以及置

换进上市公司的资产（分摊给公众部分）。

【案例问题】

（1）根据案例分析，*ST 长控为什么选择与浪莎重组？

（2）根据案例分析，*ST 长控与浪莎重组的实质是什么？

（3）根据案例分析，浪莎为什么不直接上市？

（4）根据案例分析，浪莎在这次重组中获取的利润来源于何处？

【案例分析】

（1）*ST 长控由于财务状况异常，面临退市。退市后公司资产会大幅缩水。而选择与浪莎重组，可以利用其上市壳资源的稀缺性获得一大笔收入。

（2）*ST 长控与浪莎重组的实质是浪莎付出一笔钱上市，*ST 长控退市并获得一笔收入。

（3）因为上市条件较为严格，而且要经历较长时间，所以浪莎选择借壳上市。

（4）浪莎在这次重组中获取的利润来源于*ST 长控向浪莎定向增发股票后，市场向好预期导致*ST 长控股价直线上升，浪莎持有的*ST 长控股权增值所致。

2.2 股票投资

案例 2.2.1 中国石油经营分析

【案例知识点】股票投资分析

【案例类型】运用案例

【案例来源】钱龙

【案例时间】2010 年 7 月

【案例内容】中国石油 2009 年度经营情况如表 2－5 所示。

表 2－5 中国石油 2009 年度经营情况

项目名称	营业收入（万元）	营业利润（万元）	毛利率（%）	占主营业务收入比例（%）
勘探与生产（行业）	39186200.00	17512900.00	44.69	38.45
炼油与化工（行业）	49364500.00	13153500.00	26.65	48.43
销售（行业）	76435800.00	5847300.00	7.65	74.99
天然气与管道（行业）	7646300.00	2243900.00	29.35	7.50
其他（行业）	29300.00	8700.00	29.69	0.03

【案例问题】

（1）根据案例分析，对中国石油收入贡献最大的收入来源于哪项业务？

（2）根据案例分析，中国石油毛利率最高的业务是哪项？

（3）根据案例分析，对中国石油营业利润贡献最大的业务是哪项？

（4）根据案例分析，对一家公司收入贡献最大的业务是不是为公司带来的利润最多？

【案例分析】

（1）对中国石油收入贡献最大的收入来源于销售业务。

（2）中国石油毛利率最高的业务是勘探与生产业务。

（3）对中国石油营业利润贡献最大的业务是勘探与生产业务。

（4）由于每块业务的毛利率不同，因此对一家公司收入贡献最大的业务不一定为公司带来的利润最多。

案例 2.2.2　青岛啤酒行业分析

【案例知识点】股票投资分析

【案例类型】运用案例

【案例来源】钱龙

【案例时间】2010 年 7 月

【案例内容】青岛啤酒所在行业——啤酒酿造行业情况如表 2 – 6 所示。

表 2 – 6　　啤酒酿造行业情况（2010 – 03 – 31）

代码	简称	总股本（亿股）	实际流通 A 股	总资产（亿元）	排名	营业收入（亿元）	排名	净利润增长率	排名
600600	青岛啤酒	13.51	2.79	161.49	1	41.41	1	42.72%	1
000729	燕京啤酒	12.10	5.04	123.82	2	20.87	2	26.54%	3
600132	重庆啤酒	4.84	4.84	36.31	3	4.54	3	5.31%	4
600573	惠泉啤酒	2.50	1.26	12.72	4	1.85	5	3.75%	5
000929	兰州黄河	1.86	1.42	11.77	5	1.90	4	–15.0%	6
000752	西藏发展	2.64	2.64	11.67	6	1.03	6	41.89%	2
行业平均		6.24	3.00	59.63		11.93		17.526	
该股相对平均值		116.4%	–7.06%	170.8%		247.03%		143.7%	

【案例问题】

（1）根据案例分析，青岛啤酒所在的行业为哪个行业？

（2）根据案例分析，青岛啤酒在其所在行业中居于何种地位？为什么？

（3）根据案例分析，在青岛啤酒所在行业中，哪家公司对青岛啤酒的竞争威胁最大？为什么？

【案例分析】

（1）青岛啤酒所在的行业为啤酒酿造行业。

（2）青岛啤酒在啤酒酿造行业中居于龙头地位。因为其规模（总股本、总资产）在行业中居于第一位，营业收入在行业中居于第一位，净利润增长率在行业中也居于第一位。

（3）在青岛啤酒所在行业中，燕京啤酒对青岛啤酒竞争威胁最大，因为燕京啤酒的规模、收入等紧随青岛啤酒之后，最有可能与青岛啤酒展开竞争。

案例 2.2.3　受益政协一号提案，江苏阳光意外成黑马

【案例知识点】股票投资分析

【案例类型】运用案例

【案例来源】钱龙

【案例时间】2010 年 3 月

【案例内容】3 月 3 日，受今年政协一号提案力挺低碳经济的消息影响，新能源板块异军突起。江苏阳光（600220SH）、德赛电池（000049SZ）、孚日股份（002083SZ）纷纷涨停，江苏国泰（002091SZ）涨 8.61%，上风高科（000967SZ）涨 5.25%。而低碳板块龙头江苏阳光更为令人瞩目，但在一片低碳风中，其多晶硅概念能否续领风骚？

在刚闭幕的十一届全国人大常委会第十三次会议上，发改委表示，中国将采取四项措施大力发展绿色经济、低碳经济，并将在低碳能源上推出多项措施。而媒体报道九三学社向全国政协十一届三次会议提交的“关于推动我国低碳经济发展的提案”已经被列为会议一号提案，更是给低碳概念股向前冲最好的推力。

由于低碳概念股涉猎的行业众多，有分析师将其归类为：风电行业、光伏太阳能、核电、动力电池、节能电子、环保设备六大子行业。

“目前的光伏行业的产业链主要有三条，一是通过晶体硅；二是通过薄膜电池；三是通过光热发电。而江苏阳光生产的多晶硅位于晶体硅这一个产业链的上游，其是重要的原料。”某券商研究员对记者说。

此次市场炒作江苏阳光正是看重其多晶硅概念。

据公开信息显示，江苏阳光是最大的精毛纺生产企业，同时也是国内规模最大的高支高档薄型面料生产基地。江苏阳光于 2006 年 6 月与宁夏东方有色金属集团及宁夏电力开发共同出资建立宁夏阳光硅业有限公司，开始涉足多晶硅的生产。

鉴于国家对低碳经济概念的重视，东海证券的分析师张先萍认为，多晶硅有望给江苏阳光带来业绩的大幅增长。

她在其分析报告中估算江苏阳光 2009 年毛纺服装每股收益 0.28 元，多晶硅项目每股

收益0.657元。给予2009年毛纺服装15倍市盈率，多晶硅业务20倍市盈率，目标股价17.34元。17.34元的目标价相对于目前的6.24元的价格达3倍之遥。

【案例问题】

（1）根据案例分析，低碳概念从什么时候开始兴起？

（2）根据案例分析，低碳概念股涉猎的行业可归类为哪几大子行业？

（3）根据案例分析，光伏行业的产业链主要有哪三条？江苏阳光涉及的是哪一块？

【案例分析】

（1）在十一届全国人大常委会第十三次会议上，发改委表示，中国将采取四项措施大力发展绿色经济、低碳经济，并将在低碳能源上推出多项措施。九三学社向全国政协十一届三次会议提交的“关于推动我国低碳经济发展的提案”已经被列为会议一号提案，更是给低碳概念股提供向前冲最好的推力。

（2）低碳概念股涉猎的行业可以将其归类为：风电行业、光伏太阳能、核电、动力电池、节能电子、环保设备六大子行业。

（3）目前的光伏行业的产业链主要有三条，一主要是通过晶体硅，二是通过薄膜电池，三是通过光热发电。江苏阳光生产的多晶硅位于晶体硅这一个产业链的上游，其是重要的原料。

案例2.2.4　百家争鸣——贵州茅台：再次提价预期强烈

【案例知识点】股票投资

【案例类型】基础案例

【案例来源】钱龙

【案例时间】2010年8月

【案例内容】贵州茅台12日发布的半年报显示，该公司2010年上半年销售收入65.87亿元，同比增长18.77%，净利润31.0亿元，同比增长11.09%，每股收益（EPS）3.29元。生产茅台酒及系列酒基酒26624吨，同比增长7.87%。消费税上升是利润增长慢于收入的主要因素。

贵州茅台半年报显示，二季度该公司确认预收账款11亿元，与去年同期相当，难以预测的预收款是影响利润的重要因素。

高度茅台仍是增长主力，贡献了收入增长的86%，在收入中占比也提高至85%。年初的提价推动毛利率提升，据目前茅台批发零售价持续上升以及产品供不应求的现状，预计再次提价的可能性非常大。

值得注意的是，该公司消费税税率较一季度下降，主营业务税金率降至13%，预计全年维持在13%~14%的水平。根据2009年下半年的主营业务税金率水平，公司税率在14%左右是正常的，中期回到13%应该说是符合预期的，我们保守预期全年税率在14%左右。

在投资方面看好茅台的销售，其提价预期强烈。考虑到去年下半年消费税基已上调，预计今年下半年茅台的利润增速将明显加快。预计2010年、2011年每股收益分别为5.34元、6.69元，预计其明年的市盈率为25～26倍，调高目标价格至170元，建议投资者"增持"。

【案例问题】

（1）根据案例分析，贵州茅台2010年上半年为什么利润增长慢于收入增长？

（2）根据案例分析，哪种产品是贵州茅台的增长主力？

（3）根据案例分析，为什么贵州茅台未来提价的可能性非常大？

（4）根据案例分析，为什么贵州茅台应当"增持"？

【案例分析】

（1）消费税上升是贵州茅台2010年上半年利润增长慢于收入的主要因素。

（2）高度茅台是贵州茅台的增长主力。

（3）目前茅台批发零售价持续上升，产品供不应求，预计再次提价的可能性非常大。

（4）由于贵州茅台提价预期强烈，且去年下半年消费税基已上调，因此今年下半年茅台的利润增速将明显加快，所以应当增持。

案例2.2.5 驰宏锌锗财务分析

【案例知识点】股票投资分析

【案例类型】基础案例

【案例来源】钱龙

【案例时间】2010年8月

【案例内容】驰宏锌锗财务情况如表2－7所示。

表2－7　　驰宏锌锗财务情况

	2009－12－31	2008－12－31	2007－12－31	2006－12－31
每股收益（元）	0.2786	0.1627	1.6900	5.3152
营业收入增长率（%）	－79.8315	－84.6724	－79.1960	－19.7745
销售毛利率（%）	25.6677	22.2003	34.6765	33.7042
营业利润率（%）	8.5066	4.4603	24.9458	24.7645
净资产收益率（%）	6.2127	6.5420	40.3000	44.3400

【案例问题】

（1）根据案例分析，驰宏锌锗近4年每股收益变化趋势如何？说明什么问题？

（2）根据案例分析，驰宏锌锗近4年营业收入变化趋势如何？说明什么问题？

（3）根据案例分析，驰宏锌锗近4年销售毛利率、营业利润率、净资产收益率变化趋势如何？说明什么问题？

【案例分析】

（1）驰宏锌锗近4年每股收益大幅降低，说明投资者持有该股票获得的收益大幅度降低。

（2）驰宏锌锗近4年营业收入逐年大幅下降，说明公司业务近年大幅萎缩。

（3）驰宏锌锗销售毛利率、营业利润率、净资产收益率变化趋势近两年大幅降低，说明公司所处行业整体不景气或者公司管理效率降低。

案例2.2.6 易联众上市定位预测

【案例知识点】股票的价值和价格

【案例类型】运用案例

【案例来源】钱龙

【案例时间】2010年8月

【案例内容】民族证券：预期公司今后3年每股收益分别为0.59元、0.77元和1.02元。公司上市后的每股合理价格为24~28元，对应公司2011年的动态市盈率为31~35倍。

国元证券：公司在经营模式和思想方面具有独特优势，而经过多年的技术积累和市场开拓，公司也已拥有较明显的客户资源优势。预计公司今后3年每股收益分别为0.59元、0.77元、1.02元，参照软件行业的估值，公司合理估值可取2010年30~35倍市盈率，对应估值区间17.7~20.7元。

长江证券：我们预计公司2010年、2011年EPS分别为0.54元、0.74元，目前同类公司二级市场2010年平均PE为35倍，考虑到二级市场对一级市场有一定溢价，我们认为一级市场给予公司2010年30~35倍市盈率较为合适，即建议询价区间为16.2~18.9元。

湘财证券：我们预计公司10~12年每股收益为0.59元、0.73元、0.93元。我们给出公司2010年的市盈率为30~35倍，对应合理价值投资区间17.7~20.7元。由于社保业务的属地性较强，存在公司在省外业务拓展不利的风险。

【案例问题】

（1）根据民族证券的分析，易联众上市后在市场上的合理定价为什么是24~28元？

（2）根据国元证券的分析，易联众上市后在市场上的合理定价为什么是17.7~20.7元？

(3) 根据长江证券的分析，易联众上市后在市场上的合理定价为什么是16.2~18.9元?

(4) 根据湘财证券的分析，易联众上市后在市场上的合理定价为什么是17.7~20.7元?

【案例分析】

(1) 根据民族证券的分析，易联众今后3年每股收益分别为0.59元、0.77元和1.02元，即未来3年平均每股收益为0.79元，对应市盈率为31~35倍，公司上市后的合理定价=未来每股收益×市盈率，因此合理定价为24（0.79×31）~28（0.79×35）元。

(2) 根据国元证券的分析，易联众今后3年每股收益分别为0.59元、0.77元、1.02元，给予公司2010年30~35倍市盈率预测，公司上市后的合理定价=2010年每股收益×市盈率，因此合理定价为17.7（0.59×30）~20.7（0.59×35）元。

(3) 根据长江证券的分析，易联众2010年、2011年每股收益分别为0.54元、0.74元，给予公司2010年30~35倍市盈率预测，公司上市后的合理定价=2010年每股收益×市盈率，因此合理定价为16.2（0.54×30）~18.9（0.54×35）元。

(4) 根据湘财证券的分析，易联众未来3年每股收益分别为0.59元、0.73元、0.93元，给予公司2010年30~35倍市盈率预测，公司上市后的合理定价=2010年每股收益×市盈率，因此合理定价为17.7（0.59×30）~20.7（0.59×35）元。

案例2.2.7 新手如何开始投资股票

【案例知识点】股票投资技巧

【案例类型】运用案例

【案例来源】百度文库

【案例时间】2007年5月

【案例内容】在掌握了股票的基础知识后，很多人都想到股市里去一显身手。但作为一个新手，应该去股市中先观察一年半载再动手。

作为新手，尽量多看少动，盯着三四只股票天天看，看它的每日分时走势图，看它的K线图，看它的技术指标（选几样指标，比如KDJ，OBV等），看上一年半载的，再找两本书学学，那样学的才快，也就能看出点名堂了，知道这只股票的股性，然后试着去做这几只熟悉的股票，成功率会高得多。另外，长期看着一只股票，也能看出一个庄家的吃货、休整、振荡、拉高、出货，对自己以后选择股票有极大的好处。

很多新手做股票，买卖很频繁，有时一个月的资金流动是自己原始资金的好几倍，小打小闹很长时间，一只股票没买好，就成为股东了。所以新手应该先把自己的资金分配好，多少钱做中线，多少钱做短线。比如80%资金做中线，20%资金做短线。投资不要分散，本来自己的钱就不多，再买入七八种股票，没有多少意义。

作为新手，不要太多听信消息，可以说股市上太多的消息都是假的，自己多看，自己多想。给自己定个原则，坚决按自己的原则去做。

【案例问题】

（1）根据案例分析，新手掌握了一些理论知识后，能不能就直接开始投资股票？

（2）根据案例分析，新手应该如何观察股票？

（3）根据案例分析，新手应该如何分配资金？

（4）根据案例分析，新手能不能听消息炒股？

【案例分析】

（1）作为一个新手，应该去股市中先观察一年半载再开始投资股票。

（2）作为新手，应该尽量多看少动，盯着三四只股票天天看，看它的每日分时走势图，看它的 K 线图，看它的技术指标，看上一年半载的，再找两本书学学，那样学的才快。

（3）新手应该先把自己的资金分配好，多少钱做中线，多少钱做短线。比如 80% 资金做中线，20% 资金做短线。投资不要分散。

（4）作为新手，不要多听信消息，因为股市上大部分消息都是假的，自己多看，自己多想。给自己定个原则，坚决按自己的原则去做。

案例 2.2.8　长线与短线的选择

【案例知识点】股票投资技巧

【案例类型】运用案例

【案例来源】百度文库

【案例时间】2010 年 5 月

【案例内容】许多投资者在从事股票交易时，并无投资偏好之分，更无自身的风格特长，认为无论什么方法，只要能赚钱就行，这本身就说明此类投资者缺乏股市中的术。更多的则是赢利了做短线，受套了做长线，前者赚取的蝇头小利，永远弥补不了后者的累累亏损。

有时大盘单边涨幅接近 60%，翻番股票不计其数，但普通投资者中能取得超越大盘涨幅以上收益的寥寥无几，还有更多的投资者处于减亏的状态，这就是赢利时主动做短线，亏损时被动做长线的缘故。

短线与长线本无优劣之分，只要适应就行，只要擅长就是。在有风险控制手段的前提下，短线的积少成多，在一轮行情中也能取得超额收益。在选对股票的前提下，长线更能取得非常稳健的高收益。

有人形象地说，短线交易者是艺术家，因为无论行情涨跌，他时刻需要保持对行情的热情，并始终处于紧张和兴奋的状态。而长线交易者是工程师，他需要对整个过程进行控制与修正，并且需要忍受期间市场的合理调整与异常时期的宽幅振荡，以及市场低迷时期的寂寞与孤独。因此，前者需要的是激情，后者需要的是理性。

在一轮行情收局的时候，短线投资者往往羡慕长线投资者取得的丰厚收益，面对在底部曾经被自己买卖过，目前已经翻番，乃至翻几番的股票也往往后悔不已，或者自嘲一番。然而，短线投资者又怎么能够理解长线投资者在此期间的付出与痛苦。

（1）长线投资者要忍受投资期间市场大幅波动时“乘电梯”的折磨，要忍受原本已经取得的账面利润被阶段性缩减的痛苦。

（2）长线投资者在行情运行过程中要放弃其他许多自认为非常有把握的投资机会；必须要忍受其他个股轮番涨停的诱惑与刺激的痛苦。

（3）长线投资者既必须时刻关注着各类市场信息动态，又必须长时间按兵不动。一年或者几年时间里只有很少的几次买卖时机，但时时经受着各种市场“噪声”。

（4）在局部时间里，当别的投资者享受着赢利乐趣的时候，长线投资者可能要经受阶段性亏损的打击，这种折磨足以使许多长线投资者半途而废，前功尽弃。

（5）在市场极度低迷或者狂热的时期，长线投资者需要长时间保持着自身的冷静与豁达的情绪，以及客观和理性的思维，并且需要时刻坚守着既定的投资纪律。

长线投资者每一次成功投资所取得的回报是令人向往的，但期间的艰辛与付出也是令人畏惧的。正因此，市场中有着太多不成功的临时工投资者，而成功的长线投资者总是出类拔萃的。

【案例问题】

（1）根据案例分析，投资者进行股票投资时没有自己的投资风格会有什么后果？

（2）根据案例分析，有时候大盘单边涨幅接近60%，翻番股票不计其数，但普通投资者中能取得超越大盘涨幅以上收益的寥寥无几，原因在哪里？

（3）根据案例分析，短线与长线有无优劣之分？

（4）长线投资者和短线投资者可以如何形象地表达？

【案例分析】

（1）投资者没有自己的投资风格会导致赢利了做短线，受套了做长线，前者赚取的蝇头小利，永远弥补不了后者的累累亏损。

（2）这是赢利时主动做短线，亏损时被动做长线的缘故。

（3）短线与长线本无优劣之分，只要适应就行，只要擅长就是。在有风险控制手段的前提下，短线的积少成多，在一轮行情中也能取得超额收益。在选对股票的前提下，长线更能取得非常稳健的高收益。

（4）短线交易者是艺术家，长线交易者是工程师。

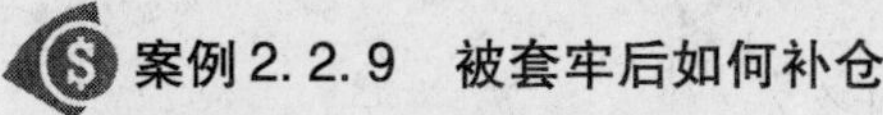

案例2.2.9 被套牢后如何补仓

【案例知识点】股票投资技巧

【案例类型】运用案例

【案例来源】证券之星

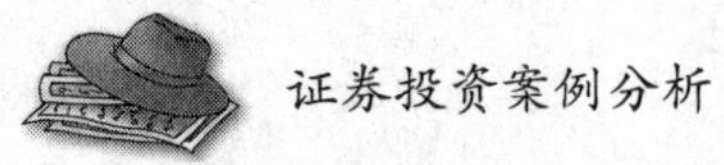

【案例时间】2010 年 5 月

【案例内容】补仓是被套牢后的一种被动应变策略，它本身不是一个解套的好办法，但在某些特定情况下它是最合适的方法。股市中没有最好的方法，只有最合适的方法。只要运用得法，它将是反败为胜的利器；如果运用不得法，它也会成为作茧自缚的温床。因此，在具体运用补仓技巧的时候要注意以下要点：

1. 熊市初期不能补仓

这个道理炒股的人都懂，但有些投资者无法区分牛熊转折点怎么办？有一个很简单的办法：股价跌得不深坚决不补仓。如果股票现价比买入价低 5% 就不用补仓，因为随便一次盘中振荡都可能解套。要是现价比买入价低 20% ~30% 以上，甚至有的股价被腰斩时，就可以考虑补仓，后市进一步下跌的空间已经相对有限。

2. 大盘未企稳不补仓

大盘处于下跌通道中或中继反弹时都不能补仓，因为，股指进一步下跌时会拖累绝大多数个股一起走下坡路，只有极少数逆市走强的个股可以例外。补仓的最佳时机是在指数位于相对低位或刚刚向上反转时。这时上涨的潜力巨大，下跌的可能最小，补仓较为安全。

3. 弱势股不补

特别是那些大盘涨它不涨，大盘跌它跟着跌的无庄股。因为，补仓的目的是希望用后来补仓的股票赢利弥补前面被套股的损失，既然这样大可不必限制自己一定要补原来被套的品种。补仓补什么品种不关键，关键是补仓的品种要取得最大的赢利，这才是要重点考虑的。所以，补仓要补就补强势股，不能补弱势股。

4. 前期暴涨过的超级黑马不补

历史曾经有许多独领风骚的龙头，在发出短暂耀眼的光芒后，从此步入漫漫长夜的黑暗中。如：四川长虹、深发展、中国嘉陵、青岛海尔、济南轻骑等，它们下跌周期长，往往深跌后还能深跌，探底后还有更深的底部。投资者摊平这类股，只会越补越套，而且越套越深，最终将身陷泥潭。

5. 把握好补仓的时机

力求一次成功。千万不能分段补仓、逐级补仓。首先，普通投资者的资金有限，无法经受得起多次摊平操作。其次，补仓是对前一次错误买入行为的弥补，它本身就不应该再成为第二次错误的交易。所谓逐级补仓是在为不谨慎的买入行为做辩护，多次补仓，越买越套的结果必将使自己陷入无法自拔的境地。

【案例问题】

（1）根据案例分析，被套牢后补仓的作用是什么？

（2）根据案例分析，被套牢后补仓时要注意哪些要点？

（3）根据案例分析，被套牢后补仓为什么要力求一次成功。千万不能分段补仓、逐级补仓？

【案例分析】

(1) 补仓是被套牢后的一种被动应变策略，它本身不是一个解套的好办法，但在某些特定情况下它是最合适的方法。

(2) 被套牢后补仓时要注意：熊市初期不能补仓；大盘未企稳不补仓；弱势股不补；前期暴涨过的超级黑马不补；把握好补仓的时机。

(3) 首先，普通投资者的资金有限，无法经受得起多次摊平操作。其次，补仓是对前一次错误买入行为的弥补，它本身就不应该再成为第二次错误的交易。

案例 2.2.10 牛市操作技巧

【案例知识点】股票投资技巧

【案例类型】运用案例

【案例来源】金融界

【案例时间】2007 年 12 月

【案例内容】在牛市中，虽然股指出现反复上涨，许多个股也纷纷创造了巨大的财富效应。但不少投资者由于没有及时转换成牛市操作思路和策略，因而非但没有获取较好的收益，有的还亏损。牛市要有牛市的操作策略。

1. 敢于持续看多

在实际操作中，要想正确应对大的牛市，首先是在思想上要敢于看多，克服恐高症，摒弃一涨就卖的思维方式。因为一旦行情得以确立，在消息面、资金面没有根本改变前，行情就不会轻易结束。行情得到政策、资金配合，持续走高，如果总是不敢看多，势必会失去很多赚钱机会。

2. 紧盯龙头品种

一般而言，一波上涨行情当中，上涨幅度最大的肯定是领涨品种，因此在牛市操作过程中，一定要紧紧抓住龙头品种，并在资金配置上加大龙头品种的买入比例，只有这样，才能跑赢大盘。

3. 把握联动机会

如果在行情的初期，或者在领涨的龙头品种启动后没有及时介入，也没有太大关系。因为一个板块成为主流板块之后，在领涨龙头品种持续上涨的带动下，其他个股将会出现联动上涨，选择有重组题材或流通市值小的相同板块股票，一样可以获得较大收益。

4. 中线持股为主

操作过程中，一旦买入主流品种，就要抱着中线持股的心态，不宜频繁换股，更不宜短线操作。因为主流品种往往会走出持续上涨的行情，这种股票很少有短线机会，一旦过早卖出，便很难买回，结果错过极好的获利机会。

5. 及时调换股票

在行情初期，往往很难看清谁是龙头品种。但一旦看清主流板块和品种，就要把自己持有的非主流板块及时换成主流品种，比如在有色金属启动之后，及时把钢铁、电力等非主流品种进行换股，相信会获得较好的收益。如果一味拿着非主流热点股票不动，不去换股操作，即使大盘涨了许多，也只能落个赚指数不赚钱的结果。

6. 善于追涨抢进

主流品种往往会持续上涨，操作中要善于追涨龙头品种，比如在其刚刚出现放量拉升或在其刚刚突破一个平台时追进，也是很好的策略。操作中最忌讳的是因为龙头股有了一定涨幅而不敢追进，或不愿意买入，这将失去难得的机会。

7. 在调整时抄底

牛市中还要学会在调整中大胆抄底，尤其是对于领涨的主流品种，在其出现第一次大调整过程中，一旦出现缩量走稳，便可大胆介入。因为主流品种的第一次上涨往往都是建仓过程或是脱离主力资金成本过程，调整后才会展开最具爆发力的拉升行情，如果在调整末期及时抄底，随后的涨幅也相当大。同时，在一波行情尚无见顶迹象之前，期间的调整都是不错的介入机会，至今股指的多次短线调整，也给介入创造了良好的机会。

【案例问题】

（1）根据案例分析，牛市中操作要注意哪些问题？

（2）根据案例分析，为什么在牛市中要敢于持续看多？

（3）根据案例分析，为什么在牛市中要紧盯龙头品种？

（4）根据案例分析，在牛市中如何把握联动机会？

（5）根据案例分析，在牛市中如何及时调换股票？

（6）根据案例分析，在牛市中如何追涨抢进？

（7）根据案例分析，在牛市中为什么要以中线持股为主？

（8）根据案例分析，在牛市中如何在调整时抄底？

【案例分析】

（1）牛市中操作要注意敢于持续看多，紧盯龙头品种，把握联动机会，中线持股为主，及时调换股票，善于追涨抢进，在调整时抄底。

（2）因为一旦行情得以确立，在消息面、资金面没有根本改变前，行情就不会轻易结束。

（3）一般而言，一波上涨行情当中，上涨幅度最大的肯定是领涨品种，因此在牛市操作过程中，一定要紧紧抓住龙头品种，并在资金配置上加大龙头品种的买入比例，只有这样，才能跑赢大盘。

（4）如果在行情的初期，或者在领涨的龙头品种启动后没有及时介入，也没有太大关系。因为一个板块成为主流板块之后，在领涨龙头品种持续上涨的带动下，其他个股将会出现联动上涨，选择有重组题材或流通市值小的相同板块股票，一样可以获得较大收益。

（5）在行情初期，往往很难看清谁是龙头品种。但一旦看清主流板块和品种，就要把自己持有的非主流板块及时换成主流品种。

（6）主流品种往往会持续上涨，操作中要善于追涨龙头品种，比如在其刚刚出现放量拉升或在其刚刚突破一个平台时追进，也是很好的策略。

（7）因为主流品种往往会走出持续上涨的行情，这种股票很少有短线机会，一旦过早卖出，便很难买回，结果错过极好的获利机会。

（8）牛市中要学会在调整中大胆抄底，尤其是对于领涨的主流品种，在其出现第一次大调整过程中，一旦出现缩量走稳，便可大胆介入。如果在调整末期及时抄底，随后的涨幅也相当大。同时，在一波行情尚无见顶迹象之前，期间的调整都是不错的介入机会。

3 债券投资

3.1 债券概述

案例 3.1.1 债券起源与发展

【案例知识点】债券概念与特征

【案例类型】基础案例

【案例来源】和讯债券

【案例时间】2010 年 6 月

【案例内容】在证券中，债券的历史比股票要悠久，其中最早的债券形式就是在奴隶制时代产生的公债券。据文献记载，希腊和罗马在公元前 4 世纪就开始出现国家向商人、高利贷者和寺院借债的情况。进入封建社会之后，公债就得到进一步的发展，许多封建主或帝王每当遇到财政困难，特别是发生战争时便发行公债。

1. 国外债券的起源与发展

12 世纪末期，在当时经济最发达的意大利城市佛罗伦萨，政府曾向金融业者募集公债，其后热那亚、威尼斯等城市相继仿效。15 世纪末 16 世纪初，美洲新大陆被发现，欧洲和印度之间的航路开通，贸易进一步扩大。为争夺海外市场而进行的战争使得荷兰、英国等竞相发行公债，筹措资金。

英国 1600 年设立的东印度公司，是历史上最古老的股份公司，它除了发行股票之外，还发行短期债券，并进行买卖交易。美国在独立战争时期，也曾发行多种中期债券和临时债券，战争结束后，各类战争债、州政府债、社区债种类繁多，支付货币五花八门，整个金融市场一片混乱。1790 年，33 岁的财政部长亚历山大·汉密尔顿向国会递交了一份债务重组计划，宣布在 1788 年宪法通过之前美国发行的所有债务，包括联邦与地方政府发行的各种战争债、独立战争中军队签的各种借条，全部按原条款由联邦政府全额兑换。为了实现承诺，政府发行三只新债券，头两只债券年息 6%（一只于 1791 年开始付息，另一只于 1801 年才付息），第三只债券只付息 3%，简化了新国家的债务局面，随后这些债券与次年推出的“美国银行”股票的发行和交易便形成了美国最初的证券市场。债券市场起源于战争融资需要，先于其他证券市场发展。

19 世纪 30 年代后，美国各州大量发行州际债券。19 世纪四五十年代由政府担保的铁路债券迅速增长，有力地推动了美国的铁路建设。19 世纪末到 20 世纪，欧美资本主义各国相继进入垄断阶段，为确保原料来源和产品市场，建立和巩固殖民统治，加速资本的积聚和集中，股份公司发行大量的公司债，并不断创造出新的债券种类，这样就逐步组建并形成了今天多品种、多样化的债券体系。

2. 我国债券市场发展情况

我国债券市场的发展可以简单地划分为两个阶段：

（1）我国债券市场的起步阶段（1981—1993 年）

这一时期，我国债券市场的国债发行规模逐年增大，金融债券的发行主体是四大国有独资商业银行，发行规模较小，企业债券发行规模逐年增大。

1981 年财政部恢复发行国债，从而结束了中国开始于 20 世纪 50 年代末的长达 20 年的“无债时代”。1988 年年初，国家逐步增开国债流通转让试点，标志着我国国债流通市场的产生，奠定另外国债二级市场发展的基础。1991 年财政部组织了国债的承购包销，首次将市场机制引入国债一级市场。1990 年 12 月，上海证券交易所开业，推动了国库券地区间交易的发展。

1985 年中国开始发行金融债券，但金融债券发行主体主要是四大国有独资商业银行，发行规模比同期国债和企业债券都要小。

1988 年中国开始发行企业债券，从 20 世纪 80 年代中期到 1992 年，中国出现了从农村到城市兴办集体企业的热潮，不少乡镇企业率先采用“以资代劳”和“以劳代资”方式向厂内职工筹集资金，企业债券也获得了迅速发展的机会。到了 1992 年，我国企业债券发行规模达到了最高规模，全年发行 680 多万亿元。1993 年，国务院颁布新的《企业债券管理条例》，对企业债券实行额度管理和审批制，债券市场得到规范，但规模也随之缩小。

（2）我国债券市场的快速发展阶段（1994 年至今）

这一时期我国国债市场发展十分迅速，规模骤增，金融债券发展相对平稳，而企业债券在 2003 年前发展相对不足，此后才有了较快的发展。

1994 年，中国实行财税体制改革，财政部不能再向中央银行透支，而是要通过发行国债来弥补财政赤字，这导致该年国债发行首次超过 4 亿元大关，并在以后各年加速增长。1998 年，为了应对亚洲金融危机，扩大我国内需，在原定计划基础上增发国债 1000 亿元，国债规模突破 3000 亿元，2002 年国债规模接近 6000 亿元。

1994 年，中国进行金融体制改革，成立了三家政策性银行。同年 4 月，国家开发银行首次发行政策性金融债券，从此，三大政策性银行成为金融债券的发行主体。就规模而言，金融债券是仅次于国债的债券品种。

1996 年以来，中国企业债券步入恢复和平稳发展阶段。1996 年、1997 年、1998 年分别安排企业债券发行规模 250 亿元、300 亿元、380 亿元。国务院批准了中国证监会负责批准企业债券的上市，监管企业债券的交易活动，并监管可转换债券的发行、交易、托管和清算。1999年没有安排新的企业债券发行计划。2000—2005年，企业债券分别发行89亿元、147亿元、325亿元、358亿元、326亿元和654亿元。

2005年10月10日，中国人民银行批准国际金融公司和亚洲开发银行在全国银行间债券市场分别发行人民币债券11.3亿元和10亿元。这是中国债券市场首次引入外资机构发行主体，是中国债券市场对外开放的重要举措和有益尝试。

目前，我国已经初步形成了比较完善的债券市场结构体系，如下图所示。

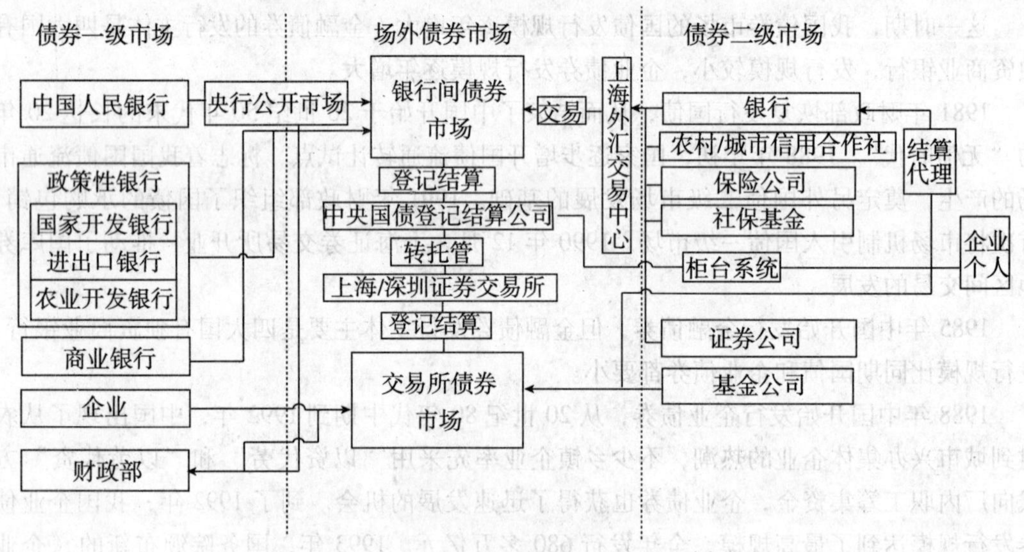

我国债券市场结构图

【案例问题】

（1）根据案例分析，债券市场起源于什么需要？

（2）根据案例分析，我国债券市场由哪几部分构成？

（3）根据案例分析，哪个事件的发生结束了中国开始于20世纪50年代末的长达20年的“无债时代”？

【案例分析】

（1）债券市场起源于战争需要。

（2）我国债券市场由债券一级市场、债券二级市场和场外债券市场构成。

（3）1981年财政部恢复发行国债，从而结束了中国开始于20世纪50年代末的长达20年的“无债时代”。

案例 3.1.2 我国购买“两房”债券

【案例知识点】债券的收益与风险

【案例类型】基础案例

【案例来源】搜狐新闻

【案例时间】2010 年 7 月

【案例内容】“开着宝马进去，骑着自行车出来。”比起中国投资者，输得底儿掉的“两房”投资人现在连自我调侃的心情都没有。2010 年 6 月 16 日，由于两房股价长期处于 1 美元以下，不符合纽约证券交易所交易规则，美国联邦住房金融局发表声明，“勒令”房利美和房地美两家公司从纽约证券交易所摘牌。这一此前没有任何风声走漏的“深水炸弹”，不仅瞬间重伤普通股民，还惊扰了中国持有的数千亿债券。

房利美与房地美已于第一时间表示接受退市要求。截止到 16 日收盘，两房股票遭遇投资者疯狂抛售，暴跌近 4 成。房利美股价不足 40 美分，房地美股价仅为 50 美分左右。早在 2007 年 9 月，房利美最高位每股 99 美元，房地美是 48 美元。3 年间“两房”股价缩水高达 99%，相当于被“清零”。

1. 保尔森自传“泄密”

现在，人们很关心中国究竟持有多少“两房”债券。然而确切的数据，不管是美国还是中国官方都没有透露。毕竟，这个问题太敏感了。

美国前财长保尔森在自传中指出，“外国投资者持有超过 1 万亿美元的由‘两房’发行或担保的债券，其中以日本、中国和俄罗斯为主”。

市场普遍认为，美国国内持有“两房”债券的 80%，按目前“两房”债券的规模，外国投资者持有量应在 1.2 万亿美元左右。

在次贷危机爆发时，保尔森在自传中透露，俄罗斯、中国大幅卖出美国政府担保的债券包括“两房”债券。俄罗斯几乎全部卖光，约 1700 亿美元，而中国卖了 500 亿美元。

2. “两房”有可能破产

假设当初卖出的都是“两房”债券的话，目前日本和中国大致将分摊剩下的近 1 万亿美元“两房”债券，中国估计持有其中的 5000 亿美元。标准普尔曾经在报告中指出，中国金融机构持有“两房”债券总额达到 3400 亿美元。一旦美国经济真的出现二次探底，美国房价继续下跌，“两房”的窟窿会越来越大。

“两房”被列入“可清算的金融实体”意味着，如果“两房”未来严重威胁到美国整体经济，可以考虑让它们破产。这种可能性有多大，谁也不知道，但美国人确实在考虑。一旦走到这一步，中国持有的大量“两房”债券将血本无归。

3. 保不保“两房”债券，美国政府很暧昧

“两房”是美国政府保荐的企业，然而“保荐”是否等同于“担保”？对此，美国政府官员的态度暧昧，一直没有给予明确的说法。两房“退市”会否拖累其债券的价值，

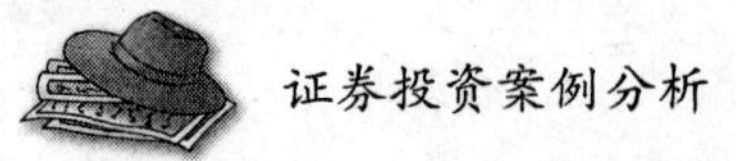

美国政府会不会撒手不管，令投资者血本无归，成为各方争议的焦点。

2000 年 3 月 22 日，时任美国财政部部长金赛尔出席国会听证时曾表示，联邦政府对政府保荐企业发行的债券不提供担保。

2010 年 4 月 3 日，美国财政部长盖特纳公开表示，人们不应该怀疑美国政府对“两房”的支持，但“房利美与房地美发行的债券不应该视为主权债券”。

在“两房”被强制退市的当天，美国一些由前政客组成的非官方机构明确指出，“两房”债券属于“非政府担保债券”，投资者获得了高于国债的利息，就应该同时承担起风险，更不能以美国纳税人的金钱来补助外资应承担的风险。

这充分表明，中国所持有的巨额“两房”并非“主权债券”，并非“无后顾之忧”。

4. 外汇管理局回应

2010 年 7 月 6 日，国家外汇管理局在其网站发布《外汇政策热点问题问答（二）》表示，“两房”是经美国国会立法批准成立的政府资助机构，其承保和购买的房地产贷款约占美国居民房地产市场的 50%，对美国房地产市场和美国经济至关重要。“两房”债券规模大、流动性较好，在债券投资领域一直是各国中央银行进行外汇储备投资的重要对象。危机期间，“两房”获得美国政府的积极救助，总体情况稳定。目前，美国政府拥有“两房”约 80% 的股份，是最大股东，此次“两房”根据交易所相关规定退市，对“两房”的债券未造成负面影响。

5. 未来风险取决于美国政府的态度

“两房”债券未来是否会发生违约仍是未知数。分析人士指出，美国政府并未明确对“两房”的担保，但市场一直相信政府对其存在隐形担保。2008 年金融危机之后，美国向“两房”注入数千亿美金，并成为其控股 80% 的股东，加强而不是减弱了政府担保。那时“两房”面临破产清算的危险远胜于今。在美国政府没有实质性改革之前，短期内“两房”债券仍将保持稳定。就美国政府而言，“两房”对维持其房地产市场的稳定起到重要作用，大面积债券违约对美国的房地产市场、抵押市场都会造成动荡。

6. 部分专家看法

“两房股票退市与两房的债券价格并没有直接关系。”中国社科院世界经济与政治研究所国际金融室副主任张明认为：‘两房’已经发行的债券，有政府隐含担保。“美国政府解救‘两房’时，已经对‘两房’债券的偿付能力进行了承诺。债券价格不会像股票一样一落千丈，到期还本付息的问题不大。当然如果美元大幅贬值，该损失我们是避免不了的。”

中国现代国际关系研究院世界经济研究所所长陈凤英说，“两房”退市对我国持有的债券并无直接影响，但未来是否会发生违约还取决于美国政府对“两房”的改革政策。

【案例问题】

（1）根据案例分析，“两房”股票退市的原因是什么？

（2）根据案例分析，“两房”债券与美国国债有什么区别？

（3）根据案例分析，“两房”股票退市对“两房”债券有什么影响？

（4）根据案例分析，“两房”债券未来是否会发生违约风险取决于什么因素？

【案例分析】

（1）“两房”股票退市是由于其股价长期低于1美元，这不符合纽约证券交易所交易规则。

（2）“两房”债券是由美国政府保荐的，但不提供担保，而美国国债是主权债券，由美国政府提供担保，因此风险小于“两房”债券，此外，“两房”债券的收益率高于美国国债。

（3）从短期来说，“两房”股票退市对“两房”债券价值并没有直接的影响，但是从长期来说，如果美国经济出现二次探底，房价继续下跌，则“两房”国债的风险会加大。

（4）“两房”债券未来是否会发生违约风险取决于美国政府的态度。

案例3.1.3 垃圾债券

【案例知识点】垃圾债券的特点

【案例类型】基础案例

【案例来源】和讯财经

【案例时间】2010年7月

【案例内容】垃圾债券（Junk Bond）又称劣等债券，是指信用评级甚低的企业所发行的债券。Junk意指旧货、假货、废品、哄骗等，之所以将其作为债券的一项形容词，是因为这种投资利息高（一般较国债高4%）、风险大，对投资人本金保障较弱。

1. 垃圾债券的起源

垃圾债券最早起源于美国，在20世纪二三十年代就已存在。70年代以前，垃圾债券主要是一些小型公司为开拓业务筹集资金而发行的，由于这种债券的信用受到怀疑，问津者较少，20世纪70年代初其流行量还不到20亿美元。20世纪70年代末期以后，垃圾债券逐渐成为投资者狂热追求的投资工具，到20世纪80年代中期，垃圾债券市场急剧膨胀，迅速达到鼎盛时期。在整个80年代，美国各公司发行垃圾债券1700多亿美元，其中被称作“垃圾债券之王”的德崇证券公司就发行了800亿美元，占47%。1988年垃圾债券总市值高达2000亿美元。1983年德崇证券收益仅10多亿美元，但到了1987年该公司就成为华尔街赢利最高的公司，收益超过40亿美元。有“垃圾债券之神”、“魔术师”之称的该公司负责人米尔根1987年的薪俸高达5.5亿美元，“寻找资金就要找米尔根”成为当时市面的流行语。

2. 垃圾债券风行的原因

垃圾债券20世纪80年代在美国能风行一时，主要有以下几个原因：

①20世纪80年代初正值美国产业大规模调整与重组时期，由此引发的更新、并购所

需资金单靠股市是远远不够的，加上在产业调整时期这些企业风险较大，以赢利为目的的商业银行不能完全满足其资金需求，这是垃圾债券应时而兴的重要背景。

②美国金融管制的放松，反映在证券市场上，就是放松对有价证券发行人的审查和管理，造成素质低下的垃圾债券纷纷出笼。

③杠杆收购的广泛运用，即小公司通过高负债方式收购较大的公司。高负债的渠道主要是向商业银行贷款和发行债券，筹到足够资金后，便将不被看好而股价较低的大公司股票大量收购而取得控制权，再进行分割整理，使公司形象改善、财务报告中反映的经营状况好转，待股价上升至一定程度后全部抛售大捞一把，还清债务后，拂袖而去。其中最著名的例子是1988年年底，亨利·克莱斯收购雷诺烟草公司，收购价高达250亿美元，但克莱斯本身动用的资金仅1500万美元，其余99.94%的资金都是靠米尔根发行垃圾债券筹得的。

④20世纪80年代后美国经济步入复苏，经济景气使证券市场更加繁荣。在经济持续旺盛时期，人们对前景抱有美好憧憬，更多地注意到其高收益而忽略了风险，商业银行、证券承销商及众多投机者都趋之若鹜，收购者、被收购者、债券持有者和发行人、包销商都有利可获。

3. 垃圾债券的影响

巨额的垃圾债券像被吹胀的大气泡，终有破灭的一天。由于债券质量日趋下降，以及1987年股灾后潜在熊市的压力，从1988年开始，发行公司无法偿付高额利息的情况屡有发生，垃圾债券难以克服“高风险→高利率→高负担→高拖欠→更高风险……”的恶性循环圈，逐步走向衰退。

垃圾债券在美国风行的10年虽然对美国经济产生过积极作用，筹集了数千亿游资，也使日本等国资金大量流入，并使美国企业在强大外力压迫下刻意求新，改进管理等，但也遗留下了严重后果，包括储蓄信贷业的破产、杠杆收购的恶性发展、债券市场的严重混乱及金融犯罪增多等。

【案例问题】

（1）根据案例分析，什么是垃圾债券？它有什么特点？

（2）根据案例分析，垃圾债券20世纪80年代在美国风行的原因是什么？

（3）根据案例分析，垃圾债券有什么难以克服的缺陷？

【案例分析】

（1）垃圾债券又称劣等债券，是指信用评级甚低的企业所发行的债券。它的特点是投资利息高、风险大，对投资人本金保障较弱。

（2）垃圾债券20世纪80年代在美国风行的原因是：①商业银行不能完全满足公司的资金需求；②美国金融管制的放松；③杠杆收购的广泛运用；④20世纪80年代后美国经济步入复苏，经济景气使证券市场更加繁荣。

（3）垃圾债券难以克服“高风险→高利率→高负担→高拖欠→更高风险……”的恶

性循环圈。

案例 3.1.4 三峡公司企业债券发行

【案例知识点】企业债券的特点

【案例类型】基础案例

【案例来源】和讯债券

【案例时间】2010 年 7 月

【案例内容】在中国谈企业债，不能不提中国长江三峡工程开发总公司。它是迄今为止在中国发债次数最多，而且每次发债都有产品创新的企业。

1. 三峡工程融资概况

从 1997 年 2 月—2010 年 7 月，三峡总公司共发行了 9 期 12 个品种的债券，共融得 345 亿元资金。论次数、论金额、论创新，三峡债券都是中国企业债券的龙头和样板。要了解三峡债券的来龙去脉，就必须先了解举世瞩目的三峡工程的总体融资概况。众所周知，三峡工程是我国唯一一个在全国人民代表大会上进行审议表决通过的建设项目。早在解放初期，国家就已经开始论证三峡工程的可行性。三代中央领导集体都为兴建三峡工程倾注了大量心血。但是三峡工程在酝酿多年之后，中央还是难以下决心。除去很多技术问题以外，资金供应难以得到保证无疑是一个非常重要的因素。1994 年国务院批准长江三峡工程总体筹资方案时，确定了三峡工程的静态投资总额为 900.9 亿元。如果综合考虑工期内的物价上涨和利息等因素，动态投资总额为 2039 亿元。工程的资金需求从 1993 年到 2005 年逐年上升，从 2005 年到 2009 年工程收尾阶段资金需求呈下降趋势，但是也仍旧保持在每年 100 亿～200 亿元的水平。

2. 资金供给难题

三峡工程的资金供给主要有以下几个方面。首先，三峡工程建设基金。这笔资金由财政部以电力附加税的形式在全国范围内征收，直接拨付给三峡总公司作为国家资本金，总计约 1000 亿元。其次，是“牵来葛洲坝电厂这头高产奶牛”。葛洲坝电厂可以在三峡工程 18 年建设工期内 100 亿元左右。另外，国家开发银行还可以提供每年 30 亿元，共计 300 亿元的政策性贷款支持。而 2004 年三峡电厂并网发电后，也可以在剩下的 5 年工期里产生 670 亿元的收入。以上这些资金来源总计约为 2070 亿元，和动态投资总额基本相当。

但是，如果对比每一个工程进展阶段的资金供求情况就会发现，1994—2006 年这一段哺乳期内，三峡工程将直接面对“奶不够吃”的问题。由于事先准确地预测到了这个阶段性资金缺口，三峡总公司的领导层从上任第一天起就为三峡工程的总体筹资方案确定了三条原则，即国内融资与国际融资相结合，以国内融资为主；股权融资与债权融资相结合，以债权融资为主；长期资金与短期资金相结合，以长期资金为主。

3. 债券融资：远水解近渴

经反复论证，三峡决策层认为这是可行的。首先，当时已并入三峡总公司的葛洲坝电厂每年可带来10亿元的稳定现金流入，这也为滚动发债、滚动还息提供了现实的可能。其次，如果再算上2003年三峡电厂开始并网发电后，又可形成每年近百亿元的稳定收入，三峡工程因后续滚动发债而带来的还本付息应该不成问题。再次，2009年工程完工之后，三峡总公司还将对长江上游的水电项目进行滚动开发，发债同样还可以成为弥补新资金缺口的重要手段。当时为何要确定以债权融资为主的原则？一般来讲，大型水电项目虽然规模大、工期长，但未来一定会有非常稳定的现金流。这种具有稳定收益的企业最适合发债，因为它今后的现金流能够保证债券兑付，而且资金成本比较低，如下表所示。

三峡债历年发行情况

名　称	发行时间	发行规模	发行期限	票面利率	利率类型
96 三峡债	1997.2	10亿股	3年	11.00%	固定利率
98 三峡债	1999.1	10亿股	3年	5.60%	固定利率
		10亿股	8年	6.20%	固定利率
99 三峡债	2000.7	30亿股	10年	R+1.75%	浮动利率
01 三峡债	2001.11	20亿股	10年	R+1.75%	浮动利率
		30亿股	15年	5.21%	固定利率
02 三峡债	2002.9	50亿股	20年	4.15%	固定利率
03 三峡债	2003.8	30亿股	30年	4.86%	固定利率
06 三峡债	2006.6	30亿股	20年	4.15%	固定利率
07 三峡债	2007.6	25亿股	10年	4.98%	固定利率
09 三峡债	2009.4	70亿股	5年	3.45%	固定利率
		30亿股	7年	4.05%	固定利率

资料来源：作者自己收集整理。

4. 债券融资的优势

发行企业债最主要的好处之一就是融资成本低。与股市相比，发债主体虽然要向投资人支出固定回报，但也具有债务融资税前付息的税盾优势。而与商业银行贷款相比，发债的资金筹措成本比较低。以10年期99三峡债为例，它每年向投资者支付的利息率只有4%，即便加上发行费用，最终还是要比向银行贷款的利率低1.6%~1.7%。

【案例问题】

（1）根据案例分析，三峡工程的资金来源主要有哪些渠道？

（2）根据案例分析，三峡总公司发行的债券有固定利率债券和浮动利率债券，二者之间有什么区别？

（3）根据案例分析，通过债券融资对三峡总公司具有哪些好处？

（4）根据案例分析，三峡总公司债券能够顺利销售的原因是什么？

【案例分析】

（1）三峡工程的资金来源有以下几个渠道：①三峡工程建设基金；②葛洲坝电厂；③国家开发银行提供的政策性贷款支持；④三峡电厂并网发电后5年内产生的收入。

（2）固定利率不受基础利率变化的影响，而浮动利率要受到基础利率变化的影响，因而也会影响到三峡总公司的利息支出。

（3）债券融资对三峡总公司最主要的好处就是融资成本低。与股市相比，发债主体虽然要向投资人支出固定回报，但也具有债务融资税前付息的税盾优势。而与商业银行贷款相比，发债的资金筹措成本比较低。

（4）三峡总公司债券能够顺利销售的原因主要有：首先，三峡工程是我国唯一一个在全国人民代表大会上进行审议表决通过的建设项目，其项目对我国的重要性不言而喻，因此政府会在财政上提供支持；其次，当时已并入三峡总公司的葛洲坝电厂每年可带来10亿元的稳定现金流入，这也为滚动发债、滚动还息提供了现实的可能。再次，2003年三峡电厂开始并网发电后，又可形成每年近百亿元的稳定收入。

案例3.1.5 国际债券

【案例知识点】国际债券的特征

【案例类型】基础案例

【案例来源】和讯债券

【案例时间】2010年6月

【案例内容】国际债券是指一国借款人在国际市场上以外国货币为面值，向外国投资者发行的债券。它包括外国债券和欧洲债券。

1. 欧洲债券

欧洲债券是指借款人在本国境外市场发行的，不以发行市场所在国货币为面值的国际债券。欧洲债券的特点是债券发行者、债券发行地点和债券面值所使用的货币可以分别为不同的国家。2001年12月俄罗斯某石油公司发行了5年期欧洲美元债券（按习惯，如果面值为美元的欧洲债券一般被称为欧洲美元债券），面额为100美元，年利率为12.75%，每年支付两次利息。该公司被标准普尔评为BBB+级，穆迪评为Baa1级。该债券在卢森堡证券交易所进行公开交易，花旗集团、德意志、德雷斯登佳华银行（Dresdner Kleinwort Wasserstein）、J. P. 摩根银行是此次交易的承销商。在宣布发行债券之前，该石油公司在阿姆斯特丹、杜塞尔多夫、伦敦、巴黎、法兰克福举行了为期3天的投资者最新信息发布会，在此次发布会上该公司表示，所筹集的资金将用于提高萨哈林和西伯利亚油田的开采以及全面改造两个大炼油厂，这之后俄罗斯许多大石油公司都想利用这种融资手段进行融资。这些石油公司以为，通过发行欧洲债券融资当时是最好的时机，因为利息较低，而且从国际市场上筹集到的是长期贷款，可以用于大的投资项目。

2. 扬基债券

扬基债券是在美国债券市场上发行的外国债券，即美国以外的政府、金融机构、工商企业和国际组织在美国国内市场发行的、以美元为计值货币的债券。“扬基”一词英文为“Yankee”，意为“美国佬”。由于在美国发行和交易的外国债券都是同“美国佬”打交道，故名扬基债券。扬基债券具有如下几个特点：①期限低、数额大。扬基债券的期限通常为5~7年，一些信誉好的大机构发行的扬基债券期限甚至可达20~25年。近年来，扬基债券发行额平均每次都在7500万~1.5亿美元，有些大额发行甚至高达几亿美元。②美国政府对其控制较严，申请手续远比一般债券烦琐。③发行者以外国政府和国际组织为主。④投资者以人寿保险公司、储蓄银行等机构为主。

扬基债券存在的时间已经很长，但在20世纪80年代以前，扬基债券的发行受到美国政府十分严格的控制，发行规模不大，20世纪80年代中期以来，美国国会顺应金融市场改革潮流，通过了证券交易修正案，简化了扬基债券发行手续。之后，扬基债券市场有了较快的发展，1992年扬基债券的发行量为232亿美元，1996年增至405亿美元。

3. 武士债券

武士债券是在日本债券市场上发行的外国债券，是日本以外的政府、金融机构、工商企业和国际组织在日本国内市场发行的以日元为计值货币的债券。“武士”是日本古时的一种很受尊敬的职业，后来人们习惯将一些带有日本特性的事物同“武士”一词连用，“武士债券”也因此得名。武士债券均为无担保发行，典型期限为3~10年，一般在东京证券交易所交易。

第一笔武士债券是亚洲开发银行在1970年12月发行的，早期武士债券的发行者主要是国际机构，1973—1975年由于受到世界石油价格暴涨的影响，日本国际收支恶化，武士债券的发行相应中断，20世纪80年代以后，日本贸易出现巨额顺差，国内资金充裕，日本放宽了对外国债券发行的限制，武士债券发行量大幅度增加，1996年发行量达到了355亿美元。

我国金融机构进入国际债券市场发行外国债券就是从发行武士债券开始的，1982年1月，中国国际信托投资公司在日本东京发行了100亿日元的武士债券，1984年11月，中国银行又在日本东京发行了200亿日元的武士债券。

【案例问题】

(1) 根据案例分析，欧洲债券和外国债券有什么区别?

(2) 根据案例分析，为什么俄罗斯许多大石油公司都想利用欧洲债券融资手段进行融资?

(3) 根据案例分析，扬基债券具有哪些特点?

(4) 根据案例分析，我国金融机构进入国际债券市场发行外国债券是从发行何种债券开始？

（5）根据案例分析，外国债券的典型代表有哪些？

【案例分析】

（1）欧洲债券和外国债券虽然都是国家债券，但欧洲债券的发行货币与发行地点所在国的货币不一致，外国债券的发行货币与发行地点所在国的货币一致。

（2）因为这些石油公司以为，通过发行欧洲债券融资当时是最好的时机，因为利息较低，而且从国际市场上筹集到的是长期贷款，可以用于大的投资项目。

（3）扬基债券具有如下特点：①期限低、数额大；②美国政府对其控制较严，申请手续远比一般债券烦琐；③发行者以外国政府和国际组织为主；④投资者以人寿保险公司、储蓄银行等机构为主。

（4）我国金融机构进入国际债券市场发行外国债券就是从发行武士债券开始的。

（5）外国债券的典型代表有扬基债券和武士债券。

3.2 债券投资

案例 3.2.1 个人投资者如何掘金债市

【案例知识点】债券投资方法

【案例类型】运用案例

【案例来源】第一理财网

【案例时间】2010 年 7 月

【案例内容】随着 2009 年 4 月 3 日新疆地方债的上市交易，从而拉开了地方债登场的序幕。而随着这一债市投资新品的登场，债市投资品更加让投资者眼花缭乱起来，如国债、地方债、公司债、债券基金等品种。但是对于普通投资者而言，谁是最适合的投资选择呢？

1. 凭证式国债

凭证式国债类似银行定期存单，利率通常比同期银行存款利率高，是一种纸质凭证形式的储蓄国债。凭证式国债的发售和兑付是通过各大银行的储蓄网点、邮政储蓄部门的网点以及财政部门的国债服务部办理。办理手续和银行定期存款办理手续类似，但只有在规定的发行期内方可买到。

凭证式国债不可以上市流通，但可以随时到原购买点兑取现金，提前兑取按持有期限长短、取相应档次利率计息，各档次利率均接近银行同期存款利率。此外，凭证式国债的提前兑取是一次性的，不能部分兑取，流动性相对较差。

与其他投资品种相比，凭证式国债发售网点多，购买和兑取方便，手续简便；可以记名挂失，持有的安全性较好。

2. 记账式国债

记账式国债主要面向机构投资者，是由财政部通过无纸化方式发行，以计算机记账方式记录债权，并可以上市交易的债券。它可随时买卖，流动性强，每年付息一次，实际收入比票面利率高。比较专业的投资者如果对市场和个券走势有较强的预测能力，可以在对市场和个券做出判断和预测后，采取“低买高卖”的手法进行国债的买卖。

认购记账式国债不收手续费。但不能提前兑取，只能进行买卖。在买卖时，券商要收取相应的手续费。记账式国债的价格是上下浮动的，高买低卖便会造成亏损；反之，低买高卖可以赚取差价；记账式国债期限一般较长，利率普遍没有新发行的凭证式国债高。

3. 电子储蓄国债

电子储蓄国债是财政部面向境内中国公民发行的，以电子方式记录债权的一种不可上市流通的人民币债券。与凭证式储蓄国债相比，电子储蓄国债有专门的计算机系统用于记录和管理投资人的债权，免去了投资者保管纸质债权凭证的麻烦，债权查询方便。电子储蓄国债没有信用风险与价格波动风险。按年付息，存续期间利息收入可用于日常开支或再投资。

电子储蓄国债的投资门槛较低，一般 100 元为起，按 100 元的整数倍发售、兑付和办理各项业务，每个账户购买当期国债最高限额为 300 万元，实行实名制，不可以流通转让，但可以按照相关规定提前兑取、质押贷款和非交易过户。与凭证式国债不同的是，电子储蓄国债在提前兑取时，可以只兑取一部分，满足临时部分资金需求。投资者如需提前兑取，须按本金的 1% 收取手续费。另外需要注意，电子式国债的质押需要系统支持，不是每个行都能办理。并且，电子式国债在付息前 15 个交易日不能提取。

4. 地方债

地方政府债，主要是一个国家的地方政府为了本地的大型公用设施建设而发行的债券，一般以当地政府的财政收入作为还本付息的保证，风险较低，能够保障投资者本金安全。

但是就 1.6% 左右票面利率来看，地方债对普通投资者的吸引力不强。目前认购地方债的多是银行等投资机构。部分专业机构认为地方债上市后，收益率不会有明显变化，因此，二级市场利差不会很大，如果中小投资者想做利差收益的话，可能获利不大。

5. 公司类债券

公司类债券包括公司债、企业债和可转债。其中，公司债和可转债由上市公司发行，企业债由非上市公司发行。

与其他类型债券相比，公司类债券流动性较好，可以流通买卖。根据期限和发行公司信用等级的不同，收益率差别较大，一般在 4% ~7%。普通投资者投资公司类债券面临一定困难，因为普通投资者很难完全掌握该公司的运行情况，不易察觉潜在风险，若信息披露不及时，投资者可能会作出错误决策。

因此，公司类债券适合具有一定风险承受能力，希望得到较高回报的稳健型投资者。

6. 债券基金

债券基金是专门投资于债券的基金，它本质上是通过债券选择、组合管理等专业方法，为投资者提供长期稳定的现金流，同时使本金只承受较低风险的一种投资工具。2008年，债券基金的收益率一般在5% ~10%。

由于投资门槛的限制，普通投资者想要投资银行间债券、企业债、可转债等债券产品通常比较困难，债券基金则可以突破这种限制。相比国债而言，债券基金具备投资范围广、预期收益高、申赎灵活的特点。但是，债券基金具有一定的风险，即存在侵蚀本金的可能性，主要体现在提前赎回基金时净值按市场估值可能低于本金；所投资的信用债券可能发生本金损失。

【案例问题】

（1）根据案例分析，如何购买凭证式国债?

（2）根据案例分析，凭证式国债如何提前变现?

（3）根据案例分析，记账式国债有什么特点?

（4）根据案例分析，电子储蓄国债与凭证式国债相比具有哪些特征?

（5）根据案例分析，公司类债券适合什么样的投资者?

（6）根据案例分析，相比国债而言，债券基金具有什么样的特点?

【案例分析】

（1）凭证式国债的发售和兑付是通过各大银行的储蓄网点、邮政储蓄部门的网点以及财政部门的国债服务部办理。办理手续和银行定期存款办理手续类似，但只有在规定的发行期内方可买到。

（2）凭证式国债可以随时到原购买点兑取现金，但只能一次性提前兑取，不能部分兑取。

（3）记账式国债的特点主要有：①认购不收手续费，但不能提前兑取，只能进行买卖；②在买卖时，券商要收取相应的手续费；③价格是上下浮动的；④记账式国债期限一般较长，利率普遍没有新发行的凭证式国债高。

（4）与凭证式储蓄国债相比，电子储蓄国债免去了投资者保管纸质债权凭证的麻烦，债权查询方便；没有信用风险与价格波动风险，按年付息；提前兑取时，可以只兑取一部分。

（5）公司类债券适合具有一定风险承受能力，希望得到较高回报的稳健型投资者。

（6）相比国债而言，债券基金具备投资范围广、预期收益高、申赎灵活的特点。

案例 3.2.2　陈先生的债券投资

【案例知识点】债券投资技巧

【案例类型】运用案例

【案例来源】新浪财经

【案例时间】2009 年 1 月

【案例内容】一般来说，债券市场的投资者有两个显著特征。①2000 年之前很多都曾参与过债市的牛市行情，拥有丰富的投资债券的经验；②充分领略过股票的投资风险，从 2004 年后转向投资那些拥有稳定收益的品种。

1. 追求稳健，投资债券

陈先生属于后者。近 10 年的股票搏杀，在经历了太多的大喜大悲后，人到中年的陈先生投资心态已发生了改变，追求稳健的收益成为他的首选。

2004 年 4 月顺利从股市中撤离后，已离不开证券市场的陈先生把眼光盯上了债券市场。由于当时公布的 CPI 指数持续维持在高位运行，因此加息利空传闻始终困扰当时的债券市场，导致债券指数从 2004 年 3 月中旬的 98 点位置在短短一个月时间里，快速杀跌到 4 月 30 日最低的 91. 10 点。

2. 抓住反弹，获利颇丰

正所谓“城门失火，殃及池鱼”，很多长期债跌到了 85 元上下，而刚上市的中、短期债也都跌破了 99 元。此时股市正展开第一轮下跌，部分撤离的资金因此转而进入债券市场，由此债券市场展开了强劲的超跌反弹。而在本轮债券反弹行情中，陈先生主要依据股市投资中的经验，“五一”后他动用了 30 万资金逐步在 87. 3 元至 88 元区间买入 21 国债（7），因此从技术上看，该债券当时的价格远离所有中、长期均线，因此短线上可作反弹。之后当 21 国债（7）5 月底到了 30 日均线后，他在 92 元附近成功地兑现了结，一个月不到收益近 5%。

3. 机不可失，逐步建仓

在尝到了债券也可以赚大钱的甜头后，他加大并仔细研究了债券市场，当债市行情随后不温不火地走到 2004 年的 11 月中旬后，由于最大的加息利空政策基本可以消除，陈先生又一次看到了投资债券的机会，准备了近 100 万资金开始逐步建仓。而他的选择债券思路是年利率要高的短期债，在这个思路的指导下，7 年期拥有 4. 89% 的 04 国债（4）成为他的首选对象。

4. 看准机会，长期持有

2004 年 11 月底开始，他在 100. 10 元至 100. 50 元区间内迅速满仓，随后就以旁观者的心态冷眼旁观，并采取了股市中常用的“捂股”策略。当然他在买入的同时，也给自己设定了止盈位置。因此当 2005 年 7 月底 04 国债（4）的价格到达 111 元上方时，他选择了逐步出局，因为当时他不但拿到了近 9 个月每百元 3. 60 元的利息，而且得到了 10% 的差价，短短 9 个月他的债券投资收益高达 13. 6%。

【案例问题】

（1）根据案例分析，加息对债券有什么影响？

（2）根据案例分析，与股票投资相比，债券投资有什么特点？

（3）根据案例分析，陈先生债券投资成功的秘诀是什么？

【案例分析】

（1）债券价格一般与其票面利息率和市场利率挂钩，其中与票面利息率呈正相关，即票面约定利息率越高，债券价格越高，与市场利率呈负相关，即市场利率越高，其机会成本就越高，债券价格就越低。

（2）与股票投资相比，债券投资的风险小，收益也小，但债券投资的收益相对稳定。

（3）从案例来看，陈先生的成功首先在于能够正确运用投资分析方法，在购买21国债（7）时，利用技术分析，成功抓住了反弹，而在购买04国债（4）时，运用基本面分析方法排除了加息的可能，大胆持有，从而获利。其次，陈先生有着良好的投资心态，在获利后头脑清醒，能及时止盈，获利卖出。最后，陈先生有着严格的投资纪律，在获利后能够按照自己此前设定的止盈卖出证券。

案例 3.2.3　债券投资技巧

根据投资目的的不同，个人投资者的债券投资方法可分为以下三种：

1. 完全消极投资（购买持有法）

完全消极投资即投资者购买债券的目的是储蓄，获取较稳定的投资利息。这类投资者往往不是没有时间对债券投资进行分析和关注，就是对债券和市场基本没有认识，其投资方法就是购买一定的债券，并一直持有到期，获得定期支付的利息收入。适合这类投资者投资的债券有凭证式国债、记账式国债和资信较好的企业债。如果资金不是非常充裕，这类投资者购买的最好是容易变现的记账式国债和在交易所上市交易的企业债。这种投资方法风险较小，收益率波动性较小。

2. 完全主动投资

完全主动投资，即投资者投资债券的目的是获取市场波动所引起价格波动带来的收益。这类投资者对债券和市场有较深的认识，属于比较专业的投资者，对市场和各债券走势有较强的预测能力，其投资方法是在对市场和各债券做出判断和预测后，采取低买高卖的手法进行债券买卖。如预计未来债券价格（净价，下同）上涨，则买入债券等到价格上涨后卖出；如预计未来债券价格下跌，则将手中持有的该债券出售，并在价格下跌时再购入债券。这种投资方法债券投资收益较高，但也面临较高的波动性风险。

3. 部分主动投资

部分主动投资，即投资者购买债券的目的主要是获取利息，但同时把握价格波动的机会获取收益。这类投资者对债券和市场有一定的认识，但对债券市场关注和分析的时间有限，其投资方法就是买入债券，并在债券价格上涨时将债券卖出获取差价收入；如债券价格没有上涨，则持有到期获取利息收入。该投资方法下债券投资的风险和预期收益高于完全消极投资，但低于完全积极投资。

【案例问题】

（1）根据案例分析，运用完全消极投资法的投资者具有什么特点？

（2）根据案例分析，投资者如何运用完全主动投资法？

（3）根据案例分析，什么是部分主动投资？

【案例分析】

（1）完全消极投资法的投资者往往不是没有时间对债券投资进行分析和关注，就是对债券和市场基本没有认识。

（2）完全主动投资法是在对市场和各债券做出判断和预测后，采取低买高卖的手法进行债券买卖。如预计未来债券价格上涨，则买入债券等到价格上涨后卖出；如预计未来债券价格下跌，则将手中持有的该债券出售，并在价格下跌时再购入债券。

（3）部分主动投资是指投资者购买债券的目的主要是获取利息，但同时把握价格波动的机会获取收益。

案例 3.2.4　10 营港债发行公告及投资分析

【案例知识点】公司债券的特点

【案例类型】基础案例

【案例来源】和讯债券

【案例时间】2010 年 6 月

【案例内容】2010 年营口港务股份有限公司公司债券发行公告。

营口港（600317）于 2010 年月日公布“发行公司债券公告”，发行的基本情况包括以下几个方面：

（1）债券名称：2010 年营口港务股份有限公司公司债券。

（2）发行总额：本期债券的发行总额为 12 亿元。

（3）票面金额及发行价格：本期债券面值 100 元，按面值平价发行。

（4）发行数量：120 万手（1200 万张）。

（5）债券期限：8 年期，在第 5 年年末附发行人上调票面利率选择权和投资者回售选择权。

（6）发行人上调票面利率选择权：发行人有权决定是否在本期债券存续期限的第 5 年年末上调本期债券后 3 年的票面利率，上调幅度为 0 至 100 个基点（含本数），其中一个基点为 0.01%。

（7）投资者回售选择权：本期债券投资者有权选择在本期债券存续期限的第 5 年年末将其持有的债券全部或部分按面值回售给发行人，或者不要求向发行人回售其届时持有的本期债券。

（8）发行人上调票面利率和回售实施办法公告日：发行人将不晚于本期债券存续期限的第 5 个付息日前的 10 个交易日刊登关于是否上调本期债券票面利率以及上调幅度的公告和本期债券回售实施办法公告。

（9）债券形式：实名制记账式公司债券。

（10）债券利率：本期债券票面利率为5.90%。本期债券票面利率在债券存续期限的前5年内固定不变。如发行人行使上调票面利率选择权，未被回售部分债券在存续期限后3年票面利率为债券存续期限前5年票面利率加上调基点，在债券存续期限后3年固定不变。如发行人未行使上调票面利率选择权，则未被回售部分债券在存续期限5后3年票面利率仍维持原有票面利率不变。本期债券采取单利按年计息，不计复利，逾期不另计利息。

（11）还本付息的期限和方式：本期债券按年付息、到期一次还本。利息每年支付一次，最后一期利息随本金一起支付。若投资者部分或全部行使回售选择权，则回售部分债券的利息和本金于本期债券存续期限的第5个付息日一起支付。

本期债券的起息日为本期债券发行首日，即2010年3月2日（T日）。在本期债券存续期限内，自2011年起每年的3月2日为上一个计息年度的付息日（如遇法定节假日或休息日，则顺延至其后第一个交易日，下同）。若投资者行使回售选择权，则回售部分债券的付息日为2011—2015年每年的3月2日。本期债券的本金支付日为2018年3月2日，到期支付本金及最后一期利息，若投资者行使回售选择权，则回售部分债券的本金支付日为2015年3月2日。

（12）担保人及担保方式：营口港务集团有限公司为本期债券的还本付息出具了《担保函》，担保人承担保证的方式为无条件的不可撤销的连带责任保证担保，担保范围包括本期债券的本金及利息、违约金、损害赔偿金、实现债权的费用及其他应支付的费用。

（13）资信评级情况：经鹏元资信评估有限公司综合评定，发行人的主体信用等级为AA，本期债券的信用等级为AA。

（14）营港债投资分析：

①概况。公司拟将本期债券募集资金用于偿还公司1年内到期的非流动负债及长期借款。该资金使用计划将有利于调整并优化公司负债结构。公司实际控制人为营口市人民政府。主营港口装卸、堆存和运输服务，经营的散杂货种主要有金属矿石、钢铁、煤炭、非金属矿石、粮食等；专业化货种有集装箱、成品油及液体化工品业务。营口港（600317）拥有港口水域70平方千米，陆地面积20平方千米；拥有仓库和货物堆场580余万平方米；拥有集装箱、金属矿石、钢铁、成品油及液体化工品、煤炭、粮食、杂货等24个现代化专业泊位，其中万吨级以上泊位22个。

②赢利能力。2007年、2008年及2009年，公司分别完成货物吞吐量（不包括控股和参股公司吞吐量）5883.85万吨、7003.78万吨及7657.00万吨。随着港口货物吞吐量的不断上升，公司主营业务收入维持在较高水平，2007年、2008年及2009年主营业务收入分别为11.49亿元、18.32亿元和17.06亿元。

③偿债能力。公司近3年资产负债率均在50%以上，2009年资产负债率达63.39%，长期负债水平比较合理。流动比例、速动比例分别为0.77和0.68，短债偿债能力一般，因此，公司发行长债偿还银行短期借款。

④投资建议。二级市场中，09 华发债与 10 营港债剩余期限相近、等级相同的公司债。09 华发债剩余 7.6 年，目前到期收益率水平 6.21%，高于 10 营港债。09 华发债无担保，10 营港债股东全额担保，因此需要考虑担保情况对两只债券收益率的影响。二级市场同等级、同期限的 09 万业债、09 复地债到期收益率仅差 1BP，说明担保情况对二级市场收益率影响有限。因此，10 营港债票面利率较低，上市后投资者可等待收益率上行到 6.1% 左右再积极介入。

【案例问题】

（1）根据案例分析，营口港本次发行的是什么形式的债券？

（2）根据案例分析，营口港本次发行公司债券的目的是什么？

（3）根据案例分析，营口港本次发行的债券是固定利率债券还是浮动利率债券，或者是混合债券？

（4）根据案例分析，对 10 营港债应采取什么样的投资策略？

（5）根据案例分析，10 营港债赋予了发行人什么选择权？

（6）根据案例分析，10 营港债赋予了投资者什么选择权？

【案例分析】

（1）营口港本次发行的是“实名制记账式公司债券”。

（2）营口港本次发行公司债券的目的是将本期债券募集资金用于偿还公司 1 年内到期的非流动负债及长期借款，从而调整并优化公司的负债结构。

（3）10 营港债期限为 8 年，票面利率在债券存续期限的前 5 年内固定不变，后 3 年内公司有上调利率的选择权，因此本次发行的债券既不是固定利率债券也不是浮动利率债券，而是混合利率债券。

（4）与市场中同类债券相比，10 营港债票面利率较低，上市后投资者可等待收益率上行到 6.1% 左右再积极介入。

（5）10 营港债赋予了发行人上调票面利率选择权，即发行人有权决定是否在本期债券存续期限的第 5 年年末上调本期债券后 3 年的票面利率，上调幅度为 0 至 100 个基点。

（6）10 营港债赋予了投资者回售选择权，即债券投资者有权选择在债券存续期限的第 5 年年末将其持有的债券全部或部分按面值回售给发行人，或者不要求向发行人回售其届时持有的债券。

案例 3.2.5 10 盐东方收益率计算

【案例知识点】债券收益率的计算

【案例类型】运用案例

【案例来源】和讯债券

【案例时间】2010 年 6 月

【案例内容】下面分别是盐城东方投资开发集团有限公司和中国高科集团股份有限公

司2010年发行债券的基本情况。

1. 2010年盐城东方投资开发集团有限公司发行的债券基本情况

（1）债券名称：2010年盐城东方投资开发集团有限公司公司债券。简称：10盐东方。

（2）发行总额：人民币10亿元。

（3）债券期限：本期债券为7年期债券。

（4）债券利率：固定利率，在债券存续期内票面年利率为5.75%，本期债券采用单利按年计息，不计复利，逾期不另计利息。

（5）债券形式：实名制记账式企业债券。

（6）发行价格：债券面值100元，平价发行，以1000元人民币为一个认购单位，认购金额必须是人民币1000元的整数倍且不少于1000元。

（7）起息日：自发行首日（2010年6月8）开始计息，本期债券存续期限内每年的6月8日为该计息年度的起息日。

（8）计息期限：自2010年6月8日起，至2017年6月7日止。

（9）还本付息方式：每年付息一次，同时设置债券提前偿还条款，分别于2015年6月8日偿还本期债券本金2亿元，2016年6月8日偿还本期债券本金3亿元，2017年6月8日偿还剩余5亿元本金，最后3年的本金随利息的支付一起兑付。年度付息款项自付息首日起不另计利息，本金自兑付首日起不另计利息。

（10）债券担保：发行人以其拥有的对盐城市财政局的25.50亿元应收账款为本期债券提供质押担保。

（11）信用评级：经上海新世纪资信评估投资服务有限公司综合评定，本期债券的信用级别为AA+级，发行人主体长期信用等级为AA级。

2. 中国高科集团股份有限公司2010年发行的公司债券基本情况

（1）债券名称：2010年中国高科集团股份有限公司公司债券。简称：10中科债。

（2）发行总额：本期债券的发行总额为人民币2.8亿元。

（3）票面金额及发行价格：本期公司债券面值为100元，按面值平价发行。

（4）发行数量：28万手（280万张）。

（5）债券期限：7年。

（6）票面利率：本期债券票面利率为8.50%。

（7）发行首日：本期债券发行期限的第1日，即2010年2月2日。

（8）还本付息方式：按年付息、到期一次还本。利息每年支付一次，最后一期利息随本金一起支付。发行人按照登记公司相关业务规则将到期的利息和/或本金足额划入登记公司指定的银行账户后，不再另计利息。如遇法定节假日或休息日，则顺延至其后的第1个交易日。

（9）起息日：本期债券的起息日为发行首日，本期债券计息期间内每年的2月2日为该计息年度的起息日。

（10）利息登记日：2011—2017 年，每年 2 月 2 日的前 1 个交易日为本期债券利息登记日。

（11）担保方式：本期公司债券由北大方正集团有限公司提供不可撤销的连带责任保证担保。

（12）信用级别：发行人主体信用等级为 A，本期公司债券的信用等级为 AA +。

【案例问题】

（1）根据案例分析，按照付息方式的不同进行划分，10 盐东方和 10 中科债两种债券分别是什么类型的债券。

（2）根据案例分析，如果一位投资者在 2011 年 2 月 2 日以 95 元购进 10 中科债并持有到期，那么其到期收益率是多少？

（3）根据案例分析，上述两种债券哪只风险较大，理由是什么？

（4）根据案例分析，上述两种公司债券的发行期限和年份相同，为什么债券票面利率却相差很大？

【案例分析】

（1）10 盐东方和 10 中科债两种债券都是附息债券。

（2）到期收益率是指债券投资者从债券发行后购买，持有至到期偿还，在此期间的收益率。

10 中科债的认购收益率：

$$95 = \frac{8.5}{(1+y)} + \frac{8.5}{(1+y)^2} + \cdots + \frac{8.5}{(1+y)^6} + \frac{100}{(1+y)^6}$$

通过计算得出其认购收益率为：$y = 9.63\%$

（3）两只债券中，10 中科债的风险相对较高，首先是由于其发行主体信用比 10 盐东方债券的发行主体信用较低，其次是 10 盐东方债券设置有提前偿付条款，降低了其风险。

（4）一方面是由于两个债券发行主体的信用等级不同，10 盐东方的发行主体长期信用等级为 AA 级，而 10 中科债的发行主体信用等级为 A；另一方面是由于 10 盐东方设置了债券提前偿付条款，提前偿还使债券的风险降低，从而也使票面利率有所降低。

案例 3.2.6　10 国债（18）、10 国债（19）、10 国债（20）收益率计算

【案例知识点】债券收益率的计算

【案例类型】运用案例

【案例来源】和讯债券

【案例时间】2010 年 7 月

【案例内容】下面分别是我国 2010 年发行的第十八、第十九、第二十期记账式附息国债的基本情况。

1. 2010 年记账式附息（十八期）国债

（1）本期国债为固定利率债券，期限为 30 年，票面利率为 4. 03%，利息每半年支付一次；本期国债起息日为 2010 年 6 月 21 日，每年 6 月 21 日、12 月 21 日（节假日顺延，下同）支付利息，2040 年 6 月 21 日偿还本金并支付最后一次利息。

（2）本期国债于 2010 年 6 月 25 日起在上海证券交易所固定收益证券综合电子平台上市，交易方式为现券和回购。

（3）本期国债上市交易的现券证券名称为“10 国债 18”，证券代码为“019018”。

2. 2010 年记账式附息（十九期）国债

（1）本期国债为固定利率债券，期限为 10 年，票面利率为 3. 41%，利息每半年支付一次；本期国债起息日为 2010 年 6 月 24 日，每年 6 月 24 日、12 月 24 日（节假日顺延，下同）支付利息，2020 年 6 月 24 日偿还本金并支付最后一次利息。

（2）本期国债于 2010 年 6 月 30 日起在上海证券交易所固定收益证券综合电子平台上市，交易方式为现券和回购。

（3）本期国债上市交易的现券证券名称为“10 国债 19”，证券代码为“019019”。

3. 2010 年记账式附息（二十期）国债

（1）本期国债为固定利率债券，期限为 5 年，票面利率为 2. 52%，利息每年支付一次；本期国债起息日为 2010 年 7 月 8 日，每年 7 月 8 日（节假日顺延，下同）支付利息，2015 年 7 月 8 日偿还本金并支付最后一次利息。

（2）本期国债于 2010 年 7 月 14 日起在深圳证券交易所固定收益证券综合电子平台上市，交易方式为现券和回购。

（3）本期国债上市交易的现券证券名称为“10 国债 20”，证券代码为“019020”。

【案例问题】

（1）根据案例分析，如果一位投资者在 10 国债（18）发行时以面值购买该债券，持有 5 年后以 98 元的价格卖出，那么这位投资者的持有期收益率是多少？

（2）根据案例分析，假设一位投资者在 2015 年 6 月 24 日以 99 元的价格购买了 10 国债（19），并准备持有到期，则其到期收益率为多少？

（3）根据案例分析，如果一位投资者以 98 元价格认购了 10 国债（20），并准备持有到期，那么其认购收益率为多少？

【案例分析】

（1）持有期收益率是指投资者在发行时或发行后买进债券，且在到期偿还前卖出债券，在此期间的收益率。

$$100 = \frac{4.03/2}{(1+y/2)} + \frac{4.03/2}{(1+y/2)^2} + \frac{4.03/2}{(1+y/2)^3} + \cdots + \frac{4.03/2}{(1+y/2)^{10}} + \frac{98}{(1+y/2)^{10}}$$

通过计算收益率为：$y=3.66\%$

（2）到期收益率是指债券投资者从债券发行后购买，持有至到期偿还，在此期间的收益率。

$$99=\frac{3.41/2}{(1+y/2)}+\frac{3.41/2}{(1+y/2)^2}+\cdots+\frac{3.41/2}{(1+y/2)^{10}}+\frac{100}{(1+y/2)^{10}}$$

通过计算收益率为：$y=3.63\%$

（3）认购收益率是指从债券发行时买进，持有至到期还本付息，在此期间的收益率。

$$98=\frac{2.52}{(1+y)}+\frac{2.52}{(1+y)^2}+\cdots+\frac{2.52}{(1+y)^5}+\frac{100}{(1+y)^5}$$

通过计算收益率为：$y=2.75\%$

案例 3.2.7　10 石化 01、10 石化 02 收益率计算

【案例知识点】债券收益率的计算

【案例类型】运用案例

【案例来源】和讯债券

【案例时间】2010 年 7 月

【案例内容】中国石油化工股份有限公司 2010 年公司债券基本情况。

（1）债券名称：中国石油化工股份有限公司 2010 年公司债券（5 年期品种简称为“10 石化 01”，10 年期品种简称为“10 石化 02”）。

（2）债券形式：实名制记账式公司债券。

（3）发行规模：本期债券发行规模为 200 亿元。其中，5 年期品种（以下简称“品种一”）的最终发行总额为 110 亿元；10 年期品种（以下简称“品种二”）的最终发行总额为 90 亿元。

（4）债券利率：5 年期品种 3.75% 和 10 年期品种 4.05%，在债券存续期内固定不变。

（5）票面金额及发行价格：本期债券面值 100 元，本期债券按面值平价发行。

（6）还本付息的期限和方式：本期债券采用单利按年计息，不计复利，逾期不另计息。每年付息一次，到期一次还本，最后一期利息随本金的兑付一起支付。

（7）起息日：本期债券品种一的起息日为 2010 年 5 月 21 日，在该品种存续期限内每年的 5 月 21 日为该计息年度的起息日；品种二的起息日为 2010 年 5 月 21 日，在该品种存续期限内每年的 5 月 21 日为该计息年度的起息日。

（8）到期日：本期债券品种一的到期日为 2015 年 5 月 21 日；品种二的到期日为 2020 年 5 月 21 日。

（9）担保情况：本期债券由中国石油化工集团公司提供全额无条件的不可撤销的连带责任保证担保。

（10）信用级别：经联合信用评级有限公司（以下简称“联合评级”）综合评定，本公司的主体信用等级为 AAA，本期债券信用等级为 AAA。

【案例问题】

（1）根据案例分析，如果一位投资者在10石化01债券上市首日以98元价格买入，在持有3年后以102元的价格卖出，计算其持有期收益率。

（2）根据案例分析，如果一位投资者在10石化02债券上市首日以99元价格买入，在持有3年后以103元的价格卖出，计算其持有期收益率。

（3）根据案例分析，如果一位投资者在2013年5月21日以102元的价格购买了10石化01债券并持有到期，计算这位投资者的到期收益率。

（4）根据案例分析，如果一位投资者在上市首日以98元的价格购买了10石化01债券并持有到期，计算这位投资者的认购收益率。

【案例分析】

（1）持有期收益率是指投资者在发行时或发行后买进债券，且在到期偿还前卖出债券，在此期间的收益率。

$$98 = \frac{3.75}{(1+y)} + \frac{3.75}{(1+y)^2} + \frac{3.75}{(1+y)^3} + \frac{102}{(1+y)^3}$$

通过计算收益率为：$y = 5.12\%$

$$(2)\ 99 = \frac{4.05}{(1+y)} + \frac{4.05}{(1+y)^2} + \frac{4.05}{(1+y)^3} + \frac{103}{(1+y)^3}$$

通过计算收益率为：$y = 5.36\%$

$$(3)\ 102 = \frac{3.75}{(1+y)^1} + \frac{3.75}{(1+y)^2} + \frac{100}{(1+y)^2}$$

通过计算收益率为：$y = 4.67\%$

$$(4)\ 98 = \frac{3.75}{(1+y)} + \frac{3.75}{(1+y)^2} + \cdots + \frac{3.75}{(1+y)^5} + \frac{100}{(1+y)^5}$$

通过计算收益率为：$y = 4.2\%$

4 证券投资基金投资

4.1 证券投资基金概述

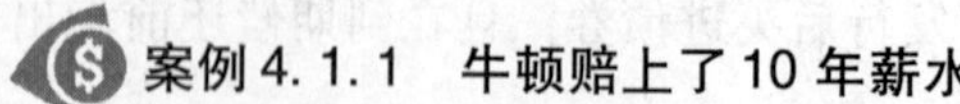

案例 4.1.1 牛顿赔上了 10 年薪水

【案例知识点】证券投资基金的特点

【案例类型】基础案例

【案例来源】中美财经资讯网

【案例时间】2009 年 9 月

【案例内容】大名鼎鼎的牛顿曾做过一个疯狂的股民。1711 年，为攫取蕴藏在南美东部海岸的巨大财富，有着英国政府背景的英国南海公司成立，并发行了最早的一批股票。当时人人都看好南海公司，其股票价格从 1720 年 1 月的每股 128 英镑左右，很快增值，涨幅惊人。这时候牛顿恰巧获得了一笔款，加上他个人的一些积蓄，看到如此利好消息，就在当年 4 月投入约 7000 英镑购买了南海公司股票。很快他的股票就涨起来了，仅仅两个月左右，比较谨慎的牛顿把这些股票卖掉后，竟然赚了 7000 英镑！

但是刚刚卖掉股票，牛顿就后悔了，因为到了 7 月，股票价格达到了 1000 英镑，几乎增值了 8 倍。经过“认真”的考虑，牛顿决定加大投入。然而此时的南海公司已经出现了经营困境，公司股票的真实价格与市场价格脱钩严重，此前的 6 月英国国会通过了“反泡沫公司法”，对南海公司等企业进行限制。没过多久，南海股票一落千丈，到了 12 月最终跌为约 124 英镑，南海公司总资产严重缩水。许多投资人血本无归，牛顿也未及脱身，亏了 2 万英镑！这笔钱对于牛顿无疑是一笔巨款，牛顿曾做过英格兰皇家造币厂厂长的高薪职位，年薪也不过 2000 英镑。事后，牛顿感到自己枉为科学界名流，竟然测不准股市的走向，感慨地说：“我能计算出天体运行的轨迹，却难以预料到人们的疯狂。”

毋庸讳言，牛顿是其所在领域的天才人物，但并不是股市中的高手。从他炒股的经历中可以看出，投资成功需要非常专业的特殊素质，纵然是在其他领域有极大建树的成功者，在股市中却未必能胜任投资理财之职。投资绝不能冲动，来回换手追涨杀跌看似积极主动，其实可能正好被市场打了正反两个耳光，股市远比你想象的要复杂得多。股市投资需要你能战胜自己人性的种种弱点：贪婪、恐惧、急躁……君不见多少散户辛苦搏杀数年

依旧徒劳无功，对大多数人而言要想直接从股市中致富不是件靠谱的事。

那为什么我们可以选择信赖基金呢？因为基金除了在股票基本面研究、上市公司实地调研考察上具有散户不可比拟的专业优势之外，在控制人性心理弱点方面同样具有很强的相对优势。一方面，基金经理的专业素养较高，对长期价值投资理念的接受程度也更高，有了坚定的投资理念，就能比常人更容易控制和克服人性的弱点；另一方面，基金公司拥有严密、规范、科学的投资流程，即便某个基金经理一时难以控制自己的人性弱点，也可以通过这个严格的投资流程最大限度地消除其危害。而且由于基金动辄以亿计的操作方式与散户的零散资金操作迥然不同，基金的风险意识和投资决策前的全面考虑都会强于散户，这也是基金投资可以有效控制人性弱点的重要原因之一。

不能克服人性的弱点做不好股票投资不要紧，生于现代社会的你比牛顿要幸运得多，你还可以选择依靠基金进行投资理财。基金的出现可以说是绝大多数普通投资者的福音。“知人者智，自知者明”，既然已经意识到自己很难具备控制或减轻人性弱点影响的能力，那就精心挑选一只长期业绩表现出色的基金，从此远离市场涨跌的困扰吧。你为什么要选择基金？因为许多人长期投资基金的结果足以表明，这种选择是明智的。

【案例问题】

（1）根据案例分析，聪明绝顶的牛顿投资巨亏的原因是什么？

（2）根据案例分析，假设1720年有一只ABC基金，也投资了南海公司，那么这个基金当时会不会和牛顿一样亏得血本无归？

（3）根据案例分析，基金相对普通投资者在投资股票时具有哪些优势？

（4）根据案例分析，小额投资者如何克服人性弱点？

【案例分析】

（1）“闻道有先后，术业有专攻”，投资是一件非常专业的事情，牛顿很聪明，但他未必合适做投资理财。巴菲特曾说过，投资并非一个智商为160的人就一定能击败智商为130的人的游戏。即使再聪明的人也很难克服贪婪与恐惧的心理，正是由于贪婪和恐惧的心理才导致牛顿在操作过程中“低抛高吸”，频频犯错。

（2）这个基金肯定会出现一定的亏损，但是亏损幅度肯定远远小于南海公司本身股价的下跌幅度。因为基金投资是分散投资的，在ABC基金的资产中南海公司的股票的市值只占很小的一部分（如按照我国目前的规定，一只基金持有单个上市公司的股票市值不得超过该基金资产的10%），即使南海公司股价跌至零，ABC基金也最多亏损10%。所以基金具有分散风险的作用。

（3）因为没有“把鸡蛋放在同一个篮子里”，所以基金可以分散风险；因为基金是专业人士管理，有严密、规范、科学的投资流程和风险控制措施，可以尽可能地降低恐惧和贪婪所带来的负面影响。

（4）小额投资者可以选择基金进行投资理财。

案例 4.1.2 我国基金发展的三个阶段

【案例知识点】我国证券投资基金的发展

【案例类型】基础案例

【案例来源】上海证券报

【案例时间】2007 年 4 月

【案例内容】我国基金业的发展可以分为三个历史阶段：

第一个阶段是从 1992 年至 1997 年 11 月 14 日《证券投资基金管理暂行办法》（以下简称《暂行办法》）颁布之前的早期探索阶段。

1992 年 11 月，我国国内第一家比较规范的投资基金——淄博乡镇企业投资基金（以下简称“淄博基金”）正式设立。该基金为公司型封闭式基金，募集资金 1 亿元人民币，并于 1993 年 8 月在上海证券交易所最早挂牌上市。淄博基金的设立揭开了投资基金业发展的序幕，并在 1993 年上半年引发了短暂的中国投资基金发展的热潮。但基金发展过程中的不规范性和积累其他问题逐步暴露出来，多数基金的资产状况趋于恶化。从 1993 年下半年起，中国基金业的发展因此陷于停滞状态。

第二个阶段是从《暂行办法》颁布实施以后至 2001 年 8 月的封闭式基金发展阶段。

1997 年 11 月 14 日，国务院证券管理委员会布了《暂行办法》，为我国基金业的规范发展奠定了法律基础。1998 年 3 月 27 日，经中国证监会批准，新成立的南方基金管理公司和国泰基金管理公司分别发起设立了规模均为 20 亿元的两只封闭式基金——“基金开元”和“基金金泰”，由此拉开了中国证券投资基金试点的序幕。至 1999 年年初，我国共设立了 10 家基金管理公司。截至 2001 年 9 月开放式基金推出之间，我国共有 47 只封闭式基金，规模达 689 亿份。

第三个阶段是从 2001 年 9 月以来的开放式基金发展阶段。2000 年 10 月 8 日，中国证监会发布了《开放式证券投资基金试点办法》。

2001 年 9 月，我国第一只开放式基金——“华安创新”诞生，使我国基金业发展实现了从封闭式基金到开放式基金的历史性跨越。从近年来我国开放式基金的发展看，我国基金业在发展中表现出以下几方面的特点：一是基金品种日益丰富，基本涵盖了国际上主要的基金品种；二是合资基金管理公司发展迅猛，方兴未艾；三是营销服务创新活跃；四是法律规范进一步完善。截至 2006 年年末，我国的基金管理公司已有 58 家，管理数量已达 307 只。其中，开放式基金 254 只，封闭式基金 53 只。基金资产规模 8565.05 亿元人民币。其中，开放式基金的资产净值 6941.41 亿元，已占到中国基金市场资产净值的 81%。

【案例问题】

（1）根据案例分析，我国发行的第一只基金的名称、发行时间和类型分别是什么？

（2）根据案例分析，目前我国证券投资基金的主流品种是什么？

(3) 根据案例分析，我国第一批封闭式基金何时发行？

(4) 根据案例分析，我国第一只开放式基金何时发行？

【案例分析】

(1) 1992 年 11 月，我国国内第一家比较规范的投资基金“淄博基金”正式设立。

(2) 目前我国证券投资基金的主流品种是开放式基金。

(3) 1998 年 3 月 27 日，南方基金管理公司和国泰基金管理公司分别发起设立了“基金开元”和”基金金泰”，由此拉开了中国证券投资基金试点的序幕。

(4) 2001 年 9 月，我国第一只开放式基金——“华安创新”诞生。

案例 4.1.3 中国第一只创新型封闭式基金

【案例知识点】创新型封闭式基金、上市型开放式基金的特点

【案例类型】基础案例

【案例来源】大成优选基金合同

【案例时间】2007 年 7 月

【案例内容】大成优选基金是中国的第一只创新性封闭式基金。其基金合同规定：

(1) 本基金合同生效满 12 个月后，若基金折价率连续 50 个交易日超过 20%，则基金管理人将在 30 个工作日内召集基金份额持有人大会，审议有关基金转换运作方式为上市开放式基金（LOF）的事项。

(2) 转换运作方式后，基金份额仍将在深圳证券交易所上市交易；基金在深圳证券交易所上市交易的相关事宜并不因基金转换运作方式而发生调整。

(3) 若审议基金转换运作方式的基金份额持有人大会不满足基金合同和法律法规规定的召开条件，基金将保持封闭式基金运作方式。

若基金转换运作方式未获得基金份额持有人大会批准，基金管理人将按照有关规定将基金份额持有人大会表决结果报中国证监会核准并公告。

【案例问题】

(1) 根据案例分析，LOF 基金和封闭式基金有什么区别？

(2) 根据案例分析，LOF 基金的折价率会很高吗？

(3) 根据案例分析，大成优选基金会不会长期维持 20% 以上的高折价率？

(4) 根据案例分析，作为创新型封闭式基金，大成优选基金的创新性主要体现在什么地方？

【案例分析】

(1) 封闭式基金只能在证券交易所交易，不能申购、赎回。LOF 基金是上市型开放式基金，兼具开放式基金和封闭式基金的特点，既可以在交易所交易，又可以通过申购、赎回的方式进行买卖。在交易所交易时，其价格受市场供求关系的影响。在申购、赎回的时，其价格等于基金份额净值。

（2）不会。假设某 LOF 基金的份额净值为 1.00 元，二级市场价格为 0.98 元，折价率为 2%。此时，投资者可以以 0.98 元的价格从二级市场买入该基金，然后以 1.00 元的价格赎回给基金管理公司，扣除约 1% 的手续费，净赚 1%，而且是无风险的。这就是 LOF 基金的套利。大量的套利行为使得该基金二级市场需求增加，价格迅速上涨，折价率明显缩小，直到价格接近份额净值，套利无利可图时才稳定下来。

（3）不会。因为一旦 20% 以上的高折价率接近 50 个交易日，投资者就会预期该基金将转换为 LOF 基金。投资者就会以打折的价格在二级市场上买入该基金，然后等其转换为 LOF 基金后，以相当于基金份额净值的价格赎回给基金公司（因为 LOF 基金的折价率极低，甚至没有），套利行为使得该基金价格上涨，折价率明显下降。

（4）大成优选基金的创新性主要体现在其折价率要明显小于普通的封闭式基金。

案例 4.1.4　中国第一只分级基金：瑞福优先和瑞福进取

【案例知识点】创新型封闭式基金的特点

【案例类型】基础案例

【案例来源】瑞福进取基金招募说明书

【案例时间】2007 年 7 月

【案例内容】本基金通过基金收益分配的安排，将基金份额分成预期收益与风险不同的两个级别，即优先级基金份额（基金份额简称“瑞福优先”）和普通级基金份额（基金份额简称“瑞福进取”）。两个级别的份额分开募集、合并运作。两个级别份额交易方式不同，瑞福进取与普通封闭式基金类似，存续期内规模不变；瑞福优先不上市交易，每年开放一次，进行集中申购、赎回。

根据契约规定，瑞福优先的基准收益率为“1 年定期存款利率 +3%”。在满足份额的基础上，该基金优先对瑞福优先按其基准收益率进行分配，在满足瑞福优先的基准收益分配之后，剩余部分由瑞福优先和瑞福进取共同参与分配，每份瑞福优先与每份瑞福进取参与分配的比例为 1∶9。

【案例问题】

（1）根据案例分析，瑞福进取基金相对于普通的封闭式基金，它的创新性主要体现在哪一点？

（2）根据案例分析，瑞福优先和瑞福进取两只基金各有什么优缺点？

（3）根据案例分析，瑞福优先和瑞福进取两只基金在交易方式上的有什么差别？

【案例分析】

（1）瑞福进取基金与普通的封闭式基金不同的是，它具有高杠杆性。在牛市中，瑞福进取除了可以享受自身份额投资所获得的收益外，还可以享受瑞福优先基金的大部分投资收益；而在熊市中，瑞福进取在保证瑞福优先获得稳定的收益之后，独自承担瑞福优先和瑞福进取两只基金 90% 的亏损责任。

（2）瑞福优先基金的优点是获得稳定的年基准收益，风险低；缺点是在牛市中无法享受资产快速增值所带来的好处，收益低。通常，瑞福优先基金适合稳健型投资者投资。瑞福进取基金的优点是收益高，缺点是风险高，所以适合激进型投资者投资。

（3）瑞福优先基金更接近于开放基金的交易方式，采用申购和赎回的方式，只是申购和赎回每年才开放一次；瑞福进取基金是封闭式基金，在交易所交易。

案例 4.1.5 2008 年债券、货币型基金成基金最大赢家

【案例知识点】股票型基金、国债型基金、货币型基金的收益

【案例类型】运用案例

【案例来源】上海证券报

【案例时间】2009 年 1 月

【案例内容】2008 年各类型基金的年终排名终于揭晓。根据银河证券基金研究中心统计，除债券基金及货币基金外，所有类型的开放式基金都为负收益。按银河证券的分类，股票型基金的平均年收益率为 -50.63%，指数型基金的平均年收益率为 -62.60%，混合偏股型基金为 -49.75%，混合平衡型基金为 -42.75%，甚至连混合偏债型基金的平均收益也下跌了 24.82%。然而，受益于债市的走强，债券型基金年内的平均收益率则达到了 6.52%。

1. 偏股型基金：全盘皆负

由股票型基金、指数型基金及混合偏股型基金组成的偏股型基金，可谓是全盘皆输。

在股票型基金中，泰达荷银成长以年收益 -31.61% 名列倒数第一。华夏大盘精选以年收益 -34.88% 排名倒数第二，金鹰中小盘精选以年收益 -35.03% 名列倒数第三。另外，华宝兴业多策略增长、华夏复兴、鹏华行业成长、嘉实理财通增长、泰达荷银周期、工银瑞信核心价值、嘉实成长收益进入前十名。

指数型基金中，华夏中小板股票 ETF、银华—道琼斯 88 及融通深证 100 指数基金以 -52.61%、-54.02% 和 -60.62% 的年收益排在了倒数前三位，受累于 A 股市场的单边下跌，指数型基金无疑是 2008 年基金中最大的输家。

混合偏股型基金中，长城久恒、华夏红利和国投瑞银景气行业进入倒数前三。年收益率水平 -34.96% ~ -39.33% 不等。混合平衡型基金中，华夏回报、博时平衡配置及招商安泰平衡位列倒数前三名。年收益率水平 -24.53% ~ -27.26% 不等。

2. 债券、货币基金：最大赢家

在债券型基金、货币基金这些以债券投资为重点的基金，年内均为正收益，成了 2008 年基金中的最大赢家。而混合型基金中的偏债型，由于配置了相对较高的股票比例，年内收益则都为负。

债券型基金中，中信稳定双利债基、国泰金龙债基、华夏债券基金位列前三名，基金年收益 11.47% ~ 12.72% 不等。在这些基金的投资收益中，债券投资的收益显然贡献

良多。

货币型基金中，中信现金优势以 4. 6793% 的年收益率排在了货币市场 A 级的第一位，而海富通货币（B 级）则以 4. 3554% 的年收益排在了货币市场 B 级的第一位。

总体来看，债券基金 2009 年的年收益大都受益于债市的走强，这与 2007 年主要得益于股票收益形成了鲜明的对比。

3. 保本型基金：差强人意

保本型基金年内的表现，也因 A 股市场的下跌而失色，三只保本型基金均为负收益。

来自银河证券基金研究中心的数据显示，金元比联宝石动力保本基金年收益为 -3. 07%，银华保本增值（二期）为 -5. 66%，而南方避险增值年收益为 -20. 38%。

【案例问题】

（1）根据案例分析，如何区分股票基金、债券基金、混合型基金和货币市场基金?

（2）根据案例分析，投资债券基金比投资股票基金好?

（3）根据案例分析，2008 年中国股市大跌，为什么债券基金不亏反赚?

（4）根据案例分析，股票和货币市场基金哪一个更适合长期投资?

（5）根据案例分析，2008 年银华保本增值（二期）基金为 -5. 66%，是不是意味着该基金的投资者不能保本?

【案例分析】

（1）基金资产大部分投资于股票的为股票基金；大部分投资于债券的为债券型基金；同时投资于股票、债券市场，但股票投资和债券投资比例既不属于股票型基金，也不属于债券型基金的，即为混合型基金；仅投资于货币市场工具的为货币型基金。

（2）股票基金和债券基金是按风险和收益特征不同来分类的，不存在某一类比另一类更优秀这一说。股票型基金将大部分资产投资于股票市场，所以其收益与股票市场息息相关。2008 年中国股市经历了一波大的熊市，所以股票基金收益是负数是正常的。而在 2007 年的大牛市里，投资股票获得了 104. 56% 的高收益。债券基金虽然在 2008 年没有出现亏损，但是在 2007 年的大牛市中收益也不高。

（3）债券型基金因为将大部分资产投资于债券，所以其收益也比较稳定，风险低。另外，在股市出现熊市时，许多资金会撤离股市，进入债市，导致债券价格上涨。

（4）股票基金以追求长期的资本增值为目标，比较适合长期投资，货币市场基金虽然风险很低，但是收益还跑不过物价上涨，所以不适合长期投资。

（5）保本基金本身投资出现负收益是不影响投资者保本的，因为根据合同规定，投资者只要在锁定期内不赎回，总是能收回本金。

案例 4. 1. 6　货币基金的发展

【案例知识点】货币市场基金的特点

【案例类型】基础案例

【案例来源】易天富

【案例时间】2008 年 7 月

【案例内容】在欧美发达国家，购买货币市场基金早已成为家庭理财习惯，被普通老百姓视为银行存款的良好替代物和现金管理的工具，享有“准储蓄”的美誉。1972 年，世界上第一只货币市场基金在华尔街诞生时仅有 30 万美元的规模，到了 2005 年，这一数字已经达到惊人的 1.8 万亿美元，占据美国共同基金市场整体资产的 23%，一度超过了美国居民储蓄存款的规模。在美国，几乎半数的家庭都持有货币市场基金，很多老百姓甚至不清楚自己购买过多少货币市场基金，这倒不是因为理财疏忽，而是一有闲置的流动资金就自动划入货币市场基金账户中。

我们再看看国内，2003 年年底第一只货币市场基金问世，尽管当时基金公司做了很多的宣传推介工作，但由于中国老百姓多年养成的储蓄习惯，一时这种简单实用的理财工具并没有被接受，大多数买入货币市场基金的是“嗅觉”敏锐的机构投资者。2004 年中国股市受宏观调控而走上了阴霾的下跌之路，许多亏损的投资人开始考虑资金的安全性。但是他们既要求资金的流动性，以期行情转暖能够随时入市，又不满足于活期存款的低利率，于是同时满足这些条件的货币市场基金开始受到关注，其发展一发而不可收。从 0 ~ 1800 亿元，货币市场基金的这种腾飞仅仅用了一年半时间。当然，和高达 14 万亿元的居民储蓄存款相比，货币市场基金只能算是零头，但从另一面看，货币市场基金在中国前景无限。

【案例问题】

(1) 根据案例分析，在欧美发达国家，货币市场基金被普通老百姓视为什么工具？

(2) 根据案例分析，国内第一只货币市场基金出现于哪一年？买入该货币市场基金的主要是哪一类投资者？

(3) 根据案例分析，2004 年货币市场基金为什么开始受到投资者关注？

(4) 根据案例分析，货币基金可以投资股票和债券吗？

(5) 根据案例分析，货币基金的优缺点分别是什么？

(6) 根据案例分析，货币基金适合哪些投资者？

【案例分析】

(1) 在欧美发达国家，货币市场基金被普通老百姓视为银行存款的良好替代物和现金管理的工具。

(2) 国内第一只货币市场基金出现于 2003 年，大多数买入该货币市场基金的是“嗅觉”敏锐的机构投资者。

(3) 2004 年股市下跌，许多亏损的投资人开始考虑资金的安全性。但是他们既要求资金的流动性，以期行情转暖能够随时入市，又不满足于活期存款的低利率，于是同时满足这些条件的货币市场基金开始受到关注。

(4) 货币市场基金将资产全部投资于具有良好流动性的货币市场工具。货币市场工具是指到期日不足1年的短期金融工具。目前我国货币市场基金能够进行投资的金融工具主要包括：现金；1年以内的定期存款、大额存单；短期融资券；剩余期限在397天以内（含397天）的债券；期限在1年以内（含1年）的债券回购；剩余期限在397天以内（含397天）的资产支持证券。所以货币基金不可以投资股票，但可以投资剩余期限在397天以内（含397天）的债券。

（5）货币市场基金的优点有：①风险低；②流动性好；③费用低；④收益免税。货币市场基金的缺点是收益比较低，有时还不如定期存款高。

（6）货币基金是厌恶风险、对资产流动性和安全性要求较高的投资者进行短期投资的理想工具。

案例 4.1.7 保本基金也有“保本陷阱”

【案例知识点】保本基金的特点

【案例类型】基础案例

【案例来源】新浪财经

【案例时间】2008年5月

【案例内容】弱市之下，保本基金被不少基民认定是储蓄、国债的“替代品”，然而，仔细阅读一些保本基金的契约后不难发现，保本基金并非无条件地承担本金保障，保本基金的保本前提还真不少，即使可以享受保本条款也并非所有的保本基金都能保障100%的投资金额。

保本基金的保本是有条件的，投资者只有在认购期购买并持有到期，才能享有当期的保本，也就是全程参与才能保本。

具体来看，首先保本基金一般要求持有至到期才保本。如果投资者在保本周期到期前因急需资金而提前赎回基金，则只能按当时净值赎回手中所持有的基金份额，如有亏损则需自己承担亏损部分。

据了解，现有的5只保本基金保本周期并不相同，QDII品种华安国际配置的保本周期是5年，正在发行的国泰金鹿保本（二期）的保本周期为2年，而其余3只保本基金的保本周期则均为3年。

此外，银华保本、南方避险、国泰金鹿保本（二期）在保本周期内申购的份额皆不能享受保本条款，但金元比联宝石动力在保本周期内申购也保本。

对于那些未到期就提前赎回的投资者来说，不仅要自己承担基金净值波动带来的风险，不能保证不赔钱，而且，还需要支付一定的赎回费用，赎回费率通常会高于普通的开放式基金。

保本基金保不保本有前提，而其所保的“本”其实也有门道，并非所有的保本基金都能保障100%的投资金额。保本基金的保本金额是其保证投资者持有到期可获得的金额。据了解，在保本的范围上，保本基金大致可分为“完全保本但不保息”、“完全保本

及保障利息”及“只保障部分本金及固定利息收入”3种。

也就是说，保本基金为提高基金分享证券市场收益的能力，也可以在保本条款中只保证一部分，如95%的本金。在这种情况下，基民持有基金到期也可能只能拿回一定比例，如95%的本金，而不是全部。

综合来看，保本基金的保本比率越高，相对的投资风险就越低，投资者在投资保本型基金时，应该视自己的风险需求来决定保本的比例。

据了解，保本基金的投资通常分为保本资产和收益资产两部分。回报潜力主要由其风险资产的参与比率和运作情况所决定。通常保本资产部分越大，积极投资部分比重越小，额外收益的空间也越小。

从实际股票仓位来看，银华保本规定债券资产配置初期不低于60%，即风险资产的上限可以调整至40%，国泰金鹿保本（二期）规定股票、权证等其他资产不高于基金资产的30%，仓位水平偏低，适合低风险、注重本金保障的投资者。

南方避险增值规定债券资产配置初期不低于75%，其后可以自行调整，2007年其股票仓位超过50%，金元比联宝石动力股票资产占基金资产比例不高于60%，金元比联宝石动力潜在的风险资产参与率最高，即潜在的风险收益水平也就更大。

【案例问题】

（1）根据案例分析，保本基金是不是一定能保本？

（2）根据案例分析，保本基金的保本条件是什么？

（3）根据案例分析，保本基金的投资者如果提前赎回基金能否保本？会有哪些损失？

（4）根据案例分析，是不是所有的保本基金都能保障100%的投资金额？根据保本范围不同，保本金额可分为哪几类？

（5）根据案例分析，保本基金的回报潜力主要由什么因素决定？

（6）根据案例分析，投资保本基金要注意哪些问题？

【案例分析】

（1）保本基金并非无条件地承担本金保障，保本基金的保本是有条件的。即使可以享受保本条款也并非所有的保本基金都能保障100%的投资金额。

（2）保本基金的投资者只有在认购期购买并持有到期，才能享有当期的保本，也就是全程参与才能保本。

（3）保本基金的投资者如果提前赎回基金则不能保本。投资者不仅要自己承担基金净值波动带来的风险，不能保证不赔钱，而且还需要支付一定的赎回费用。

（4）并非所有的保本基金都能保障100%的投资金额。根据保本的范围不同，保本基金大致可分为“完全保本但不保息”、“完全保本及保障利息”及“只保障部分本金及固定利息收入”3种。

（5）保本基金的投资通常分为保本资产和收益资产两部分。回报潜力主要由其风险资产的参与比率和运作情况所决定。

（6）投资保本基金要注意：①仔细阅读基金合同，关注保本条款，确认基金的保本范围及比例；②一定要先考察所投资的保本基金的保本周期有多长，应充分考虑保本周期是否与自身的投资周期相匹配，不要在保本周期内提前赎回，否则前功尽弃。

案例 4.1.8 指数型基金战胜指数的概率有多大

【案例知识点】指数型基金的特点

【案例类型】基础案例

【案例来源】金融界

【案例时间】2007 年 1 月

【案例内容】2007 年我国股票市场潜在风险将会放大，基金战胜市场的概率将放低。国内外研究数据表明，指数型基金可以战胜证券市场上 70% ~90% 以上资金的收益，长期稳定地取得平均收益。不少市场分析人士认为，2007 年投资指数型基金是一种比较稳健的选择方式。

在 2006 年的爆发性牛市中，只有不到 20% 的基金产品跑赢了大市。2007 年战胜指数的概率又有多大呢？万家 180 指数型基金经理认为，根据国外以往的数据研究显示，在牛市行情中，相当一部分主动管理型基金无法战胜市场，指数型基金则与市场收益相当。

在牛市中，指数型基金充分分享牛市收益的最大“法宝”，就是它的投资组合设计原理，因为指数型基金是一种按照证券价格指数编制原理构建投资组合进行证券投资的一种基金。由于指数型基金投资采取拟合目标指数收益率的投资策略，分散投资于目标指数的成分股，故指数型基金投资的股票组合收益率将接近甚至超过目标指数所代表的资本市场的平均收益率。2006 年指数型基金的收益就是较好的证明，10 只具有可比数据的指数型基金简单平均净值增长率达 125.87%，比主动投资型的股票基金高出 4%，而万家 180 指数型基金在 2006 年也表现不俗，年总收益率达到 124.93%，并于 1 月 17 日向投资者派发 0.7 元/份的红利。

【案例问题】

（1）根据案例分析，指数型基金的投资对象是什么？指数型基金是股票基金吗？

（2）根据案例分析，“战胜市场”是什么意思？

（3）根据案例分析，指数型基金能战胜市场吗？

（4）根据案例分析，指数型基金有哪些优点？

【案例分析】

（1）指数型基金投资采取拟合目标指数收益率的投资策略，分散投资于目标指数的成分股。比如说，50ETF 基金的投资对象是上证 50 指数的 50 只成分股，每一只股票的投资比例基本上参考该股票在上证 50 指数中的权重。一旦上证 50 指数出现涨跌，50ETF 也会出现相应地涨跌，这样 50ETF 就完全复制了上证 50 指数。因为指数型基金的投资对象是股票，所以指数型基金是股票基金。

（2）投资者的收益能够超过市场投资者的平均收益，就说该投资者战胜市场了。反映市场平均收益水平的是股价指数，所以战胜市场的含义就是投资者的收益高于指数的收益。战胜市场是每个投资者的梦想，但是根据历史经验，很少有人能战胜市场，市场上有“七亏二平一赚”一说。能长期战胜市场的人更是少之又少，历史上只有巴菲特、彼得林奇等一些伟大的投资者长期战胜市场。但是大部分投资者都自信自己能战胜市场，却屡战屡败。

（3）因为指数型基金是复制指数的，而指数又代表了市场的平均水平，所以指数型基金的收益和市场是相当的，不能战胜市场。但是因为大部分人是无法战胜市场的，所以投资指数型基金就相当于战胜了大部分投资者。

（4）指数型基金的优点：①投资指数型基金可以战胜大部分投资者；②被动组合投资，有效规避个股风险；③费用低廉。指数型基金因为是复制指数的，所以不需要频繁交易股票，也不需要投入太多的研究费用，可有效地降低投资者成本；④运作简单透明；⑤牛市环境中，指数型股票基金的收益优于多数主动型基金。指数型基金一般是满仓操作，所以在牛市买入指数型基金就可以充分享受牛市所带来的高收益。

案例 4.1.9　我国 ETF 发展空间广阔

【案例知识点】ETF 基金的特点

【案例类型】基础案例

【案例来源】新浪财经

【案例时间】2009 年 9 月

【案例内容】ETF 作为一种新兴的投资工具在我国有广阔的发展空间。目前，相关机构正在积极研究和筹备在沪深交易所推出一批 ETF，这将对中国资本市场起到了多方面的推进作用。

指数投资是资本市场重要的投资方式，ETF 作为一种全新的投资工具，从 20 世纪 90 年代初期以来在全球获得了迅速的发展。据统计，截至 2009 年 6 月底，全球共有 1707 只 ETF，资产规模总值达到 7890 亿美元，ETF 已成为全球金融投资中非常重要的品种之一。

2008 年全球 ETF 处于历史上发展最快的时期。统计显示，2008 年全球共同基金（不包括 ETF）的净销售额为 –2567 亿美元，而当年 ETF 的净销售额为 1875 亿美元，是唯一实现资金净流入的基金资产类别。ETF 良好的发展态势得益于其相对于其他投资品种的投资优势：一是丰富投资、降低风险。投资者购买 ETF 就相当于购买了指数中所有的股票，大大降低了风险；二是可以在交易所挂牌上市，交易具有便利性；三是相对于其他基金，指数基金有费用低廉的优势；四是指数基金运作比较透明。

可以说，ETF 作为一个日趋成熟的投资工具已经得到了越来越广泛的认可，但目前我国的 ETF 产品还处在起步阶段。2004 年上海证券交易所推出了第一只 ETF，5 年以来我国市场已经出现了 7 只 ETF，如上证 50ETF、上证 180ETF、深圳 100ETF 等。但总体来说，我国的ETF产品还处于初步发展阶段，可选择的指数品种也比较有限，因此发达国家的经验值得借鉴。

【案例问题】

（1）根据案例分析，ETF是指数基金吗？

（2）根据案例分析，ETF是股票基金吗？

（3）根据案例分析，ETF和开放式基金、封闭式基金有什么区别？

（4）根据案例分析，我国目前有哪些ETF？

（5）根据案例分析，ETF的优点有哪些？

【案例分析】

（1）ETF是将资产完全投资于所跟踪的指数的成分股，以完全复制指数为目的，所以ETF是指数基金。

（2）ETF是将资产完全投资于所跟踪的指数的成分股，所以ETF是股票基金。

（3）ETF兼备开放式基金和封闭式基金的特点，ETF既可以在交易所交易，又可以申购、赎回。在交易所购买的ETF，可以要求基金公司赎回；从基金公司申购的ETF也可以在交易所卖出。

（4）截至2010年7月，目前我国上市的ETF共7只：华夏上证50ETF、华安上证180ETF、友邦华泰红利ETF、易方达深证100ETF、中小板ETF、工银上证央企50ETF、交银180治理ETF。

（5）①分散投资，规避选股风险；②既可以上市交易，又可以申购赎回，交易便利；③因为ETF是指数基金，所有具有费用低廉的优势；④运作比较透明。

案例 4.1.10　上证50ETF

【案例知识点】ETF基金的特点

【案例类型】基础案例

【案例来源】上海证券报

【案例时间】2004年11月

【案例内容】上证50ETF本质上是一种完全被动型的指数基金，其投资收益最终来源其上证50指数成长。从我们的研究来看，上证50指数成分股具备了“蓝筹股”特征。从行业代表性、规模和流动性来看，也代表了国际主流的市场价值取向。从投资价值的角度来看，上证50指数所具有的优势是十分明显的。而对于投资者而言，上证50ETF提供了非常方便的买卖上证50指数的交易方式。

上证50样本公司的数量虽然不足全部上市公司1365家公司（2004.9.30，所有A股公司）的3.67%，但它们却占整个上市净资产的31.43%，总资产的47.59%；更创造了整个上市公司45.64%的净利润和45.80%的扣除非经常性损益后净利润。从平均利润率、主营业务收入、平均市盈率、净资产收益率等指标来看，上证50指数成分股毫无疑问是

沪市最优质的上市公司。

上证 50 中入选公司大都是具有代表性的行业龙头企业，涵盖了包括石化、银行、航运、钢铁、电力、电信、汽车、制药、家电等行业的龙头企业，如中国石化、招商银行、浦发银行、长江电力、上海机场、中海发展、宝钢股份、武钢股份、华能国际、中国联通、上海汽车、华北制药、四川长虹等大型企业。样本股的选择充分考虑了行业代表性、市场规模、交易活跃度和经营业绩等。

对于投资者而言，上证 50ETF 提供了非常方便的买卖上证 50 指数的交易方式。投资者可以在 ETF 二级市场自由进出，如同买卖股票一样。投资者再也不会存在“赚了指数赔了钱”的情况。对于投资者而言，既可以采用买入并持有的长期投资策略，也可以进行波段操作获取价差收益。

【案例问题】

（1）根据案例分析，上证 50ETF 的投资对象是什么？

（2）根据案例分析，上证 50ETF 本质上是一种什么基金？

（3）根据案例分析，为什么说投资者投资了上证 50ETF，就不会出现“赚了指数赔了钱”的情况？

（4）根据案例分析，投资者可以如何投资上证 50ETF？

【案例分析】

（1）上证 50ETF 主要投资上证 50 指数的成分股，共 50 只股票。

（2）上证 50ETF 本质上是一种完全被动型的指数基金，其投资收益最终来源其上证 50 指数成长。

（3）所谓“赚了指数赔了钱”，意思是指数在上涨，而投资者手中的股票却不涨。上证 50 指数具有很好的市场代表性，投资上证 50ETF 就相当于与市场的大势保持了一致，规避了选股风险。

（4）对于投资者而言，既可以采用买入并持有的长期投资策略，也可以进行波段操作获取价差收益。

案例 4.1.11　我国证券投资基金持有人分析

【案例知识点】基金持有人的特点

【案例类型】基础案例

【案例来源】商场现代化

【案例时间】2008 年第 30 期

【案例内容】

1. 我国个人投资者比例高，投资经验不足，易导致流动性风险

2005—2007 年，我国基金持有人结构中个人比例大幅上升。统计显示，2005 年个人投资者占比仅有 59%，但 2007 年这一比例已经飙升至 86%。在偏股型基金当中，这一比

例高达90%。由于我国基金投资者多以个人为主，抗风险的能力较低，投资经验缺乏，介入的成本高。一旦市场大幅调整、基金净值大幅缩水或长期滞涨，容易作出非理性的决策。"羊群行为"通常会助长追涨杀跌，将导致基金投资的短期化。

2. 我国机构投资者中养老保险和社保基金所占比例低

美国的证券市场机构投资者中，人寿保险、养老保险等机构投资者的资产规模非常大，这类投资者的投资周期长，承受短期风险的能力强。美国共同基金中大约40%的份额由退休资金持有。而我国基金中养老保险和社保基金等机构投资者规模远远低于美国等成熟市场，2006年的社保基金、企业年金所占比例不足2%，机构投资者主要以保险公司和其他一般机构为主，机构投资者介入资本市场特别是持有基金的规模非常有限。

3. 我国基金持有人持有周期短，年赎回率高，投资行为短期化

我国基金持有人的持有周期呈现明显的"短期化特征"：2004年我国偏股型基金的赎回率达到63%，相当于基金平均持有周期为1.6年。2006年偏股型基金的赎回率达85%，相当于基金平均持有周期不到1.2年。美国基金持有周期也明显缩短，持有人逐渐"从长期投资走向中期投资"，而20世纪五六十年代美国股票基金的年度赎回率仅为6%左右，相当于基金持有周期长达16年。

4. 基金投资占全部家庭资产比重增高

美国1980年时仅有1/16的家庭投资共同基金，而到了20世纪90年代以后，投资共同基金的家庭已经超过了1/3。与之相似，我国的基金投资占全部家庭资产比重也在增高。

【案例问题】

（1）根据案例分析，我国基金持有人是以机构为主还是以个人为主？

（2）根据案例分析，基金持有人以个人为主有什么缺陷？

（3）根据案例分析，基金持有时间短会有哪些负面影响？

（4）根据案例分析，未来我国基金资产占家庭资产的比重会不断上升还是下降？

【案例分析】

（1）我国基金持有人以个人为主。

（2）个人抗风险的能力较低，投资经验缺乏，介入的成本高。一旦市场大幅调整、基金净值大幅缩水或长期滞涨，容易作出非理性的决策。"羊群行为"通常会助长追涨杀跌，将导致基金投资的短期化。

（3）频繁更换基金，或波段操作会增加投资者的手续费，增加基金经理的管理难度。基金持有人的短期行为也会导致基金投资短期化，加剧证券市场的振荡。

（4）按照中美两国基金资产占家庭资产比重的趋势分析，基金资产未来的比重会不断增长。

案例 4.1.12 国内基金有望首现罢免基金管理人案例

【案例知识点】基金管理人的特点

【案例类型】基础案例

【案例来源】世华财讯

【案例时间】2007 年 4 月

【案例内容】基金银丰（500058 SH）持有人将于近期召开持有人大会，讨论更换基金管理人而促成基金实施封转开。分析人士指出，在银丰基金机构持有人的号召下，依据基金法的规定，基金管理人被罢免资格具有很大可能性。国内基金业有望开创罢免基金管理人的先例。

国内媒体 23 日报道，基金银丰提前封转开的主要推动者——上海宝银投资咨询有限公司总经理崔军，希望能够招集超过 50% 份额的持有人，召开持有人大会，更换基金银丰的管理人，促成基金银丰的封转开。

一位知情人士向世华财讯透露，基金银丰的相关持有人将在 4 月 28 日召开持有人大会，讨论罢免基金银丰的管理人及封转开等事项。如果基金银丰的管理人被取消管理资格，这将成为开创国内基金业罢免基金管理人的先河，成为中国基金业革命性事件。

【案例问题】

（1）根据案例分析，基金管理人一般由谁来担任？

（2）根据案例分析，哪只基金可能开创国内基金业罢免基金管理人的先河？

（3）根据案例分析，谁有权罢免基金管理人？

（4）根据案例分析，基金持有人希望能够召开持有人大会的目的是什么？

【案例分析】

（1）基金管理人一般由基金管理公司来担任。

（2）基金银丰可能开创国内基金业罢免基金管理人的先河。

（3）基金持有人大会有权罢免基金管理人。

（4）基金持有人希望能够召开持有人大会的目的是更换基金管理人，从而促成基金银丰的封转开。

4.2 基金投资

案例 4.2.1 套利交易——上证 50ETF 的重要生命力

【案例知识点】ETF 基金的投资

【案例类型】运用案例

【案例来源】上海证券报

【案例时间】2004 年 11 月

【案例内容】套利交易是 ETF 生命力的重要体现之一。上证 50ETF 的连续申购赎回机制为一定资产规模的投资者参与套利提供了途径。

当 ETF 溢价交易时，即二级市场价格高于其净值交易的时候，ETF 的一级市场参与者可以通过买入与华夏基金当日公布的一揽子股票构成相同的组合，在一级市场申购上证 50ETF，然后在交易所卖出相应份额的上证 50ETF。这样，如果不考虑交易费用，那么投资者在股票市场购入股票的成本应该等于 ETF 的单位净值，由于 ETF 在二级市场是溢价交易的，投资者就可以获取其中的差价。

而当 ETF 折价交易时，即二级市场价格低于其净值交易的时候，套利交易者可以通过相反的操作获取套利收益。即 ETF 的一级市场参与者可以在二级市场买入上证 50ETF，同时在一级市场赎回相同数量的 ETF（得到的是代表 ETF 的组合股票），并在二级市场卖出赎回的股票。如果不考虑交易费用和流动性成本，那么投资者在二级市场卖出所赎回的股票的价值应该等于其基金净值，而由于 ETF 是折价进行交易的，因此套利者可以从中获利。

当然，由于 ETF 的申购赎回必须要求达到一定规模以上，比如说上证 50ETF 就要求达到 100 万份以上，因此资金规模较小的普通投资者就不能参与 ETF 的套利交易。但是，对于资金量相对较大的投资者则完全可以参与。

【案例问题】

（1）根据案例分析，50ETF 的申购赎回与普通的开放式基金申购赎回有什么区别？

（2）根据案例分析，为什么 ETF 存在套利机会？

（3）根据案例分析，若 50ETF 基金份额净值为 1.00 元，二级市场价格为 0.8 元，如何套利？

（4）根据案例分析，ETF 会存在 1% 以上的折价吗？

【案例分析】

（1）①50ETF 的申购赎回采用实物制，即申购时，用一揽子股票（上证 50 指数成分股）换取相应价值的基金份额，赎回时，将基金份额还给基金公司，基金公司退还相应价值的一揽子股票；②50ETF 的申购赎回门槛高，要求至少 100 万份以上。

（2）因为 ETF 既可以在交易所交易（交易价格受市场供求关系的影响），又可以在一级市场上申购、赎回（价格等于基金份额净值），所以一旦两个市场的交易价格不同时，就可以在价格便宜的市场买入，在价格贵的市场卖出，实现套利。

（3）在二级市场以 0.8 元的价格买入 100 万份 50ETF，然后以 1.00 元的价格赎回给基金管理公司，得到一揽子股票（50 只），价值 100 万元，卖出这一揽子股票，获得 100 万元现金，不考虑手续费，净获得利 20 万元。

（4）不会。套利的存在使得二级市场该基金的需求增加，价格上涨，使得折价率明显减少，直到套利无利可图，此时，折价率接近于零。

案例 4.2.2 LOF 基金难套利

【案例知识点】LOF 基金的投资

【案例类型】运用案例

【案例来源】证券市场红周刊

【案例时间】2008 年 11 月

【案例内容】理论上讲，LOF 基金存在场内外交易的套利机会，但从 2008 年 LOF 基金的市场表现来看，其套利机会的可操作性较差。多数时间 LOF 基金的平均折溢价水平在 ±1% 的区间内，2008 年前 3 个月整体溢价交易，后 8 个月整体折价交易。考虑到交易费用和跨日交易，套利空间和机会都较小。但作为上市交易型基金，LOF 基金也存在波段操作的机会。

需要指出的是，与上市交易指数型基金相比，目前非指数型 LOF 基金的股票配置比重较低，整体业绩在阶段性反弹中尚不具备优势。但 LOF 基金不需要追踪指数，那么对某些行业的超配，能够使得部分 LOF 基金业绩在其超配行业领涨的行情中超越 ETF 基金。如果 A 股市场目前运行的反弹能够延续，股票配置比重较高、市场热点行业配置较高的优质 LOF 基金，是进行波段性投资的较好选择。

【案例问题】

（1）根据案例分析，LOF 基金与 ETF 基金的共同点是什么？

（2）根据案例分析，LOF 基金与 ETF 基金的差别有哪些？

（3）根据案例分析，为什么 LOF 基金难套利？

【案例分析】

（1）LOF 基金与 ETF 基金两者的共同点：既可以在交易所交易，又可以在一级市场上申购赎回。正是因为这种交易机制的存在，两者都存在套利机会。

（2）ETF 基金必须是指数基金，LOF 基金不一定是指数基金；ETF 基金申购赎回门槛高，至少要 100 万份以上，LOF 基金要求不高。

（3）套利行为的存在，使得折价率小，考虑手续费的存在，套利的利润越来越小，此时套利比较困难。即套利行为使得无法套利。

案例 4.2.3 基金天华“封转开”套利机会显现

【案例知识点】封闭式基金的投资

【案例类型】运用案例

【案例来源】新浪财经

【案例时间】2009 年 6 月

【案例内容】据了解，基金天华初始上市时间为 2001 年 8 月，基金拟将于 2009 年 7 月 11 日到期。此前，基金天华已于 4 月 28 日停牌，并于 4 月 29 日—5 月 25 日召开持有人大会，日前，持有大会审议通过“封转开”方案，基金天华将正式进入“封转开”程序。

基金天华已于6月22日上午10点30分复牌，复牌后基金管理人将向深圳证券交易所申请终止上市。根据银华基金6月22日公告，基金天华终止上市后，原基金天华暂停交易，原份额持有人将转换为银华内需精选股票基金（LOF）份额持有人，银华内需精选股票基金将在基金天华封闭终止上市后开始办理集中申购。集中申购期结束后，基金管理人将对原基金天华封闭进行份额折算。在基金开放日常申购赎回并在深圳证券交易所重新上市后，原基金天华封闭持有人可进行基金份额的二级市场交易或赎回。

目前，基金天华3%的折价率基本合理，而基金天华封转开期间有一段时间的封闭期，对于资金流动性要求不高的投资者，可以对基金天华做时间较长一点的投资。另外，由于仓位较低，目前市场情况下，封闭期内基金天华的风险会比其他股票型基金低。

【案例问题】

（1）根据案例分析，开放式基金有没有存续期？

（2）根据案例分析，封闭式基金到期以后，会有哪些结局？

（3）根据案例分析，封闭式基金“封转开”后还能在交易所上市吗？

（4）根据案例分析，什么是“封转开”套利？

（5）根据案例分析，“封转开”套利一定没有风险吗？

（6）根据案例分析，离“封转开”日期越近，封闭式基金的折价率越高还是越低？

【案例分析】

（1）开放式基金没有存续期。

（2）封闭式基金到期以后，可以有以下几种结局：①“封转开”；②延长期限；③清盘。其中“封转开”的情况居多。

（3）可以。封闭式基金转为开放式基金后，其实不是严格的开放式基金，而是LOF基金。LOF基金既可以在交易所交易，又可以申购、赎回。

（4）因为封闭式基金通常存在一定的折价率，但是一旦转为LOF基金以后，折价率迅速缩小，甚至消失。投资者可以在“封转开”前，以折价买入该基金，然后待“封转开”后，以相当于份额净值的价格赎回给基金公司，实现套利。

（5）存在一定的市场风险。假设“封转开”前，某封闭式基金份额净值是2.0元，市场价格是1.2元，折价率为40%。“封转开”要遵循一定的程序，短时间无法完成，而且转为开放式基金后还有一段封闭期。待封闭期过后，投资者才可以赎回基金份额。“封转开”后，基金份额净值可能会跌至1.0元，即使以1.0元的价格赎回给基金公司，投资者仍然是亏钱的。

（6）离“封转开”日期越近，封闭式基金的折价率越低。因为套利行为使得该基金在二级市场的需求增加，价格上涨，折价率缩小，直到折价率消失、套利无利可图为止。

案例 4.2.4 损失五成，首只 QDII 基金被清盘

【案例知识点】QDII 基金的投资

【案例类型】运用案例

【案例来源】新浪财经

【案例时间】2008 年 3 月

【案例内容】民生银行旗下一只名为“港基直通车”的 QDII 基金，成立后已亏损超过五成，按照基金条款需强制清盘，成为首只清盘的 QDII 基金。民生银行这只 QDII 基金于 2007 年 10 月推出，列明投资期限为 1 年，基金条款中引入了双向触发机制，即收益达到 18% 或亏损 50% 时，银行将提前终止该理财产品。由于外界憧憬的港股直通车一直未能开出，加上温总理的“煞车言论”，以及美国“次贷风暴”带动全球股市下挫，民生银行这只 QDII 基金在 2008 年 3 月 11 日到达止损位，成为首只被迫清盘的 QDII。

【案例问题】

（1）根据案例分析，什么是 QDII 基金？

（2）根据案例分析，“港基直通车”被清盘的主要原因是什么？

（3）根据案例分析，“港基直通车”什么情况下会被提前终止？

【案例分析】

（1）QDII，即合格境内机构投资者（Qualified Domestic Institutional Investors）是与 QFII（Qualified Foreign Institutional Investors，合格境外机构投资者）相对应的一种投资制度，是指在资本项目未完全开放的情况下，允许政府所认可的境内金融投资机构到境外资本市场投资的机制。QDII 基金是指投资海外市场的基金。

（2）由于外界憧憬的港股直通车一直未能开出，加上政府导向，以及美国“次贷风暴”带动全球股市下挫，“港基直通车”业绩暴亏，触发清盘条款。

（3）当即收益达到 18% 或亏损 50% 时，银行将提前终止该理财产品。

案例 4.2.5 平衡型基金“攻守兼备”

【案例知识点】平衡型基金的投资

【案例类型】运用案例

【案例来源】东方早报

【案例时间】2009 年 4 月

【案例内容】随着 2009 年以来 A 股行情一路高涨，基金投资热情也迅速升温。不过，从股指走势来看，自 2 月 17 日股指上冲 2400 点后，股指一度徘徊在 2100 ~ 2400 点，且振荡加剧。对此，业内专家建议，在振荡市中，可选择具有“自动档”功能的基金，以谋求相对稳定的投资收益。

所谓具有“自动档”功能的基金就是指平衡型基金，或称配置型基金。该基金品种

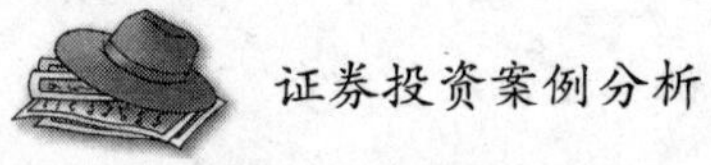

能够根据不同市场行情，及时调整资产配置比例，以达到“攻守兼备”的效果。

平衡型基金不仅能在弱势中表现得相对抗跌，而且在市场上涨中也能给投资者带来不错的市场回报。德圣基金研究中心在2008年发布的基金抗跌排行榜显示，平衡型基金占据了最抗跌前十名的大部分席位。在熊市中平衡型基金的表现要好于股票型基金；而在上涨行情之中，平衡型基金与股票型基金的表现却也是相差无几的。综合仓位和资产配置，平衡型基金与其他基金相比有一定的优势，一方面平衡型基金股票仓位“进可攻，退可守”，另一方面平衡型基金还可以配置较大比例的债券等固定收益类资产。

从海外市场经验表现看，在亚洲各类共同基金中，平衡型基金在过去10年间的总回报远超过了包括股票基金在内的其他类型的基金，这足以证明平衡型基金的平稳投资能力。

而在波动行情中平衡型基金的优势也是较为明显的。以2003—2005年这三个比较波动的年份来看，A股市场中平衡型基金的平均回报率不低于股票型基金，甚至高于股票型基金的回报率。另外，2008年A股市场跌势行情中，平衡型基金的波动相对于股票型基金较小。

2009年可能存在较多的结构性投资机会，投资者可以通过投资一些股债均衡配置的平衡型基金，灵活面对2009年的股市。

【案例问题】

（1）根据案例分析，振荡市中选择什么类型的基金比较合适？

（2）根据案例分析，何谓具有“自动档”功能的基金？

（3）根据案例分析，平衡型基金为什么可以“攻守兼备”？

【案例分析】

（1）在振荡市中，可选择具有“自动档”功能的基金，以谋求相对稳定的投资收益。

（2）所谓具有“自动档”功能的基金就是指平衡型基金，或称配置型基金。该基金品种能够根据不同市场行情，及时调整资产配置比例，以达到“攻守兼备”的效果。

（3）平衡型基金介于成长型基金和收入型基金之间，且灵活配置。当股市行情好时，可以大幅提高以资本增值为目的的股票配置比例，业绩与普通股票基金无异；当股市行情不好时，可以大幅度提高以取得当期收入为目的的债券配置比例，亏损幅度远小于普通的股票基金。

案例 4.2.6　买基金重在选品种

【案例知识点】基金的投资技巧

【案例类型】运用案例

【案例来源】新浪财经

【案例时间】2007年4月

【案例内容】基金并非稀缺资源。限额发行的新基金，造成了“奇货可居”，让一些

本来并不准备投资的人形成了从众思维，也去“轧闹猛”购买，生怕错失赚钱的机会。但这种非理性投资方式的问题已经显现。

2007年1月、2月投资者巨额申购基金，到了3月又出现巨额赎回的势头。目前很多基金净值负增长，193只股票类基金整体跑输市场，所以业内人士认为，后续发行的部分新基金很有可能面临达不到募集规模上限、没有超额比例可配售的局面。

其实基金并非稀缺资源，买新基金更不是打新股，所以基金是否有必要按“比例配售”还大大值得商榷。而且基金按比例配售也牺牲了效率。对于销售者来说，要经过进行计算和退款，增加了销售成本，同时购买者也增加了不确定性，如果被退款，还要再去一次银行取钱，资金的运行效率也大打折扣。

选销售方式不如选品种。对于投资者而言，目前应将投资重点放在基金品种的选择上，而不必过分关注买卖基金的时机选择上。

2007年以来，基金净值继续增长，但基金业绩增长排行榜的名单与2006年相比出现了较大的变化，2006年许多明星基金在2007年表现得并不尽如人意，而今年业绩排名居前的许多基金在2006年都是属于默默无闻的基金。

投资者疯抢新基金，实际是投资理念不成熟的表现。市场除了新基金外，还有许多老基金可买，建议投资人从其投资策略、股债配置比例、资金规模上加以比较。

【案例问题】

（1）为什么投资基金重在选品种？

（2）我国目前有哪些基金品种？

（3）买新基金会不会和“打新股”一样存在高收益？

（4）买新基金好还是老基金好？

【案例分析】

（1）因为市场基金品种繁多，每一种基金的收益和风险特征都不一样，投资者应根据自己的收益预期和风险承受能力购买相应的基金。比如稳健型投资者和风险规避者，一般选择债券型和货币型基金，而不是盲目地抢购一些热门股票基金等。

（2）股票基金、国债基金、货币基金、混合型基金、保本基金、指数基金、ETF、LOF、QDII、封闭式基金等。

（3）不会。因为股票价格受市场供求关系的而影响，会出现暴涨暴跌的现象。尤其是新股上市，经常出现大幅度的上涨。而开放式基金的价格等于其价值（基金份额净值），所以短时间内不可能出现暴涨的情况。

（4）一般来说，除非某新基金相对市面上的老基金有一定的创新性，否则买新基金是不理性的。因为新基金存在一些明显的缺陷：①认购期间时间成本高。新基金要经历最高6个月的募集期加封闭期，在此期间投资者不能赎回；②新基金的管理团队需要磨合，且基金经理资历一般较浅；③新基金的没有历史业绩可供参考；④基金公司比较重视老基金的品牌。

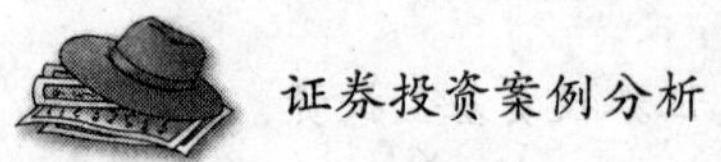

案例 4.2.7 基金一年亏了1.5万亿元

【案例知识点】基金的投资风险

【案例类型】基础案例

【案例来源】腾讯网

【案例时间】2009年4月

【案例内容】目前所有基金公司旗下基金的2008年年报都已披露完毕。2008年受到股市一路下跌影响，424只基金累计亏损额达到1.5万亿元，把2007年基金公司获得的1.11万亿元的利润全部抹杀。报告期内股票型基金和混合型基金的亏损分别为9740亿元和4057亿元。2008年受全球金融海啸影响，生不逢时的QDII基金同样损失惨重。统计显示，9只QDII 2008年累计亏损达到了505亿元。受益于债券牛市，债券型基金和货币市场基金成为2008年仅有的两类赢利的基金，本期利润分别为92.55亿元和58.81亿元。

【案例问题】

（1）根据案例分析，因为基金是分散投资和专家管理，所以基金没有风险，你赞成这个观点吗？

（2）根据案例分析，2008年基金巨亏的主要原因是什么？

（3）根据案例分析，因证券市场价格大幅下跌导致基金资产缩水的风险属于什么风险？

【案例分析】

（1）这个观点是错误的，基金分散投资只是规避个股风险，但是仍然要面临其他的风险。

（2）2008年基金巨亏的主要原因是2008年股市大幅下跌。

（3）因证券市场价格大幅下跌导致基金资产缩水的风险属于市场风险。

案例 4.2.8 基金经理“老鼠仓”

【案例知识点】基金投资的风险

【案例类型】基础案例

【案例来源】东方早报

【案例时间】2008年12月

【案例内容】2008年4月21日，证监会发布对唐建、王黎敏“老鼠仓”案处罚决定。唐建、王黎敏曾分别就职于上投摩根基金公司和南方基金公司。根据调查结果，证监会取消了唐建、王黎敏的基金从业资格，没收其违法所得并各处罚款50万元，还对唐建实施终身市场禁入，对王黎敏实施7年市场禁入。这也是基金法实施以来，证监会对“老鼠仓”开出的第一张罚单。

不过，由于刑法相关规定的暂缺，两位当事人未面临刑事追究。另外，相关基金公司

也未遭证监会处罚。

案情回顾

最早爆出唐建“老鼠仓”事件的是2007年4月15日某财经媒体刊登的一篇名为“监管层重拳出击老鼠仓，多家基金公司被调查”的报道。该报道称，上海一家基金公司基金经理人选突然发生变动。4月17日，另一篇题为“上投摩根一基金经理涉嫌‘老鼠仓’”的报道直接点名上投摩根和唐建。这一天，有关调查基金公司“老鼠仓”的传闻四起。4月18日，上投摩根发布澄清公告。

5月16日，唐建“老鼠仓”行为被证监会查实。上投摩根当天将唐建辞退。

5月17日，上投摩根基金公告称，收到证监会对公司原成长先锋基金经理唐建立案调查的通知。经查证，唐建涉嫌利用掌握的信息违规投资，公司已将其辞退。

根据调查，2006年3月，唐建利用担任上投摩根研究员兼阿尔法基金经理助理之便，在建议基金买入新疆众和（600888）股票时，使用自己控制的“唐金龙”证券账户先于基金买入，后又借基金连续买入新疆众和，该股股价不断上升之机卖出，非法获利约153万元。

王黎敏则在2006年8月至2007年3月任基金金元、基金宝元基金经理期间，使用自己控制的“王法林”证券账户，买卖自己所管理基金重仓持有的太钢不锈（000825）、柳钢股份（601003）股票，非法获利约150万元。

【案例问题】

(1) 根据案例分析，什么是“老鼠仓”？

(2) 根据案例分析，“老鼠仓”最终损害的是谁的利益？

(3) 根据案例分析，该案例描述的是基金投资的哪一类风险？

【案例分析】

(1)“老鼠仓”就是基金经理首先买入某只股票，然后利用投资者的钱大量买入该股票，等股票涨到很高价格时，卖出自己买入的股票获利，而使投资者的资金套牢。

(2)“老鼠仓”最终损害的是基金投资者的利益。因为“老鼠仓”会增加基金买入股票的成本，并有可能导致基金在高位被套牢，影响基金的投资收益率。

(3) 该案例描述的是基金投资的管理风险。

案例 4.2.9　频遭巨额赎回长盛基金越做越小

【案例知识点】基金投资的风险

【案例类型】基础案例

【案例来源】全景网

【案例时间】2006年9月

【案例内容】长盛基金公司旗下的最大封闭式基金——基金同盛已经连续4年没有分红了。尽管2006年年报显示，该基金上半年实现了1.70亿元可分配收益，但长盛基金公司至今未有任何进行分红的意向。

最近两年来，长盛基金公司旗下的开放式基金频遭巨额赎回，这是否与该基金公司的封闭式基金表现不佳进而影响了公司整体形象有关呢？

长盛基金公司共管理着 4 只封闭式基金：基金同德、基金同智、基金同盛、基金同益，总份额达 60 亿份，截至 2006 年 6 月 30 日的基金资产净值达 84 亿元，是管理封闭式基金的大户。在 2002—2005 年的 4 年时间里，上述 4 只封闭式基金向长盛基金公司贡献的管理费收入高达 3.57 亿元，而它们向基金持有人的分红总额仅为 1.38 亿元。

2006 年上半年，尽管长盛基金公司旗下的封闭式基金的业绩表现明显不及开放式基金，但也毕竟获得了总计为 7.27 亿元的可分配收益。遗憾的是，迄今为止，这部分收益一直未能分配到基金持有人的手上，而长盛基金公司从封闭式基金上收取的管理费却因此增加了。

在封闭式基金上，长盛基金公司占了大便宜；但在开放式基金上，长盛基金公司的处境就有点不妙了。近两年来，其管理的开放式基金频频遭遇巨额赎回。2004 年，长盛旗下的开放式基金共被净赎回 10.89 亿份，2005 年，被净赎回的规模增至 12.34 亿份，2006 年上半年又进一步增至 31.26 亿份。

【案例问题】

（1）根据案例分析，什么叫巨额赎回？

（2）根据案例分析，巨额赎回对基金投持有人有什么影响？

（3）根据案例分析，长盛基金公司旗下基金出现巨额赎回的原因是什么？

（4）根据案例分析，封闭式基金会不会出现巨额赎回现象？

【案例分析】

（1）在单个开放日，基金净赎回申请超过上一日基金总份额的 10% 时，称为巨额赎回。

（2）为了应付巨额赎回，基金经理必须卖出基金持有的股票，股票在短期遭受很大的抛售压力，价格下跌，导致基金份额净值下降，又会促使更多的基金持有人赎回基金份额，如此恶性循环。最后损害的还是基金持有人的利益。

（3）长盛基金公司旗下基金出现巨额赎回的原因是，长盛基金公司不愿意分红，影响了公司的形象，投资者用脚投票。

（4）封闭式基金不会出现巨额赎回现象，因为封闭式基金不允许申购和赎回。

案例 4.2.10　买基金看准点，赎回要过封闭期

【案例知识点】基金的投资技巧

【案例类型】运用案例

【案例来源】新浪财经

【案例时间】2006 年 4 月

【案例内容】王女士在工商银行花 18.5 万元认购了一只正在发行的货币市场基金。当时基金销售人员告诉她，该基金流动性相当于活期存款，但收益比两年期定期存款利率还要高。几天后王女士突然急需一笔钱，于是想取回这笔钱。但当她来到基金代销点的时候，工作人员却告诉她，30 天内没有办法取出。为什么这跟当初说的不一样呢？

原来，货币市场基金确实有活期存款的流动性，也就是说，如果投资者需要赎回，当日就可以赎回，而资金会在第三天到达投资者的账户上，这就是通常所说的“T+2”。另外，持有股票基金、债券基金的投资者赎回资金到账的时间可能长一点，现在股票和债券基金赎回“T+5”、“T+4”、“T+3”都有，各基金管理公司也略有不同。

但是，这些都是对于已经开放申购赎回的基金来说的。处在募集期的基金合同还没有正式生效，在这个期间是不能撤单的。当基金成立后，还有一段时间也是不开放申购赎回的，因为基金在此期间处于建仓期，这一段时间叫“封闭期”。王女士遇到的就属于这种情形。

基金的封闭期根据类型不同，时间长短也有不同。一般货币基金能在生效后一周开放申购、赎回，而股票、债券基金的封闭时间不超过 3 个月。

【案例问题】

（1）根据案例分析，什么是基金的认购、申购和赎回？

（2）根据案例分析，封闭式基金可以申购和赎回吗？

（3）根据案例分析，封闭式基金和开放式基金的交易在资金和基金份额到账时间上有什么差别？

（4）根据案例分析，什么类型的基金既可以申购、赎回又可以在交易所交易？

（5）根据案例分析，什么是募集期和封闭期？

（6）根据案例分析，设定封闭期的目的是什么？

【案例分析】

（1）认购是指投资者在开放式基金募集期间向基金管理人申请购买基金份额；申购是指投资者在开放式基金募集期结束后，向基金管理人申请购买基金份额；赎回是指基金份额持有人要求基金管理人购回其所持有的开放式基金份额。

（2）封闭式基金只能在交易所交易，不能向基金公司提出申购申请，所持有的基金份额也不能要求基金公司购回。

（3）通常封闭式基金实行“T+1”交易，即今天买入，基金份额明天到账，今天卖出基金份额，资金明天才到账。开放式基金申购一般是“T+2”到账，普通的开放式基金赎回资金“T+5”左右到账，货币基金赎回资金一般是“T+2”到账。所以封闭式基金的流动性比较好。

（4）ETF 和 LOF 既可以申购、赎回，又可以在交易所交易。

（5）募集期，是基金的认购期，此时基金尚未正式成立。募集期结束以后，基金合同生效，基金正式公告成立。发行结束后，如果产品成功募集足够资金则在宣告基金合同生效后，会有一段时间不接受投资人赎回基金份额申购以及赎回申请，这一段时间叫封闭期。

（6）设定封闭期的目的有两个：一方面是为了方便基金的后台（登记注册中心）为日常申购、赎回做好充分的准备；另一方面基金管理人可将募集来的资金根据证券市场状况完成初步的投资安排。根据相关法规的规定，基金封闭期最长不得超过3个月，投资者可以关注一下基金公司的信息披露，如果基金公司发布了开放申购、赎回的公告，投资者就可以赎回了。

案例 4.2.11　银行销售：最传统的基金代销渠道

【案例知识点】基金的申购与赎回

【案例类型】基础案例

【案例来源】南方日报

【案例时间】2006 年12 月

【案例内容】基金 90% 的销售渠道是商业银行。银行是基金最传统的代销渠道，通常基金公司会将该只基金的托管行作为主代销行。对投资者而言，银行最大的优点在于其服务网点多，方便投资者，而且直到现在仍有很多投资者认为去银行购买基金较踏实和放心。

但在基金销售“大热”的情况下，银行代销逐渐凸显了其一些缺点。越来越高涨的基金投资热，越来越短的认购时间，加上烦琐的认购手续，每逢基金发行，银行营业点便陷入一片人海当中。银行代销的基金种类有限，不同银行代销的基金种类也不同。投资者如果要购买多只基金，往往难以在一家银行办理妥当。因为每一只基金，都有各自对应的代销银行或证券公司。如果“基民”选中的基金自己的存款银行不代销，就要把钱取出来，搬到代销银行去。从股民转为“基民”的，如果所开户的证券公司不代销，就要把钱从证券账户提出来，搬到代销银行去。

接踵而来的烦恼是，“基民”在每一家银行购买基金，都要开立一个结算账户、一张银行卡。购买每一只基金，都要单独开立一个相应基金公司的账户，自然，都少不了要填写一大堆表格。缴款认购两天后，还要到银行打印确认清单。按照风险分散的投资戒律，基民们至少要把自己的钱分散投到三四只基金中，手中又攒下一大堆的存折、银行卡、基金卡和认购书。

此外，银行通常并不代销一家基金公司旗下的所有基金，这就给以后可能需要的基金转换等业务带来麻烦。同时，通过银行购买基金，一般不能获得申购费的优惠。

【案例问题】

（1）根据案例分析，银行可以发行基金吗？

（2）根据案例分析，通过银行申购基金的优点有哪些？

（3）根据案例分析，通过银行申购基金的缺点有哪些？

【案例分析】

(1) 不可以。只有基金公司可以发行基金，银行只是基金的代销机构而已。

(2) 通过银行申购基金的优点有：服务网点多，方便投资者；柜台交易可以获得工作人员的面对面指导；安全、放心。

(3) 通过银行申购基金的缺点：需要亲临网点，需在工作日规定时间办理、填写表格，经常排长队，效率差；每个银行网点代销的基金公司产品不多，买不同产品可能要去多家银行才能完成；手续费相对较高；对不同基金公司的产品，投资人需要开设不同的账户。

案例 4.2.12　银行之外的基金销售渠道

【案例知识点】基金的申购与赎回

【案例类型】基础案例

【案例来源】南方日报

【案例时间】2006 年 12 月

【案例内容】除了银行以外，基金销售渠道还包括证券公司、基金公司直销、交易所交易系统平台（上证基金通）等。

(1) 证券公司也是一个传统的基金代销渠道。银河证券、国泰君安等大型券商所代销的基金种类比较齐全，投资者通过券商的网上交易系统，在统一的操作界面下进行基金买卖，参与基金投资的股民由此可以统一管理资金、统一操作。同时，通过券商购买基金投资者还可能获得一定的费率优惠。

但相对于银行，券商代销渠道网点比较少，而且并非每家证券公司都代销所有的基金。很多证券营业部并不会明确给投资者费率折扣，投资者可能需要与证券营业部的客户经理沟通才能获得申购费的优惠。

(2) 基金公司会采取直销方式，直销包括柜台直销和网上直销两种。其中，柜台直销以服务 VIP 客户为主，有专业的服务人员提供咨询服务，而且还可以获得费率上的折扣。缺点是网点很少、门槛比较高，不适合中小投资者。

而网上直销是新兴的一个交易渠道，大部分基金公司均已开设网上直销服务，而且大部分基金公司的网上直销提供了费率优惠。同时，网上直销只需一张银行卡即可，不受地域和时间限制。由于节省了基金公司和代销渠道之间划转资金的时间，赎回基金后资金还可以更快到账。

网上直销的缺点在于，不同基金公司要求的结算卡不同，比如用广发卡可购买广发旗下的基金，但不能购买上投摩根的基金；用建行卡可购买华夏旗下的基金，却不能购买广发的基金。所以，投资者如果要购买多只基金，往往需为该基金组合办理不同的银行卡。还有一些基金公司尚未开通网上直销业务，而且并非所有基金公司直销都有费率优惠，比如景顺长城就不提供申购费折让。此外，投资者网上购买基金需支付相关银联转账费用。

因此，投资者要事先了解基金公司的政策，包括要求的银行卡、提供的费率折让等。

（3）于2005年中推出的上证基金通是上海证券交易所的开放式基金销售系统。上证基金通作为一个统一的平台，联结了136家证券公司，3000余家营业部和以千万计的潜在客户群，基金公司不必直接去面对每个代销券商，代销券商也不必去和每家基金公司建立接口，这简化了代销手续，降低了营销成本。

据介绍，上证基金通可让投资者在一个营业网点即可办理所有开放式基金的业务，有望形成真正意义上的“基金超市”。

【案例问题】

（1）根据案例分析，通过基金公司柜台直销平台申购基金的优点是什么？

（2）根据案例分析，网上直销的优点有哪些？

（3）根据案例分析，上证基金通最大的优点是什么？

（4）根据案例分析，通过证券公司购买基金的缺点是什么？

【案例分析】

（1）通过基金公司柜台直销平台申购基金的优点是，有专业的服务人员提供咨询服务而且还可以获得费率上的折扣。

（2）网上直销的优点有：手续均可在网上办理，方便；享受交易手续费优惠；网上交易全天候开通；网上交易赎回资金到账迅速。

（3）上证基金通最大的优点是可让投资者在一个营业网点即可办理所有开放式基金的业务，有望形成真正意义上的“基金超市”。

（4）通过证券公司购买基金的缺点是券商代销渠道网点比较少，而且并非每家证券公司都代销所有的基金。很多证券营业部并不会明确给投资者费率折扣，投资者可能需要与证券营业部的客户经理沟通才能获得申购费的优惠。

案例 4.2.13　理性看待基金“吝啬”分红

【案例知识点】基金分红

【案例类型】运用案例

【案例来源】中国金融网

【案例时间】2008年6月

【案例内容】经历了一轮大幅调整之后，随着新基金发行的重新启动，部分基金也相继开始了花样繁多的营销活动。据观察，除了重新开放申购，或者实施申购手续费优惠等措施外，有的基金实施的小规模分红形式也吸引了基民的广泛关注。从表面看，这些分红规模和三季度时动辄10派10元以上的大比例分红方式相比，确实有天壤之别。最主要的是，对于那些投资金额仅万余元的基民来说，分红后到账的红利让人似乎“没有感觉”。面对基金的“吝啬”，投资者又该如何看待和把握这类基金的投资机会呢？

广发小盘刚刚实施了10派2元的分红，周三创新型封基大成优选推出了10派0.3元

的分红方案，易方达旗下包括价值成长在内的多只基金日前实施的分红也均不足10派1元。也就是说，如果基民投资1万元，以1元价格申购易基价值成长，那么按本次10派0.3元分红方案，到账的红利不足300元。但基金分红规模并非越大越好。况且，10派0.3元对于资产规模超百亿元的单只基金来说，相当于要兑现3亿元以上的资金，这足以让基金经理实现短期的持仓结构调整。另外，参考广发小盘的历次分红可以发现都没有超过10派4元以上的。可以说，这些基金的分红相对谨慎、实用，而且可能有助于基金的持股结构调整。

还有一些基金在契约中约定了定期分红条款，如有的开放式基金约定在特定条件下将实施每季度或者每年不少于几次的分红，如果恰逢市场不适合及时套现，这些基金也可能采取小规模分红的方式来实现约定。对于这样的情况，基民应该首先查阅基金发行时的招募公告书，了解其中有关强制分红的约定，然后再由此研判该基金的运作能力。值得一提的是，根据《证券投资基金法》的规定，封闭式基金的收益分配每年不得少于一次，有的封闭式基金还增加了最少分红比例的限制要求。那么，封闭式基金年度分红情况将是最值得关注的。如果届时有的品种分红比例远低于市场预期，投资者有必要了解其中的原委。

【案例问题】

（1）根据案例分析，基金分红越多越好吗？

（2）根据案例分析，根据《证券投资基金法》，封闭式基金每年必须保证一次以上的分红吗？

（3）根据案例分析，封闭式基金可以采用“红利再投资”的方式分红吗？

（4）根据案例分析，封闭式大比例基金分红后，对其折价率有什么影响？

（5）根据案例分析，封闭式大比例基金分红后，是不是具有投资机会？

【案例分析】

（1）分红有利于投资者逐渐收回成本，但是分红并不是越多越好。基金分红后，基金份额净值要除权，扣除相应的分红金额，投资者总资产并没有发生变化；为了分红，基金不得不卖掉大量本来可以继续上涨的股票；而且为了准备分红资金，基金经理也可能要花一定时间调整仓位；分红会造成基金的交易成本增加，管理成本增加。

（2）只有在基金赢利后，才保证每年至少分红一次。当年亏损的基金当年不能分红，当年赢利的基金，应在弥补基金上一年度亏损后仍有盈余的基础上再分红。

（3）不可以。封闭式基金不允许申购、赎回，规模固定，所以只能采用现金方式分红。

（4）封闭式基金分红后将提高折价率。假设某封闭式基金份额净值为2.0元，市场价格为1.6元，折价率为20%。若该基金的分红方案是10派10元，则分红后该基金的份额净值为：2.0－1.0＝1.0（元），市场价格为：1.6－1.0＝0.6（元），折价率变为40%。

（5）封闭式基金大比例分红使得其折价率大幅提高，而高折价率一般不具有持续性，后期一般会缩小到正常水平。在基金份额净值不变的情况下，折价率的缩小意味着价格会上涨。

案例 4.2.14 前端收费和后端收费

【案例知识点】认购费、申购费和赎回费的收取

【案例类型】运用案例

【案例来源】富国天成红利灵活配置混合型证券投资基金招募说明书

【案例时间】2008 年 4 月

【案例内容】富国天成红利灵活配置混合型证券投资基金认购、申购和赎回费用标准：

1. 申购费率

(1) 前端申购

金额 100 万元以下费率为 1.5%；

金额 100 万（含）~500 万元费率为 1.2%；

金额 500 万元（含）以上费率为单笔 1000 元。

(2) 后端申购

持有时间 1 年以内（含）费率为 1.8%；

持有时间 1 ~3 年（含）费率为 1.2%；

持有时间 3 ~5 年（含）费率为 0.6%；

持有时间 5 年以上费率为 0。

2. 赎回费率

持有时间 2 年以内（含）费率为 0.6%；

持有时间 2 ~3 年（含）费率为 0.3%；

持有时间 3 年以上费率为 0。

3. 认购费率

(1) 前端认购

金额 100 万元以下费率为 1.0%；

金额 100 万（含）~500 万元费率为 0.8%；

金额 500 万元（含）以上费率为单笔1000 元。

(2) 后端认购

持有时间 1 年以内（含）费率为 1.6%；

持有时间 1 ~3 年（含）费率为 0.8%；

持有时间 3 ~5 年（含）费率为 0.4%；

持有时间 5 年以上费率为 0。

申购最低投资额：1000 元，最低赎回份额：1000 份。

【案例问题】

（1）根据案例分析，认购费和申购费中，哪一类费用更低？

（2）根据案例分析，什么是前端收费、后端收费？

（3）根据案例分析，长线投资者应该选择前端收费还是后端收费？为什么？

（4）根据案例分析，如果申购10万元该基金（前端收费），要缴纳的申购费是多少？

（5）根据案例分析，如果申购10万元该基金（后端收费），持有5年后，赎回时要缴纳的申购费和赎回费分别是多少？

（6）根据案例分析，为什么基金申购的时候要以金额申请，赎回的时候以份额赎回？

【案例分析】

（1）认购费和申购费中，认购费更低。

（2）前端收费指的是在购买开放式基金时就支付申购费的付费方式，后端收费指的是在购买开放式基金时并不支付申购费，等到赎回时才支付的付费方式。

（3）长线投资者应该选择后端收费。后端收费的设计目的是为了鼓励长期持有基金，因此后端收费的费率一般会随着持有基金时间的增长而递减，某些基金甚至规定如果持有基金超过一定期限，后端申购费可以完全免除。

（4）申购费为1500（100000×1.5%）元。

（5）申购费和赎回费均为0。

（6）开放式基金的申购、赎回原则是“金额申购，份额赎回”。开放式基金的申购价格等于当天该基金的份额净值，但是当天的基金份额净值只有在下午收盘以后才知道。按照开放式基金买卖基于次日公布的基金份额净值原则，投资者申购时是不知道基金价格的，所以只能申报打算投资的金额，次日知晓申购的准确份额数。同样的道理，在赎回时由于不知道价格，投资者只能申报预备赎回的份额，次日方能知晓能得到的赎回资金量。

案例 4.2.15　东方策略成长基金的申购与赎回

【案例知识点】申购费、赎回费的计算

【案例类型】运用案例

【案例来源】东方策略成长股票型开放式证券投资基金招募说明书

【案例时间】2008年4月

【案例内容】东方策略成长股票型开放式证券投资基金认购、申购和赎回费用标准：

1. 申购费率

（1）前端申购

金额（M）<100万元，费率为1.5%；

100万元≤M<500万元，费率为1.2%；

M≥500万元，费率为单笔1000元。

(2) 后端申购

持有期限1年以内(含),费率F=1.8%;

1~3年(含),F=1.0%;

3年以上,F=0。

2. 赎回费率

持有期限1年以内(含),费率为0.5%;

1~3年(含),费率为0.25%;

3年以上,费率为0。

申购最低投资额:1000元,最低赎回份额:500份。

【案例问题】

2008年9月12日,该基金份额净值为0.6653元,张三申购金额为200万元,持有至2010年7月9日赎回。2010年7月9日,该基金的份额净值为1.2345元,

(1) 若张三选择前端收费,其净申购金额、申购费用和申购份额分别是多少?

(2) 若张三选择前端收费,其赎回总额、赎回费用和赎回金额分别是多少?

(3) 若张三选择后端收费,其申购费用和申购份额分别是多少?

(4) 若张三选择后端收费,其赎回总额、赎回费用和赎回金额分别是多少?

【案例分析】

(1) 净申购金额=2000000÷(1+1.2%) =1976284.58(元)

申购费用=1976284.58×1.2% =23715.42(元)

申购份额=1976284.58÷0.6653=2970516.44(份)

(2) 赎回总额=2970516.44×1.2345=3667102.54(元)

赎回费用=3667102.54×0.25% =9167.76(元)

赎回金额=3667102.54-9167.76=3657934.78(元)

(3) 申购费用=2000000×1% =20000.00(元)

申购份额=2000000÷0.6653=3006162.63(份)

(4) 赎回总额=3006162.63×1.2345=3711107.77(元)

赎回费用=3711107.77×0.25% =9277.77(元)

赎回金额=3711107.77-9277.77-20000=3681830.00(元)

案例4.2.16 国投瑞银稳健增长混合基金的申购与赎回

【案例知识点】申购费、赎回费的计算

【案例类型】练习案例

【案例来源】国投瑞银稳健增长灵活配置混合型证券投资基金招募说明书

【案例时间】2008年5月

【案例内容】国投瑞银稳健增长灵活配置混合型证券投资基金认购费、申购费和赎回

费用标准：

1. 申购费率

（1）前端申购

金额（M）<100 万元，费率为 1.5%；

100 万元≤M<500 万元，费率为 1.0%；

500 万元≤M<1000 万元，费率为 0.3%；

M≥1000 万元，费率为单笔 2000 元。

（2）后端申购

持有期限 1 年以内（含），费率 F=1.8%；

1~2 年（含），F=1.6%；

2~3 年（含），F=0.5%；

3~4 年（含），F=1.0%；

4 年以上，F=0。

2. 赎回费率

持有期限 1 年以内（含），费率为 0.5%；

1~3 年（含），费率为 0.25%；

3 年以上，费率为 0。

申购最低投资额：1000 元，最低赎回份额：500 份。

【案例问题】

2009 年 9 月 20 日，该基金份额净值为 1.0561 元，李四申购金额为 650 万元，持有至 2010 年 7 月 9 日赎回。2010 年 7 月 9 日，该基金的份额净值为 1.1100 元，

（1）若李四选择前端收费，净申购金额、申购费用和申购份额分别是多少？

（2）若李四选择前端收费，计算赎回总额、赎回费用和赎回金额分别是多少？

（3）若李四选择后端收费，计算申购费用和申购份额分别是多少？

（4）若李四选择后端收费，计算赎回总额、赎回费用和赎回金额分别是多少？

【案例分析】

（1）净申购金额 = 6500000 ÷（1 + 0.3%）= 6480558.33（元）

申购费用 = 6480558.33 × 0.3% = 19441.67（元）

申购份额 = 6480558.33 ÷ 1.1100 = 6136311.26（份）

（2）赎回总额 = 6136311.26 × 1.1100 = 6811305.50（元）

赎回费用 = 6811305.50 × 0.5% = 34056.53（元）

赎回金额 = 6811305.50 − 34056.53 = 6777248.97（元）

（3）申购费用 = 6500000 × 1.8% = 117000.00（元）

申购份额 = 6500000 ÷ 1.1100 = 6154720.20（份）

（4）赎回总额 = 6154720.20 × 1.1100 = 6831739.42（元）

赎回费用 = 6831739.42 × 0.5% = 34158.70（元）

赎回金额 = 6831739.42 − 34158.70 − 117000.00 = 6680580.72（元）

案例 4.2.17　基金定投是工薪族理财首选

【案例知识点】基金定投

【案例类型】基础案例

【案例来源】新浪财经

【案例时间】2008 年 1 月

【案例内容】对于收入相对固定的工薪阶层，购买基金最好采用“定额定投”方式。

所谓基金“定额定投”指的是投资者在每月固定的时间（如每月 10 日）以固定的金额（如 1000 元）投资到指定的开放式基金中，类似于银行的零存整取方式。由于基金“定额定投”起点低、方式简单，所以它也被称为“小额投资计划”或“懒人理财”。

相对定投，一次性投资收益可能很高，但风险也很大。由于规避了投资者对进场时机主观判断的影响，定投方式与股票投资或基金单笔投资追涨杀跌相比，风险明显降低。

基金定期定额投资具有类似长期储蓄的特点，能积少成多，平摊投资成本，降低整体风险。它有自动逢低加码、逢高减码的功能，无论市场价格如何变化总能获得一个比较低的平均成本，因此定期定额投资可抹平基金净值的高峰和低谷，消除市场的波动性。只要选择的基金有整体增长，投资人就能获得一个相对平均的收益，不必再为入市的择时问题而苦恼。

在海外成熟市场，有超过半数的家庭购买基金，而他们投资基金的方式大多数都采用定期定额投资。不过，这种投资方式需要经过一段时间才能看出成效，最好能持续投资 5 年以上。据统计显示，定期定额投资只要超过 10 年，亏损的概率接近零。

工薪阶层以“定额定投”方式购买基金的最大好处是小投资实现大收获。比如，每月投资 1000 元，按 8% 的平均年收益率计算，投资者连续投资 5 年，其资金总额将达到 7 万元左右，比同期同档次定期储蓄和国债收益都要高。

其实，基金定投最大的优势就在于它的复利效应。从投资学角度看，资金经过长时间的复利，累积的效果非常明显。英美股市的长期平均年报酬率高于 8%，平均成本法和时间累计可使投资者获得可观的回报。

以“定额定投”方式购买基金适合以下三类人群：①工薪阶层。手头闲钱不多，却要在未来应对大额支出，这是很多人都会遇到的问题。比如年轻的父母为子女积攒未来的教育经费，中年人为自己的养老计划存钱等。由于可以积少成多、起点也低，定投可谓是这类人群的投资首选。②想投资但不想冒太大风险的投资者。主要是指既害怕股市风险，又对其他投资方式不够了解，投资能力不强、期望稳健型投资的人。③职场新人。定投有助于培养投资习惯，特别适合刚刚踏入社会、积累比较有限、把投资当做末位问题看待的年轻人。定投不仅能为他们搁置起来的一些小钱找到出路，而且能帮助年轻人改变大手大脚的消费习惯。

【案例问题】

（1）根据案例分析，基金定投的“定”指什么东西？是固定的吗？

（2）根据案例分析，基金定投的优点有哪些？

（3）根据案例分析，基金定投适合什么样的投资者？

（4）根据案例分析，基金定投适合短期投资吗？

【案例分析】

（1）基金定投的“定”指的是在每月的固定时间，以固定金额投资固定的基金。

（2）基金定投的优点有强制储蓄，聚沙成塔；小额投资，收效明显；自动扣款，手续简便；平均成本，分散风险。

（3）基金定投适合工薪阶层；想投资但不想冒太大风险的投资者职场新人。

（4）基金定投不适合短期投资，因为这种投资方式需要经过一段时间才能看出成效，最好能持续投资5年以上。

5 金融衍生工具投资

5.1 金融衍生工具概述

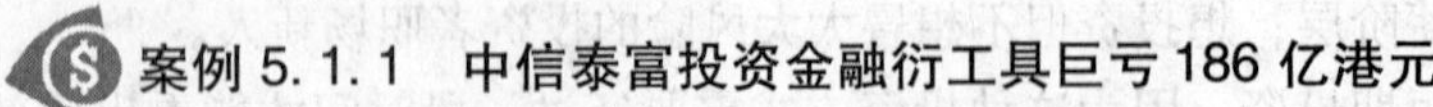

案例 5.1.1 中信泰富投资金融衍工具巨亏 186 亿港元

【案例知识点】金融衍生工具的特征

【案例类型】基础案例

【案例来源】21 世纪经济报道

【案例时间】2008 年 12 月

【案例内容】暴跌的澳元，犹如面目狰狞的魔鬼正一步一步把中信泰富逼向万劫不复的深渊。10 月 20 日中信泰富首告因澳元贬值跌破锁定汇价——澳元累计认购期权合约公允价值损失约 147 亿港元，至今，巨额亏损已扩大到 186 亿港元。在短短 30 多个交易日内，中信泰富正以每天 1.1 亿港元的惊人亏损快步冲刺。

尽管实力雄厚的中信集团于近日紧急出手救援，计划以认购可转债形式向中信泰富注资约 116 亿港元并重组外汇衍生品合同，中信泰富或将因此迎来生还转机。但中信泰富外汇累计期权高达 186 亿港元巨亏的沉重现实，让人无法释怀究竟是什么原因，导致一家拥有优质资产和丰富管理经验团队的优秀企业，遭受如此凶险致命的一击。

【案例问题】

（1）根据案例分析，导致中信泰富巨亏的根本原因是什么？

（2）根据案例分析，导致中信泰富巨亏的是什么金融衍生工具？

（3）根据案例分析，中信泰富巨亏反映了金融衍生工具的哪一个特征？

（4）根据案例分析，中信泰富巨亏反映的是金融衍生工具的哪一个特征？

（5）根据案例分析，中信泰富在整个合约投入约 95 亿港元，但是亏损却可以放大到 186 亿港元甚至更高，这反映的是金融衍生工具的哪一个特征？

【案例分析】

（1）导致中信泰富巨亏的根本原因是中信泰富参与了澳元衍生工具交易和澳元大幅贬值。

（2）导致中信泰富巨亏的是澳元累计认购期权合约。

(3) 这反映的是金融衍生工具的跨期性。

(4) 中信泰富巨亏反映的是金融衍生工具的高风险性。

(5) 中信泰富亏损超过投资反映的是金融衍生工具的高杠杆性。

案例 5.1.2 远期、期货和期权

【案例知识点】金融衍生工具的分类

【案例类型】基础案例

【案例来源】WIND 资讯

【案例时间】2010 年 7 月

【案例内容】A 电缆公司的主要原材料是铜和铝，该公司预期 2010 年下半年铜价将继续大幅上涨。为了规避铜价上涨，A 电缆公司进入衍生交易市场进行套期保值。A 电缆公司共进行了 3 项交易。

交易 1：

A 电缆公司与 X 铜业公司在北京签订了一张合约。合约内容：2011 年 7 月 1 日，A 电缆公司从 X 铜业公司以 52100 元/吨的价格购买 100 吨铜。

交易 2：

A 电缆公司在上海期货交易所与 Y 铜业公司签订了一张标准化合约。合约内容：2011 年 7 月 1 日，A 电缆公司从 Y 铜业公司以 52100 元/吨的价格购买 100 吨铜。为了防止交易双方违约，上海期货交易期货公司要求双方缴纳交易金额的 5% 作为保证金并实行每日结算。为了方便交易、管理和风险控制，上海期货交易还制定了标准化的合约，对铜的种类、数量、交割地点等都在合约中事先规定，合约条款中唯一可以改变的是交易价格。

交易 3：

A 电缆公司通过 OPQ 交易所从 Z 铜业公司手中购买了一张合约。合约内容：2011 年 7 月 1 日，A 电缆公司有权从 Z 铜业公司以 52100 元/吨的价格购买 100 吨铜。但是 A 电缆公司可以选择执行或放弃该项权利。A 电缆公司支付给 Z 铜业公司 500000 元的费用，作为 Z 铜业公司放弃权利的补偿。为了防止 Z 铜业公司违约，OPQ 交易所收取其一定的保证金。

【案例问题】

(1) 根据案例分析，上述 3 个交易分别属于什么类型的交易？其交易方式有什么共同点？

(2) 根据案例分析，交易 1 和交易 2 的主要区别是什么？

(3) 根据案例分析，交易 2 和交易 3 的主要区别是什么？

(4) 根据案例分析，上述交易中，哪些企业是多头？哪些企业是空头？

【案例分析】

（1）交易1属于远期交易，交易2属于期货交易，交易3属于期权交易。上述3个交易都属于非现货交易。

（2）交易1和交易2的区别：①交易地点不同。交易2在交易所内进行集中交易；而远期交易在场外市场进行双边交易。②交易1因为在场外交易，基本不受监管；交易2在交易所交易，不仅要受交易所的监管，还要受证监会等监管机构的监管。③交易2用的是标准化合约，交易1的合约内容由双方协商确定。④交易1因为没有缴纳保证金，所以违约风险大；交易2因为有期货交易所作为中介人，所以基本不用担心违约风险。

（3）交易2和交易3的区别：①标的物不同。交易2的标的物是铜，而交易3的标的物则是铜买卖的选择权。②投资者权利与义务的对称性不同。交易3是单向合约，期权的买方（A电缆公司）在支付权利金后即取得履行或不履行买卖期权合约的权利，而不必承担义务；交易1则是双向合约，交易双方都要承担期货合约到期履约的义务。③履约保证不同。交易2的买卖双方都要缴纳一定数额的履约保证金；而在交易3中，买方（A电缆公司）不需缴纳履约保证金，只要求卖方（Z铜业公司）缴纳履约保证金。

（4）将来买入标的物的一方称为多头（或买方），A电缆公司属于多头；在将来卖出标的物的一方称为空头（或卖方），X铜业公司、Y铜业公司和Z铜业公司属于空头。

5.2 金融期货投资

案例5.2.1　世界上主要的期货交易所及交易品种

【案例知识点】期货交易所和期货交易品种的种类

【案例类型】基础案例

【案例来源】百度文库

【案例时间】2009年12月

【案例内容】芝加哥期货交易所是当前世界上交易规模最大、最具代表性的农产品交易所。19世纪初期，芝加哥是美国最大的谷物集散地，随着谷物交易的不断集中和远期交易方式的发展，1848年，由82位谷物交易商发起组建了芝加哥期货交易所。该交易所成立后，对交易规则不断加以完善，于1865年用标准的期货合约取代了远期合同，并实行了保证金制度。芝加哥期货交易所除了提供玉米、大豆、小麦等农产品期货交易外，还为中、长期美国政府债券、股票指数、市政债券指数、黄金和白银等商品提供期货交易市场，并提供农产品、金融及金属的期权交易。芝加哥期货交易所的玉米、大豆、小麦等品种的期货价格，不仅成为美国农业生产、3D－r的重要参考价格，而且成为国际农产品贸易中的权威价格。

伦敦金属交易所是世界上最大的有色金属交易所，伦敦金属交易所的价格和库存对世

界范围的有色金属生产和销售有着重要的影响。在19世纪中期，英国曾是世界上最大的锡和铜的生产国，但随着时间的推移，工业需求不断增长，英国又迫切地需要从国外的矿山大量进口工业原料。在当时的条件下，由于穿越大洋运送矿砂的货轮抵达时间没有规律，所以金属的价格起伏波动很大，金属商人和消费者要面对巨大的风险。1877年，一些金属交易商人成立了伦敦金属交易所并建立了规范化的交易方式。从20世纪初起，伦敦金属交易所开始公开发布其成交价格并被广泛作为世界金属贸易的基准价格。世界上全部铜生产量的70%是按照伦敦金属交易所公布的正式牌价为基准进行贸易的。

芝加哥商业交易所前身为农产品交易所，由一批农业经销商于1874年创建。当时在该交易所上市的主要商品为黄油、鸡蛋、家禽和其他非耐储藏农产品。1898年，黄油和鸡蛋经销商退出农产品交易所，组建了芝加哥黄油和鸡蛋交易所，重新调整机构并扩大上市商品范围，后于1919年将黄油和鸡蛋交易所易名为芝加哥商业交易所。1972年，该交易所为进行外汇期货交易而组建了国际货币市场部分（IMM），推出世界上第一张金融期货合约。此后，在外汇期货基础上又增加了90天短期美国国库券期货，和3个月期欧洲美元定期存款期货合约交易。该交易所的指数和期权市场部分成立于1982年，主要进行股票指数期货和期权交易。该部分最有名的指数合约为标准·普尔500种股票指数（S&P500）期货及期权合约。1984年，芝加哥商业交易所与新加坡国际金融交易所率先在世界上进行了交易所之间的联网交易，交易者可在两个交易所之间进行欧洲美元、日元、英镑和德国马克的跨交易所期货交易。

欧洲期货交易所（EUREX）是由德国证券股份有限公司（DBAG）和瑞士交易所（SWX）发起设立的。1996年12月13日，双方签署意向。1997年9月4日，DBAG旗下的德国期货交易所（DBT）与SWX旗下的瑞士期权及金融期货交易所（SOFFEX）开始在统一的联合平台上交易和清算。1998年5月7日，正式改名为欧洲期货交易所（EUREX）。其自诞生以来，短短几年时间，发展非常迅速，已成为全球第一大金融衍生品交易所。目前交易网络遍及全球18个国家，参与机构达424个，交易网络超过10000个。2002年，欧洲期货交易所的金融衍生品交易量占欧洲金融衍生品交易量的90%，占全球金融衍生品交易量的60%。交易最活跃的是以德国联邦政府债券为标的物的欧元债券期货，占2002年交易量的24%，全年共交易了1.912亿笔合约。自1999年以来，这一直是全球最活跃的交易合约。

【案例问题】

（1）根据案例分析，一般地，推出一种金融衍生工具的主要目的是什么？

（2）根据案例分析，按照基础工具分类，欧洲期货交易所“欧元债券期货”属于金融衍生工具的哪一类型？

（3）根据案例分析，按照基础工具分类，芝加哥商业交易所“标准·普尔500种股票指数（S&P500）期权合约”属于金融衍生工具的哪一类型？

（4）根据案例分析，小麦期货属于什么类型衍生工具？

【案例分析】

（1）一般地，推出一种金融衍生工具的主要目的是方便现货交易的投资者套期保值，规避现货市场的价格风险。

（2）欧洲期货交易所“欧元债券期货”属于利率类衍生工具。

（3）芝加哥商业交易所“标准·普尔500种股票指数（S&P500）期权合约”属于股权类产品的衍生工具。

（4）小麦期货属于商品期货。

案例 5.2.2　天气期货引热议

【案例知识点】期货的种类

【案例类型】基础案例

【案例来源】法制晚报

【案例时间】2010年7月

【案例内容】北方高温、南方暴雨，进入7月以来，2010年反常的气候更为明显。“应该推出天气期货，规避不测风云。”反常气候也引发了投资界的新话题。实际上，天气期货并不是个故事，在国外已有十余年的发展历史。天气期货和其他期货的交易原理基本相同。以温度指数期货为例，每月初期货市场主管机构会根据过去10年当月气温情况，为降温度日数或升温度日数确定一个初始值，如40华氏度（约22.2℃）。为使市场运转，指定的“做市商”将喊出“出价”和“要价”，前者比初始值稍低，后者稍高，这是投资者可以买进或卖出的度数。随着天气的变化和市场的反应，这些交易值在一个月中将起伏不定。到了月底，交易所根据实际温度进行结算，以1华氏度等于100美元的价格兑现所有期货合同。而投资者所要做的，就是预测一下未来的温度变化，然后进行买卖赚取利润。

天气期货最大的作用是具有避险功能。从农业、电力、旅游、交通等行业的企业，到滑雪场、高尔夫球场、海滨旅游胜地，甚至是保险公司都可通过它来对冲风险。国外天气期货的主要参与者是上述容易因天气变化而“感冒”的企业。比如，电力企业可通过温度指数期货规避凉夏带来的销量降低风险。若温度低，居民及企业通过空调降温的需求就会明显下降，电力企业的销售量也会相应减少。如果电力企业提前在期货市场上做空，卖出温度指数期货合约，当温度指数期货也呈下跌走势，这家电力企业就能获益。

【案例问题】

（1）根据案例分析，上述天气期货合约的基础资产是什么？

（2）根据案例分析，电力企业进行天气期货交易的目的是什么？

（3）根据案例分析，若预测气温将下降，啤酒企业该如何通过天气期货规避销量下跌风险？

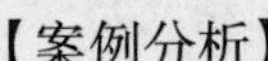

【案例分析】

（1）上述天气期货合约的基础资产是温度指数。

（2）电力企业进行天气期货交易的目的是规避天气变化所引起的销量下跌风险。

（3）啤酒企业可以卖出做空（即卖出）期货合约。若气温真的下降，则啤酒企业可以在期货合约上赚钱，弥补因啤酒销量下降引起的损失。

案例 5.2.3 我国的期货交易所

【案例知识点】我国期货交易所的种类

【案例类型】基础案例

【案例来源】中国证券报

【案例时间】2008 年 12 月

【案例内容】

1. 大连商品交易所

大连商品交易所成立于 1993 年 2 月 28 日，是中国最大的农产品期货交易所。大连商品交易所目前的交易品种有玉米、黄大豆 1 号、黄大豆 2 号、豆粕、豆油、啤酒大麦，正式挂牌交易的品种是玉米、黄大豆 1 号、黄大豆 2 号、豆粕和豆油。

2. 郑州商品交易所

郑州商品交易所成立于 1990 年 10 月 12 日，在现货远期交易成功运行两年以后，于 1993 年 5 月 28 日正式推出期货交易。郑州商品交易所上市交易的期货合约有小麦、棉花、白糖、对苯二甲酸（PTA）、绿豆等。

3. 上海期货交易所

上海期货交易所成立于 1990 年 11 月 26 日，是新中国成立以来中国大陆建立的第一家证券交易所。上海期货交易所目前上市交易的有铜、铝、锌、天然橡胶、燃料油 5 个品种的标准合约。

4. 中国金融期货交易所

中国金融期货交易所是经国务院同意，中国证监会批准，由上海期货交易所、郑州商品交易所、大连商品交易所、上海证券交易所和深圳证券交易所共同发起设立的交易所，于 2006 年 9 月 8 日在上海成立。

【案例问题】

（1）根据案例分析，期货交易可以在交易所之外由交易双方私下协定交易吗？

（2）根据案例分析，一般投资者可以直接到期货交易所进行交易吗？

（3）根据案例分析，白糖在哪个期货交易所交易？

（4）根据案例分析，2009 年上市交易的螺纹钢期货最有可能在哪个交易所？

（5）根据案例分析，股指期货在哪个交易所交易？

（6）根据案例分析，中国金融期货交易所与其他 3 个交易所有什么区别？

【案例分析】

（1）不可以，期货交易必须集中在交易所交易。

（2）不可以。只有期货交易所的会员才可以直接进期货交易所进行交易。一般投资者只能委托属于交易所会员的期货经纪商参与交易。

（3）白糖在郑州期货交易所交易。

（4）螺纹钢期货最有可能在上海期货交易所交易。

（5）股指期货在中国金融期货交易所交易。

（6）大连商品交易所、郑州商品交易所、上海期货交易所主要交易的品种是农产品和资源等商品类期货；中国金融期货交易所交易的品种是股指期货，属于金融期货。

案例 5.2.4　铜期货交易的保证金及杠杆作用

【案例知识点】期货的保证金制度及杠杆作用

【案例类型】运用案例

【案例来源】WIND 资讯

【案例时间】2010 年 7 月

【案例内容】2010 年 7 月 1 日，铜价为 50000 元/吨。A 电缆公司在上海期货交易所与 Y 铜业公司签订了一张标准化合约。合约内容：2011 年 6 月 19 日，A 电缆公司从 Y 铜业公司以 50000 元/吨的价格购买 100 吨铜。为了防止交易双方违约，上海期货交易期货公司要求双方缴纳交易金额的 10%（共计 500000 元）作为保证金。

【案例问题】

（1）根据案例分析，2011 年 6 月 19 日，若市场的铜价上涨至 55000 元/吨时，上述交易的双方谁赚谁亏？

（2）根据案例分析，现货铜价上涨了百分之多少？

（3）根据案例分析，交易双方的收益率分别是多少？

（4）根据案例分析，此期货合约的杠杆是多少倍？

【案例分析】

（1）A 电缆公司赚了。如果没有这张合约，2011 年 6 月 19 日 A 电缆公司必须在市场上以 55000 元/吨的价格购买铜；有了期货合约后，A 电缆公司可以以 50000 元/吨的价格购买铜，每吨铜节约了 5000 元，共节省 50 万元；如果没有这张合约，Y 铜业公司可以将铜在市场上以 55000 元的价格卖出。但是，受合约约束，Y 铜业公司必须以 50000 元/吨的价格卖给 A 电缆公司 100 吨铜，因此 Y 铜业公司损失 5000 万元。

（2）现货铜价上涨了 ［（55000 − 50000）÷50000］×100% = 10%。

（3）A 电缆公司收益率为：［（55000 × 100 − 50000 × 100）÷（50000 × 100 × 10%）］×100% = 100%；

Y 铜业公司收益率为：［（50000 × 100 − 55000 × 100）÷（50000 × 100 × 10%）］×

100% = -100%。

(4) 此期货合约的杠杆是10倍。铜的价格只是上涨了10%，但是交易双方的收益率却达到了100%，被放大了10倍。

案例 5.2.5　铝期货交易的保证金及杠杆作用

【案例知识点】期货的保证金制度及杠杆

【案例类型】练习案例

【案例来源】WIND资讯

【案例时间】2010年7月

【案例内容】2008年6月20日，铝价为15000元/吨。A电缆公司在上海期货交易所与Z铝业公司签订了一张标准化合约。合约内容：2009年3月17日，A电缆公司从Z铝业公司以15000元/吨的价格购买20吨铝。为了防止交易双方违约，上海期货交易期货公司要求双方缴纳交易金额的5%共计15000元作为保证金。2009年3月17日，市场的铝价下跌至14850元/吨。

【案例问题】

(1) 根据案例分析，铝价下跌了百分之多少？

(2) 根据案例分析，上述交易双方的收益率各为多少？

(3) 根据案例分析，该合约杠杆是多少倍？

(4) 根据案例分析，杠杆计算公式是什么？

【案例分析】

(1) 铝价下跌了1%。

(2) A电缆公司收益率为：[(14850×20-15000×20)÷(15000×20×5%)]×100% = -20%；

Y铜业公司收益率为：[(15000×20-14850×20)÷(15000×20×5%)]×100% =20%。

(3) 该合约杠杆是20倍。

(4) 杠杆倍数 =1÷保证金比例。

案例 5.2.6　我国期货的交割方式

【案例知识点】期货的交割方式

【案例类型】基础案例

【案例来源】中国证券网

【案例时间】2008年10月

【案例内容】期货交易的交割方式分为实物交割和现金交割两种。实物交割是指交易双方在交割日将合约所载商品的所有权按规定进行转移、了结未平仓合约的过程。而现金交割是指交易双方在交割日对合约盈亏以现金方式进行结算的过程。在期货市场中，商品期货通常都采用实物交割方式，金融期货中有的品种采用实物交割方式，有的品种则采用现金交割方式。现金交割由于不进行实物交收，只是以交割时的现货价格作为交易盈亏和资金划拨的依据，因此，实行现金交割的品种，其现货标的价格应具有可确定性特点，而且是标准的、唯一的。农产品的地域差价十分明显，不具有现金交割的条件，而股指期货的交易标的是股票指数，具有虚拟性和唯一确定性，更适合采用现金交割方式。我国商品期货交易，全部采用实物交割方式。实物交割方式包括集中交割和滚动交割两种。

【案例问题】

（1）根据案例分析，实行现金交割的品种，其现货标的价格应具有什么特点？

（2）根据案例分析，期货交割有几种交割方式？

（3）根据案例分析，为什么有些期货要采用现金交割方式？

（4）根据案例分析，我国的期货全部采用实物交割方式吗？

【案例分析】

（1）实行现金交割的品种，其现货标的价格应具有可确定性特点，而且是标准的、唯一的。

（2）期货交易的交割方式分为实物交割和现金交割两种。

（3）若采用实物交割方式，股指期货合约到期时卖方无法提供股票指数这种虚拟的东西，只能采用现金交割方式。

（4）不是的。我国的商品期货全部采用实物交割方式，中国金融期货交易所交易的股指期货采用现金交割的方式。

案例 5.2.7　上海期货交易所“沪铜 0801”合约

【案例知识点】期货合约的内容

【案例类型】基础案例

【案例来源】博易大师期货行情软件

【案例时间】2010 年 7 月

【案例内容】上海期货交易所“沪铜 0801”合约内容：

交易品种：阴极铜

交易单位：5 吨/手

报价单位：元（人民币）/吨

最小变动价位：10 元/吨

每日价格最大波动限制：不超过上一交易日结算价 ±3%

合约交割月份：1～12 月

交易时间：上午 9：00～11：30，下午 1：30～3：00

最后交易日：合约交割月份的 15 日（遇法定假日顺延）

交割日期：合约交割月份的16～20日（遇法定假日顺延）

交割品级：标准阴级铜，符合国标GB/T 467—1997标准阴级铜规定，其中主成分铜加银含量不小于99.95%。替代品：①高级阴级铜，符合国标GB/T 467—1997高级阴级铜规定；②LME注册阴级铜，符合BSEN 1978∶1998标准（阴级铜等级牌号Cu－CATH－1）

交割地点：交易所指定交割仓库

最低交易保证金：合约价值的5%

交易手续费：不高于成交金额的万分之二（含风险准备金）

交割方式：实物交割

交易代码：CU

上市交易所：上海期货交易所

【案例问题】

（1）根据案例分析，"沪铜0801"的名称有什么含义？

（2）根据案例分析，假设该合约铜的价格是51000元/吨，则购买5吨铜要缴纳多少保证金？

（3）根据案例分析，该合约的杠杆是多少倍？

（4）根据案例分析，在铜价涨停（＋3%）的时候，多头当天的收益率是多少？

（5）根据案例分析，一张标准化合约应该包括哪些条款？

【案例分析】

（1）"沪铜0801"指的是期货铜的交割时间是2008年1月，交易所是上海期货交易所。

（2）买5吨铜要缴纳保证金51000×5×5%＝12750（元）。

（3）该合约的杠杆是1÷5%＝20（倍）。

（4）多头当天的收益率是3%×20＝60%。

（5）一张标准化合约应该包括合约名称、合约规模、交易时间、报价单位、最小变动单位、涨跌停板、交割方式、交割月份、交割时间、交割品级及升贴水、最低保证金、手续费等条款。

案例5.2.8　国债期货强行平仓纠纷案

【案例知识点】强行平仓制度的运用

【案例类型】运用案例

【案例来源】中国平安官方网

【案例时间】2008年5月

【案例内容】原告：陈某，被告：上海申银证券公司浦东公司某营业部

1995年1月29日原告到被告处做国债期货交易，与被告签订了"国债期货交易客户协议书"（以下简称"协议书"）和"国债期货交易风险揭示声明书"（以下简称"声明

书”）。“声明书”中规定，假如市场趋势不利于原告所持的国债期货合约时，被告可能要求追加保证金，一经通知，请如期照办。如原告无法在规定的要求期限内提供要求的资金，其持仓合约将被对冲，由此而产生的账户赤字原告应负全部责任。同年2月20日、21日原告在被告处分两次卖出代码为337的国债期货合约100口，每口平均价137.4元。2月23日，因国债期货波动幅度较大，原告的初始保证金已低于其维持保证金的水平。被告于当日上午通知原告当日必须缴足追加保证金，而原告没有在当天缴足追加保证金，故被告于次日上午将原告的代码为337的国债期合约100口以139.91元的价位平仓。造成原告亏损18600元。现原告诉请被告赔偿损失18600元，并承担诉讼费。

被告辩称：当日的价格波动幅度较大，原告337合约的保证金不足，面临爆仓。在原告没有立即追加保证金的情况下，将其强行平仓。

法院认为：原告在被告处开户进行期货交易，双方签有“协议书”和“声明书”。因国债期货价格发生不利波动，被告发现原告的初始保证金已低于其维持水平。被告及时通知原告当日必须缴足追加保证金，原告接到通知后，未能在当天缴足追加保证金。故被告有权将原告100口未平仓的国债期货合约于次日上午以市价强行平仓。原告以其国债期货合约被被告擅自平仓，要求被告赔偿18600元的诉讼请求，理由不当，故不予支持。遂判决驳回原告陈某的诉讼请求。

【案例问题】

（1）根据案例分析，什么叫爆仓？

（2）根据案例分析，什么是维持保证金？

（3）根据案例分析，什么是平仓？如果没有标准化的合约，平仓可行吗？

（4）根据案例分析，上述案件中，期货交易所为什么要对客户的合约进行平仓？

（5）根据案例分析，强行平仓制度有什么意义？

【案例分析】

（1）爆仓是指保证金账户权益为负数，这意味着保证金不仅全部输光而且为负数。

（2）维持保证金：客户必须保持其保证金账户内的最低保证金金额。一旦低于此金额，交易所就会通知客户追加保证金。

（3）平仓即通过一笔数量相等、方向相反的期货交易来冲销原有的期货合约，以此了结期货交易，解除到期进行实物交割的义务。如果没有标准化的合约，平仓时就很难找到方向相反、数量相等、其他条款相同的合约，平仓就很难执行。

（4）客户保证金账户余额不足以维持账户，在通知追加保证金后未能交足的情况下，为了避免爆仓的情况出现，交易所强行代客户平仓。

（5）强行平仓制度可以避免风险进一步放大。

案例 5.2.9 逐日盯市——黄豆期货空头保证金账户的资金流转

【案例知识点】逐日盯市制度的运用

【案例类型】运用案例

【案例来源】WIND 咨询

【案例时间】2010 年 7 月

【案例内容】逐日盯市制度就是每个交易日交易结束后，按照各会员或交易者的交易持仓和各品种的结算价计算出各自的持仓盈亏，以及开平仓的盈亏，将赢利划入会员的资金账户，亏损则划出会员的资金账户。这样在结算上就不需要考虑累计的浮动盈亏，而只有每日的盈亏（盯市盈亏），在交易账单上显得明晰易懂。逐日盯市制度对没平仓合约的盈亏是按当日结算价和开仓价（若为当日开仓）或前一日的结算价的差值进行计算的。

2009 年 6 月 21 日，某投资者卖出“豆一 1009”合约 2 手，开仓价格是 3760 元/吨，初始保证金比率为 5%，维持保证金为初始保证金的 75%。一手“豆一 1009”合约为 10 吨。该投资者开仓前保证金账户余额为 4000 元。

2009 年 6 月 21 日，该合约未平仓，该合约收盘价为 3767 元，结算价为 3751 元；

2009 年 6 月 22 日，该合约未平仓，该合约收盘价为 3755 元，结算价为 3749 元；

【案例问题】

（1）根据案例分析，什么是收盘价和结算价，盯市盈亏是按收盘价还是结算价计算？

（2）根据案例分析，该投资者的初始保证金、维持保证金和保证金账户可用余额为多少？

（3）根据案例分析，2009 年 6 月 21 日收盘后，该投资者保证金账户资金余额为多少？

（4）根据案例分析，2009 年 6 月 22 日收盘后，该投资者保证金账户资金余额为多少？

【案例分析】

（1）收盘价是指某一期货合约收市前 5 分钟内经集合竞价产生的成交价格。集合竞价未产生成交价格的，以集合竞价前的最后一笔成交价为收盘价。当日结算价是指某一期货合约当日成交价格按照交易量的加权平均价。当日无成交价格的，以上一交易日的结算价作为当日结算价。逐日盯市制度对没平仓合约的盈亏是按当日结算价和开仓价（若为当日开仓）或前 1 日的结算价的差值进行计算的。

（2）初始保证金 = 3760 × 2 × 10 × 5% = 3760（元）；维持保证金 = 3760 × 0.75 = 2820（元）；可用余额 = 4000 − 3760 = 240（元）。

（3）盯市盈亏 = −（当日结算价 − 开仓价）× 手数 × 交易单位 = −（3751 − 3760）× 2 × 10 = 180（元）；保证金可用余额 = 4000 + 180 = 4180（元）。

（4）盯市盈亏 = −（当日结算价 − 前 1 日结算价）× 手数 × 交易单位 = −（3749 −

3751）×2×10＝40（元）；保证金余额＝4180＋40＝4220（元）。

案例 5.2.10 逐日盯市——铜期货多头保证金账户资金流转

【案例知识点】逐日盯市制度的运用

【案例类型】练习案例

【案例来源】WIND 咨询

【案例时间】2010 年 7 月

【案例内容】2010 年 7 月 5 日，某投资者买入“沪铜 1010”合约 10 手进行套期保值，开仓价格是 52200 元/吨，初始保证金比率为 5%，维持保证金为初始保证金的 75%。“沪铜 1010”合约的一手为 5 吨。该投资者开仓前保证金账户余额为 200000 元。

2009 年 7 月 5 日，该合约未平仓，该合约收盘价为 52260 元，结算价为 52230 元；

2009 年 7 月 6 日，该合约未平仓，该合约收盘价为 52250 元，结算价为 51980 元；

【案例问题】

（1）根据案例分析，该投资者的初始保证金、维持保证金和保证金账户可用余额为多少？

（2）根据案例分析，2009 年 7 月 5 日收盘后，该投资者保证金账户资金余额为多少？

（3）根据案例分析，2009 年 7 月 6 日收盘后，该投资者保证金账户资金余额为多少？

【案例分析】

（1）初始保证金＝52200×10×5×5%＝130500（元）；维持保证金＝130500×0.75＝97875（元）；可用余额＝150000－130500＝69500（元）。

（2）盯市盈亏＝（当日结算价－开仓价）×手数×交易单位＝（52230－52200）×10×5＝1500（元）；保证金余额＝200000＋1500＝201500（元）。

（3）盯市盈亏＝（当日结算价－前 1 日结算价）×手数×交易单位＝（51980－52230）×10×5＝－12500（元）；保证金余额＝201500－12500＝189000（元）。

案例 5.2.11 塑料企业买入套期保值

【案例知识点】套期保值的运用

【案例类型】运用案例

【案例来源】大陆期货

【案例时间】2008 年 8 月

【案例内容】线形低密度聚乙烯（LLDPE）被认为是“第三代聚乙烯”的新品种。线形低密度聚乙烯与普通低密度聚乙烯相比，耗能少、产量高，特别是其物理化学性能比普通低密度聚乙烯要好得多，用途也相当广泛。

2006 年 5 月，LLDPE 价格为 13000 元/吨，某塑料企业经过市场分析预测，认为 LLDPE 价格将大幅上涨。然而企业目前并无采购计划，且资金不足，但 2006 年 9 月有一批

生产任务需采购1000吨LLDPE，但如果原材料价格真的上扬，必将增加企业运作成本，减少利润。因此，该塑料企业决定进行套期保值。

假设2006年9月LLDPE现货价格为14000元/吨，期货价格为14100元/吨。

【案例问题】

(1) 根据案例分析，假设2006年5月，LLDPE期货价格为13100元/吨，该塑料企业如何进行套期保值？

(2) 根据案例分析，该塑料企业进行套期保值后的结果如何？

(3) 根据案例分析，该塑料企业如果不进行套期保值，结果会如何？

(4) 根据案例分析，如果2006年9月LLDPE现货价格为12000元/吨，期货价格为12100元/吨。该塑料企业进行套期保值后的结果如何？

【案例分析】

(1) 该塑料企业2006年5月在期货市场买入200手（约1000吨）LLDPE期货合约。2006年9月时在现货市场买入1000吨LLDPE现货，同时原来买入的LLDPE期货合约卖出对冲。

(2) 该塑料企业套保结果：现货盈亏 = （13000 - 14000） ×1000 = -100（万元）；期货盈亏 = （14100 - 13100） ×1000 = 100（万元）；合计盈亏 = -100 + 100 = 0。

(3) 该该塑料企业如果不进行套期保值结果：现货盈亏 = （13000 - 14000） ×1000 = -100（万元）。

(4) 该塑料企业套保结果：现货盈亏 = （13000 - 12000） ×1000 = 100（万元）；期货盈亏 = （12100 - 13100） ×1000 = -100（万元）；合计盈亏 = 100 - 100 = 0。

案例 5.2.12 塑料企业卖出套期保值

【案例知识点】套期保值

【案例类型】练习案例

【案例来源】大陆期货

【案例时间】2008年8月

【案例内容】2006年5月，LLDPE价格为13000元/吨，某塑料企业经过市场分析预测，认为LLDPE价格将大幅下跌。然而企业目前正处于加工期间，预计8月会有一批1000吨生产出来的LLDPE投放市场，但如果LLDPE价格真的下跌，必将减少企业销售利润。因此，该塑料企业决定进行套期保值。

假设2006年9月LLDPE现货价格为12000元/吨，期货价格为12100元/吨。

(1) 根据案例分析，假设2006年5月，LLDPE期货价格为13100元/吨，该塑料企业如何进行套期保值？

(2) 根据案例分析，该塑料企业进行套期保值后的结果如何？

(3) 根据案例分析，该塑料企业如果不进行套期保值，结果会如何？

(4) 根据案例分析，如果2006年9月LLDPE现货价格为14000元/吨，期货价格为14100元/吨。该塑料企业进行套期保值后的结果如何?

【案例分析】

(1) 该塑料企业2006年5月在期货市场卖出200手（约1000吨）LLDPE期货合约。2006年9月时在现货市场卖出1000吨LLDPE现货，同时原来卖出的LLDPE期货合约买入对冲。

(2) 该塑料企业套保结果：现货盈亏 = -（13000 - 12000）×1000 = -100（万元）；期货盈亏 = -（12100 - 13100）×1000 = 100（万元）；合计盈亏 = -100 + 100 = 0。

(3) 该塑料企业如果不进行套期保值结果：现货盈亏 = -（13000 - 12000）×1000 = -100（万元）。

(4) 该塑料企业套保结果：现货盈亏 = -（13000 - 14000）×1000 = 100（万元）；期货盈亏 = -（14100 - 13100）×1000 = -100（万元）；合计盈亏 = 100 - 100 = 0。

案例 5.2.13　美国政治期货比民调更准确

【案例知识点】期货的价格发现功能

【案例类型】基础案例

【案例来源】世界新闻报

【案例时间】2008年3月

【案例内容】据路透社报道，著名政治期货公司Intrade近日发布数据显示，目前，奥巴马的政治期货价格高达7.73美元，而希拉里的政治期货价格为2.34美元。

政治期货市场也称政治预测市场，是与华尔街的期货市场有着类似运作原理的市场。在一个真正有效的预测市场，期货的价格将会反映出各种现有信息的角逐结果。例如，那些在新罕布什尔州初选前被希拉里落后民调所影响的民众，可能会卖掉手中的希拉里期货，转而购买奥巴马期货。事实上，当时奥巴马期货价值6.5美元，而希拉里的期货价值只有3.97美元。同样，在希拉里调整竞选策略并在俄亥俄等三州获胜后，民众也可能放弃奥巴马期货，转而购买希拉里期货。民众也可以通过将期货买进卖出来赚取差价。

由于民众是通过投入资金来参与交易的，因而政治期货市场被认为比普通的民调更加能够反映人们对事件的认知和判断。因此，一些分析人士认为，政治期货市场要比一般的民意调查更为准确。

在美国，政治预测市场的鼻祖要算艾奥瓦大学商学院于1988年创办的“艾奥瓦电子市场”。该学院称，迄今为止，他们已多次成功预测出美国总统选举结果。他们把过去20年内964次民调结果与政治预测市场的预测结果进行对比后，发现民调结果与最终选举结果之间的误差率为3.37%，而政治预测市场的误差率只有1.82%。

在历届总统大选中，政治预测市场的预测准确度可谓奇高。在2004年的美国总统选举中，Intrade政治预测市场对布什和克里分别会赢得哪几个州做出的预测，与选举结果

惊人的一致。因此，每逢选举年，政治预测就会受到媒体和民众的关注，2008 年也是如此。据报道，Intrade 交易所首席执行官约翰·德莱尼表示，该政治预测市场目前与 2008 年美国总统大选相关的交易金额已有约 5000 万美元。

【案例问题】

（1）根据案例分析，美国政治期货比民调更准确，反映的是期货的什么功能?

（2）根据案例分析，为什么美国政治期货比民调更准确?

【案例分析】

（1）美国政治期货比民调更准确，反映的是期货的价格发现功能。

（2）由于民众是通过投入资金来参与交易的，交易者收集资讯后才进场交易，比较不受个人教育程度及政治倾向影响，通常能反映出贴近真实的情况；交易者在网络交易时，可以透过价量关系来交换资讯，并在交易过程中，随时调整自己的预测，比较能即时且真实地反映选情。而一般民调的受访者是独立且单向的回答问题，受访期间无法知道其他人的资讯，事后也无法修改自己的答案，精准度就差多了。

案例 5.2.14 股指期货期现套利交易

【案例知识点】期货的套利

【案例类型】运用案例

【案例来源】股指期货网

【案例时间】2010 年 3 月

【案例内容】股指期货的理论价格可由无套利模型决定，一旦市场价格偏离了这个理论价格的某个价格区间（即考虑交易成本时的无套利区间），投资者就可以在期货市场与现货市场上通过低买高卖获得利润，这就是股指期货的期现套利。即在股票市场和股指期货市场中，股票指数价格的不一致达到一定的程度时，就可能在两个市场同时交易获得利润。

假设 9 月 1 日沪深 300 指数为 3500 点，而 10 月到期的股指期货合约价格为 3600 点（被高估），那么套利者可以借款 108 万元（借款年利率为 6%），在买入沪深 300 指数对应的一揽子股票（假设股票指数对应的成分股在套利期间不分红）的同时，以 3600 点的价格开仓卖出 1 张该股指期货合约（合约乘数为 300 元/点）。当该股指期货合约到期时，假设沪深 300 指数为 3580 点，则该套利者在股票市场可获利 108 万元 ×（3580 ÷ 3500）－108 万元 =2.47 万元，由于股指期货合约到期时是按交割结算价来结算的，其价格也近似于 3580 点，则卖空 1 张股指期货合约将获利（3600－3580）×300＝6000 元。2 个月期的借款利息为 2×108 万元 ×6% ÷12＝1.08 万元，这样该套利者通过期现套利交易可以获利 2.47 万元 +0.6 万元－1.08 万元＝1.99 万元。

期现套利对于股指期货市场非常重要。一方面，套利行为有助于股指期货市场流动性的提高。套利行为的存在不仅增加了股指期货市场的交易量，也增加了股票市场的交易量。市场流动性的提高，有利于投资者的正常交易和套期保值操作的顺利实施。另一方面，正因为股指期货和股票市场之间可以套利，股指期货的价格才不会脱离股票指数的现货价格而出现离谱的价格。期现套利使股指价格更合理，更能反映股票市场的走势。

【案例问题】

（1）根据案例分析，上述套利属于哪一类型的套利？

（2）根据案例分析，请从上述套利案例分析套利和套期保值的区别。

（3）根据案例分析，为什么会存在套利机会？

（4）根据案例分析，大量的套利交易会对市场产生什么影响？

【案例分析】

（1）上述套利属于跨市场套利。

（2）①套期保值的目的是为了对冲风险，套利的目的是为了获得利润。②如果没有现货头寸，套保者不会持有期货头寸，套利者持有的现货头寸和期货头寸是为了套利需要而必需的一部分。

（3）套利行为的发生是因为不同市场、不同期限或不同品种的期货价格产生不合理的差异所导致的，套利就是做空价格偏高的合约，做多价格低估的合约，等待市场纠正"不合理差价"错误后，高估值合约价格回调，低估值合约价格上升，套利者赚取套利利润。

（4）套利交易对市场的影响：一方面，套利可以纠正市场的不合理的价差，使资产价格更合理；另一方面，套利可以活跃市场，有利于投资者的正常交易和套期保值操作的顺利实施。

案例 5.2.15　限仓制度令股指期货难以被操纵

【案例知识点】限仓制度的内容

【案例类型】基础案例

【案例来源】新华网

【案例时间】2010 年 1 月

【案例内容】股指期货即将推出，市场担心一些投机资金会借助股指期货的做空机制打压股市以及国际对冲基金大鳄可能通过股指期货获取暴利，造成市场动荡。但中金所制定的持仓限制已从制度上遏制投机，操控股指期货理论上不存在可能性。

中金所在最新公布的股指期货交易规则中修改了普通投资者的限仓限额的规定，将持仓限额从 600 手减少到 100 手。100 手的限仓制度只针对投机者，对套保者并不适用，套保者参与股指期货没有障碍。

中金所已针对不同投资群体制定不同措施，其中对于套保者设计了套保头寸的安排，即套保者可以根据自己的现货头寸申请套保头寸，一旦申请成功，套保者就可以在规定的时间内进行保值操作。

对于投资者可以先买入股票申请套保头寸，然后平掉股票来达到绕过持仓限制的目的，中金所在制度上已做了考虑，交易所会持续关注套保者的现货头寸，保证期货头寸在监管范围之内，所以此路不通。

【案例问题】

（1）根据案例分析，限仓制度的主要目的是什么？

（2）根据案例分析，为什么套保着不受限仓制度的限制？

（3）根据案例分析，当投资者的持仓量达到交易所规定的数量时，投资者必须怎么做？

（4）根据案例分析，当投资者的持仓量超过交易所规定的数量时，交易所必须怎么做？

【案例分析】

（1）限仓制度的主要目的是防止风险过度集中和防范操纵市场的行为。

（2）期货产生的原因就是为了套期保值的需要，套保者因为有相应的基础资产作对冲，风险较小，而期货交易的风险主要集中在投机者身上，所以限仓主要针对投机者。

（3）当投资者的持仓量达到交易所规定的数量时，必须向交易所申报有关开户、交易、资金来源、交易动机等情况，这就是所谓的“大户报告制度”。

（4）当投资者的持仓量超过交易所规定的数量时，交易所会对超出限仓部分强行平仓。

案例 5.2.16　1520 天的等待，股指期货 4 年筹划今朝化蝶

【案例知识点】金融期货类型

【案例类型】基础案例

【案例来源】上海证券报

【案例时间】2010 年 4 月

【案例内容】2010 年 4 月 9 日，中国金融期货交易所股指期货启动仪式举行。金融期货新的一页就此翻开。首批 4 个沪深 300 股票指数期货合约将于 4 月 16 日上市交易。这意味着离股指期货掀开面纱仅剩下短短一个星期。

为确保股指期货上市后的安全运行，中国金融期货交易所通知称，沪深 300 股指期货合约自 2010 年 4 月 16 日起上市交易，首批上市合约为 2010 年 5 月、6 月、9 月和 12 月合约，挂盘基准价由中金所在合约上市交易前 1 工作日公布。沪深 300 股指期货合约的交易保证金，5 月、6 月合约暂定为合约价值的 15%，9 月、12 月合约暂定为合约价值的 18%；上市当日涨跌停板幅度，5 月、6 月合约为挂盘基准价的 ±10%，9 月、12 月合约为挂盘基准价的 ±20%。

沪深 300 股指期货合约交易手续费暂定为成交金额的万分之零点五，交割手续费标准为交割金额的万分之一；每个交易日结束后，交易所发布单边持仓达到 1 万手以上和当月

(5月) 合约前20名结算会员的成交量、持仓量。

【案例问题】

(1) 根据案例分析，我国股指期货交易的基础资产是什么？

(2) 根据案例分析，5月、6月股指期货合约的杠杆是多少？

(3) 根据案例分析，股指期货的交割方式是实物交割还是现金交割？

(4) 根据案例分析，股指期货有什么作用？

【案例分析】

(1) 我国股指期货交易的基础资产是沪深300指数。

(2) 5月、6月股指期货合约的杠杆是1÷15% =6.67 (倍)。

(3) 因为沪深300指数是虚拟的，无法实物交割，只能现金交割。

(4) ①股指期货的推出，结束了我国股票投资者只能单边做多的局面，以后股市大跌，投资者就可以利用股指期货做空赚钱；②股指期货有价格发现的功能，可以引导中国的证券市场估值合理化；③可以给股票持有者提供套期保值机制，规避价格下跌风险。

案例5.2.17 上海国债期货3.27事件始末

【案例知识点】国债期货

【案例类型】基础案例

【案例来源】新浪财经

【案例时间】2010年5月

【案例内容】1995年2月23日，当天上海国债期货市场发生了惊心动魄的历史事件。此事对于我国的资本市场，震动之大，堪比美国的“次贷危机”，这就是“3.27国债期货事件”。

1995年2月23日，是国际期货市场的一个重要交易日。当时，亚洲货币日元大幅振荡，国内通货膨胀形势也很严峻，债券市场一度流传关于财政部对前几年已发国债加息的消息。当日上午，财政部提高“3.27国债”利率的传言终于得到证实，财政部发布公告称，“3.27国债”将按148.50元兑付。当天开盘，国债期货市场多头借此“利好”，率先动用80万口（期货交易单位）将前日148.21元的收盘价一举推高到148.50元，接着又以120万口推高到149.10元，100万口再上攻到150元。下午更冲到151.98元。

以当时“3.27国债”万国证券的持仓算，“3.27国债”每涨1元，万国证券亏损约为12亿元！收市前的8分钟，万国证券忍无可忍，开始反击。先以50万口把价位从151.30元压到150元，然后再把价位压低148元；最后一笔730万口，将“3.27国债”，一直压低到147.40元，直至收市。当日开仓的多头全线爆仓，造成了传媒所称的“中国的巴林事件”。

“3.27国债”交易中的异常情况，震惊了证券市场。事发当日晚上，上交所召集有关各方紧急磋商，最终权衡利弊，确认空方主力恶意违规，宣布最后8分钟所有的“3.27”

品种期货交易无效，各会员之间实行协议平仓。

“3.27”风波之后，各交易所采取了提高保证金比例、设置涨跌停板等措施以抑制国债期货的投机气氛。但因国债期货的特殊性和当时的经济形势，其交易中仍风波不断。5月17日，中国证监会鉴于中国目前尚不具备开展国债期货的基本条件，作出了暂停国债期货交易试点的决定。至此，中国第一个金融期货品种宣告夭折。

【案例问题】

（1）根据案例分析，中国第一个金融期货品种是2010年上市的股指期货？

（2）根据案例分析，“3.27国债期货事件”的空头是谁？

（3）根据案例分析，万国证券为什么要违规交易？

（4）根据案例分析，“3.27国债期货事件”反映当时的期货交易制度有哪些缺陷？

【案例分析】

（1）不是。中国第一个金融期货品种是国债期货。

（2）“3.27国债期货事件”的空头是万国证券。

（3）因为政府对“3.27国债”补贴，导致“3.27国债”价格快速上涨，对空头极为不利，“3.27国债”每涨1元，万国证券亏损约为12亿元。万国证券已经穷途末路，只好违规交易。

（4）①保证金比率太低，杠杆太大；②保证金制度没有有效执行；③没有涨跌停制度；④没有持仓限制。

5.3 金融期权和期权类衍生工具投资

案例 5.3.1 卖出期权交易的损益

【案例知识点】期权的损益计算

【案例类型】运用案例

【案例来源】WIND 资讯

【案例时间】2010年7月

【案例内容】江西铜业集团公司（简称“江西铜业”）通过伦敦金属交易所从Z电缆公司手中购买了一张合约。合约内容：2011年7月1日，江西铜业有权以16000美元/吨的价格卖给Z电缆公司100吨铜。但是江西铜业可以选择执行或放弃该项权利。江西铜业支付给Z电缆公司16000美元的费用，作为Z电缆公司放弃权利的补偿。

【案例问题】

（1）根据案例分析，江西铜业支付给Z电缆公司16000美元的费用叫什么费用？

（2）根据案例分析，上述期权属于看涨期权还是看跌期权？

（3）根据案例分析，江西铜业属于期权交易的多头还是空头？

（4）根据案例分析，2011 年 7 月 1 日，假设铜价下跌到 15500 美元/吨，计算江西铜业和 Z 电缆公司的收益。

（5）根据案例分析，2011 年 7 月 1 日，假设铜价上涨到 16500 美元/吨，计算江西铜业和 Z 电缆公司的收益。

【案例分析】

（1）江西铜业支付的费用称为期权费，又称为权利金，也叫期权的价格。

（2）上述期权属于看跌期权。

（3）江西铜业属于期权交易的多头。

（4）铜价下跌到 15500 美元/吨时，江西铜业选择执行期权合约，获利：（16000－15500）×100－16000＝34000（美元）。Z 电缆公司收益：（15500－16000）×100＋16000＝－34000（美元）

（5）铜价上涨到 16500 美元/吨时，江西铜业放弃执行期权合约，亏损期权费 16000 美元，Z 电缆公司收益为 16000 美元。

案例 5.3.2　买入期权交易的损益

【案例知识点】期权损益的计算

【案例类型】练习案例

【案例来源】WIND 资讯

【案例时间】2010 年 7 月

【案例内容】Z 电缆公司通过伦敦金属交易所从江西铜业手中购买了一张合约。合约内容：2011 年 7 月 1 日，Z 电缆公司有权以 16000 美元/吨的价格从江西铜业买入 100 吨铜。但是 Z 电缆公司可以选择执行或放弃该项权利。Z 电缆公司支付给江西铜业 16000 美元的费用，作为江西铜业放弃权利的补偿。

【案例问题】

（1）根据案例分析，上述期权属于看涨期权还是看跌期权？

（2）根据案例分析，江西铜业属于期权交易的多头还是空头？

（3）根据案例分析，2011 年 7 月 1 日，假设铜价下跌到 15500 美元/吨，计算江西铜业和 Z 电缆公司的收益。

（4）根据案例分析，2011 年 7 月 1 日，假设铜价上涨到 16500 美元/吨，计算江西铜业和 Z 电缆公司的收益。

【案例分析】

（1）上述期权属于看涨期权。

（2）江西铜业卖出期权，所以属于空头。

（3）铜价下跌到 15500 美元/吨时，Z 电缆公司放弃执行期权合约，亏损 16000 美元，江西铜业收益为 16000 美元。

（4）铜价上涨到16500美元/吨时，Z电缆公司执行期权合约，获利：（16500 - 16000）×100 - 16000 = 34000（美元），Z电缆公司亏损34000美元。

案例5.3.3 深南电对赌原油期权

【案例知识点】期权交易

【案例类型】运用案例

【案例来源】和讯网

【案例时间】2009年3月

【案例内容】自2008年下半年以来，中国企业频频出现因参与海外“套期保值”而产生的巨额亏损：先是中信泰富在外汇品种上巨亏180亿港元；然后又爆出深南电在原油上产生巨亏；紧接着国航、东航分别发布公告，在原油“套期保值”上巨亏34亿元和18.3亿元（现亏损额已进一步加大）。

2008年年初，国际原油价格节节攀升（2008年7月曾攀升至147美元/桶的高位）。媒体惊呼：低油价的时代一去不复返了！在这样的大环境下，国内的耗油大户（如深南电、国航、东航），自然而然地想到了利用套期保值来锁定用油成本。比如说，深南电与高盛签下的合约是这样的：从2008年3—12月，如果油价高于63.5美元，深南电就可以获得不超过30万美元的收益，如果油价跌到62美元以下，每跌1美元，深南电就亏40万美元；2009年1月1日—2010年10月，当油价高于66.5美元/桶时，深南电每月可获34万美元的收益；低于64.5美元/桶时，同样是每跌1美元，深南电支付40万美元。这两份合约的实质就是深南电卖出了一份石油看跌期权。

我们知道，期权的卖出方是收益有限（期权费），而亏损是无限的。从合约来看，其理论上最高赢利为30×10 = 300万美元，而最高亏损额可达40×62×10 = 2.48亿美元。

【案例问题】

（1）根据案例分析，深南电与高盛签订对赌协议的目的是什么？

（2）根据案例分析，根据选择权的性质不同，深南电与高盛签订的期权合约属于什么性质的期权？

（3）根据案例分析，深南电属于期权交易的多头还是空头？

（4）根据案例分析，深南电在用期权交易套期保值的时候犯了哪些错误？

【案例分析】

（1）深南电与高盛签订对赌协议的目的是套期保值，锁定用油成本。

（2）深南电与高盛签订的期权合约属于卖出期权或看跌期权。

（3）深南电属于期权交易的空头。

（4）①在油价极高时看涨油价，实为不明智之举；②用期权套期保值时，最好选择多头。这样的好处是：当价格发生不利变动时，套保者可以放弃期权来避免损失；当价格有利时，套保者又可以通过行使期权来保护自身利益。深南电卖出看跌期权的交易中，其收益是有限的，而亏损却是无限的，显然这不是套期保值的思路；③深南电自身对衍生物交易不是很熟悉，钻进国际投行设的套。

案例 5.3.4　河北钢铁股份有限公司可转换债券

【案例知识点】可转换债券的概念及特征

【案例类型】基础案例

【案例来源】通达信证券行情软件

【案例时间】2010 年 7 月

【案例内容】"唐钢转债"债券概况：

（1）公司名称：河北钢铁股份有限公司

（2）证券简称：唐钢转债

（3）证券代码：125709

（4）发行日期：2007 年 12 月 14 日

（5）发行面值（元）：100

（6）发行价格（元）：100

（7）票面利率（%）：第一年 0.8%，第二年 1.1%，第三年 1.4%，第四年 1.7%，第五年 2.0%

（8）期限（年）：5

（9）转换期间：2008 年 6 月 14 日至 2012 年 12 月 13 日

（10）初始转股价格（元）：20.80

（11）最新转股价格（元）：9.36

【案例问题】

（1）根据案例分析，唐钢转债是债券、股票还是期权？

（2）根据案例分析，唐钢转债中内嵌的期权是看涨期权还是看跌期权？

（3）根据案例分析，唐钢转债中内嵌的期权是欧式期权还是美式期权？

（4）根据案例分析，当河北钢铁股份有限公司的股价上涨到 20 元/股时，投资者可以将一份债券转换为几股股票？

【案例分析】

（1）可转换债是债权和期权的复合体。可转债首先是一种债券，但是它又内嵌了一项期权：投资者有权利选择将来将手中的可转债转换为公司的股票。

（2）唐钢转债中内嵌的期权是看涨期权，因为将来投资者有权在公司股票上涨到一定程度时，将手中的债权转换为股票，其实质就是有权以约定的价格买入公司的股票。

（3）投资者可以在 2008 年 6 月 14 日至 2012 年 12 月 13 日的任何一个工作日将手中的可转换债券转换为股票，所以唐钢转债是美式期权。

（4）转换比例 = 转债面额/转换价格 = 100 ÷ 9.36 = 10.68（股）

案例 5.3.5 江铜 CWB1 权证

【案例知识点】权证的概念及特征

【案例类型】基础案例

【案例来源】通达信证券行情软件

【案例时间】2010 年 7 月

【案例内容】江铜 CWB1 权证权证概况：

权证简称：江铜 CWB1

权证代码：580026

标的证券：江西铜业（600362）

权证类别：认股权证

上市地点：上海证券交易所

上市日期：2008 年 10 月 10 日

最新行权价（元）：15.33

最新行权比例：1：0.25

存续起始日：2008 年 10 月 10 日

存续终止日：2010 年 10 月 9 日

行权起始日：2010 年 10 月 4 日

行权终止日：2010 年 10 月 9 日

发行人：江西铜业股份有限公司

【案例问题】

（1）根据案例分析，按照基础资产的来源分类，江铜 CWB1 属于什么类型的权证？

（2）根据案例分析，按照持有人权利性质分类，江铜 CWB1 属于什么类型的权证？

（3）根据案例分析，按照行权时间分类，江铜 CWB1 属于什么类型的权证？

（4）根据案例分析，持有江铜 CWB1 权证，将来有权利以约定价格买入什么股票？

（5）根据案例分析，投资者在什么时间以后不行权，江铜 CWB1 将变成一张废纸？

（6）根据案例分析，2010 年 10 月 5 日，假设江西铜业（600362）股价为 10 元，该权证持有人是否会选择行权？

（7）根据案例分析，当江西铜业（600362）股价低于 15.33 元时，该权证内在价值为 0，为什么投资仍然愿意购入该权证？

（8）根据案例分析，几份江铜 CWB1 权证才可以认购 1 股股票？

【案例分析】

（1）按照基础资产的来源分类，江铜 CWB1 属于认股权证。

（2）按照持有人权利性质分类，江铜 CWB1 属于认购权证，其实质是一张看涨期权。

（3）按照行权时间分类，江铜 CWB1 属于美式期权。

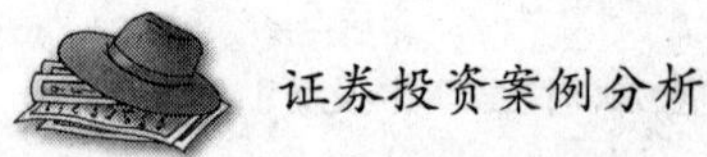

（4）持有江铜 CWB1 权证，将来有权利以约定价格买入江西铜业（600362）。

（5）投资者在 2010 年 10 月 9 日收盘以后不行权，江铜 CWB1 将变成一张废纸。

（6）不会。因为行权价是 15.33 元，投资者不会以 15.33 元的价格买入市价只有 10 元的股票。

（7）投资者希望江西铜业的股票能涨到 15.33 元以上，届时江铜 CWB1 将具有行权价值。

（8）4 份江铜 CWB1 权证才可以认购 1 股股票。

案例 5.3.6　11.37 万份宝钢 CWB1 糊涂行权

【案例知识点】权证运用

【案例类型】基础案例

【案例来源】东方早报

【案例时间】2010 年 7 月

【案例内容】宝钢 CWB1（580024）虽然没有任何行权价值，但依然有 11.37 万份权证被成功行权。每两份认股权证认购一股宝钢 A 股计算，这些行权者已白扔了 33.8 万元给上市公司。

宝钢 CWB1 于 2008 年 7 月 4 日上市，首发数量为 1.6 亿份。昨晚宝钢股份发布公告称，截至 7 月 2 日收市，共计 11.37 万份宝山钢铁股份有限公司“宝钢 CWB1”认股权证成功行权，剩余未行权的 15.99 亿份“宝钢 CWB1”认股权证将予以注销。

宝钢 CWB1 行权日从 2010 年 6 月 28 日—7 月 3 日，最新行权比例是 1∶0.5（即 1 份权证可以认购 0.5 份宝钢 A 股股票），最新行权价格为 11.8 元。只有宝钢股份的正股价格在行权期内达到 11.8 元/股以上，宝钢 CWB1 才有行权价值。

宝钢股份 6 月 28 日收报 6.05 元/股，至 7 月 2 日收报 5.85 元/股，5.85/股的价格离行权投资者的最低成本价 11.8 元/股还有 5.95 元/股的差距。11.37 万份权证行权，就相当于行权人已白白送给上市公司约 33.84 万元。

【案例问题】

（1）根据案例分析，行权宝钢 CWB1 是否理性?

（2）根据案例分析，为什么宝钢 CWB1 被有些投资者行权?

（3）根据案例分析，此次事件受益人是谁?

【案例分析】

（1）非常的不理性。如果在 6 月 28 日行权宝钢 CWB1，就要以 11.8 元的价格购买市价只有 6.00 元的股票，损失很大。

（2）因为有些投资者可能不理解权证这种投资工具。

（3）此次事件受益人是宝钢股份。宝钢股份以高于市场价 1 倍的价格发行了股票。

案例 5. 3. 7　新股民误把权证当股票，30 万元首创权证一夜变为废纸

【案例知识点】权证的特征

【案例类型】基础案例

【案例来源】东方财富网

【案例时间】2009 年 8 月

【案例内容】炒股仅一个月的刘女士误将首创权证当做普通股票，在行权交易日过期之后还懵懂不知，待发现时，价值 30 万元共 5. 7 万股首创权证全部化为乌有。

2007 年 4 月 16 日下午 2 时，她在银河证券黄寺证券部认购了 30 万元首创权证，买了第二天，这只“股票”就一直停盘，结果到 23 日还没有开盘，24 日一大早上网一看，就什么都没有了。李女士承认，自己从来没有对股票做过任何了解，连买的是什么性质的股票都不清楚，对一般买股票的风险也不知道。

首创权证的最后交易日是 2007 年 4 月 16 日，行权期是 4 月 17—23 日，共 5 个交易日。而在 23 日后仍未行权的权证，将予以注销。

【案例问题】

（1）根据案例分析，刘女士买的首创权证为什么会变成废纸?

（2）根据案例分析，刘女士巨亏的主要原因是什么?

（3）根据案例分析，权证最后一个交易日，价格会出现什么变化?

（4）根据案例分析，为什么相当于废纸的权证在最后一个交易日还有很大的交易量?

【案例分析】

（1）首创权证最后一个交易日行权价值和时间价值都已经是零了，所以与废纸无异。

（2）刘女士误把权证当股票炒，不明白权证是有期限的。

（3）因为已经没有价值，权证最后一个交易日价格会趋零。

（4）主要原因是许多投资者不懂权证这种投资工具，市场的投机者利用这个机会大肆炒作。

5.4　其他金融衍生工具投资

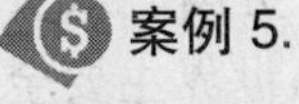

案例 5. 4. 1　存托凭证助企业海外上市

【案例知识点】存托凭证

【案例类型】基础案例

【案例来源】市场报

【案例时间】2006 年 4 月

【案例内容】自 20 世纪 90 年代起，中国国有企业开始使用美国存托凭证在美国市场

进行集资。2003年中国人寿保险公司在美国的上市被认为是一个具有里程碑意义的事件。该项目的融资总额高达35亿美元，是当年世界上最大的上市项目。中国人寿的股票由摩根大通以美国存托凭证（ADR）的形式提供给美国的投资者，曾经连续几周成为在纽约证券交易所中交易最为活跃的非美国股票。在过去12个月内，中国企业有3家到纽约交易所上市，9家（高新科技企业）到纳斯达克（NASDAQ）上市。

存托凭证是协助世界各国进入国际资本市场的高效主流工具，根据美国联邦储备的数据，目前美国资本市场的规模达到16万亿美元，会聚了全球金额最大的证券资本。中国企业通过DR形式从美国融资已经有10多年的历史，并且保持着日益增长的趋势。在过去10年里，中国企业从DR市场取得的资本高达70亿美元，这个数字相对于未来来说只是一个开始。

【案例问题】

（1）根据案例分析，存托凭证的主要功能是什么？

（2）根据案例分析，美国投资者为什么不直接持有中国人寿的股票，而是选择持有中国人寿的存托凭证？

（3）根据案例分析，在美国的存托凭证叫什么？

【案例分析】

（1）存托凭证是协助世界各国进入国际资本市场的高效主流工具。

（2）美国投资者直接投资中国人寿股票存在诸多问题，比如地域限制、法律限制、分红等。实质上持有存托凭证和持有股票享受的权利是一样的，而且有存托银行代理股票的交易、分红等事宜，投资者省去了不少麻烦。

（3）在美国的存托凭证叫ADR。

案例 5.4.2　美国次贷危机与资产证券化

【案例知识点】资产证券化

【案例类型】基础案例

【案例来源】当代经济

【案例时间】2009年6月

【案例内容】次贷危机是指一场发生在美国，因次级抵押贷款机构破产、投资基金被迫关闭、股市剧烈振荡引起的金融风暴（也有人称之为“金融海啸”）。美国“次贷危机”从2006年春季开始逐步显现，2007年8月席卷美国、欧盟和日本等世界主要金融市场。

引起美国次级抵押贷款市场风暴的直接原因是，美国贷款的现象普遍。从房子到汽车，从信用卡到电话账单，贷款无处不在。当地人很少全款买房，通常都是长期贷款消费。然而，在美国就业和再就业是很常见的现象，收入并不稳定甚至根本没有收入的人，被定义为次级信用贷款者，简称次级贷款者。

一些商业组织收购贷款商手中的次级按揭贷款，并将其批量证券化，作为可以获得稳定现金流的产品（通过高杠杆率）兜售给投资者。这样贷款的风险就分散到了更多的投资者手中。由于之前的房价很高，银行认为尽管贷款给了次级信用贷款者，如果贷款者无法偿还贷款，则可以利用抵押的房屋来偿还，拍卖或者出售后收回银行贷款。但是由于房价突然走低，加之分期付款利息的上升，导致了大量贷款人无法还贷。银行收回房屋出售，而房款的收回不能弥补贷款本金，银行在这些贷款上出现亏损，持有此类证券的投资者和与此业务相关的银行、投行、保险、基金等均受到波及，从而引发次贷危机。

【案例问题】

（1）根据案例分析，什么是美国次贷危机？

（2）引起美国次级抵押贷款市场风暴的原因是什么？

（3）根据案例分析，次贷危机为什么会扩散到全球？

【案例分析】

（1）次贷危机是指一场发生在美国，因次级抵押贷款机构破产、投资基金被迫关闭、股市剧烈振荡引起的金融风暴。

（2）引起引起美国次贷风暴的原因是：①大量次级抵押贷款的存在；②房价的走低；③利率的上升。

（3）美国商业银行将次级债打包生成其他证券，再卖给全世界各地的投资者。

6 证券市场运行

6.1 证券发行市场

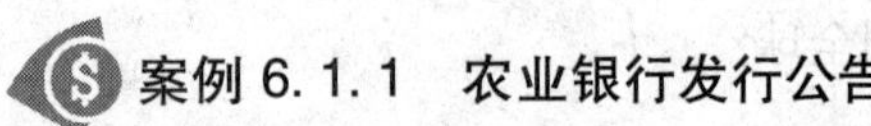

案例 6.1.1 农业银行发行公告

【案例知识点】股票的发行方式

【案例类型】基础案例

【案例来源】农业银行

【案例时间】2010 年 7 月

【案例内容】《中国农业银行股份有限公司首次公开发行 A 股网上资金申购发行公告》

重要提示：

（1）本次发行采用向战略投资者定向配售（以下简称“战略配售”）、网下向询价对象询价配售（以下简称“网下发行”）与网上资金申购发行（以下简称“网上发行”）相结合的方式进行。

（2）本次发行价格区间为 2.52 元/股 ~ 2.68 元/股（含上限和下限），由于网上发行时本次发行价格尚未确定，参与网上资金申购的投资者须按照本次发行价格区间上限（2.68 元/股）进行申购。如最终确定的发行价格低于价格区间上限，差价部分将于 2010 年 7 月 9 日（T+3 日）与未中签的网上申购款同时退还给网上申购投资者。

（3）任一配售对象只能选择网下或者网上一种方式进行新股申购，战略投资者不参与网下初步询价和累计投标询价。凡参与初步询价报价的配售对象，无论是否有“有效报价”（指落在联席主承销商确定的发行价格区间之内或区间上限之上的报价），均不得再参与网上发行。参与网下初步询价的配售对象再参与网上新股申购，导致其申购无效的，由配售对象及管理该配售对象的询价对象自行承担相关责任。

（4）本次网上发行，参加申购的每一申购单位为 1000 股，单一证券账户的委托申购数量不得少于 1000 股，超过 1000 股的必须是 1000 股的整数倍，但最高不得超过 1000 万股。

（5）单个投资者只能使用一个合格账户参与本次网上申购。证券账户注册资料中“账户持有人名称”相同且“有效身份证明文件号码”相同的多个证券账户［以 2010 年

7月5日（T－1日）账户注册资料为准］参与本次网上申购的，以及同一证券账户多次参与本次网上申购的，以第一笔申购为有效申购，其余申购均为无效申购。

【案例问题】

（1）根据案例分析，农业银行新股发行方式有几种？

（2）根据案例分析，参与网下配售的机构投资者可以同时参与网上申购吗？

（3）根据案例分析，单一账户最低申购不得低于多少手？

（4）根据案例分析，由于申购数量上限不得超过1000万股，某机构投资者共分两次，每次申购500万股，该机构投资者有效申购数量是多少？

【案例分析】

（1）农业银行新股发行方式有三种：战略配售、网下发行、网上发行。

（2）参与网下配售的机构投资者不可以同时参与网上申购。

（3）单一账户最低申购不得低于10手。

（4）第一笔申购为有效申购，共500万股。

案例6.1.2 二重重装询价公告

【案例知识点】证券发行的询价机制

【案例类型】基础案例

【案例来源】证券时报

【案例时间】2010年1月

【案例内容】二重集团（德阳）重型装备股份有限公司首次公开发行A股发行安排及初步询价公告：

（1）本次发行采用网下向询价对象询价配售（以下简称“网下发行”）和网上资金申购发行（以下简称“网上发行”）相结合的方式进行。

（2）发行价格区间的确定：初步询价结束后，发行人和保荐人（主承销商）将根据询价对象和配售对象的报价情况，以配售对象在初步询价阶段的拟申购价格为基准，统计每一价格上对应的累计申购数量，确定报价及申购数量较为集中的区域，在满足一定的超额认购倍数之下，同时参考发行人基本面、可比公司估值水平、市场环境等综合因素确定发行价格区间。

（3）发行价格的确定：发行价格区间公布后，提供“有效报价”的配售对象在价格区间内进行网下累计投标询价申购。网下申购结束后，发行人和保荐人（主承销商）将根据累计投标询价情况，并参考发行人基本面、可比公司估值水平、市场环境等因素，在发行价格区间内协商确定本次发行价格和最终发行数量。

（4）初步询价报价时，询价对象应在同一界面为其拟参与本次网下发行的全部配售对象报价，确定后统一提交，原则上只能提交一次，多次提交的，以最后一次提交的报价信息为准。报价时，需同时申报申购价格和申购数量。每个配售对象最多可填报3个拟申购价格，以 0.01 元为一个最小申报价格单位，最高拟申购价格不得超过最低拟申购价格的 120%。每个拟申购价格对应一个拟申购数量，3 个拟申购价格对应的“拟申购数量”之和不得超过网下发行总量，即 6000 万股，同时每一个拟申购价格对应的“拟申购数量”均不低于网下发行最低申购量，即 500 万股，且申购数量超过 500 万股的，超出部分必须是 10 万股的整数倍。

（5）配售对象在初步询价阶段填写的多个拟申购价格，如全部落在发行人和主承销商确定的发行价格区间下限之下，该配售对象不得进入累计投标询价阶段进行新股申购。

（6）配售对象在初步询价阶段填写的多个拟申购价格，如其中有一个或一个以上报价落在发行人和主承销商确定的发行价格区间之内或区间上限之上（以下简称“有效报价”），该配售对象可以进入累计投标询价阶段申购新股，且必须参与本次网下累计投标询价。

（7）初步询价中有“有效报价”的配售对象参与网下申购时，可以在对应的价格区间内最多申报 3 笔（每个价格申报 1 笔），以 0.01 元为一个单位最小申报价格单位，多笔申报的累计申购股数不得少于初步询价阶段“有效报价”中对应“拟申购数量”总和，上限为该“拟申购数量”总和的 150%，同时不超过网下发行数量，即 6000 万股，每个配售对象参与网下申购的申购数量的上限和下限可通过申购平台查询。

（8）参与网下申购配售对象应在申购期间及时、全额缴付申购款。初步询价中有“有效报价”的配售对象未能参与本次网下累计投标询价，或未能在规定的时间内及时足额缴纳申购款的，发行人与保荐人（主承销商）将视其为违约。保荐人（主承销商）将在《二重集团（德阳）重型装备股份有限公司首次公开发行股票定价、网下发行结果及网上中签率公告》中予以披露，并报送中国证监会和中国证券业协会备案。

（9）配售对象只能选择网下发行或者网上发行中的一种方式进行申购。凡参与初步询价报价的配售对象，无论是否有有效报价，均不得再参与网上发行的申购。

【案例问题】

（1）根据案例分析，二重重装的发行方式有哪几种？

（2）根据案例分析，什么类型的投资者可以参与网下询价和申购？

（3）根据案例分析，新股的发行价格是由谁来决定的？散户可以参与新股定价吗？

（4）根据案例分析，什么是有效报价？

（5）根据案例分析，在初步询价失败以后，还能参与网上申购吗？

【案例分析】

（1）二重重装的发行方式有两种：网下询价发行、网上定价发行。

（2）机构投资者可以参与网下询价和申购。

（3）新股的发行价格由发行人、保荐机构和询价对象共同确定。散户不能参与网下询价，只能参与网上定价申购。

（4）有效报价是指落在发行价格区间以内的报价。

（5）在初步询价失败以后，不能参与网上申购。

案例 6.1.3 网上定价发行的申购程序

【案例知识点】网上定价发行的申购程序

【案例类型】基础案例

【案例来源】中国证券报

【案例时间】2007 年 9 月

【案例内容】新股网上定价发行具体程序如下：

（1）投资者应在申购委托前把申购款全额存入与办理该次发行的证券交易所联网的证券营业部指定的账户。

（2）申购当日（T+0 日），投资者申购，并由证券交易所反馈受理。上网申购期内，投资者按委托买入股票的方式，以发行价格填写委托单，一经申报，不得撤单。投资者多次申购的，除第一次申购外均视作无效申购。

每一账户申购委托不少于 1000 股，超过 1000 股的必须是 1000 股的整数倍。

每一股票账户申购股票数量上限为当次社会公众股发行数量的 1‰。

（3）申购资金应在第一天（T+1 日）入账，由证券交易所的登记计算机构将申购资金冻结在申购专户中，确因银行结算制度而造成申购资金不能及时入账的，需在 T+1 日提供通过中国人民银行电子联行系统汇划的划款凭证，并确保 T+2 日上午申购资金入账。所有申购的资金一律集中冻结在指定清算银行的申购专户中。

（4）申购日后的第二天（T+2 日），证券交易所的登记计算机构应配合主承销商和会计师事务所对申购资金进行验资，并由会计师事务所出具验资报告，以实际到位资金（包括按规定提供中国人民银行已划款凭证部分）作为有效申购进行连续配号。证券交易所将配号传送至各证券交易所，并通过交易网络公布中签号。

（5）申购日后的第三天（T+3 日），由主承销商负责组织摇号抽签，并于当日公布中签结果。证券交易所根据抽签结果进行清算交割和股东登记。

（6）申购日后的第四天（T+4 日），对未中签部分的申购款予以解冻。

【案例问题】

（1）根据案例分析，一个账户可以对同一只新股进行多少次申购吗？

（2）根据案例分析，为什么要摇号抽签才能决定申购结果？

（3）根据案例分析，投资者何时可以知道自己是否申购成功？

（4）根据案例分析，未申购成功的资金什么时候解冻？

【案例分析】

（1）一次。多次申购的，除第一次申购外均视作无效申购。

（2）因为申购数量通常远远高于发行数量。

（3）申购行为发生以后的第三天。

（4）申购行为发生以后的第四天。

案例 6.1.4 IPO 重启，对市场影响几何

【案例知识点】IPO 对证券市场的影响

【案例类型】基础案例

【案例来源】网易新闻

【案例时间】2009 年 5 月

【案例内容】日前中国证监会就《关于进一步改革和完善新股发行体制的指导意见》公开向社会征求意见，市场广为关注的新股发行体制改革正式面世。这则消息面世后引起了广泛的争论，看好者认为，重启 IPO 是市场信心恢复的标志，并不会给市场造成太大冲击，投资者完全不必过于恐慌。

但这则消息也成为空头的砝码，因为目前大盘处于反弹相对高位，由于多空分歧较大，市场资金面相对紧张，同时，大盘的走高也使得大小非急于减持，新股发行重启无疑会对市场造成新的压力。

从历史走势看：重启 IPO 对行情影响不大，决定 A 股走势的主要因素是投资者对宏观经济的判断，对上市公司的预期以及市场总体资金流向。2006 年股改探索 1 年之后 IPO 重启并未破坏大牛市格局，2008 年 9 月暂停 IPO 也未遏制大盘 10 月的大跌，这充分表明 IPO 并不会影响市场原有的运行趋势。

尽管 IPO 重启的消息，从市场机遇、估值、新股发行氛围等方面给予股指一定的牵制压力，但是周一券商、信托、创投概念等板块从多方位展示了一个事实：IPO 的重启绝非行情的重点，也不是空头的集结号。不可能因此导致所有股票全面调整。

【案例问题】

（1）根据案例分析，什么是 IPO？

（2）根据案例分析，IPO 对市场的负面影响有哪些？

（3）根据案例分析，是不是应该停止 IPO？

（4）根据案例分析，IPO 对市场的实际影响如何？

（5）根据案例分析，决定 A 股市场长期走势的根本因素是什么？

【案例分析】

（1）IPO 是指首次公开发行股票。

（2）新股发行会吸引大量的申购资金流出二级市场；新股的发行价格通常偏高，而且上市首日又会遭到爆炒，一旦日后价格回调，可能引导市场下行。

（3）证券市场的基本功能就是筹资和投资功能，证券市场为资金需求者提供了通过发行证券筹集资金的机会。一旦 IPO 停止，证券市场也就没有存在的必要了。

（4）IPO 不影响市场的原有趋势。但是频繁的发行新股对市场的影响不容忽视。

（5）决定 A 股市场长期走势的根本因素是宏观经济发展和上市公司的赢利能力。

案例 6.1.5 东北证券包销特变电工被套 3753 万元

【案例知识点】证券的承销方式

【案例类型】基础案例

【案例来源】上海证券报

【案例时间】2008 年 8 月

【案例内容】作为特变电工公开增发的承销商，东北证券包销了该公司 6471 万股增发股。而 8 月 14 日此批增发股的上市流通，意味着东北证券已经被套 3753 万元。

在特变电工的公开增发中，东北证券作为保荐人及主承销商，包销了该公司 6471 万股，占增发后总股本的 5.14%，垫付资金达 11.47 亿元，成为 2008 年来增发项目中，包销垫付金额最大的券商。

本次包销后，东北证券成为了特变电工的第三大股东。值得注意的是，早在 7 月 30 日，特变电工的股价就已经跌破了 17.73 元的增发价。在 8 月 14 日此批增发股的上市流通日，该股报收于 17.15 元，虽然小幅上涨 1.06%，但仍然低于增发价 0.58 元。这意味着，东北证券已经被套 3753 万元。

【案例问题】

（1）根据案例分析，什么是股票增发?

（2）根据案例分析，东北证券采用什么方式承销特变电工的增发股?

（3）根据案例分析，东北证券在包销特变电工的增发股后，为什么会出现亏损?

【案例分析】

（1）股票增发是指上市公司为了融资而再次发行股票的行为。

（2）东北证券采用包销方式承销特变电工的增发股。

（3）东北证券在包销特变电工的增发股后，特变电工的股价跌破增发价。

6.2 证券交易市场

案例 6.2.1 美国的场外交易市场

【案例知识点】美国的场外交易市场

【案例类型】基础案例

【案例来源】华北金融

【案例时间】2008 年 9 月

【案例内容】美国的资本市场体系比较成熟、完善，多层次的资本市场体系使得不同规模、不同需求的企业都可以利用资本市场进行融资、交易，获得发展机会，其中场外交易市场是美国多层次资本市场体系中不可或缺的一部分。

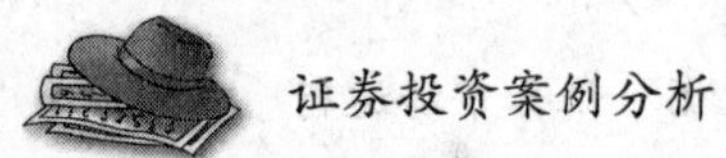

目前，美国的场外交易市场是一个通过计算机系统和电话连接的庞大市场，这一市场按层次高低分为：纳斯达克（NASDAQ）、场外交易市场公告板（OTCBB）、粉单市场（Pink Sheets Market）、第三市场（The Tertiary Market）、第四市场（The Quaternary Market）等。其中，NASDAQ 是最大的 OTC 市场。

1. 纳斯达克（NASDAQ）

NASDAQ 是全美证券交易商协会（NASD）于 1971 年在华盛顿建立并负责组织和管理的一个自动报价系统，是世界第一个电子股票市场。其最大特色在于利用现代信息技术建立了自己的电子交易系统，现已成为全球最大的场外交易市场。NASDAQ 起初为所有 OTC 市场的证券报价，后来其报价的证券等级提高，企业需要满足一定的条件才能在 NASDAQ 挂牌。NASDAQ 分为 NASDAQ 全国市场（NASDAQNM）和 NASDAQ 小型资本市场（NASDAQSCM）。在 NASDAQ 全国市场，许多世界范围的大公司在此挂牌，既包括传统部门公司，也包括新兴行业、成长迅速的公司。NASDAQ 小型资本市场的挂牌标准比较宽松，主要面向新的、规模较小的公司。在该市场挂牌的公司，如果满足标准，可以转到全国市场。

2. 场外交易市场公告板（OTCBB）

OTCBB 开通于 1990 年，是一个能够提供实时的股票交易价和交易量的电子报价系统。OTCBB 的交易品种包括美国国内外各类股票、证券、认购权、基金单位、美国存托凭证（ADR）以及直接参与计划（DPPs）等，主要面向还没有在 NASDAQ 或其他全国性证券交易所进行交易的证券。

3. 粉单市场

粉单市场创建于 1904 年，由美国国家报价机构设立。该市场对订阅用户定期制作刊物，发布场外交易的各种证券的报价信息，在每天交易结束后向所有客户提供证券报价，使证券经纪商能够方便地获取市场报价信息。在粉单市场上交易的股票没有任何财务要求和信息披露要求。通过粉单市场，分散在全国的市商可以进行有效的联系，解决了长期困扰小额股票市场的信息分散问题，提高了市场效率。

4. 第三市场

第三市场形成于 20 世纪 30 年代，指证券交易所外的上市证券交易市场。其交易者主要是机构投资者和证券经纪商，很少或不需要交易所提供有关证券研究、保管、信息和市场分析等服务。这样，不但可使佣金降低，而且使交易的总成本也比较低。

5. 第四市场

第四市场指美国投资者和证券持有人绕开证券经纪人，相互间直接进行证券交易而形成的市场。买卖双方通常不需要支付中介费用，即便有时通过第三方来安排，佣金也要低于其他市场。第四市场对证券交易所内和场外的大批量证券交易产生巨大的竞争压力，促使这些交易以较低的成本和更直接的方式进行。

【案例问题】

（1）根据案例分析，什么是场外交易市场?

（2）根据案例分析，OTCBB 交易的主要是什么证券?

（3）根据案例分析，在粉单市场上交易的股票有什么财务和信息披露要求?

（4）根据案例分析，什么是第三市场?

（5）根据案例分析，第四市场有什么作用?

【案例分析】

（1）场外交易市场即业界所称的 OTC 市场，又称柜台交易市场或店头市场，是指在证券交易所外进行证券买卖的市场。

（2）OTCBB 交易的主要是还没有在 NASDAQ 或其他全国性证券交易所进行交易的证券。

（3）在粉单市场上交易的股票没有任何财务要求和信息披露要求。

（4）第三市场指证券交易所外的上市证券交易市场。

（5）第四市场对证券交易所内和场外的大批量证券交易产生巨大的竞争压力，促使这些交易以较低的成本和更直接的方式进行。

案例 6.2.2 35 家公司被暂停上市，回归之路依旧渺茫

【案例知识点】暂停上市的条件

【案例类型】基础案例

【案例来源】中国证券报

【案例时间】2010 年 5 月

【案例内容】据 WIND 资讯统计，截至 2010 年 5 月 18 日，A 股市场暂停上市的公司数量已达到 35 家。根据现行的交易规则，有四种情形可以导致公司股票暂停上市：①公司股本总额、股权分布等发生变化不再具备上市条件；②公司不按规定公开其财务状况，或者对财务会计报告作虚假记载；③公司有重大违法行为；④公司最近 3 年连续亏损。

在当前 35 家暂停上市公司中，暂停上市的原因都是因为公司近 3 年连续亏损，其中 ST 张铜更是因业绩持续亏损而成为被暂停交易的第一家中小板公司。ST 张铜 2006 年 4 月 25 日上市，上市 3 年半即被暂停交易，“沦落速度”之快令人咋舌。

在暂停上市的公司中，并非没有退市的先例，其中 ST 本实 B 就因违规而退市。自 2005 年起，ST 本实 B 多次未在规定期限内披露年报，公司及其相关当事人被深交所多次公开谴责，2009 年 11 月 30 日，公司被深交所暂停上市，当年 12 月 4 日公司最终被交易所终止上市。

这些被暂停上市的 ST 公司如果想要在 1 年内“扭转乾坤”，靠自身的努力改善业绩似乎不太现实。在此局面下，重组就成了大多数被暂停上市的 ST 公司的不二选择。事实上，当前 35 家暂停上市的公司无一不在为资产重组而奋斗。

不过，屋漏偏逢连夜雨，上天似乎不太垂青这些被暂停上市的ST公司，在给这些公司关上一扇门的同时，却可能并未准备为其开启另外一扇窗。近日有传闻称，证监会正在酝酿出台新规，提升ST公司重组门槛接近IPO标准。诚如其然，当前被暂停上市的ST公司试图通过重组返回A股舞台的道路可能平添许多波折。

【案例问题】

（1）根据案例分析，我国35家暂停上市公司中，被暂停上市的主要原因是什么？

（2）根据案例分析，ST本实B被暂停交易的原因是什么？

（3）根据案例分析，被暂停交易的公司是不是将来一定可以恢复上市？

（4）根据案例分析，为什么大部分被暂停上市的公司会选择资产重组？

【案例分析】

（1）我国35家暂停上市公司中，被暂停上市的主要原因是连续3年亏损。

（2）ST本实B被暂停交易的原因是公司不按规定公开其财务状况。

（3）公司被暂停交易以后，在规定的时间内，如果其状况仍然得不到改善，就要被终止交易。只有少数公司通过努力，最终恢复上市。

（4）被暂停上市的ST公司在很短的时间内恢复赢利基本上不太现实，而资产重组可以使公司快速剥离不良资产或债务，获得优质资产注入，尽快摆脱亏损局面，恢复上市，所以被暂停交易公司选择资产重组实为垂死挣扎之举。

案例6.2.3 大庆联谊被终止上市

【案例知识点】上市公司的终止上市

【案例类型】基础案例

【案例来源】新华网

【案例时间】2008年4月

【案例内容】上海证券交易所4月1日发布公告称，根据上证所复核委员会的审核意见，维持2007年12月5日作出的终止大庆联谊石化股份有限公司股票上市的决定。

大庆联谊2003年、2004年、2005年经审计的净利润都为负数，连续3年出现亏损。2006年3月2日，上证所根据《股票上市规则》的有关规定，决定自2006年3月10日起暂停其股票上市。

2007年4月28日，大庆联谊披露了经审计的年度报告，报告显示2006年公司赢利。2007年5月11日，大庆联谊提出了恢复股票上市的申请，但未获上证所上市委员会同意。2007年12月5日，上证所决定自2007年12月13日起终止大庆联谊股票上市。

2007年12月14日，大庆联谊对上证所作出的终止其股票上市的决定提出了复核申请。同年12月20日，上证所正式受理这一申请。最终，上证所于2008年4月1日作出了维持上述决定的终局决定。

上证所有关负责人表示，作为一项退出机制，终止上市是资本市场的一项基础性制

度。自2001年PT水仙被终止上市以来，包括大庆联谊在内，中国资本市场中已有44家上市公司先后被终止上市。

公司被终止上市后，尽管其股票不在交易所挂牌交易，但其资产、负债、经营、盈亏等情况并不因此而改变。第一，终止上市并不是破产或解散，公司仍然存在并运作；第二，按照《公司法》的规定，终止上市后公司股东仍享有对公司的知情权、投票权等股东权利；第三，终止上市后，公司仍可以进行资产重组；第四，终止上市后，公司股东仍可以按规定进行股份转让。

按照有关规定，大庆联谊终止上市后，其公司股票将像其他终止上市的公司一样，进入代办股份转让系统。公司股东可以按照相关规则，通过这一系统进行股份转让。值得一提的是，大庆联谊终止上市后，作为已公开发行股票的股份有限公司，如其经营活动及赢利状况因资产重组等原因发生变化，符合《证券法》及交易所业务规则规定的上市条件，仍可重新申请上市。

【案例问题】

（1）根据案例分析，大庆联谊因什么原因被暂停上市？

（2）根据案例分析，大庆联谊2006年已经赢利，为什么最终还是被退市？

（3）根据案例分析，公司退市以后是不是就等于破产了？

（4）根据案例分析，公司退市以后，其股权可以转让吗？

（5）根据案例分析，公司退市以后，是不是以后再也不能上市了？

【案例分析】

（1）大庆联谊因连续3年亏损被暂停上市。

（2）“经审计的年度财务会计报告显示公司赢利”，仅是公司申请恢复上市的前提，在上市审核中，上证所会对显示的“公司赢利”的真实性进行讨论审核，提出合理怀疑，作出独立判断，进而形成是否同意的审核意见。显然大庆联谊的2006年年报不过关。

（3）公司退市并不是破产，公司仍然可以存在并运作。

（4）公司退市以后，进入三板市场，股权仍然可以转让。

（5）被退市公司如其经营活动及赢利状况因资产重组等原因发生变化，符合《证券法》及交易所业务规则规定的上市条件，仍可重新申请上市。

案例 6.2.4　国外的退市机制

【案例知识点】上市公司的终止上市

【案例类型】基础案例

【案例来源】人民日报海外版

【案例时间】2001年4月

【案例内容】成熟发达的证券市场都有较为完善的退市机制。以美国证券市场为例，它的两个市场——纽约证交所市场和纳斯达克市场根据各自的服务对象制定了相应退市机制。

纳斯达克并不直接面对上市公司制定标准，而是通过市场交易来判断公司的质地。纳斯达克的退市标准中，最著名的就是“1美元退市法则”，即上市公司股价30个交易日低于1美元，则必须在90个交易日内回升到1美元，并连续稳守10天，否则就将被除名退市。而且在纳斯达克，上市公司接到市场摘牌警告后，能通过听证会获得摘牌豁免的期限仅有60~90天。纳斯达克摘牌豁免期非常短，公司一旦出现退市危机，便很难扭转危机局面。从市场效果看，3年来，纽约证交所共增加了100余家上市公司，而同期纳斯达克的上市公司总数反而逐年递减，据统计，在过去5年中，在总共5000多家纳斯达克上市企业中，已有1100多家遭到摘牌退市。

而纽交所更注重上市公司的质量。在其退市条件中，就规定有以下情形者将被摘牌：公众股东数量达不到交易所规定的标准；因资产处置、冻结等因素而失去持续经营能力；法院宣布公司破产、清算；财务状况和经营业绩达不到交易所规定的最低要求等。在公司出现退市情形时，纽交所允许公司有18个月的整改期间，18个月后，公司仍未达到持续上市标准的，才被终止交易。

同时，在美国资本市场有着完善的多层次的市场结构体系，除了主板市场和二板市场，还有场外交易市场，其一个重要功能就是为在交易所交易的上市公司退市提供必要的通道和出口。

【案例问题】

（1）根据案例分析，完善的退市机制对证券市场有什么意义?

（2）根据案例分析，纳斯达克的“1美元退市法则”合理吗?

（3）根据案例分析，中美退市机制有什么差别?

（4）根据案例分析，中国的退市机制有什么弊端?

【案例分析】

（1）完善的退市机制可以不断吸纳优质公司上市，同时又不断淘汰劣质公司退市。退市也是挤出证券市场泡沫的一种有效手段，可以激励公司对股东和社会负责。

（2）纳斯达克的“1美元退市法则”合理。公司股票价格长期低于1美元，说明公司经营能力差，得不到投资者的认可。

（3）①中国上市公司的退市标准侧重于上市公司的赢利能力，即以公司对外公布的利润表中的利润作为评判的依据；而纽约证券交易所强调的是股东人数、公众持股数及公众持股市值、平均税后利润以及公开发行股票的市值；对纳斯达克来说，更看重市场对公司的评价。②美国的退市比较严格，摘牌豁免期非常短；中国的上市企业要连续3年亏损才被暂停交易，连续4年亏损才被退市。

（4）我国的退市机制只涉及公布的利润表是亏损还是赢利，并没有限定是扣除非经常性损益后的亏损或赢利，从而使其完全有可能借助资产重组制造非经常性赢利来逃避退市机制的约束。

案例 6.2.5 蓝筹成大宗交易主角，警惕大小非“过桥减持”

【案例知识点】大宗交易的运用

【案例类型】运用案例

【案例来源】证券日报

【案例时间】2008 年 5 月

【案例内容】4 月 21 日，证监会发布《上市公司解除限售存量股份转让指导意见》规范大小非减持行为，规定大小非股东在未来一个月内抛售解禁存量股份数量超过公司股份总数 1% 应当通过大宗交易系统转让。此后沪深交易所也宣布鼓励超过 150 万股的存量股份利用大宗交易平台进行交易。

沪深交易所公开数据显示，从 4 月 21 日至 5 月 26 日，沪深两市合计共发生大宗交易 78 笔，成交量合计 12734.6 万股，成交金额 23.432 亿元。而有关资料显示，此前大宗交易系统十分冷清，且以 B 股和债券交易居多。据统计，从 2008 年起至新规出台前的近 4 个月中，两市 A 股通过大宗交易系统，仅成交了 42 笔，平均一个月成交 11 笔左右；在新规颁布前的一个月时间内（3 月 21 日至 4 月 21 日）沪深两市大宗交易系统成交 29 笔，成交量合计 6163.9 万股，成交金额 9.43 亿元。

不容回避的是，《指导意见》虽然对超过 1% 总股本的股份减持进行了大宗交易特别安排，但这没有改变解除限售存量股份对市场的冲击。

根据大宗交易规则，受让方在顺利过户后，即可随时在二级市场抛售。如此一来，大宗交易平台也就只是大小非减持的一个“中转站”而已。甚至于如果没有更为完善的约束机制，很多公司可能铤而走险寻找“过桥减持”。

所谓“过桥减持”，事实上就是解禁的大小非股东找一个“股托”——一家关系信得过的投资公司，通过大宗交易将股份转到投资公司名下，然后再通过二级市场抛售，从而规避监管部门的有关规定。之前 ST 雄震、江淮动力等公司的大宗交易减持就曾经先后受到媒体和投资者的质疑，被怀疑为“过桥减持”。

监管部门后续一方面应对参与大宗交易的机构投资者制定更为严格的持股时间约束；另一方面应对大宗交易账户加强监管，强化信息披露，让市场对其交易行为有更清晰的了解。

【案例问题】

（1）根据案例分析，为什么《上市公司解除限售存量股份转让指导意见》对超过 1% 总股本的股份减持进行大宗交易特别安排？

（2）根据案例分析，大小非为什么要通过大宗交易减持？

（3）根据案例分析，大小非如何借大宗交易平台过桥减持？

【案例分析】

（1）因为大宗交易平台交易在收盘以后进行，且成交价格不计入该股票当日收盘价，不计入指数，对市场影响小。

（2）大小非在正常交易日收盘前减持股票，一方面减持数量受到限制，证监会规定大小非一个月减持数量不得超过其持有股份的1%，大宗交易除外；另一方面，减持会对市场价格造成很大的冲击。

（3）大小非股东找一家关系信得过的投资公司，通过大宗交易将股份转到投资公司名下，然后再通过二级市场抛售，从而规避监管部门的有关规定。

案例 6.2.6 我国的涨跌停板制度

【案例知识点】涨跌幅限制

【案例类型】基础案例

【案例来源】和讯财经

【案例时间】2008 年 12 月

【案例内容】作为新中国第一家证券交易所，上海证券交易所在开业之初，曾对当时仅有的“老八股”实施过涨跌幅限制。当时的日涨跌停幅度仅为 1%，后来还一度改为 0.5%。在交易价格波动区间受到高度限制的背景下，最初的证券市场并没有表现出应有的活跃度。

1992 年 5 月 21 日，沪深证券交易所取消了上市证券涨跌幅限制。受此消息刺激，前一交易日以 616 点收盘的上证综指，跃升至 1266 点，出现了 105.27% 的涨幅。伴随着冲动过后的价值回归，上证综指仅用了短短半年时间就从 1429 点的高位回落至 386 点，累计跌幅高达 73%。

我国证券市场现行的涨跌停板制度是 1996 年 12 月 13 日发布，1996 年 12 月 26 日开始实施的，旨在保护广大投资者利益，保持市场稳定，进一步推进市场的规范化。制度规定，除上市首日之外，股票（含 A、B 股）、基金类证券在一个交易日内的交易价格相对上一交易日收市价格的涨跌幅度不得超过 10%（以 S，ST，*ST 开头的股票不得超过 5%），超过涨跌限价的委托为无效委托。

我国的涨跌停板制度与国外制度的主要区别在于股价达到涨跌停板后，不是完全停止交易，在涨跌停价位或之内价格的交易仍可继续进行，直到当日收市为止。

【案例问题】

（1）根据案例分析，我国什么类型的股票涨跌停幅度不得超过 5%？

（2）根据案例分析，我国所有的股票都设有涨跌停限制吗？

（3）根据案例分析，我国的股票在涨停以后，还能继续交易吗？

（4）根据案例分析，我国有无取消涨跌停板制度的必要性？

【案例分析】

（1）①未股改股（股票名称前加 S）；②特别处理股票（股票名称前加 ST）；③退市警告股票（股票名称前加*ST）。

（2）我国新股上市首日不设涨跌停限制。

（3）我国的股票在涨跌停价位或之内价格的交易仍可继续进行，但是通常情况下，受市场极端情绪的感染，持有股票的投资者不愿意在涨停价卖出，持有资金的投资者不愿意在跌停价买入，所以股票达到涨跌停价位时，实际的成交量比较少。

（4）优点：一方面，现行涨跌停板制度限制了股价当日暴涨或暴跌的幅度，使投资者有较充裕的时间，获得较多的信息，较冷静而不是盲目地进一步作出买入或卖出的投资决策；另一方面，当日上下10%的股价变动范围，正常情况下不会影响大多数股票交投的活跃性。对于市场中投机性较强的ST股票实行当日上下5%的股价变动范围也是适宜的。我国的实行涨跌幅限制以来，市场的剧烈波动明显减小了。当然，涨跌幅限制也存在一定的缺陷，比如庄家利用涨跌幅限制在涨停板上出货，套死散户，或在跌停板上打出大单，使散户无法出局。但是其正面的作用，尤其是保护广大中小投资者利益的作用要远远大于庄家利用其操纵股价的影响。股市监管和法制尚不完备的现阶段，取消涨跌停制度风险比较高。

6.3 证券价格指数

案例 6.3.1 中国石油：在上证指数中独领风骚

【案例知识点】上证综合指数的特征

【案例类型】基础案例

【案例来源】中国证券网

【案例时间】2007 年 11 月

【案例内容】中国石油于2007 年 11 月 5 日上市，于 11 月 19 日调入上证综合等上证系列指数、沪深 300 等中证系列指数。

中国石油计入上证综指将产生重大影响，成为第一大权重股。若假定中国石油分别以 29.78 元/股、40 元/股和 50 元/股计入上证综指，权重分别约为 18.2%、23.0% 和 27.2%。若中国石油涨停，上证综指将分别变化约 105 点、133 点和 157 点。上证综指成分股的行业权重也将因此而发生重大变化。按照证监会行业划分标准，假设中国石油以 29.78 元/股计入指数，采掘业的权重将由目前的 20.18% 提升至 34.71%，超过金融保险业（权重约为 32.6%），居上证综指第一大权重行业。

近期上市大盘股在上市之初均有过股价上涨的过程，而在计入指数后均呈现了短期下跌的趋势，普遍认为这种下跌是上市之初价格炒作过高的理性回复。预期中国石油在上市后也可能出现类似的走势。以中国石油的权重影响力，上证综指将可能受此拖累，下跌的压力较大。由于中国石油在沪深 300 指数中权重较小，这种拖累对于沪深 300 指数的直接影响有限，但不排除沪深 300 指数受到上证综指走势的影响，也出现类似走势的可能性。

鉴于其显赫市场地位，除满足基本配置外，中国石油还会出于影响指数的要求而获得基金等机构的超配。这成为股指期货推出预期下“二八现象”的又一例证。

【案例问题】

（1）根据案例分析，为什么仅中国石油一只股票就能拖累上证综合指数？

（2）根据案例分析，中国股市 2008 年的暴跌与中国石油有没有关系？

（3）根据案例分析，为什么中国石油进入指数后会获得基金等机构的超配？

（4）根据案例分析，什么是“二八现象”？为什么会出现“二八现象”？

【案例分析】

（1）上证综合指数是按加权平均计算的，而中国石油在上证综合指数所占的权重达到 20% 左右，所以其价格变动对上证综合指数影响很大。

（2）中国石油因为发行价偏高，加上上市首日被爆炒（涨幅约 200%），自上市次日起，股价一路下滑，从最高点 48.62 元跌至 9.71 元，严重拖累上证综合指数。所以中国股市 2008 年的暴跌与中国石油的负面影响有一定的关系。

（3）指数基金通过投资指数的成分股来跟踪指数，中国石油成为多个股价指数的成分股，自然成为这些指数基金的配置对象。

（4）所谓“二八现象”，就是指市场上 20% 的股票带动指数上涨（或下跌），而其他 80% 的股票却在下跌（或上涨）。原因是这 20% 的股票占了股价指数的 80% 的权重，基本上左右了大盘。

案例 6.3.2　综合指数与成分指数

【案例知识点】综合指数与成分指数的编制

【案例类型】基础案例

【案例来源】金融界

【案例时间】2008 年 10 月

【案例内容】上证指数与国际和国内的其他股票指数相比，在编制方法上存在一定的缺陷，造成上证指数在一定时间段内的“虚涨”和“虚跌”。成思危指出，使用总市值加权的方法编制的指数导致了个别股票对指数具有过大的影响，由一两只股票造成的上证指数虚涨虚跌的程度日趋加强，使得上证指数并不能很好地代表整个股票市场的涨跌情况及幅度。

A 股市场大部分股份并未参与实际流通，综合指数因采用总市值进行加权，存在先天不足，这早已被专业人士所诟病。此外，综合指数采用全样本股加权，将所有股票都计入指数，样本股数量常有变动，样本股质量参差不齐，使得 ETF 和股指期货等指数衍生产品无从着手。

从国外成熟市场看，即使它们不存在股权分置问题，也普遍不采用综合指数作为主要指数，而是采用样本股数量恒定的成分股指数。美国的道琼斯指数和标准·普尔 500 指

数、英国的富时指数、日本的日经 225 指数和中国香港的恒生指数，无一例外都是成分股指数。成分股指数选取市场中具有代表性的公司股票作为样本，不仅能更好体现市场尺度功能，还具备优越的投资功能。

与沪市不同，深市一直坚持以成分股指数作为市场主要指数，深证成指（399001）自发布以来即作为深市尺度指数而广为人知，深证综指（399106）则主要作为反映市场规模变化的指数。中小板市场在启动之初只发布了中小板综合指数，随着市场规模扩大，为了适应投资者的需求以及中小板的市场发展需求，2007 年 11 月，深交所宣布对中小板指数体系进行完善，以中小板 100 指数（399005）取代中小板综合指数（399101）作为中小板主要指数。

【案例问题】

（1）根据案例分析，上证综合指数的编制采用总市值还是流通市值?

（2）根据案例分析，上证 180 属于综合指数还是成分指数?

（3）根据案例分析，上证综合指数有什么缺陷?

（4）根据案例分析，为什么深证成分指数点位远高于上证综合指数?

【案例分析】

（1）上证综合指数的编制采用总市值。

（2）上证 180 属于成分指数。

（3）上证综合指数的缺陷在于，使用总市值加权的方法编制，导致了个别股票对指数具有过大的影响；综合指数采用全样本股加权，将所有股票都计入指数，样本股数量常有变动，样本股质量参差不齐。

（4）两者编制时采用的固定乘数不一样，上证综合指数的固定乘数是 100 点，深证成分指数的固定乘数是 1000 点。

6.4 证券投资收益和风险

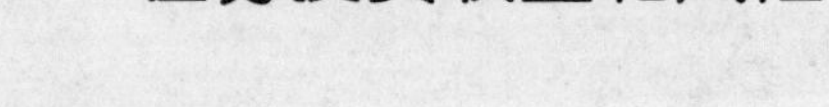

案例 6.4.1 62 家“铁公鸡”连续 3 年不分红

【案例知识点】证券投资的收益

【案例类型】基础案例

【案例来源】中证网

【案例时间】2010 年 5 月

【案例内容】虽然 A 股上市公司业绩受益于 2009 年经济回暖，但证券市场的“铁公鸡”们依然我行我素。

2009 年度沪深两市公布现金分红预案的公司为 980 家，占比仅为 54%；且现金红利总额占全部公司净利润总额的比例仅为 32.11%，相比 2008 年分红总额占净利润比重

40.33%的水平来看，下滑了8.22个百分点。

在国外的成熟资本市场如美国，投资美国上市公司的现金红利占公司净收入的比例，在20世纪70年代为30%～40%；到20世纪80年代，提高到40%～50%。而现在，不少美国上市公司税后利润的50%～70%都用于支付红利。

以细分数据来看，沪市公司2009年年报中，公布现金分红预案的公司为454家，占全部沪市公司总数的52%。而这454家沪市公司2009年现金红利总额占沪市公司净利润的比例约为32.79%，仅比A股整体分红水平高不到1个百分点。在深市公司2009年年报中，公布现金分红预案的公司为526家，占全部深市公司57%，现金红利总额占全体公司净利润总额的比例约为27.79%，低于全部A股分红水平近5个百分点。

值得一提的是，从分红质量来看，诞生之前就被寄予"高送股"愿望的创业板公司表现并不尽如人意。在全部78家创业板上市公司里，共有55家公司公布了2009年分红预案，占全部创业板公司比例为70%，远远高于沪深两市主板A股上市公司，但从分红总额占净利润比重来看，这55家创业板上市公司2009年分红约12.97亿元，占创业板2009年净利润比重仅为28.56%，低于A股市场平均水平。

【案例问题】

(1) 根据案例分析，上市公司有利润就一定要分红吗？

(2) 根据案例分析，不分红的公司一定是差公司吗？

(3) 根据案例分析，上市公司分红越高越好吗？

【案例分析】

(1) 不一定。是否分红由公司决定。

(2) 不一定。如果公司处在成长期，有好的投资项目，将利润留下来再投资，以期获得更多的收益。这样的公司不分红是可以理解的，但是长期不分红也是有风险的。

(3) 不一定。正常情况下，上市公司应该将一定比例的收益定期分配给投资者，一般不低于银行存款利率。但是过高的分红会阻碍公司的发展，尤其是处于成长期的上市公司。另外，国家要对投资者获得的现金分红征税。

案例 6.4.2 上市公司的分红程序

【案例知识点】红利的分配

【案例类型】基础案例

【案例来源】《公司法》

【案例时间】2006年1月

【案例内容】上市公司分红时，必须通过一定的程序来实现：

第一，分红预案公布日。上市公司分红时，首先要由公司董事会制定分红预案，具体确定本次分红的数量、分红的方式。安排召开股东大会或临时股东大会的时间、地点及表决方式。以上内容由公司董事会向社会公开发布。

第二，分红方案批准及宣布日。董事会制定的分红预案必须经过股东大会或临时股东大会讨论。如果未能通过，就要重新修改分红预案。如果讨论通过，获得批准，则要公开公布分红方案及实施的时间。按规定，股东大会讨论分红预案，其公司股票要停止交易一天。公司公布分红方案，其公司股票要停止交易半天。

第三，股权登记日。这是由公司董事会在分红时确定的一个具体日期。凡是在此指定日期收盘之前购买了该公司股票，列入公司名册的投资者都可以作为老股东，享受公司分派的股利。

第四，除息（或除权）日。上市公司的股票，在分红之前其股价中包含着股利因素，因此叫含息股（或含权股）。在公司分红时，应当通过一定的技术处理将股价中的股利因素扣除掉，这种技术处理叫做股票的除息（或除权）。公司派现金时，要进行除息处理，送红股时要进行除权处理。股票进行除息除权处理一般是在股权登记日的下一个交易日进行。股票进行除息（或除权）的这一天就叫做除息（或除权）日。

第五，红股到账日。

第六，派息日。红利发放的日期。

【案例问题】

（1）根据案例分析，上市公司分红最终以什么方案为准？

（2）根据案例分析，股权登记日收盘之前持有股票，第二天再卖出，能否享受分红？

（3）根据案例分析，分红本身会增加投资者资产吗？

（4）根据案例分析，股权登记日和除权除息日相差几天？

【案例分析】

（1）以股东大会批准的方案为准。

（2）可以，只要在股权登记日收盘后仍然持有公司股票的股东都可以享受分红。

（3）投资者虽然获得了分红，但是其持有的股价被相应地调低（除息、除权），刚好抵消分红的收益。比如10元的股票，分红1元后，股价就调整为9元，投资者分红前后资产并没有发生变化。所有分红本身并不影响投资者的资产。

（4）股权登记日的第二天就是除权除息日。

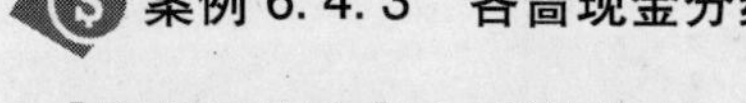

案例 6.4.3　吝啬现金分红，18 家公司高送股

【案例知识点】红利的分配

【案例类型】基础案例

【案例来源】第一财经日报

【案例时间】2010 年 2 月

【案例内容】WIND 资讯统计数据显示，截至收盘，共有 18 家上市公司公布了 2009 年配送方案，其中 4 家公司连续 2 年进行了年度配送。

在上述 18 家公司中，东方雨虹、歌尔声学、中兵光电和科达机电今年分别公布了 10

送10、10送5、10送5和10送3的分配方案，而2008年，这4家公司也进行过送股，比例分别为10送5、10送10、10送10和10送3。

尽管在送股方面，18家公司很“大方”，但要它们掏出真金白银时，就显得很小气。在18家公司中，只有神州泰岳和同花顺推出了10送3元。相比较而言，18家公司在2008年显得较为“大方”，它们中共有10家公司进行了现金分红，只有歌尔声学和中兵光电每股可分得1元或1元以上的现金。卧龙地产、紫鑫药业和宝新能源每股分红甚至还不到1分钱。

南京一私募投资总监表示，从理论上说，上市公司送股后，投资者市值并没有增加，看上去只是一种数字游戏，但这样的游戏A股玩起来乐此不疲。之所以如此，首先是因为公司当前股价绝对值较高，比如几十元钱一股。虽然同样多的资金买1万股10元的股票和买2000股50元的股票没区别，但由于A股市场散户投资者太多，到他们那里，资金规模和思维模式就发生变化了。另外，对机构和大户来说，流通性增强后，实际操作中，他们往往可以收集到更多的筹码，从而增强对盘面的控制力。

【案例问题】

（1）根据案例分析，公积金转增股本和送股有什么区别？

（2）根据案例分析，高送股对上市公司的资产和投资者实际资产有影响吗？

（3）根据案例分析，为什么上市公司宁愿选择高送股，而不愿意现金分红？

【案例分析】

（1）公积金转增股本是将公积金账户的资金转移到股本账户，增加股票数量，再分配给投资者；送股是将未分配利润转换成股本，然后再以股票的形式发放给投资者。

（2）股票红利对上市公司来讲，只是将公司的未分配利润转化为股本而已，公司的资产没有任何增加和减少。对投资者而言，虽然股票数量大幅增加了，但是除权过后，股票的价格大幅下跌，总资产并没有大的变化。

（3）股票分红并不影响公司的现金流，而现金分红造成公司实实在在的现金流出，影响公司经营。还有，送股以后，除权过后的股价会显得很“便宜”，吸引一些贪便宜的投资者投资，增加股票流动性。

案例 6.4.4　红日药业除息除权基准价的计算

【案例知识点】除权除息基准价的计算

【案例类型】运用案例

【案例来源】WIND资讯

【案例时间】2010年4月

【案例内容】天津红日药业股份有限公司（简称：红日药业，股票代码：300026）2009年度权益分派方案为：以公司截至2009年12月31日总股本50342000股为基数，向全体股东每10股派发现金5.00元（含税，税后实际每10股派4.5元）。同时，以截至

2009 年 12 月 31 日公司总股本 50342000 股为基数，以资本公积金向全体股东每 10 股转增 10 股，共计 50342000 股。

本次分红派息股权登记日：2010 年 5 月 7 日；

除权除息日：2010 年 5 月 10 日；

现金红利发放日：2010 年 5 月 10 日；

转增可流通股份上市日：2010 年 5 月 10 日。

2010 年 5 月 7 日（星期五），红日药业收盘价为 100.01 元。

【案例问题】

（1）根据案例分析，红日药业的股息率是多少？

（2）根据案例分析，红日药业的股息率高吗？

（3）根据案例分析，2010 年 5 月 10 日红日药业的除息除权基准价是多少？

（4）根据案例分析，2010 年 5 月 10 日，红日药业收盘价为 44.78 元，当天是填权行情还是贴权行情？

【案例分析】

（1）股息率 =（每股股息 ÷ 股价）×100% =（0.5 ÷ 100.01）×100% = 0.5%。

（2）红日药业的股息率远低于银行存款利率，实属偏低。

（3）除权除息基准价 =（股权登记日的收盘价 − 每股所派现金）÷（1 + 每股送红股数）

= （100.01 − 0.5）÷（1 + 1）

= 49.76（元）。

（4）2010 年 5 月 10 日收盘价低于除息除权基准价，属于贴权行情。

案例 6.4.5　安科生物除息除权基准价的计算

【案例知识点】除权除息基准价的计算

【案例类型】练习案例

【案例来源】WIND 资讯

【案例时间】2010 年 4 月

【案例内容】安科生物（300009）2009 年的利润分配方案：每 10 股派现金 3.5 元，每 10 股送 8 股。2010 年 5 月 11 日为股权登记日，收盘价为 34.51 元，2010 年 5 月 12 日除权除息。

【案例问题】

（1）根据案例分析，安科生物的股息率是多少？

（2）根据案例分析，安科生物的股息率高吗？

（3）根据案例分析，2010 年 5 月 12 日安科生物的除权除息基准价是多少？

（4）根据案例分析，投资者实际到手的每股现金红利是多少？

【案例分析】

（1）股息率 =（每股股息 ÷ 股价）×100% =（0.35 ÷ 34.51）×100% = 1.05%。

（2）安科生物的股息率接近于银行存款利率，正常。

（3）除权除息基准价 =（股权登记日的收盘价 – 每股所派现金）÷（1 + 每股送红股数）

= （34.51 – 0.35）÷（1 + 0.8）

= 18.98（元）。

（4）投资者实际到手的每股现金红利为 0.35 ×（1 – 20%）= 0.28 元。

案例 6.4.6　次贷危机下的全球股市

【案例知识点】市场的系统风险

【案例类型】基础案例

【案例来源】拯救中国股市：风险验证与战略抉择

【案例时间】2008 年 12 月

【案例内容】2007 年，美国次贷危机爆发，给全球经济以及证券市场造成严重冲击和重大损失。仅就对金融市场而言，损失为 6000 亿～12000 亿美元。世界各国股票市场也先后遭受重创。但是，从实际影响看，中国股市成为了遭受损失最为惨重的市场。自次贷危机 2007 年 10 月完全爆发后，中国股市好似完全随着次贷危机亦步亦趋，对美国货币政策、股市和所有经济数据呈现高度敏感状态，甚至到了“草木皆兵”的地步。

2008 年上半年，道琼斯指数从 13000 点左右跌至 11000 点，跌幅为 14%，标普 500 指数和纳斯达克综指跌幅均为 13%，法国 CAC40 指数下跌 22%，德国 DAX30 指数下跌 20%，伦敦 FTSE100 指数下跌 14%，俄罗斯 MICEX 指数下跌 8%。加拿大和巴西股市甚至分别上涨 3.8% 和 3.5%；亚太周边其他股市的跌幅均远远小于中国沪深股市，中国香港、中国台湾、日本、韩国和新加坡股市 2008 年上半年分别下跌 21%、11%、12%、12% 和 15%；菲律宾、印度尼西亚、泰国、新西兰、澳大利亚股市分别下跌了 32%、21%、14%、10% 和 10%；而中国沪深股市分别暴跌 48% 和 47%，成为全球仅次于爆发金融危机的越南股市后最差的市场。

【案例问题】

（1）根据案例分析，次贷危机对中国经济有什么负面影响？

（2）根据案例分析，2008 年全球金融危机属于系统风险还是非系统风险？

（3）根据案例分析，为什么次贷危机爆发地在美国，而中国的股市跌幅远远超过美国？

【案例分析】

（1）美国、欧盟和日本等国家或区域经济体是中国出口的主要对象，受次贷危机的影响，全球都出现了企业倒闭和需求不足等情况，中国的出口明显减少，甚至出现了负增

长。而我国经济增长对出口的依赖程度高，出口不景气直接导致中国 GDP 明显下滑。

（2）2008 年全球金融危机属于系统风险。在此次危机下，几乎所有国家、所有企业都受到了影响，所以此次危机给全球带来了经济周期波动风险。

（3）中国股市在 2005—2007 年经历了一波疯狂的上涨，其涨幅远远超过同期的其他股市，已经积累了大量的泡沫。大涨之后必然大跌，次贷危机只是个导火索而已。

案例 6.4.7　5.30 事件

【案例知识点】市场的系统风险

【案例类型】基础案例

【案例来源】WIND 资讯

【案例时间】2007 年 6 月

【案例内容】2007 年 5 月 30 日凌晨，财政部宣布调整我国证券（股票）交易印花税税率，由现行 1‰调整为 3‰，受此消息打击，大涨了近两年的沪深股市终于降温了，上万亿元市值灰飞烟灭，数千万股民资产大幅缩水。

当日，大盘低开 247 点，最后收盘暴跌 282 点，跌幅高达 6.5%，创历史单日下跌点数之最；绝大多数个股跌幅超过 7%，近千只股一齐向跌停奔去，而跌停板个股数量高达 981 只，总流通市值在一天之内蒸发了 4253 亿元。从 5 月 30 日至 6 月 5 日上午，短短 5 天时间内，A 股从 4335 跌至 3461 点，跌幅达 15%；7 成股票连续 5 天跌停，市值蒸发接近 20 万亿，创造了 2007 年的又一大纪录。

【案例问题】

（1）根据案例分析，“5.30”事件的导火索是什么？

（2）根据案例分析，上调印花税为什么会导致股市下跌？

（3）根据案例分析，“5.30”事件是系统风险还是非系统风险？

【案例分析】

（1）2007 年 5 月 30 日凌晨，财政部宣布调整我国证券（股票）交易印花税税率，由现行 1‰调整为 3‰。

（2）上调印花税会导致投资者交易成本上升。

（3）“5.30”事件是系统风险中的政策风险。

案例 6.4.8　南都电源业绩降近 7 成，创业板高成长遭考验

【案例知识点】市场的非系统风险

【案例类型】基础案例

【案例来源】新浪财经

【案例时间】2010 年 7 月

【案例内容】登上创业板不到 3 个月的南都电源（300068），一季度业绩下滑近 6 成，

今年中期预计业绩下滑7成左右。为何南都电源在上市前一直保持着高速增长的势头，上市后公司业绩却持续下滑？

对于业绩的大幅下滑的原因，南都电源将其归结于2010年上半年毛利率及市场价格的下降。公司称，2009年上半年，公司主营业务毛利率较高，远高于2006—2009年的平均水平，而2010年上半年铅及非铅原材料较2009年同期均大幅上涨，导致2010年上半年毛利率较2009年同期大幅下降。

不管公司如何解释，南都电源登陆创业板的时间不到3个月，这么短的时间，公司业绩就大幅变脸，着实让投资者难以理解。“原材料价格上涨的理由显然说不过去，为什么在‘原材料上涨’的情况下，南都电源业绩狂降近6成，而亿纬锂能却大幅上涨了6成?”有投资者质疑道。

南都电源自上市以来，随着创业板大势也是阴多阳少，自4月30日破发以来，至今仍在破发价下游离，给投资者造成了不少损失。

【案例问题】

（1）根据案例分析，南都电源认为业绩大幅下滑的主要原因是什么？

（2）根据案例分析，原材料价格上涨是造成南都电源业绩大幅下滑的主要原因吗？

（3）根据案例分析，南都电源业绩大幅下滑属于证券投资风险的哪一类型？

【案例分析】

（1）南都电源认为业绩大幅下滑的主要原因是原材料价格大幅上涨。

（2）不是。因为同为锂电池生产的亿纬锂能却大幅上涨了6成。南都电源业绩滑坡可能是因为管理水平的变化引起的。

（3）南都电源业绩大幅下滑属于企业经营风险。

下　　篇

证券投资分析

7 证券投资分析概述

7.1 证券投资分析的信息

案例 7.1.1 消息加分析型投资

【案例知识点】证券投资中的信息运用

【案例类型】运用案例

【案例来源】中金在线

【案例时间】2010 年 7 月

【案例内容】“在我们那一片大户室里，我可能是做得最好的一个了。”45 岁的上海郊区股民穆兴国虽然只是小学文化水平，但却颇有几分自负。这种自信和自负，最主要就是来源于这些年他在股海征战中屡屡获胜。家庭财富的不断翻番，个人身价的不断上涨，让他有一种小有成就的感觉，周遭的亲戚朋友也逐渐对这个已经有千万身价的“小学生”刮目相看，颇有几分敬意。

消息+分析：让我吃到肉段

“虽然我文化程度不高，但我却在炒股这件事上颇为勤奋。要想在股市中赚钱，并不是传说中那么轻松的。”穆兴国这样评价自己。从 20 世纪 90 年代中期开始，穆兴国就开始全身心投入在股票投资上。早期也赚过钱，但也曾亏得很惨。几经挫折之后，他最终认同了“炒股还是要看基本面”的理念，对于股票背后的行业景气度、单只股票的资产和赢利能力、潜力等，非常看重，对于纯粹的概念炒作，并不愿意跟风。

“比如，我去年做吉恩镍业，近期做中金岭南、山东黄金，主要就是自己特别关注镍、铅、黄金等金属的价格，因为我身边也有不少亲戚朋友都是办电镀厂的，很多价格他们都有切身感受，我也会经常上网查询各类信息。

“但是，光靠自己分析基本面，虽然也能捕捉到不少的机会，但毕竟信息渠道和掌握信息的能力有限，一个人的精力也有限，有时候借助一下别人的、更好的信息渠道，再加上自己的主动分析，效果会更好。

“在我的理解上，一个基本面良好的股票，你当然可以长线持有获得较好的收益。但要想快速致富，就必须抓住‘吃肉段’的机会，这样才能让自己的资产快速翻倍。”

穆兴国认为，在牛市中，每个中小散户其实或多或少都有些“消息”。关键是要懂得梳理消息，配合自己的主动分析。他举了最近半年，依靠“消息+分析”的办法“吃肉段”的实例。

据“高转送消息”定胜局

“听说鲁泰A年报分红预案可能要做到10转10再派点现金，而且高盛等QFII，还有一些基金公司，已经在第一季度分批进去不少了。”2007年3月20日，穆兴国接到这样一条消息。

发来消息的朋友，一直是个不错的“消息源”，穆兴国赶紧去看看鲁泰A的相关情况。查下来发现，鲁泰是全球最大的色织布生产企业，拥有多项纺织创新专利技术。而且，鲁泰自己有种植色织布生产用的棉花基地，同时又制作衬衫，属于产业链比较完整的。另外，对很多纺织企业来说感觉特别棘手的贸易配额问题，鲁泰并不为难。他们的外方股东泰国泰纶公司不仅给鲁泰提供技术支持，也协助鲁泰顺利实现在东南亚和欧美地区的销售业务。

我又从财务数据上具体去看这只股票，当时我只能看到2006年的三季报，当时数据显示，鲁泰A每股收益0.61元，每股净资产为4.43元，其中每股资本公积金也有1.78元，每股未分配利润也达到了1.1475元。这样的收益和资本状况，加上鲁泰当时流通股才1.4亿股，我觉得朋友那个消息比较有可能实现，鲁泰本身有高转送的能力和资本底子，也存在扩大流通股本的内在需要。那时，鲁泰A的价格在12元上下，我觉得具投资价值。

穆兴国回忆起自己在2007年3月底介入鲁泰A时的情景。最终，他在3月22日分两次买入了约10万股鲁泰A，成交均价12.58元。到了3月28日鲁泰A公布年报和10转10派3.718（含税）的预案后当天涨停，此后盘整了四天，接着又是吃到4个涨停外加一些小涨，最终以26.10元的均价抛出了所有鲁泰A。历时不到一个月，穆兴国获利超过100%。

与此有异曲同工之妙的一笔投资是在2007年7月17日，穆兴国通过小道消息提前获知双良股份中报可能会有“大礼包”赠送后，穆兴国通过对这个中央空调系统制造和服务龙头企业的研究后确认这个消息实现可能性较大，最终提前十天（双良股份7月27日公布10转10预案）以17元左右的价格介入，在8月7日以34元左右的价格抛出，获利也差不多100%。

“资产注入消息”获大利

2007年5月30日，因为印花税调整消息，股市迎来大跌。可此时此刻，却有朋友告诉穆兴国，云南铜业将要大涨，理由是云南铜业将再次实施定向增发，用于收购云铜集团下属的一些矿山，而且近期相当多的机构都已经在悄然增仓云南铜业。

穆兴国听到消息后，把云南铜业完整地“剖析”了一遍。他发现，云南铜业在2007年3月1日通过定向增发收购云铜集团的玉溪矿业、楚雄矿冶、迪庆矿业、金沙矿业四矿

一厂，自身资源储备量大大增加。但2007年一季报显示每股收益0.21元，较2006年同期的0.18元，涨幅不大，原来这里存在一个“时间差”，这四矿一厂的效益在一季度还不能完全显现。此外，如果云铜集团下属的其他资源，比如，矿山和技术厂继续注入，最终完成整体上市，那么未来股价上涨潜力还是很有空间的。

“同时，我也发现，根据3月31日发布的年报，6月22日云南铜业将召开股东大会，审议10派5元的预案，从这个预案来看，公司的现金流还是相当不错的。就算近期资产注入的消息并不属实，买这个股票还是比较能让我放心的。

“再者，我当时从盘面上看，5月28日开始，云铜交易量突然放大了一倍左右，即便是在5月30日大盘狂跌情形下，交易量，特别是买入的大单量，也还是很疯狂，所以我觉得朋友的消息可能有点意思。”

最终，穆兴国在5月30日，以26元左右价格买入了8万股云南铜业，在股市狂跌、其他个股“哀鸿遍野”的那几天，“一个人偷着乐了一把”。在6月19日以39元左右的价格抛出，获利幅度为50%左右。

“虽然后来的事实证明，我没有能够享受到云南铜业在7月下旬以后的疯涨，但我也不后悔，因为后来中铝集团介入云南铜业的事，不是我能预料到的。我只要顺利赚到就可以了。而且，我不是喜欢一直满仓的人，我总是喜欢清仓，或半仓，等待下一个好机会的来临。而一个股票，我不会做超级短线，也不会做长线，持仓时间一个月最好，最多不愿意超过两个月。”

如今的穆兴国就这样，坚守着自己的投资风格，积累着属于自己的财富。

【案例问题】

（1）根据案例分析，穆兴国所说的“吃肉段”指的是什么样的投资机会？

（2）根据案例分析，穆兴国每次都能获利的原因在哪里？

（3）根据案例分析，在获取相关股票信息后，穆兴国用什么方法对这些信息进行加工和分析？

（4）根据案例分析，穆兴国的投资风格是什么？

【案例分析】

（1）穆兴国所说的“吃肉段”指的是利好消息出来后，股价上涨比较快速的一个时段，这个时间段股价往往会有一个不小的涨幅，是一个较好的短期投资机会。

（2）穆兴国成功的原因首先在于他能有效利用多种渠道，收集各类比较精准的消息，弥补一个散户在信息数量和质量获取上的不足，然后结合自己对消息股本身基本面的研究和判断，最后作出投资决断，在获利后迅速抛出。另外，其投资阶段主要是在2007年的牛市之中，如果处于熊市中，其能否获利还很难说。

（3）获取信息后，穆兴国主要依靠基本面分析来对相关消息进行确认，从公司所处的行业发展情况、公司生产情况和公司财务情况几个方面来分析，再作出投资决策。

（4）穆兴国持股一般在一个月到两个月之间，最长不超过两个月，主要是短线投资，属于典型的投机型投资者。但与一般只听信消息面的投资者不同，他会根据消息来对公司基本面作出正确的分析，从而往往能够获得不错的收益。

案例 7.1.2　三个投资者投资华侨城

【案例知识点】证券投资中的信息运用
【案例类型】运用案例
【案例来源】中金在线
【案例时间】2010 年 7 月
【案例内容】李女士在深圳世界之窗公司工作。2009 年来了，看着节日期间游人兴高采烈的笑脸，李女士一点也高兴不起来。原来，李女士被自己工作的公司——深圳华侨城控股股份有限公司（下称“华侨城 A”）套牢了。

高先生住在北京华侨城，心情与李女士迥然不同。自己 2006 年买的房子，已经从 6800 元/平方米涨到了 13000 元/平方米。更让高先生高兴的是，由于看到北京华侨城房子卖得好，高先生 2007 年还投资了华侨城 A 的股票，也赚了钱。同样离自己投资的公司很近，李女士和高先生为什么经历大相径庭？

听信消息被害

李女士是典型的百万级投资者，有房有车，还有些闲钱。李女士原来是不投资股票的，因为怕财报是假的，也不懂技术，一直没敢炒股。但李女士身居深圳，周围的朋友 2007 年赚了大钱，“我还是有些动心，只是等我想买股票时，价格太高了。”2008 年 3 月，华侨城 A 已经从最高的 74 元跌至 45 元左右，“我觉得跌的差不多了，有点动心。”恰好，这时公司马上要 10 送 10 的消息，传进了李女士的耳朵，“算是近水楼台吧，我想博一下这个好消息，拿出 50 万元下了单。”但是，此后华侨城 A 依然股价跌势不止。很快我就赔了几万元，心里发慌，想赔点卖了算了，可是朋友告诉我，送股的消息马上要兑现，肯定能涨回来，别怕。”李女士回忆起这些，苦涩地笑了笑。

一个月后，华侨城 A 果然 10 转增 10，但除权日当天，大跌 5%，并从此加速了下跌幅度，目前，50 万元本金只剩下 16 万元。

受益房价上涨

高先生一直住在北京东四环外，大约 2005 年时，自己家附近的一大片荒芜土地上，机器开始轰鸣。一打听，原来华侨城 A 看上了这个地段，要建大型主题公园欢乐谷和华侨城居住区。没多久，房价标出来了，6500 元/平方米。与当时周围 3000 ~ 4000 元的房价相比，华侨城的房价算偏高，高先生有些犹豫。

2006 年年初的时候，北京房价开始明显上涨。华侨城的房价也涨至 6800 元/平方米，高先生没再犹豫，购买了华侨城的期房。

转眼到了 2007 年年初，房价撒欢似的上涨，华侨城达到 12000 ~ 13000 元/平方米。在房价上涨过程中，来华侨城看房和买房的人络绎不绝。与此同时，北京欢乐谷也吸引了

大批的游人，尤其到节假日，公园周围连停车的地方都找不到。

这些情况，对高先生来说，也是“近水楼台先得月”，他看得清清楚楚。高先生心想，有了这些人天天给公司送钱，华侨城 A 的业绩一定错不了，何不买一些股票跟着受益?

果然，公司业绩不错。在高先生买了股票一个多月后，华侨城 A 公布了 2006 年年报。其全年业绩比 2006 年第三季度翻了一番，每股收益达到 0.52 元。

大约到 2007 年秋季，高先生看到北京华侨城的房子卖得差不多了，北京人对欢乐谷的新鲜感也淡化了，他估计华侨城 A 需要培育新的利润增长点，才能有更大的业绩突破，于是，在获得 300% 收益后，高先生卖出了华侨城 A。

相信自己判断

按理说，李女士获得的“内幕”消息的确为真，但她却惨败；高先生并不完全相信财报，更没有获得“内幕”消息，却作出恰到好处的判断与选择，为什么？

我们不妨来看看华侨城 A 2008 年半年报是如何唱“赞歌”的。在公司股价已经比 2007 年年底最高价暴跌 75% 的情况下，公司在半年报中称，“北京欢乐谷紧扣奥运主题，策划了一系列主题活动，有力地促进了市场开拓。同时，在房地产市场低迷的 2008 年，公司控股子公司东部华侨城及参股企业华侨城地产，均取得良好的销售业绩”。如果只看财报，你根本感觉不到 2008 年对华侨城 A 所处的地产和旅游企业来说是风声鹤唳的一年。即使亲自前往公司调查，又能怎么样呢?

机构也被套牢

数据显示，2007 年第三季度，融通新蓝筹基金开始买入华侨城 A 1166 万股，成为公司第 7 大流通股东；此后该基金不断增持，2008 年第一季度，以持有 1994 万股成为第一大流通股东，2008 年第二季度，因继续买进及股票 10 送 10，该基金持股数达 4842 万股；2008 年第三季度，该基金再增持 161 万股，达到 5004 万股，牢牢占据第一大流通股东的位置。也使得华侨城 A 排列于融通新蓝筹基金 10 大重仓股之首。

很显然，融通新蓝筹基金的一系列增持举动，导致其被套的不轻——甚至比李女士被套的程度还惨。而融通新蓝筹基金经理是戴春平和刘模林——分别毕业于中国人民大学和华中理工学院的硕士研究生，且有 9～14 年的证券从业经历。

2008 年第三季度末，戴春平在谈到前 9 个月得失体会时，借用了这么一句话：“出来混，早晚是要还的。”实际上，2008 年 1 月 3 日和 8 月 13 日，融通新蓝筹基金曾两次到华侨城公司总部调研，他们注定听到的是公司描述的乐观经营状况，他们也许比李女士更早知道公司大比例送股的计划，于是，他们便不断地买进，买进……

高先生没有机会听公司宣讲大好的图景，他相信的是自己看到的实情。他胜出了。

【案例问题】

（1）根据案例分析，李女士股票亏损的原因是什么？

（2）根据案例分析，作为专业的机构投资者，融通新蓝筹基金为什么也会被套?

（3）根据案例分析，李女士、高先生和融通新蓝筹基金三个投资者投资同一只股票，为什么李女士和融通新蓝筹基金被套而高先生却能获利？

（4）根据案例分析，案例中三个投资者的投资思路有什么不同？

【案例分析】

（1）李女士股票亏损的原因首先在于自己不懂得投资方法和技巧，而轻易听信信息，没有对股票价值进行分析；其次，没有做好止损，在股票进入下跌趋势时没有及时地卖出，从而越套越深。

（2）虽然融通新蓝筹基金是专业的投资机构，但是其和普通散户一样，同样受到了消息面的欺骗，两次到华侨城总部调研都轻信了公司所描绘的大好图景，而没有像高先生一样进行实地考察和分析，因此其被套也在情理之中。

（3）首先高先生买卖股票的时机和其他两位投资者不同，高先生在2006年牛市开始不久买入，在2007年的牛市末期卖出，获利颇丰，而其他两位投资者李女士和融通新蓝筹基金分别在熊市初期和牛市末期买入，从而被套；其次高先生更注重自己看到的实际情况，而其他两位都是通过财务报告或者内幕信息进行投资，对实际情形的分析不够，从而导致股票被套。

（4）从案例内容来看，李女士不懂得专业的投资分析方法，选股主要依靠“内幕消息”；高先生主要通过自己的亲眼所见，依靠敏锐的投资嗅觉，来分析判断并作出决策；融通新蓝筹基金主要通过到公司实地调研，和公司管理层进行交流来作决策。

案例 7.1.3　东莞网络公司以炒股内幕消息为饵敛财千万

【案例知识点】证券投资中的信息运用

【案例类型】运用案例

【案例来源】中国新闻网

【案例时间】2010年9月

【案例内容】一家网络公司以“掌握内幕消息，可以指导股民炒股”为借口，不仅收取高额咨询费还卖炒股软件进行非法获利，被害人多达87人，涉案金额逾1000万元。

老股民掉入高额咨询费连环套

东莞力道网络技术有限公司是一家未获得中国证监会批准，也不具备经营证券业务资格的公司。这家公司在东莞招募了多名业务员，专门打电话推销“财富宝情报决策平台”系列炒股软件。力道公司以卖炒股软件为名，以传真方式与客户签订软件销售协议，并承诺每只股票操作一个月至一个半月至少可以赚60%～70%，甚至能有翻倍赢利的收益。

彭女士是来自湖南的老股民。经不住利益诱惑的她以1.5万元的咨询费在力道公司林老师的指导下买卖股票，当天购买的股票便涨停了。初尝甜头的彭女士在对方追加缴费的要求下又补交了1.36万元，之后将指导老师更换为一个自称是公司股东兼操盘总监的人——付明星操作，升级参加公司大资金操盘计划，为此彭女士又追加了保密费10万元。

但是后来，在公司指导老师的指导下，彭女士购买的5只股票都出现亏损，如果加上之前向力道公司所交的服务费、保密费14.36万元，彭女士一共亏损了30多万元。彭女士发觉自己上当受骗后，要求力道公司退款。但是公司老总随后便关掉手机，拒接电话。

明为销售软件实为股票咨询服务

金必达公司的老板丁某军与力道公司法定代表人丁某龙是亲兄弟。力道公司只是金必达公司一个代理销售炒股软件的公司，哥哥丁某龙每卖出一个软件，要上交70%的销售额给弟弟丁某军。

金必达公司的运营方式与一般的炒股软件推广没什么两样。"财富宝"先在九州财经网和多家电视台上推广，还请"专业老师"来评股、推荐股票。每当股民打电话咨询，其电话号码就被金必达公司记下，再转给他的代理公司跟进。

力道公司表面上是销售软件，实际上是向客户推荐股票买卖的咨询服务。"业务员"专门打电话推销"财富宝"，在推销中套出客户的预期投资额。假如客户预期投10万元，"业务员"就会向其介绍一款2000元的"财富宝"软件，承诺每月能有10%的投资款收益，接着，客户便按照"财富宝"信息炒股。"业务主管"收集客户未获预期收益的投诉，通过丁某龙转给金必达的业务部处理。

金必达公司业务部"老师"和力道公司员工无一人用真名。所谓的"老师"也都是轮着换名欺骗客户。就连丁某军也用假名"朱瑞"，只有少数骨干知道他的真名。遇到投诉，"经理"就会假装很生气告诉客户："之前的'老师'太离谱了，业务水平不行，已经被老板炒掉了，现在派更高级别的'老师'来跟客户。"接着，一名自称更高级别"老师"给客户打电话称："你是我们客户里亏得比较多的，公司不允许出现这种有损形象的颓势。现在我正在操作几百万元香港H股，收益很好。你跟在大队资金后头投几万元，让你立即收益。"

10个月非法敛财逾千万元

从金必达公司2008年8月成立到2009年6月涉案关闭，10个月间所得金额目前无法计算，但从力道公司账本上核算，这家代理公司所得金额达1157万余元，其中522万元非法所得汇入金必达公司账户。

【案例问题】

(1) 根据案例分析，力道公司以什么吸引投资者?

(2) 根据案例分析，力道公司通过什么途径获利?

(3) 根据案例分析，投资者能不能轻信别人提供的"内幕消息"? 为什么?

【案例分析】

(1) 力道公司以"掌握内幕消息，可以指导股民炒股"为借口吸引投资者。

(2) 力道公司不仅收取高额咨询费，还卖炒股软件进行获利。

(3) 投资者不能相信"内幕消息"，要靠自己分析判断，因为投资亏损是由投资者自行承担的。

案例7.1.4　突发消息来临时选股技巧

【案例知识点】证券投资中的信息运用

【案例类型】运用案例

【案例来源】中国新闻网

【案例时间】2010年9月

【案例内容】加息，提存款准备金率，面对这样的突发消息，该如何选股是摆在每个投资者面前的课题，消息能够影响趋势，但是不落实到选股上，投资者永远无法赚钱。

1. 大跌后突遇利好怎么办

在长期下跌且跌幅甚大的情况下，一旦有政策面利好公布而行情劲升，表明市场在消息面前已突然转强，基于按照顺势而为的原则，坚决择股满仓介入，选股的原则是：

（1）最早放量冲撞涨停板之股；

（2）封涨停板单量占流通量百分比大的股优先；

（3）前期跌幅甚大的超跌板块或个股；

（4）在大盘跌势后期成交量大，换手率高的个股。

一般来说，在利好消息来临时，原则上下述个股不能买入：

（1）全线涨停的情况下，未封杀涨停或下跌的个股绝对不能买；

（2）涨停时间越靠后的个股慎买；

（3）涨停板时封杀单量偏少的个股慎买；

（4）前期抗跌的庄股慎买。

2. 大涨后发布利好怎么办

当行情已经走强后突发利好消息，则选股就应适当谨慎，此时根据以下原则：

（1）可在突发好消息刚被人知道的第一时间买入成交量放大的强势股；

（2）如果利好消息突然在开盘前广为公布，则应以先挂高抛售为主；

（3）当开盘后应仔细观察：大盘高开多少点？个股能否大涨？涨停板的股票比例有多少？盘面成交量放大多少？以确认市场处于强势还是弱势。

（4）如果确认行情强势，且决意做短线的话，则应选择换手率高，并在大盘振荡下跌时抗跌的强势股。

【案例问题】

（1）根据案例分析，在长期下跌且跌幅甚大的情况下，一旦有政策面利好公布而行情劲升，投资者该如何应对？

（2）根据案例分析，在长期下跌且跌幅甚大的情况下，一旦有政策面利好公布而行情劲升，最早放量冲撞涨停板之股是否适合买入？

（3）根据案例分析，在长期下跌且跌幅甚大的情况下，一旦有政策面利好公布而行情劲升，全线涨停的情况下，未封杀涨停或下跌的个股能否购买？

（4）根据案例分析，当行情已经走强后突发利好消息，如果利好消息突然在开盘前广为公布，投资者应该如何应对？

【案例分析】

（1）在长期下跌且跌幅甚大的情况下，一旦有政策面利好公布而行情劲升，表明市场在消息面前已突然转强，基于按照顺势而为的原则，投资者应坚决择股满仓介入。

（2）在长期下跌且跌幅甚大的情况下，一旦有政策面利好公布而行情劲升，最早放量冲撞涨停板之股适合买入。

（3）根据案例分析，在长期下跌且跌幅甚大的情况下，一旦有政策面利好公布而行情劲升，全线涨停的情况下，未封杀涨停或下跌的个股绝对不能买。

（4）行情已经走强后突发利好消息，如果利好消息突然在开盘前广为公布，投资者应以先挂高抛售为主。

7.2　证券投资分析的主要方法和思路

案例 7.2.1　价值投资长期持有：3 年涨 10 倍

【案例知识点】证券投资的方法

【案例类型】运用案例

【案例来源】中金在线

【案例时间】2010 年 7 月

【案例内容】星期二的上午 10：00，股市正在酣战，而作为一个有着十几年股龄的贺楠却悠闲自在的不像一个股民。贺楠是个价值投资的长跑者，不关心一时一事的涨跌，却照样在 2007 年的牛市中获得了 10 倍于本金的超额利润。

道听途说吃尽亏

别看贺楠炒股如此得笃定，刚入市的时候却常常被股票折腾地心神不宁。让他印象最深的是当年买申华控股。那时是 1993 年，炒股还是个新鲜事，由于资金量小，几个同事就合资在上海广东路的万国证券黄浦路营业部开了一个证券账户。第一次买入的股票就是申华控股，25 元多买入 1000 股。至于为什么要买它，没有理由，就是其中一位同事的朋友说要涨，赶快买。不过，这一次贺楠们运气倒是不错，其间小涨小跌，波澜不兴，反正上班也没那闲工夫管。直到有一天，同事的朋友突然打电话来说："申华控股上 70 元了，赶快抛吧。"这一消息立即在办公室炸开了锅，可那时没有电话委托，更没有网上交易，买卖股票必须到营业部，而那天也凑巧，保管账户的那位同事不在办公室。于是，办公室的人立即出动去找那位同事，等人找来了，再骑着自行车赶到营业部，股价只有 50 多元了，等填单排队轮到，股价只剩 40 多元，不管三七二十一，获利了结。第一次合作投资总算在一场大惊小怪中赚得了 16000 多元。

然而，接下来的投资却没有那么幸运了。由于第一次的斩获，大家觉得同事的朋友很“灵验”，只要他说什么，贺楠们就跟着买进。可就在抛掉申华控股后的不久，熊市来临，股指由1000点跌至了400多点，可不读报、不研究、全凭小道消息的贺楠们却全然不觉，照样听从同事的朋友先后买入飞乐股份、飞乐音响等，却是涨少跌多，不仅亏掉了赢利，甚至还搭进了本金。直到后来1996年2月起行情转暖，贺楠们才慢慢地将亏损弥补。

后来，贺楠到证券公司营业部上班。在营业部，那消息更是满天飞，贺楠更是忙得不可开交。今天割这个，追那个，明天抛了再买。遇上行情好还能小赚一些，可遇上熊市，就是大亏。

师从巴菲特

贺楠这种无所适从的状况，直到有一天他接触了《沃伦·巴菲特传——一个美国资本家的成长》一书后才有所改变。

这本书介绍了“股神”巴菲特之所以成功，是因为他很早就发现了价值投资这个真理，然后坚持用一生来实践。巴菲特在过去的几十年里，坚持用合适的价格而非便宜的价格买大的、好的公司。巴菲特也曾经投了近百只股票，但如果把他最成功的十几个主要投资去掉之后就没有什么了。他最赚钱的还是可口可乐、伯克希尔、哈撒韦、吉利、华盛顿邮报、运通、富国银行等，一握就是几十年，就这六七家公司为他赚了近300亿美元。而在当年美国科技股兴盛的时候，巴菲特因此还被华尔街的一些基金经理人所嗤笑，不过，时至今日，当年嗤笑者大部分在网络泡沫破裂时灰飞烟灭了，而经过历史的洗礼，巴菲特才是真正“笑到最后的人”。

读完此书，贺楠这才恍然大悟，原来自己在股市中亏钱是由于错误的投资理念。贺楠再收集了相关资料，发现股市投资的成功例子，大多与价值投资息息相关。如10年前买入的沃尔玛，长期持有，现在涨了二三十倍；100年前买的可口可乐，到现在股价涨了200万倍。A股市场也是如此，如贵州茅台上市时以35元买入，耐心地持有到现在，复权的股价为近600元，短短6年内上涨了近20倍！这其中还经历了4年多大熊市的考验。事实上，运用价值投资选择的股票在熊市中也会有不俗表现。据统计，在2001年7月大盘自2200多点高位落下至2005年6月6日千点附近，沪深两市仍有152家公司的股票上涨，去掉一些重组股和刚上市的新股外，其间比例最多的就是符合价值投资理念的老牌绩优股，比如，国电南瑞、海油工程、中集集团、招商银行、民生银行、振华港机等。而这些股票在牛市也是表现出了非凡的上涨态势。由此，他得出一个结论：只有进行价值投资才能不论牛熊，成为长跑冠军！

建立自己的股票池

然而，价值投资的方法学起来简单，但做起来却很难。究竟什么股票才符合投资的标准？为寻找这一问题的答案，贺楠又找来几本有关巴菲特投资策略的书进行求教，并依此建立了三重选股标准：第一重，所处行业处于景气周期；第二重，为行业的龙头企业；第三重，目前价格有吸引力。根据此三重标准，贺楠最终选出了银行业的招商银行、浦发银

行、民生银行，机械工程行业的三一重工、中联重科、振华港机，证券行业的中信证券，流通行业的苏宁电器、百联股份，有色金属行业的山东黄金、中金黄金，钢铁行业的宝钢股份、太钢不锈，石化行业的中国石化，房地产行业的万科 A、金地集团、中华企业，医药行业的同仁堂、三九医药等近 50 只股组成了一个股票池。

2004 年 10 月，股市仍处于长熊之中，上证指数为 1300 多点，仍有下跌的动力，但贺楠觉得再熊的股市总有一天会牛起来的，而一旦行情好转，这些行业的龙头股无疑是“领军人物”。于是，他决定将手中的股票换仓，重新排列组合，根据自己资金量较小的特点，从自己的股票池中重点选择了 8 元以下的股票，他的观点为，同样是龙头企业，便宜的更安全。

当时，他把手中一些长套股全割了，总计 12 万元多一点，亏了 4 万元左右。他用这笔钱分别以 6 元、6 元和 5.5 元的价格买入民生银行、宝钢股份、万科 A 各 5000 股，剩下以 7 元的价格全部买入中信证券 4200 股。

然后，贺楠也学着巴菲特，远离行情机，回家悠哉游哉，管它大涨还是小跌，也任人说三道四，反正过个 10 年 20 年的再来收获。

“如今，虽然还远没到我的收获时，但长期价值投资却让我获益匪浅。现在我的账户市值已接近 120 万元，3 年资产涨了 10 倍。”贺楠对自己如今的投资战果还是相当满意。“我想把这些优质股继续捂下去，相信 10 年后会有更丰厚的收成。”对于未来，贺楠仍将把巴菲特的止损不止赢的策略进行到底。

【案例问题】

（1）根据案例分析，贺楠刚开始投资股票时不能取得成功的原因是什么？

（2）根据案例分析，作为价值投资者，贺楠选股的标准是什么？

（3）根据案例分析，价值投资者的投资理念是什么？

【案例分析】

（1）贺楠刚开始投资股票时不能取得成功的原因是没有建立自己的投资模式，操作过于频繁，没有对买卖股票作任何的投资分析，完全靠别人的推荐或依靠道听途说的消息来选股。

（2）其选股标准有三个：①公司所处行业处于景气周期；②公司为行业的龙头企业；③股票目前价格有吸引力。

（3）价值投资的理念是找出价值低估的股票进行长期持有，等其价格远超过其价值时再获利抛出。

案例 7.2.2 沙里淘金重组派：寻找 ST 中的金子

【案例知识点】证券投资的思路

【案例类型】运用案例

【案例来源】理财周刊网

【案例时间】2010年7月

【案例内容】许多人说他做股票像是赌博，他说他才是最可靠的价值投资；许多人听到他买的股票名称会吓得抖三抖，他却认为他的股票是最有保障的；许多人看都不会看一眼的股票，他却当成宝似的放入股票池……

他叫杨东，他的股票都要戴帽子，而且至少是一顶，ST、*ST或SST、S*ST，再以前还有PT。然而，就是这些“戴帽一族”，被以价值投资为理念的机构投资者所摒弃的ST，却成为他成功投资的主流品种。

ST股：“凤凰涅槃”

山穷水尽疑无路，柳暗花明又一村。这种峰回路转的感觉是杨东喜欢ST股的理由。ST股并非一些人想象的那样，除了退市别无出路。非但如此，ST板块还是个“金矿”。与大多数股民不一样，杨东对ST有着天生的好感，这与他的经历不无关系。

杨东1998年刚入市的那会儿，ST股刚刚诞生不久。1998年4月22日，沪深证券交易所宣布，将对财务状况或其他状况出现异常的上市公司的股票交易进行特别处理，简称为ST股，涨跌幅为5%。从此之后，ST股正式登上历史舞台。然而，这个被“戴了镣铐”的新生事物却成了股市中的最活跃群体。要么跌停，要么涨停，有着还要连续来上几个，走得心惊肉跳，却又爽爽气气。再后来，一个个ST股通过重组实现了“凤凰涅槃”，股价也随之一飞冲天，让许多股民目瞪口呆，懊恼不已。

正是在这种情况下，杨东买进了ST海虹，价格为7元多，结果却很快遇上了6个涨停，让杨东欣喜不已；从未赚钱这么爽气过！谁知高兴了没多久，盘整了一段时日的ST海虹突然又连来了3个半跌停，初入股市的杨东在8.6元惊魂出逃，眼看到手的利润迅速缩水3/4。起先，杨东还为胜利出逃而庆幸，可接下来的1年多里，他的心情一天比一天难受，因为ST海虹每隔一段时间就要连续拉出几个涨停，最后一次竟然一口气来了20多个涨停，股价竟然直冲83元，10倍于自己的抛出价！原来，ST海虹的主业由原先化纤工业重组转型为网络游戏，基本面发生了翻天覆地的变化。

由第一次与ST大牛股的失之交臂，杨东对ST不由得多加了一份关心。他发现，重组是个岁岁年年月月老生常谈的永恒主题，而ST板块则是重组股的集中营，ST板块中的海虹第二还真不少。于是，杨东抱定了扎身ST堆里去寻找“黄金”。

买ST跟着政府走

然而，投资ST股也并非简单的事，毕竟，ST股是“戴帽一族”，其本身就是高风险投资品种的标识。投资ST股的投资者命运是“要么进天堂，要么进地狱”。在鱼龙混杂的ST股中，杨东难免马失前蹄，PT南洋就是典型例子，退居三板，至今未能翻身。几次摸爬滚打之后，杨东切身地体会到投资ST股的高风险，ST股不是个个都会“乌鸡变凤凰”，也并非越“穷”越有机会。

“在几次失手之后，我开始学着看ST股的报表。当然，不是看那些密密麻麻的数据，说白了，就是看了也看不明白。而是重点看上市公司对未来发展的前瞻及重大事项等。”

杨东透露，2004年10月，他在*ST吉纸当年三季度报告中的“重大事项及其影响和解决方案的分析说明”一栏中看到：“公司控股股东吉林市国有资产经营有限责任公司与国有股托管方中竹纸业有限公司决定终止双方签订的《国有股股权托管协议》、解除国有股股权托管关系。与中竹纸业有限公司解除国有股托管关系后，公司控股股东在省、市政府的大力支持下，积极走重组道路。”看到这，杨东如获至宝，成长在红旗下的他深谙“听党的话，跟党走”绝对没错。于是，他斗胆以1.25元买进了3万股。

然而，股市千变万化，没有一定的事，控盘的机构或庄家是非常狡猾的。在接下来的3个月，*ST吉纸非但没有涨，而是一路下跌至0.76元，杨东的本金一下亏损了有40%。不过，有了*ST海虹的前车之鉴，杨东坚信政府的力量是强大的，也坚信困难是暂时的，终有一天会守得云开雾散。

后来的事实证明，杨东坚守*ST吉纸是无比正确的，如今*ST吉纸早已变身为开发房地产的苏宁环球，股价最高冲至50多元。

除了*ST吉纸，杨东另一值得称道的是ST仪表（今银星能源）。*ST仪表2005年与宁夏发电集团进行了重组，宁夏发电集团多次在公开场合表示，要在“十一五”期间实现整体上市。而该集团在“十一五”期间将重点打造风电、火电、煤炭业和机械制造业并重的公司，有望实现销售收入超100亿元。如此庞大的集团如若装进*ST仪表，结果可想而知。

2006年4月，杨东正式出击*ST仪表，以2.6元买了3万股。这次杨东借了牛市东风，运气明显比上次好，没多久就噌噌冒到3.75元，然后停牌2个多月进行股改，股改兑价为10送3.9股。谁知，复牌后的*ST仪表不管大盘是如何的牛气冲天，却是一路下滑至2.57元，算起来，杨东的利润只剩3.9股的股改兑价了。这时，看着别的股疯涨，杨东心里还是有些焦急，几次想换股了结，但一想起宁夏发电集团的“公开宣言”，他说服自己忍住了。也正是由于杨东的一忍再忍，他才真实地享受了一次连续21个涨停板。

做个ST组合

“5.30”之后，蓝筹当道，许多投资者放弃了原先的持股，转投蓝筹股，而杨东却仍是“弱水三千，我只取一瓢”。

“ST中仍有相当股票具有较高投资价值。这些股票基本面出现了积极改观，或者寻求方向以改观基本面。如今的杨东，说起ST，俨然一个专家。“我认为，在未来二三年内，ST的‘乌鸡变凤凰’的故事会更多。你只要想一想，全流通后，大股东与小股东‘坐在了一条板凳上’，利益趋于一致。以前重组多数是为了炒高股票，相信现在的大股东也会绞尽脑汁想如何把股价炒高，因此，重组、资产注入等是大股东未来的必然选择，这就是ST股的潜在价值所在。”

杨东认为，从目前来看，两类S股与ST股个股仍将是市场热点，一是股改过程中有注资预期或重组的个股，尤其是有央企背景的公司更值得关注；二是基本面有望积极改善的个股，包括自身资产质量的改善，也包括重组预期。

在如此众多的预期和不确定性交织的ST板块，杨东当前的策略是做一个ST的投资组合。在这个组合里，有6只ST股，分别是*STTCL、SST秋林、ST中房、*ST汇通、ST平能、*ST春兰。

“不能保证每一只ST的投资都非常成功，但至少6只ST应该有3只2007年年底之前可以‘中大奖’。长期持有一年以上，收益应当不小。”对于ST股，杨东表示了足够的耐心与信心。

【案例问题】

（1）根据案例分析，ST股的投资价值主要体现在哪里？

（2）根据案例分析，投资ST股的风险如何？

（3）根据案例分析，杨东投资ST股获取成功的关键是什么？

【案例分析】

（1）首先并不是所有的ST股都具有很大的投资价值，ST股的投资价值主要体现在一旦ST股出现重组、资金注入或基本面有所改观后其价格会有大幅度的提升。

（2）投资ST股也有巨大的风险，一旦判断失误，股价往往会出现连续的跌停情况，股票价值会大幅缩水，带来资产的损失。

（3）其成功的关键主要在于首先是他对上市公司进行了详细研究，搞清了上市公司对发展前景所作的决策或估计；其次是其购买以后能够耐心的持有；最后是他具备正确的投资理念。虽然其投资看似投机，但是他所坚持的理念本质上看依然是价值投资理念。

案例7.2.3　峨眉山的致命诱惑

【案例知识点】证券投资的思路

【案例类型】运用案例

【案例来源】搜狐财经

【案例时间】2010年7月

【案例内容】作为世界自然与文化双重遗产、国家4A级景区、中国四大佛教圣地之一，和其他著名的旅游景点一样，峨眉山拥有着得天独厚和近乎垄断的资源优势。1997年，以门票、索道和酒店业务为核心的峨眉山旅游股份有限公司挂牌成立，并于当年在深圳证券交易所实现新股发行，股票代码000888，发行价格6.76元/股，以1994—1996年3年平均EPS计算为15倍PE。

理想的现金牛

从基本面来看，峨眉山的诱惑难以抵挡：巨大的垄断和品牌优势、预期门票价格的刚性上涨、随着经济发展旅游人数的稳步增加。在公司招股书中，管理层也对公司的发展目标作出了恢弘展望：到“九五”末，公司年接待游人总数210万人次，营业收入突破1.65亿元，利润突破1亿元。对公司投资价值的衡量来说，与憧憬中源源不断的利润同样重要的是，作为一家旅游资源型公司，峨眉山的利润增长并不需要企业增加太多的投

资，这是一个理想中的超级现金牛公司，它几乎拥有了股神巴菲特希望投资企业所拥有的全部特质。

从1997—2007年，应该说投资者的所有基础假设都变成了现实。峨眉山的年接待人数虽然远没有达到管理层预期的水平，但仍然保持着稳步增长的势头，2007年游客人数达到192万人，相比1997年的约60万人提高了2倍多。门票价格也在2001年11月，从1997年的50元调整到80元，并在2003年9月再次调整为120元。2007年门票和索道收入达到了2.94亿元。在这个销售收入水平下，如果假设2007年各项费用和收入之间的比例关系与1997年相同，企业的净利润也应该在1.6亿元左右，对应EPS1.36元。这是理论上峨眉山不需要进行任何经营上的努力就应该达到的结果。一切看似都很完美，但现实却异常残酷。

损益恶化，10年前利润成绝唱

就像《大话西游》中的紫霞仙子，投资者猜到了开始，却想不到结局。虽然公司2007年的销售收入已经达到近4.58亿元，是1997年0.85亿元的5.4倍，年均复合增长率18%，但净利润却只有0.46亿元，为1997年0.51亿元的91%，而这已经是1998—2007年的最高值，10年中峨眉山净利润的绝对额再也没有超过上市首年的水平，招股书中管理层预计1个亿的净利润更是成为天方夜谭。因为现实中的收入虽然在增长，但费用增长更快。10年来主营业务成本的复合增长率为30%，管理费和营业费用的合计复合增长率为26%，而财务费用更是从无到有，到2007年已经需要消耗销售收入的5%才能填补。从1997—2007年，每1元销售收入中能创造的营业利润从0.66元骤降至0.12元，在无声无息中42%的收入化为乌有，损益表恶化的程度让所有人跌破眼镜。

致命的投资

损益恶化固然让人郁闷，但还不足以致命。守着峨眉山这块风水宝地，即便是利润率大幅下降，公司每年仍然能够创造4000多万元的净利润，相当于0.20元左右的EPS。虽然并没有想象的那么幸福，现实似乎也并不那么让人难以接受。但事实上，损益恶化这个表象背后还隐藏着更为致命的问题——峨眉山上市以来在低回报的酒店业务上巨额和持续的资金投入，这是损益恶化的直接原因之一，更重要的是，它是长期以来公司价值毁损的主要根源。

1997年的新股发行为公司带来2.59亿元的资金，也同时启动了公司的投资引擎。按照招股书披露，公司计划总投资约3.14亿元，其中约48%将被用于旅游业务以修建索道，26%约8000万元将被用于酒店的改造、改建和修建上，16%用于滑道、民俗文化村等娱乐项目上，还有9%用于修建一条公路。2004年公司又以8.53元/股向社会公众股股东配售1200万股，融资9700万元。按照配股说明书，上述资金将全部用于旅游业务。当然，所有这些都是计划，执行中的结果则大相径庭。

从1997年上市到现在，公司的投资远远不止股市上募集的3.56亿元的规模。公司11年中累计进行的资本支出在11亿元左右，平均每年投资1个亿。这11个亿的绝大部分都投入到了固定资产中。从对公司历年在建工程明细的汇总分析中可以了解到约9.2亿元资金的去向，与招股及配股书所计划的不同，这些资金中的70%被投入到了酒店业务，其中红珠山五号楼改造一项工程就耗资约1.57亿元，相当于11年中公司在旅游业务上的所有投资之和。实际投入旅游业务的资金约为17%，仅在1.6亿元左右。

公司对酒店业巨大的改造和改建的资本支出也在每年形成了一个巨额的折旧和摊销费用。公司1996年的总折旧额为577万元，当年的客房收入为908万元。到了2007年公司的客房收入已经达到了7492万元，但折旧也同时上升到了7376万元。这也使得收入的增长变得毫无意义，加之其他费用不断攀升，延续上市前的辉煌已经变成了痴人说梦，一般酒店业务的合理回报都变得遥不可及，公司酒店业务一直在为盈亏平衡而苦苦挣扎。一方面是巨额的投入，另一方面是不断的亏损，公司的酒店业务就像一个巨大的黑洞不断吞噬着股东的现金。

分析员忽视了什么

在众多对峨眉山投资价值的分析中，研究员关注的重点都放在了公司损益的变化上。但对投资来说，损益固然重要，而回报才是根本。公司持续不断地将大量资金投入到低回报的酒店业务上所导致的结果只能是企业价值的毁损，而这种低效率的巨额资本支出及其可能导致的致命结果并没有受到足够的重视。这种忽视将产生两个严重结果，首先，收益总是被错误的高估。就像这10多年中发生的情况一样，收入增加的很大部分都被由资本支出所产生折旧抵消了，而对资本支出的忽视当然就会低估未来的折旧费用。其次，如果你并不是在等待有个傻瓜能以一个离谱的价格来接手你的股票，那么一个企业的投资价值就只可能在于它能在未来为股东创造的财富，更确切地说就是现金。分析员只看到了旅游业务的巨大价值，但却忽视了酒店业务对上述价值的蚕食，只看到了公司能够创造多少收益，却忽视了这些收益正在被不断地挥霍。这就像小学时代那道经典的数学题，在一个池子中有两个水龙头，一个往里注水，一个往外放水，股东最终可能什么也得不到。在《巴菲特致股东的信》中有这样一段话或许是上述状况的最好诠释，“将价格的问题放在一边，最值得拥有的公司是那种在一段很长的时期内能以非常高的回报率利用大笔不断增值的资产，最不值得拥有的公司是那种必须或者将要反其道而行之的公司——那就是一贯以非常低的回报使用不断膨胀的资产”。

【案例问题】

（1）根据案例分析，从基本面来看峨眉山的投资价值如何？

（2）根据案例分析，造成峨眉山旅游股份有限公司损益恶化的主要原因是什么？

（3）根据案例分析，分析员在对峨眉山的投资价值分析中忽视了什么问题？

【案例分析】

（1）从基本面分析来看，峨眉山具有很大的投资价值，首先其拥有巨大的垄断和品牌优势，其次预期门票价格刚性上涨，此外随着经济发展旅游人数会稳步增加。

（2）主要原因是峨眉山上市以来在低回报的酒店业务上巨额和持续的资金投入，这

些投入没有带来相应的投资回报。

(3) 分析员只看到了旅游业务的巨大价值，但却忽视了酒店业务对旅游业务价值的蚕食，只看到了公司能够创造多少收益，却忽视了这些收益正在被不断地挥霍。

案例 7.2.4 两位投资者的 2008

【案例知识点】证券投资的思路

【案例类型】运用案例

【案例来源】第一理财网

【案例时间】2010 年 7 月

【案例内容】2008 年，深圳的投资者林晓琴做了三件事：清盘她所管理的小型私募基金，把自己大部分的资金放进银行，去美国参加了巴菲特的股东大会。同在深圳的李奇几乎每个交易日都做同样的一件事情：坚持看盘。

这一年快要结束时，林晓琴放在银行的钱快到期了，她开始为明年规划；李奇却没什么心情想这个——他的钱快没了。

这即使不是 A 股最惨淡的一个春秋，也必定是近 20 年来套牢了中小投资者人数最为众多的 1 年。从 2007 年 10 月开始，上证指数经历了整整 1 年的单边下跌。覆巢之下无完卵。6100 点变成 1600 点，个人投资者、公募基金、民间私募高手一同湮灭。林晓琴是幸运的，她的投资阅历以及小心谨慎让自己成功避险；而李奇的情况则并非个案，年轻、自我膨胀，以及对财富的过度渴望将他引向了陷阱。

一家标志性的公司是牛市的中坚，也可能是熊市的肇端，如中国平安。林晓琴自称并没有很深的财务功底，也不懂技术分析，只是凭借 10 多年的阅历，她隐约觉察到了这一点。

2007 年 11 月，上证指数进入 5000 点区间，林晓琴一度买入过急跌后的中国平安。这是她跟踪 1 年以上的股票，甚至在其 A 股上市之前，林晓琴就紧盯着中国平安的 H 股。2007 年，这是一只带给她丰厚回报的股票。145 元的最高位的确太贵，但是接近 100 元，应该差不多了。这个时候，华尔街那场海啸的名字还是“次贷危机”，甚至于国内哪些金融机构持有这种产品也鲜为人知，更不用去想象中国平安投资的富通会亏得血本无归。

于是在这 1 年的年底，券商们还在津津乐道 2008 年的十大金股。林晓琴和朋友去了一趟某券商在海南三亚开的策略报告会，“他们还是很乐观，”林晓琴回忆说，“不过券商是卖方，他们总是看多的。”一家券商甚至预测 2008 年如果“非理性繁荣”，指数会到 1 万点以上。中国平安的股价却不管他们怎么说，继续向下跌破了百元。这个时候林晓琴急了，她及时止损，卖出了几乎所有的仓位。紧接着，中国平安开始了崩溃式的下跌过程。

“当时觉得没办法把握方向，还是少做好。如果一直这么跌下去，怎么做都是亏的。”林晓琴说。她与朋友商议之后，把合作管理的私募基金清盘，本金返还给客户之后还有不错的回报。至于自己的钱，她买成了银行的理财产品，投资央行票据，年化收益大约 4 ~

5个百分点。“其实拿客户的钱去做，一般都不会冒太大的风险。但是自己的这点钱，因为并不多，所以总会去搏一下。每个机会都怕错过，一去搏就要冒风险，亏损的概率更大。不如锁定起来，就不会去动它了。”

“还是要搏的。”李奇在与记者交流时说，只是语气已经没那么坚定。他是武汉大学金融学硕士，在证券公司做了几年投行业务。2007年他曾经赌对了两只资产注入题材的ST股，这两笔投资套现出局时获利5倍多。不过他可能并没赚那么多，因为还有3只ST股的“重组题材”一直没戏，他的钱也就一直关着。拖到2010年，他已经不抱希望了。“十个里面赌对两三个就赚了。”李奇如此概括他的投资方法，一边自嘲地说，习惯了以小搏大，很难改。林晓琴想办法约束自己，而李奇的哲学则刚好相反。

人是容易自大和自我膨胀的动物，在股市里尤其如此。连续做对之后，对自己和对市场的判断都会起变化。李奇对蓝筹从来不感兴趣，那种股票世人皆知，只有为了做市值的公募基金和没有专业功底、热情却很高的小散户才会去买；他相信自己的能力，那堆垃圾股里面的并购重组题材、借壳上市才是真正的金矿，投资这样的股票才让他的能力有用武之地。繁忙的日常工作，加上平时研究各种“题材”股牵扯了李奇不少的精力。而林晓琴的时间很宽裕，她的职业就是炒股，现在钱放到了银行，有大把的时间。5月她与深圳一家私募机构的友人赴美参加了巴菲特的股东大会。对于她而言，这趟来美国一方面是听听巴菲特说什么，另一方面也是开阔眼界，“做投资的人，应该多出去走走，这样心态会大不一样。”

巴菲特旗下伯克希尔公司的会址远远比不上繁华的华尔街。林晓琴与友人住在一间印度人开的旅店，由于地方偏远，私家车普及的美国公交又不发达，只能租车。

说起那天的情景，林晓琴仍然很有兴致。巴菲特给人的第一印象是幽默风趣和精力充沛；而当他接连不断地回答了林林总总的各类问题之后，这位老人做事的认真态度和对事物的认知能力同样折服了有15年证券投资经历的林晓琴。“他很有看问题的天赋。联想到这么多年伯克希尔公司投资的企业，巴菲特对公司的分析能力是我没办法比的。”她对记者说，“而且巴菲特管理着成本那么低的资金，他可以很从容地去投资。国内投资者没有这个条件。”

李奇没去美国听那位老人说些什么，但是他很快也会认识到自己与投资大师的差距。熊市会创造低成本并购的机会，也会孕育大量的重组案例，但这是在熊市后期和牛市早期，而不会出现在刚开始断裂性下跌的那个阶段。产业资本自顾不暇的时候，没人会愿意为了一个上市的壳资源支付高昂的代价。“我可能有点太固执了。”李奇开始自我检讨。他10元之上高价买入的垃圾股，有的只剩下2元多。

“明年重新开始吧。”他喃喃地说。

【案例问题】

（1）根据案例分析，2008年投资者林晓琴做了什么事？

（2）根据案例分析，2008年投资者李奇做了什么事？

（3）根据案例分析，在熊市中两位投资者的投资风格有什么不同？

（4）根据案例分析，在2008年开始的熊市中李奇被深套，其原因何在？

（5）根据案例分析，林晓琴及时止损从而避免了亏损或深套，其作出决策的依据是什么？

【案例分析】

（1）2008年深圳的投资者林晓琴做了三件事：清盘她所管理的小型私募基金，把自己大部分的资金放进银行，去美国参加了巴菲特的股东大会。

（2）2008年李奇几乎每个交易日都做同样的一件事情：坚持看盘。

（3）林晓琴的投资比较稳健，而李奇则比较激进，喜欢追求高风险高收益。

（4）对市场的判断出现失误，又过分的相信自己的能力，没有及时地止损，从而越套越深。

（5）她作出决策的依据是其丰富的阅历，而不是专业知识。

8 宏观经济分析

8.1 宏观经济形势分析

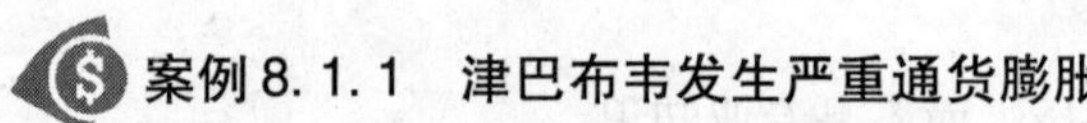

案例 8.1.1 津巴布韦发生严重通货膨胀

【案例知识点】通货膨胀对经济的影响

【案例类型】基础案例

【案例来源】搜狐新闻

【案例时间】2006 年 5 月

【案例内容】巴伦斯—希卡姆巴真正是“鞋儿破、帽儿破、身上的衣服破”，他那千疮百孔的裤子也只能用一根绳子拴着权当裤带使。可他也是个货真价实的“百万富翁”。

一无所有的百万富翁

“百万富翁”希卡姆巴的职业是津巴布韦的一名出租车司机。他成天开着他那破瘪的汽车在首都哈拉雷兜揽生意。希卡姆巴每揽到一个生意，起步收费总在 100 万津元以上。或许你会觉得那是一个天文数字，但是事实上津巴布韦官方通货膨胀率为 1000%，这打破了非战争状态国家通货膨胀率历史纪录，市场通货膨胀率则更高。津巴布韦现在无疑是全球百万富翁最多的国家，但它同时也是全球最穷的国家之一。

一顿餐费钞票堆成山

希卡姆巴本人对这样奇怪的逻辑现实感到既无奈又好笑，但是对于成百上千万和他一样的津巴布韦人民来说，恶性通货膨胀绝不仅仅是笑谈。上周，津巴布韦低收入家庭平均最低生活消费已经飞升到 4100 万津元/月。然而在这个国家，目前有超过 60% 的劳动力失业，其他部分劳动力每月则只能挣到 400 万津元。

津巴布韦最小面额的纸币是 500 津元，而现在一卷厕纸的价格已经达到 15 万津元，最大面额则为 5 万津元。然而，如果在津巴布韦乘坐出租汽车，即使全用 5 万津元面额的纸币付费，数钞票付给司机所要花费的时间也差不多与路途全程所用时间相当。

然而比起到餐馆吃饭来说，这还算不了什么。当用完餐准备结账时，一沓沓的钞票堆在餐桌中央，给用餐者的感觉就像是坐在拉斯维加斯的赌桌旁一样。一名印度商人介绍说：“每次用完餐，你还得再等半小时结账。前些天我到当地税务部门交税，上缴 4100 万津元税款，他们清点了一个多小时。”

什么都暴涨

物价飞涨逼迫人们更努力地赚钱。哈拉雷的大街小巷每天清晨5点就已经挤满了外出找工作的人们。“很多人都坐不起公交车了，所以人人都步行。”鲁诺·茨基卡说。比起同胞们，他还算幸运，因为他出租的一室户租金已经飙升到200万津元/月。

就医费用同样在飞涨。公立医院的普通门诊费上个月涨了3倍，从一个月前的30万津元暴涨到100万津元。私立医院也涨了两倍。上周，将为一对准父母接生的诊所向他们要求，提前付清生产费，他们不得不提满满一皮箱钞票来生孩子。

生不起孩子，连“死”都变得昂贵起来——因为丧葬费太贵了，穷人们只好半夜偷偷摸摸把死去的亲友葬在田里。

随着钞票一天比一天更不值钱，原始的物物交换又重新为人们青睐。农场工人更愿意雇主用实物作酬劳，因为更保值，也更容易携带。城市中物物交换也大行其道，从食品到CD，品种多样。

家长抗议学费涨到1亿津元

20世纪80年代，不到1津元就能换1美元，津巴布韦也曾是非洲最富裕的国家。但现任总统穆加贝的土地抢夺政策为津巴布韦的经济混乱种下祸根。这导致了出口骤减，外资撤出。穆加贝政府则试图用外国贷款和印刷出更多的钞票来掩盖问题。他的补救措施很简单——为保证军人、警察和公务员的收入，印更多钞票。

津巴布韦自2001年起就深为经济大幅衰退和通膨率飙高所苦，最近数月情况更见恶化，津巴布韦的老百姓们似乎正在走向爆发的边缘。尽管国家安全机构的特工们无处不在，他们还是公开发泄不满，在他们的口中，没有对现任政府的一句好话。

前不久，100多名抗议学费飙升的学生母亲们在布拉瓦约遭到逮捕；在哈拉雷，也有约50名学生因此被拘留。

津巴布韦的学校将在9日重新开课，但鉴于每学期高达2000万~1亿津元的巨额学费，估计旷课人数也会达到新高。

“这场危机已经影响到了社会方方面面，”哈拉雷市民联合会的巴纳布斯·曼弋德拉说，“我们正在一颗定时炸弹上。当人们一无所有的时候，炸弹就要爆炸了，他们也不会再在乎什么镇压。”

【案例问题】

（1）根据案例分析，津巴布韦发生的通货膨胀从程度上属于温和的、严重的，还是恶性的通货膨胀？

（2）通货膨胀对津巴布韦的经济产生了什么影响？

（3）根据案例分析，津巴布韦通货膨胀的根源在哪里？

（4）根据案例分析，你认为津巴布韦应该采取什么措施以控制当前高通货膨胀、低增长的局面？

【案例分析】

(1) 津巴布韦通货膨胀率为1000%，在3位数以上，属于恶性的通货膨胀。

(2) 通货膨胀对津巴布韦经济的影响有：①导致人民普遍贫困，该国已经由20世纪80年代的非洲最富裕国家，变成如今全球最穷的国家之一。②浪费大量纸张和时间，因为不断印刷面额更大的钞票需要更多的纸张，而请点大量的钞票需要漫长的时间。③物价暴涨，如就医、丧葬、公交、学费都在暴涨，导致人们不愿持有现金和采用物物交换。④大规模失业。津巴布韦失业率在60%以上。⑤政治动荡。

(3) 现任总统穆加贝的土地抢夺政策为津巴布韦的经济混乱种下祸根。这导致了出口骤减，外资撤出。穆加贝政府为保证军人、警察和公务员的收入，采取印更多钞票来补救，过多印刷钞票导致了津巴布韦的通货膨胀。

(4) 津巴布韦可以考虑制订短期经济恢复应急计划，以稳定经济，同时废除当地货币、引入外币控制物价上涨。

案例8.1.2 经济“软着陆”

【案例知识点】宏观经济运行分析

【案例类型】基础案例

【案例来源】中国百科网

【案例时间】2007年1月

【案例内容】“软着陆”是指国民经济的运行经过一段过度扩张之后，平稳地回落到适度增长区间。国民经济的运行是一个动态的过程，各年度间经济增长率的运动轨迹不是一条直线，而是围绕潜在增长能力上下波动，形成扩张与回落相交替的一条曲线。国民经济的扩张，在部门之间、地区之间、企业之间具有连锁扩散效应，在投资与生产之间具有累积放大效应。当国民经济的运行经过一段过度扩张之后，超出了其潜在增长能力，打破了正常的均衡，于是经济增长率将回落。“软着陆”即是一种回落方式。

“软着陆”是相对于“硬着陆”即“大起大落”方式而言的。“大起大落”由过度的“大起”而造成。国民经济的过度扩张，导致极大地超越了其潜在增长能力，严重地破坏了经济生活中的各种均衡关系，于是用“急刹车”的办法进行“全面紧缩”，最终导致经济增长率的大幅度降落。

“软着陆”的基本指标：

经济增长率>7%；

失业率≤4.5%，但在中国现阶段不是很现实，在4.5%~6%是可以接受的；

通胀率≤4.5%，在中国现阶段，小于3%的理论指标是不现实的；

“软着陆”和“硬着陆”的指标主要看货币供应量的增长和信贷扩张。

一般来说，当经济增长速度过快，出现了严重的通货膨胀时，一国就要利用紧缩性政策来压制通胀，但是这时候社会总需求会下降从而经济速度增长变缓或者出现负增长，这就可以形象地称为经济“着陆”。

但是，如果一国实行的政策过紧，出现大幅度通胀后，紧接着会出现大规模的通货紧缩，导致失业增加，经济速度下滑过快，这可以叫做经济“硬着陆”。

如果一国较好地实行了紧缩政策，使得过快增长的经济速度平稳的下降到一个合适的比例，而没有出现大规模的通缩和失业，就可以叫做经济“软着陆”。

就中国来说，目前中国的经济增长是绝对不能出现负增长的，所以经济学界通常把中国经济增长率低于7%叫做经济“硬着陆”，而如果通过一系列政策使得中国经济增长率平稳的降到8%～9%，并且使得经济结构更加合理，实现充分就业，并使得通胀率降到合适的区间，那么中国就可以称为“软着陆”成功。例如，1993年、1994年中国通胀率过高，政府运筹帷幄，使得中国通胀率下降，并且仍然保持8%～9%的高速增长（虽然后来经历了一段时间的通缩，可以说比较成功地实现了“软着陆”，成就了另一个中国经济奇迹。

实质上，“硬着陆”指的是采用强力的财政货币政策一次性在较短的时间内通过牺牲较多的国民收入将通胀率降到正常水平，优点是重拳出击立竿见影，往往公众尚未来得及足够的预期就已经达到了政策目的，缺点是经济震动较大。“软着陆”指在相对长的时期内采用连续的政策组合比较平稳地将通胀率降下来，优点是收入相对牺牲较少，缺点是时间较长，且受公众预期影响变数较大，不一定能达到合适的效果。

【案例问题】

（1）根据案例分析，经济“着陆”的含义是什么？

（2）根据案例分析，经济“硬着陆”的含义是什么？

（3）根据案例分析，经济“软着陆”的含义是什么？

（4）根据案例分析，按照中国的国情，经济“硬着陆”和“软着陆”可以如何定义？

（5）根据案例分析，经济“硬着陆”和“软着陆”的优缺点分别有哪些？

【案例分析】

（1）一般来说，当经济增长速度过快，出现了严重的通货膨胀时，一国就要利用紧缩性政策来压制通胀，但是这时候社会总需求会下降从而经济速度增长变缓或者出现负增长，这就可以形象地称为经济“着陆”。

（2）如果一国实行的政策过紧，出现大幅度通胀后，紧接着会出现大规模的通货紧缩，导致失业增加，经济速度下滑过快，这可以叫做经济“硬着陆”。

（3）如果一国较好的实行了紧缩政策，使得过快增长的经济速度平稳的下降到一个合适的比例，而没有出现大规模的通缩和失业，就可以叫做经济“软着陆”。

（4）经济学界通常把中国经济增长率低于7%叫做经济“硬着陆”，而如果通过一系列政策使得中国经济增长率平稳的降到8%～9%，并且使得经济结构更加合理，实现充分就业，并使得通胀率降到合适的区间，那么中国就可以称为“软着陆”成功。

(5)“硬着陆”优点是重拳出击立竿见影，往往公众尚未来得及足够的预期就已经达到了政策目的，缺点是经济震动较大。“软着陆”优点是收入相对牺牲较少，缺点是时间较长，且受公众预期影响变数较大，不一定能达到合适的效果。

案例 8.1.3　东南亚金融危机

【案例知识点】宏观经济运行分析

【案例类型】运用案例

【案例来源】期货日报

【案例时间】2008 年 7 月

【案例内容】

亚洲金融风暴

1997 年 7 月 2 日，亚洲金融风暴席卷泰国，泰铢贬值。不久，这场风暴扫过了马来西亚、新加坡、日本和韩国等地。打破了亚洲经济急速发展的景象。亚洲一些大国的经济开始萧条，一些国家的政局也开始混乱。

爆发的原因

亚洲金融风暴爆发的原因包括直接触发因素、内在基础因素和世界经济因素。

1. 直接触发因素

(1) 国际金融市场上游资的冲击

目前在全球范围内大约有 7 万亿美元的流动国际资本。国际炒家一旦发现在哪个国家或地区有利可图，马上会通过炒作冲击该国或地区的货币，以在短期内获取暴利。

(2) 亚洲一些国家的外汇政策不当

它们为了吸引外资，一方面保持固定汇率，另一方面又扩大金融自由化，给国际炒家提供了可乘之机。如泰国就在本国金融体系没有理顺之前，于 1992 年取消了对资本市场的管制，使短期资金的流动畅通无阻，为外国炒家炒作泰铢提供了条件。

(3) 亚洲一些国家的外债过多

为了维持固定汇率制，这些国家长期动用外汇储备来弥补逆差，导致外债的增加。

(4) 亚洲一些国家的外债结构不合理

在中期、短期债务较多的情况下，一旦外资流出超过外资流入，而本国的外汇储备又不足以弥补其不足，这个国家的货币贬值便是不可避免的了。

2. 内在基础因素

(1) 透支性经济高增长和不良资产的膨胀

保持较高的经济增长速度是发展中国家的共同愿望。当高速增长的条件变得不够充足时，为了继续保持速度，这些国家转向靠借外债来维护经济增长。但由于经济发展的不顺利，到 20 世纪 90 年代中期，亚洲有些国家已不具备还债能力。在东南亚国家，房地产吹起的泡沫换来的只是银行贷款的坏账和呆账；至于韩国，由于大企业从银行获得资金过于

容易，造成一旦企业状况不佳，不良资产立即膨胀的状况。不良资产的大量存在，又反过来影响了投资者的信心。

（2）市场体制发育不成熟

一个是政府在资源配置上干预过度，特别是干预金融系统的贷款投向和项目；另一个是金融体制特别是监管体制不完善。

（3）“出口替代”型模式的缺陷

“出口替代”型模式是亚洲不少国家经济成功的重要原因。但这种模式也存在着三方面的不足：一是当经济发展到一定的阶段，生产成本会提高，出口会受到抑制，引起这些国家国际收支的不平衡；二是当这一出口导向战略成为众多国家的发展战略时，会形成它们之间的相互挤压；三是产品的阶梯性进步是继续实行出口替代的必备条件，仅靠资源的廉价优势是无法保持竞争力的。亚洲这些国家在实现了高速增长之后，没有解决上述问题。

3. 世界经济因素

（1）经济全球化带来的负面影响

经济全球化使世界各地的经济联系越来越密切，但由此而来的负面影响也不可忽视，如民族国家间利益冲撞加剧，资本流动能力增强，防范危机的难度加大等。

（2）不合理的国际分工、贸易和货币体制，对第三世界国家不利

在生产领域，仍然是发达国家生产高技术产品和高新技术本身，产品的技术含量逐级向欠发达、不发达国家下降，最不发达国家只能做装配工作和生产初级产品。在交换领域，发达国家能用低价购买初级产品和垄断高价推销自己的产品。在国际金融和货币领域，整个全球金融体系和制度也有利于金融大国。

发展阶段

第一阶段：1997 年 6 月至 1997 年 7 月 2 日，泰国宣布放弃固定汇率制，实行浮动汇率制，引发一场遍及东南亚的金融风暴。当天，泰铢兑换美元的汇率下降了 17%，外汇及其他金融市场一片混乱。在泰铢波动的影响下，菲律宾比索、印度尼西亚盾、马来西亚林吉特相继成为国际炒家的攻击对象。8 月，马来西亚放弃保卫林吉特的努力。一向坚挺的新加坡元也受到冲击。印度尼西亚虽是受“传染”最晚的国家，但受到的冲击最为严重。10 月下旬，国际炒家移师国际金融中心中国香港，矛头直指中国香港联系汇率制。中国台湾当局突然弃守新台币汇率，一天贬值 3.46%，加大了对港币和香港股市的压力。10 月 23 日，香港恒生指数大跌 1211.47 点；28 日，下跌 1621.80 点，跌破 9000 点大关。面对国际金融炒家的猛烈进攻，香港特区政府重申不会改变现行汇率制度，恒生指数上扬，再上万点大关。接着 11 月中旬，东亚的韩国也爆发金融风暴，17 日，韩元对美元的汇率跌至创纪录的 1008∶1。21 日，韩国政府不得不向国际货币基金组织求援，暂时控制了危机。但到了 12 月 13 日，韩元对美元的汇率又降至 1737.60∶1。韩元危机也冲击了在韩国有大量投资的日本金融业。1997 年下半年日本的一系列银行和证券公司相继破产。

东南亚金融风暴演变为亚洲金融危机。

第二阶段：1998 年 1 月至 1998 年 7 月，印度尼西亚金融风暴再起，面对有史以来最严重的经济衰退，国际货币基金组织为印度尼西亚制定的对策未能取得预期效果。2 月 11 日，印度尼西亚政府宣布将实行印度尼西亚盾与美元保持固定汇率的联系汇率制，以稳定印度尼西亚盾。此举遭到国际货币基金组织及美国、西欧的一致反对。国际货币基金组织扬言将撤回对印度尼西亚的援助。印度尼西亚陷入政治经济大危机。2 月 16 日，印度尼西亚盾同美元比价跌破 10000：1。受其影响，东南亚汇市再起波澜，新加坡元、马来西亚币、泰铢、菲律宾比索等纷纷下跌。直到 4 月 8 日印度尼西亚同国际货币基金组织就一份新的经济改革方案达成协议，东南亚汇市才暂告平静。1997 年爆发的东南亚金融危机使得与之关系密切的日本经济陷入困境。日元汇率从 1997 年 6 月底的 115 日元兑 1 美元跌至 1998 年 4 月初的 133 日元兑 1 美元；五六月，日元汇率一路下跌，一度接近 150 日元兑 1 美元的关口。随着日元的大幅贬值，国际金融形势更加不明朗，亚洲金融危机继续深化。

第三阶段：1998 年 8 月初至 1998 年年底乘美国股市动荡、日元汇率持续下跌之际，国际炒家对中国香港发动新一轮进攻。恒生指数跌至 6600 多点。中国香港特区政府予以回击，金融管理局动用外汇基金进入股市和期货市场，吸纳国际炒家抛售的港币，将汇市稳定在 7.75 港元兑换 1 美元的水平上。一个月后，国际炒家损失惨重，无法再次实现把香港作为“超级提款机”的企图。国际炒家在中国香港失利的同时，在俄罗斯更遭惨败。俄罗斯中央银行 8 月 17 日宣布年内将卢布兑换美元汇率的浮动幅度扩大到 6.0 ~ 9.5：1，并推迟偿还外债及暂停国债券交易。9 月 2 日，卢布贬值 70%。这都使俄罗斯股市、汇市急剧下跌，引发金融危机乃至经济、政治危机。俄罗斯政策的突变，使得在俄罗斯股市投下巨额资金的国际炒家大伤元气，并带动了美欧国家股市的汇市的全面剧烈波动。到 1998 年年底，俄罗斯经济仍没有摆脱困境。1999 年，金融危机结束。

对中国影响及中国政府采取的政策

在亚洲金融风暴中，中国承受了巨大的压力，坚持人民币不贬值。由于中国实行比较谨慎的金融政策和前几年采取了一系列防范金融风险的措施，在危机中未受到直接冲击，金融和经济继续保持稳定。为缓解亚洲金融危机，中国政府采取了一系列的积极政策：①积极参与国际货币基金组织对亚洲有关国家的援助。1997 年金融危机爆发后，中国政府在国际货币基金组织安排的框架内并通过双边渠道，向泰国等国提供总额超过 40 亿美元的援助。向印度尼西亚等国提供了出口信贷和紧急无偿药品援助。②中国政府本着高度负责的态度，从维护本地区稳定和发展的大局出发，作出人民币不贬值的决定，承受了巨大压力，付出了很大代价。此举对亚洲乃至世界金融、经济的稳定和发展起到了重要作用。③在坚持人民币不贬值的同时，中国政府采取努力扩大内需，刺激经济增长的政策，保持了国内经济的健康和稳定增长，对缓解亚洲经济紧张形势、带动亚洲经济复苏发挥了重要作用。④中国与有关各方协调配合，积极参与和推动地区和国际金融合作。

【案例问题】

（1）根据案例分析，引发东南亚金融危机的直接触发因素有哪些？

（2）根据案例分析，东南亚国家外汇政策主要有什么问题？

（3）根据案例分析，东南亚国家维持固定汇率制度导致了什么后果？

（4）根据案例分析，一个国家在中期、短期债务较多的情况下，一旦外资流出超过外资流入，而本国的外汇储备又不足以弥补其不足，必然会出现什么结果？

（5）根据案例分析，引发东南亚金融危机的内在基础性因素有哪些？

（6）根据案例分析，“出口替代”型模式有哪些缺陷？

（7）根据案例分析，东南亚金融危机开始于哪个国家？

（8）根据案例分析，为缓解亚洲金融危机，中国政府采取了哪些政策？

【案例分析】

（1）引发东南亚金融危机的直接触发因素有国际金融市场上游资的冲击、东南亚国家不当的外汇政策、外债的增加以及外债结构不合理。

（2）东南亚国家为了吸引外资，一方面保持固定汇率，另一方面又扩大金融自由化（如泰国取消了对资本市场的管制，使短期资金的流动畅通无阻），给国际炒家提供了可乘之机。

（3）东南亚国家为了维持固定汇率制，长期动用外汇储备来弥补逆差，导致外债的增加。

（4）必然会出现货币贬值。

（5）引发东南亚金融危机的内在基础性因素有透支性经济高增长和不良资产的膨胀、市场体制发育的不成熟和“出口替代”型模式的缺陷。

（6）“出口替代”型模式存在着三方面的不足：一是当经济发展到一定的阶段，生产成本会提高，出口会受到抑制，引起这些国家国际收支的不平衡；二是当这一出口导向战略成为众多国家的发展战略时，会形成它们之间的相互挤压；三是产品的阶梯性进步是继续实行出口替代的必备条件，仅靠资源的廉价优势是无法保持竞争力的。

（7）东南亚金融危机开始于泰国。

（8）为缓解亚洲金融危机，中国政府采取了一系列的积极政策，包括积极参与国际货币基金组织对亚洲有关国家的援助、作出保持人民币不贬值的决定、扩大内需，刺激经济增长和积极参与和推动地区和国际金融合作。

8.2 宏观经济运行对证券市场的影响

案例 8.2.1 10 月 CPI 同比涨 4.0%对股市影响几何

【案例知识点】通货膨胀对股市的影响

【案例类型】运用案例

【案例来源】国家统计局

【案例时间】2008 年 11 月

【案例内容】2008 年 10 月，居民消费价格总水平同比上涨 4.0%。其中，城市上涨 3.7%，农村上涨 4.6%；食品价格上涨 8.5%，非食品价格上涨 1.6%；消费品价格上涨 4.9%，服务项目价格上涨 0.9%。从月环比看，居民消费价格总水平比 9 月下降 0.3%；食品价格下降 0.9%，其中鲜菜价格上涨 3.9%，鲜蛋价格下降 4.4%。

1～10 月累计，居民消费价格总水平同比上涨 6.7%。其中，城市上涨 6.4%，农村上涨 7.3%；食品类价格上涨 16.3%，烟酒及用品类价格上涨 2.9%，衣着类价格下降 1.4%，家庭设备用品及维修服务价格上涨 2.8%，医疗保健及个人用品类价格上涨 3.1%，交通和通信类价格下降 0.9%，娱乐教育文化用品及服务类价格下降 0.7%，居住类价格上涨 6.7%。

建信基金：CPI 和 PPI 步入双降反弹概率增高

CPI 和 PPI 正在下行通道中，A 股市场出现反弹的概率增高，但是目前仍应强调投资的防御性。目前市场对于宏观经济增速回落已无争议，分歧主要在于回落的幅度和持续时间；CPI 和 PPI 正在下行通道中，PPI 下行刚刚开始，CPI 下行程度则过半，欧美何时走出底部尚不确定，国内房地产过剩产能的消化需要一年半左右。但经济增长从底部爬出是否就步入上升通道还是盘整，取决于外需和内需增长的恢复速度；随着估值的下降，对买入机会的关注度应逐渐提升。外盘有望企稳的同时，在 10 月创出单月最大跌幅后，市场整体出现反弹的概率增高；目前应强调投资的防御性，重点关注周期性较弱行业及“保增长”主题下的投资机会。

贺强：未来经济好转为股市走好提供有力基础

中央财经大学金融学院教授、博导、证券期货研究所所长贺强表示：CPI 连续 6 个月下滑，有三大原因：①国际大宗商品价格下跌；②国内粮食丰收；③国家宏观调控措施得力。CPI 的下降为政策转换，政策放松提供了宽松的环境，所以国家决定推出积极财政政策，意义非常重大。政策收紧了五年半，现在全面放松，是为防范美国次贷危机的冲击，防止国内经济萎缩，意义重大。4 万亿元刺激内需等系列政策都是积极财政政策的落实。政策一旦放松，短期内就不会改变，经济也会受到刺激，经济面的好转将为股市走好提供有力的基础。

摩根大通李晶：中国通胀的下降趋势将持续

摩根大通（JPMorganChase）中国证券市场部总监李晶认为，中国通货膨胀的下降趋势将持续，因为在CPI中大约占1/3权重的食品价格依然稳定，在经济放缓的情况下，预计行业定价能力将减弱；中国10月的CPI较上年同期增长4.0%，9月增长4.6%，这是通货膨胀率连续第6个月放缓，由于昨日公布的PPI增幅大幅下降，较低的CPI增长率在预期之中；由于最近房地产价格下跌，CPI中的房屋价格和租金也放缓；CPI增长的减速还使得中国政府可以实现从应对通货膨胀向刺激增长的决定性转变，这一点从刺激方案中就可以看出。

野村：中国CPI升幅将继续回落至1%

野村的RobSubbaraman预计，中国的消费者价格指数（CPI）升幅将进一步放缓，2009年第一或第二季度将回落至1%，因预计商品价格下跌和经济增长放缓；产能过剩也对通货膨胀造成下跌压力；10月CPI升幅回落的数据给中国央行提供了更大空间，转向更加宽松货币政策以促进经济增长。预计从目前到2009年年初贷款利率还会再下调3次、每次27个基点。中国10月CPI升幅为4.0%，9月为4.6%；市场的预测是4.2%。

国泰君安宏观经济分析师姜超：11月CPI将进一步降至3%

中国国家统计局周二公布，10月居民消费价格指数（CPI）同比上涨4.0%，该数据低于路透此前调查中值4.2%；这个数字与此前预期的4.1大体相符。最大的贡献来自食品价格。目前我们预测11月的CPI将进一步降至3%。出现通货紧缩的可能性并不能排除，2009年全年平均值（CPI）为1%，而在明年的某几个月中，CPI甚至有可能会跌至零增长，如2月。

华宝信托宏观经济分析师聂文：接下来两个月CPI仍将继续回落

中国国家统计局周二公布，10月居民消费价格指数（CPI）同比上涨4.0%，该数据低于路透此前调查中值4.2%。这和我们的预期差不多，食品价格应该是继续回落的。自2007年年底以来导致CPI高企的就是猪肉价格，这部分的回落是CPI回落的重要原因。从非食品因素看，大宗商品价格持续回落，出口转内销商品也不断增加。预计接下来两个月CPI仍将继续回落，向3%的水平靠近。

华尔街日报：10月CPI增速与目前基准利率相比仍有40个基点负利率

中国10月消费者价格指数（CPI）较上年同期增长4.0%，增速在人民币暂缓升值和全球经济不景气等因素推动下继续回落，不过仍未改变中国连续第23个月陷入实际负利率的现实，这为中国经济长期稳定发展设置了障碍。

中国国家统计局周二公布，10月CPI较上年同期增长4.0%，增速低于9月的4.6%，再创2008年最低月度增速。

不过，将10月CPI增速与中国目前3.60%的基准利率相比较，负利率仍达40个基点。

今年CPI自2月创下近12年新高以来，一路下滑。8月CPI较上年同期增长4.9%，

7月增速为6.3%，6月CPI增速7.1%，5月为7.7%，4月增速为8.5%，3月为8.3%，2月为8.7%，1月为7.1%。

统计局数据还显示，2008年1~10月CPI较上年同期增长6.7%，增速略低于1~9月的7.0%，不过仍高于政府设定的4.8%这一2008年全年增速目标。

中国2007年CPI月度增速最高为当年11月的6.9%，最低为1月的2.2%；2006年CPI月度增速最高仅为当年12月的2.8%，最低为3月的0.8%。2006年3月0.8%的增速也是32个月低位。

中国2007年全年CPI较上年同期增长4.8%，增速大大高于2006年的1.5%，也明显高于政府设定的3%以内的2007年调控目标，创下1996年以来的最高年度增速。中国2006年全年CPI仅仅较上年同期增长1.5%，增速大大低于政府设定的3%的目标，也低于2005年全年1.8%的增速。

人民币升值步伐放慢，全球金融动荡及随之而来的经济减速是10月CPI增速继续放缓的主要原因。

由于担心出口受损，中国近几个月来放慢了人民币升值步伐。10月人民币兑美元汇率升幅仅0.14%，明显低于上半年6.5%的升值速度。

人民币暂缓升值后，自2007年来持续推高国内物价水平的国际游资开始放弃进入中国逐利。

而当前由美国次级住宅抵押贷款危机所引发的全球金融动荡，则进一步促使流入中国国内的部分热钱回流自救。

与此同时，经济减速使得国内外市场需求均放缓，这也是10月CPI增速放慢的原因。

中国国内需求减弱导致CPI的领先指标——生产者价格指数（PPI）增速在10月大幅回落至6.6%，明显低于9月的9.1%。

物价水平进一步回落为中国执行适度宽松的货币政策留出空间。然而在当前全球经济放缓、国内实际需求不足的背景下，继续降息能否有效提振中国国内的投资和消费，值得商榷。

同时，尽管随着经济转冷，中国原本几近失控的通货膨胀压力得到缓解，但目前的物价水平使得中国仍处于实际负利率局面。

将10月CPI增速与中国目前3.60%的基准利率相比较，仍有40个基点的负利率。这已是中国连续第23个月陷入实际负利率，持续存在的实际负利率将为中国经济长期稳定发展埋下隐患。

负利率的局面促使消费者在出于对手中货币购买力下降的恐惧而购买商品的同时，减少不必要的支出，从而造成名义消费的虚假繁荣和实际消费需求的减弱。这与中国政府改变以出口为主的增长模式、通过刺激消费需求来拉动经济增长的愿望背道而驰。

目前中国政府已确认放弃将控制通货膨胀作为宏观调控目标，调控重点彻底转向防止经济减速之上，这使得中国消费价格走势的前景更加扑朔迷离。

中国国务院上周召开常务会议，决定当前采用积极的财政政策和适度宽松的货币政策，并在2010年年底前投资人民币4万亿元用于扩大内需。

日本大和研究所经济学家KevinLai：央行降息提供了更大的空间

中国国家统计局周二公布，10月居民消费价格指数（CPI）同比上涨4.0%，该数据低于路透此前调查中值4.2%。

CPI回落越来越快。从月环比来看，10月下降0.3%，较前两月大幅下跌。食品价格通胀的减弱确实相当迅速，因而未来两月很可能出现更低通胀数据。核心通胀也滑落，这显示工资压力也将稍有缓和。

出现通货紧缩的可能性非常小，因中国政府在未来几个季度中将采取大规模经济刺激措施，需求仍将保持较强水平，以使很多的过剩产能投入使用。

这为央行降息提供了更大的空间。事实上，如果他们实施如此大规模的刺激方案，那在货币政策上也应该有所配合，一是要创造更多的流动性，二是要创造更为友好的货币环境。

【案例问题】

（1）根据案例分析，2008年10月居民消费价格总水平同比上涨多少？2008年1~10月居民消费价格总水平累计上涨多少？2008年居民消费价格总水平构成中，各类子项目是不是同步上涨？哪类子项目上涨最多？

（2）根据案例分析，按照中央财经大学贺强的观点，CPI连续6个月下滑的原因有哪些？在CPI连续下滑后，政府财政政策发生了什么改变？采取了什么具体措施？

（3）根据案例分析，按照华尔街日报的观点，2008年10月CPI与当前基准利率相比较，负利率有多少个基点？

（4）根据案例分析，按照华尔街日报的观点，2008年10月CPI增速继续放缓的主要原因有哪些？

（5）根据案例分析，按照华尔街日报的观点，CPI增速放缓后，中国政府的宏观调控目标有了什么样的转变？将实施什么财政政策和货币政策？

【案例分析】

（1）2008年10月居民消费价格总水平同比上涨4.0%，1~10月累计，居民消费价格总水平同比上涨6.7%，2008年居民消费价格总水平构成中，各类子项目不是同步上涨，食品上涨最快。

（2）根据中央财经大学贺强的观点，CPI连续6个月下滑，有三大原因：①国际大宗商品价格下跌；②国内粮食丰收；③国家宏观调控措施得力。CPI连续下滑后，国家的财政政策由紧缩财政政策转为积极财政政策，采取了4万亿元刺激内需政策。

（3）根据华尔街日报的观点，2008年10月CPI较上年同期增长4.0%，与中国目前3.60%的基准利率相比较，负利率仍达40个基点。

（4）根据华尔街日报的观点，2008年10月CPI增速继续放缓的主要原因有：人民币升值步伐放慢，全球金融动荡及随之而来的经济减速。

（5）根据华尔街日报的观点，CPI 增速放缓后，中国政府已确认放弃将控制通货膨胀作为宏观调控目标，调控重点彻底转向防止经济减速之上。采用积极的财政政策和适度宽松的货币政策，并在 2010 年年底前投资人民币 4 万亿元用于扩大内需。

案例 8.2.2　通货膨胀与股市行情

【案例知识点】通货膨胀对股市的影响

【案例类型】运用案例

【案例来源】新浪博客

【案例时间】2007 年 12 月

【案例内容】自 2007 年第二季度以来，随着物价指数的节节攀升，有一个观点也逐渐在股票市场流行，并成为很多投资者进入股票市场的思想指南，即通货膨胀是支持股市（或房市）持续上涨的基本动力。很多人认为，在物价不断上涨时，将钱存在银行不合算，应该投资股市、基金或房地产。

于是，每当统计局公布物价指数创新高的消息时，股市总是大涨。记得在 7 月的 CPI 公布后，新浪网做了网上调查，“面对 CPI 的上涨，你的资金投向哪里？”58% 以上的人选择了把钱投向股市，而选择继续存在银行的只有 13.9%，其他也是选择了楼市。可见，在当时希望通过投资股市来战胜通货膨胀的人普遍，“通货膨胀造就大牛市”的理论十分有市场。

但最近国家统计局公布的 11 月 CPI 再创新高的消息并没有让股市重新上涨起来。尤其值得一提的是，就在中国公布 11 月物价指数后不久，美国劳工部也公布了美国的物价指数，美国 11 月 CPI 上升 0.8%，远超 10 月的 0.3%，为 2005 年 9 月以来的最高涨幅。接着公布的欧盟及新兴市场的数据看，物价指数同样创 10 年新高。受此影响，欧美股市及亚洲股市跌声一遍，我国股市也未能幸免。

同样是物价上涨的消息，为什么股市的反应却是此一时，彼一时？这是因为通货膨胀处在不同阶段，它对股市的作用不同。

当通货膨胀处在初期时，企业产品出厂价格上涨幅度较小，只有个别行业的产品价格出现大幅度上涨的情况。从总体上看，大部分企业的产品销售良好，企业存货下降，公司赢利大幅度上升，整个社会一遍繁荣的景象。最重要的是，中央银行对通货膨胀依然没有警觉，货币政策不会发生变化。此时的股市价格不断上涨，出现牛市的典型特征。2006—2007 年上半年，我国经济及股市的表现基本上如此类似，尤其是 2007 年的上半年财报，上市公司业绩表现优异。因此，股市上涨也属于情理之中。2007 年 11 月之前的股市都属于此类情形。

但好景不会太长，当产品的出厂价格涨幅加快，涨价的范围扩大，多数行业的产品出现涨价的行为，整个社会的物价指数的涨幅超过中央银行的忍耐范围（一般为 3% ~

5%），物价出现螺旋式上升，尤其是物价上涨超出市场预期时，中央银行便开始采取紧缩性的货币政策，股市会出现逆转。因此，通货膨胀本身对股市是正面的刺激因素，但通货膨胀的恶化所带来的金融紧缩才是牛市的真正杀手。

总之，当通货膨胀处在初期时，股市将处在牛市的巅峰状态，当通货膨胀恶化时，股市将先于物价下降而下跌。

11 月的 CPI 已经超出了市场预期，尤其值得关注的是社会公众普遍有了通货膨胀的预期，这是当前股市的不祥之兆。实际上，中央经济工作会议将 2008 年的金融基调定为“从紧”已经给予了明确的答案。

当然，股市不仅被动地受通货膨胀的影响，股市本身对通货膨胀也产生作用。通常是股市先上涨，而后在 6 ~ 12 个月后就会出现通货膨胀。在资产价格上涨发生后，这些泡沫会向其他的领域扩展，原因是资产价格膨胀导致社会虚拟财富的大量增加，相当于中央银行投放了大量的货币，导致 CPI 的走高。而是这种泡沫的转移具有突发性及跳跃性，就像现在肉价的突然走高而且价格涨升幅度巨大一样，而且一旦发生再控制就难了。可以说股市、房地产的价格上涨是通货膨胀的元凶。

在相当的程度上我们可以说，因为股市和房地产价格的上涨放大了中央银行的货币供给，这与当前一个十分流行的观点是向左的，这个流行的观点认为，股市上涨吸收了多余的流动性，如果控制股市的上涨，这些资金就会冲进房地产市场，房价将涨得更加迅猛。该观点的错误在于将这个社会的货币总量简单地认为是一个定量，而没有考虑到货币可以通过经济活动内生出来。股市上涨可以内生出货币，房价上涨同样可以内生出货币。希望通过股市上涨来缓解通过膨胀的想法无异于南辕北辙。

【案例问题】

（1）根据案例分析，2007 年上半年物价上涨时，社会上什么观点非常流行？

（2）根据案例分析，通货膨胀与股市之间的关系怎样？

（3）根据案例分析，股市本身会对通货膨胀产生什么样的作用？

（4）根据案例分析，市场上有个流行的观点，认为股市上涨吸收了多余的流动性，如果控制股市的上涨，这些资金就会冲进房地产市场，房价将涨得更加迅猛，这个观点对不对？为什么？

【案例分析】

（1）2007 年上半年物价上涨时，社会上“通货膨胀造就大牛市”的观点非常流行，认为通货膨胀是支持股市（或房市）持续上涨的基本动力。很多人认为，在物价不断上涨时，将钱存在银行不合算，应该投资股市、基金或房地产。

（2）通货膨胀本身对股市是正面的刺激因素，但通货膨胀的恶化所带来的金融紧缩才是牛市的真正杀手。因此，当通货膨胀处在初期时，股市将处在牛市的巅峰状态，当通货膨胀恶化时，股市将先于物价下降而下跌。

（3）股市不仅被动地受通货膨胀的影响，股市本身对通货膨胀也产生作用。通常是股市先上涨，而后在6～12个月后就会出现通货膨胀。在资产价格上涨发生后，这些泡沫会向其他的领域扩展，原因是资产价格膨胀导致社会虚拟财富的大量增加，相当于中央银行投放了大量的货币，导致CPI的走高。而是这种泡沫的转移具有突发性及跳跃性，就像现在肉价的突然走高而且价格涨升幅度巨大一样，而且一旦发生再控制就难了。可以说股市、房地产的价格上涨是通货膨胀的元凶。

（4）市场上这个流行的观点是错误的。该观点的错误在于将这个社会的货币总量简单地认为是一个定量，而没有考虑到货币可以通过经济活动内生出来。股市上涨可以内生出货币，房价上涨同样可以内生出货币。希望通过股市上涨来缓解通过膨胀的想法无异于南辕北辙。

案例8.2.3　人民币升值箭在弦上股市影响几何

【案例知识点】人民币升值对股市的影响

【案例类型】运用案例

【案例来源】华讯财经

【案例时间】2010年4月

【案例内容】2010年，随着全球经济步入复苏关键时期，欧美与中国之间围绕人民币汇率问题的摩擦日渐加剧，美国总统奥巴马呼吁中国推动人民币汇率以市场为主导，世界银行和国际货币基金组织也指出中国应提高人民币币值。近期很多在国际市场上与中国竞争的新兴市场国家，也纷纷加入到美欧的阵营中，这些新兴市场国家将在诸如G20会议等多边框架内联合发达国家对人民币施压。面对国际市场对人民币升值的压力，中国政府陷入了两难困境：一方面，如果在外界压力下让人民币升值，难免落下屈从欧美的口舌；另一方面，如果不升值，可能会损害中国负责任大国的形象。究竟人民币是否该升，以何种方式升，对市场又会带来什么样的影响呢？

人民币升值的可能性

在面对人民币升值问题上，虽然中国政府明确表态人民币币值没有被低估，但是人民币汇率问题始终是市场关注的焦点问题。2005年7月人民币汇率开始改革，到2008年6月，人民币对美元汇率升值接近20%，但在2008年7月之后，人民币对美元汇率一直维持在6.8附近，随着经济形势的变化，预计人民币升值只是时间的问题。主要理由如下：

（1）随着中国经济的崛起，中国在世界舞台上占据着越来越重要的地位，人民币在国际贸易中发挥的作用也越来越大。未来中国要成为世界强国，必须扩大人民币在国际贸易和投融资中的使用范围，推动人民币国际化进程的发展，吸引更多的外国企业来中国进行投资，推动中国经济与世界经济的一体化发展。

（2）随着中国经济的强劲复苏，中国需要实施独立的货币政策，这就需要在汇率问题上进行改革。如果人民币汇率还是实施紧盯美元的话，中国政府就不得不被迫引入美国的货币政策，即实施长期宽松的货币政策，这无疑会加剧未来通货膨胀与资产价格泡沫化的风险。

(3) 中国要进行经济结构转型，扩大内需的经济目标客观上也要求人民币升值，这样会使得中国消费者手中的钱比以往更加值钱，能够在市场上买到更多的东西。而且人民币升值会使得国外进口的商品变得更加便宜，有利于改善中国与世界其他国家之间的贸易状况，对缓和国际贸易争端具有一定的作用。

(4) 人民币升值是大势所趋。我们都知道，在市场经济中，有一只“看不见的手”在进行调控，两国之间的汇率变动也有“一只手”在调控，这就是两国经济相对基本面。目前中美经济已经今非昔比，此次金融危机不仅没有摧垮中国经济，反而催生了中国经济新的转型，目前中国正以一个大国的姿态傲立于世界群雄之中。而遭受危机重创的美国至今还没有走出危机的阴影，失业率和财政赤字高企。因此，让一个相对实力不断增强的货币去紧盯一个相对实力不断衰减的货币，这本身不利于汇率机制的合理化和国际化，未来人民币对美元升值是大势所趋。

人民币升值的可能路径

目前市场上关于人民币升值存在几种可能：

第一种：极端的路径。人民币对美元汇率一次性升值到位，以此打消强烈的人民币升值预期。所谓一次性升值到位，一般是指升值幅度在20%左右，期限为3~5年。

第二种：保守的路径。恢复执行2005年7月—2008年7月之间的浮动机制，让人民币对美元小幅渐进式升值。

第三种：一次性升值3%~5%。

第四种：人民币对美元汇率寻找小幅渐进升值和一次性大幅升值之间的折中方案，即一次性升值10%，然后参考一揽子货币保持年波动率3%上下的自由浮动。

从目前中国的实际情况来看，第一种升值方案不可取，中国从来没有过一次升值20%的先例，这么大的升幅对于正处于经济恢复期的中国经济来说打击很大，并且也容易被发达国家标榜为操纵汇率。

第二种升值方式，虽然说符合中国目前的经济情况，但是容易形成持续的人民币单边升值预期，国际资本会疯狂流入，由此带来外汇储备持续高速增长，流动性泛滥，国内资产价格飙升，通货膨胀不可避免。而且，强烈的升值预期和持续升值相互作用，会导致人民币升值速度不断加快。比如，2006年人民币对美元升值3.35%，2007年为6.8%，2008年前7个月升值幅度达6.9%，进而加剧了国内的通货膨胀，形成更大的资产泡沫，危害到中国经济的健康发展。

第三种升值方式，与第二种升值方式对中国经济尤其是市场影响差别不大，长期来看都会进一步强化长期人民币陆续稳步升值的预期，从而吸引境内外游资对人民币资产长期追捧，进而推高资产价格。

第四种升值方式，虽然一次性升值10%对中国的出口企业会产生一定的影响，对就业市场会产生一定压力，但是只要我们把升值幅度控制好，一定范围内的出口企业淘汰或者是失业率还是可以控制的。而且，参考一揽子货币保持年波动率3%上下的自由浮动，根据市场的变化来调整窄幅波动的区间，这样不但可以发挥人民币大幅升值的利处，减弱人民币单边升值预期，减少投机资本冲击和国际社会对人民币汇率的压力，而且还可以减轻人民币大幅升值对出口企业、劳动力就业市场以及宏观经济的冲击，对推动中国进行经济结构改革，拉动国内需求，促进世界贸易平衡稳定发展具有重要的意义。

由于中国的独立性以及现在经济状况的复杂性与严峻性，人民币升值的幅度势必被控制在可接受的范围内，以免伤害到实体经济，因此，此次人民币升值的幅度和力度不会很大，第二种、第四种方式的可能性较大。

人民币两种升值方式对股市的影响

鉴于上述分析，我们主要分析一下第二种、第四种升值方式对股市的影响。

1. 汇改以来人民币与上证指数走势关系

2005年7月人民币汇改以来，人民币对美元汇率连续跌破1∶8、1∶7大关，从2008年下半年开始至今，人民币汇率开始走平，维持在1∶6.8的水平，而这段时期内，中国股市也走出了大起大落的行情。笔者研究认为，两者之间存在紧密联系。

首先，我们看到，从2005年6月开始，股市逐步走出波澜壮阔的牛市行情。当然，正如市场所认为的那样，这波牛市行情要归功于2005年进行的股权分置改革。我们不否认股改是推动本次行情的核心动力，但在这个过程中，更多的人忽略了汇改的作用。人民币汇率先是跌破1∶8关口，继而逼近7.6的水平，人民币大幅升值无疑对股市走牛作出了自己的贡献。汇改和股改几乎出现在同一时点，也意味着两者之间存在着一定联系，如果仔细分析，此轮人民币升值略早于股市启动，也反映出人民币升值对股市行情启动有一定的前兆预示。

其次，一直到2007年10月之前，人民币升值与股市走势都呈现出正相关关系，两者互为影响的成分更多。但当股市疯狂到极致的时候，也就是在2007年10月16日股市达到顶部之后，市场急转直下，一路狂泻。而此时，人民币升值的步伐不但没有停止，反而在股市见顶之后，出现了加速升值，一直涨至次年4月。4月之后，人民币升值的步伐才有所减弱，直至走平。由此我们也可以看出，在股市走熊的过程中，股市的反应明显早于人民币汇率的反应，股市行情对人民币汇率有一定的拐点指引作用。

最后，我们分析一下人民币汇率温和升值时股市的表现。从2008年下半年开始一直到目前，人民币汇率变动不大，基本维持在6.8的水平，处在温和升值的过程中。与前期大起大落的走势相比，这个时期的股市无疑呈现出温和上涨的趋势。从时间段上看，人民币汇率走平的拐点出现在2008年7月，而股市企稳回升出现在2008年10月，再次说明在牛市行情到来前，人民币汇率的表现对股市行情有一定的先行特征。

整体上看，股市的表现和人民币汇率的表现互为牵引。在牛市行情中，人民币汇率的反应要早于股市的反应，而在熊市行情中则恰好相反，股市的反应要早于人民币汇率的反应。另外，人民币升值对股市短期内还是具有利好效应的，投机性资本的流入会在一定程

度上推动股市行情。但这里面有一个人民币兑美元临界值的问题，临界值究竟是1∶5还是1∶6并不好确定，但有一点是肯定的，就是如果人民币持续升值，将会发生一系列连锁反应，对实体经济的影响势必会传导到资本市场上来，那个时候就会给股市带来负面影响。

2. 采取一次升值10%的方式对股市的影响

如果采取一次性升值10%的方式的话，就会对投资者心理产生影响，投资者多会先采取观望态度，来进一步分析未来人民币走势。这种现象表现在股市上，就是多空双方进入僵持状态，而一旦市场达成共识，投资者在心理上和技术操作上就会形成需要回补的欲望，从而可能改变单边上行的趋势。由此，热钱对于人民币升值预期的憧憬变得谨慎，它们进入中国市场投资的热情会迅速降温，而之前已经进入国内证券市场套利的游资会迅速套现出场，届时股市会遭受一定的冲击，股价会出现下跌。比如，1985年日元大幅升值后的日本和1989年台币大幅升值后的台湾，其股市都经历了游资推动冲高而后剧烈回落的过程，不过股市不会一味跌下去，后期会逐步企稳回升。人民币大幅升值会使得部分个股受益，如房地产及商业地产业、机场、港口、铁路等基础设施或具有相对垄断性非贸易不动产行业，以及航空板块、进口国外大型电力设备或电信基础设备的个别电力、电信运营板块，因为人民币大幅升值将使得那些有很大部分负债为国外贷款的企业债务规模降低，企业的净利润相应增加。

3. 小幅渐进升值或一次性升值3%～5%对股市的影响

无论是一次性升值3%～5%或者是缓慢小幅升值，都将强化国际市场对人民币长期稳步升值的预期，他们会通过外汇市场、股票市场等资本市场进入中国内地，推高中国内地的资产价格。而境外资金的流入再加上国内民间资本的共同作用，无疑会给股价带来长期性的利多影响。从目前我国沪深300的走势来看，在形态上形成了一种收敛三角形，价格存在向上突破的迹象。从过往人民币升值后的证券走势来看，进一步加大了其向上突破的可能。

透过日本“广场协议”看日元升值对股市的影响

“广场协议”指的是在1985年9月，由美、德、法、英、日五国财政部长及中央银行行长在纽约广场饭店举行会议，最终达成协议，决定五国政府联合干预外汇市场，使美元对主要货币有秩序地下调，以解决美国巨额的贸易赤字。

1985年“广场协议”签订后的10年间，日元平均每年上升5%以上，国际资金大量涌入，日元升值导致日本出口产业受到很大影响。为刺激经济增长，日本政府实施了宽松的货币政策，从1986年起，日本的基准利率大幅下降，使得国内剩余资金大量投入股市及房地产等虚拟经济体上。“广场协议”签订后的5年时间里，日本股价每年以40%的速度增长，而同期日本名义GDP的年增幅只有5%左右，从而形成了20世纪90年代著名的日本泡沫经济，日本经济迅速泡沫化，并在“广场协议”签订5年后走向崩溃。

通过观察1985—1989年日本股市和汇率走势可以发现，日元升值与日本股市上涨之间并不存在前后一致的正相关性。日元升值之所以能在1985—1987年推动日本股市上升，主要是因为当时日本政府错误的经济政策导致资金过剩，而日本国内经济增长放缓后又未能为这些过剩的资金找到很好的出路，使得大量过剩资金转向了房地产和股市等资产市场，最终引发了股市和房市泡沫。

在1985—1989年日元升值期间，具有资产属性的地产、消费品、原材料大幅上涨，这一阶段地产、消费服务、公用事业和保险板块股票涨幅分别为762%、709%、626%和617%，原材料工业随着房地产行业的繁荣而复苏，在通货膨胀的情况下，日本国内商品价格大幅上涨。

市场投资机会及风险

根据我们以上的分析，后期我国很可能是采取小幅渐进升值或者3%～5%的一次性升值。无论是对于中国市场的分析还是日本“广场协议”后日本股市的走势分析，我们都可以得出这样一个结论：本国币种升值对股市具有利好效应。

【案例问题】

（1）根据案例分析，人民币未来发展趋势是升值还是贬值，理由是什么？

（2）根据案例分析，人民币升值的可能路径有哪些？哪些路径可能性比较大？

（3）根据案例分析，日本“广场协议”签订后经济会出现泡沫，是因为日本政府采取了什么货币政策？为什么这种货币政策使得日本经济出现泡沫？

【案例分析】

（1）人民币未来发展趋势是升值，理由是中国要推动人民币国际化进程的需要；中国实施独立货币政策的需要；扩大内需，缓和国际贸易争端的需要；中国经济实力增强带来的必然趋势。

（2）人民币升值的可能路径有四种：

第一种：人民币对美元汇率一次性升值到位（升值幅度在20%左右），期限为3～5年。

第二种：恢复执行2005年7月—2008年7月的浮动机制，让人民币对美元小幅渐进式升值。

第三种：一次性升值3%～5%。

第四种：一次性升值10%，然后参考一揽子货币保持年波动率3%上下的自由浮动。

第二种和第四种方案比较可行。

（3）日本“广场协议”签订后经济会出现泡沫，是因为日本政府采取了宽松的货币政策，1985年“广场协议”签订后的10年间，日元平均每年上升5%以上，国际资金大量涌入，日元升值导致日本出口产业受到很大影响。为刺激经济增长，日本政府实施了宽松的货币政策，从1986年起，日本的基准利率大幅下降，使得国内剩余资金大量投入股市及房地产等虚拟经济体上。“广场协议”签订后的5年时间里，日本股价每年以40%的速度增长，而同期日本名义GDP的年增幅只有5%左右，从而形成了20世纪90年代著名

的日本泡沫经济，日本经济迅速泡沫化，并在“广场协议”签订5年后走向崩溃。

案例8.2.4 人民币升值对股市的影响

【案例知识点】人民币升值对股市的影响

【案例类型】运用案例

【案例来源】人民网

【案例时间】2006年5月

【案例内容】人民币兑美元汇率中间价15日突破8∶1的心理关口，达到1美元兑7.9982元人民币，这是自2005年7月21日汇改以来人民币汇率的新高点。

自中国改革开放特别是加入WTO以来，中国与全球经济一体化的步伐日益加快，企业与国际市场的联系越来越紧密，受国际商品市场与金融市场的影响也越来越大。近两年来，由于国内经济高速扩张，我国对国际原材料市场和产品销售市场的依赖越来越大。汇率的显著变化对上市公司经营业绩和整个股市的走向都会产生很大影响。

人民币资产受追捧A股将受益

从历史经验看，一个国家或地区本币升值，该国或地区的股市都将上涨。人民币升值2%，虽然上涨幅度不大，但其背后隐含的趋势：开启了人民币升值的“大门”，人民币就此进入了升值通道。国外热钱对人民币升值的预期，必然吸引投机资金的快速流入，从而推动股票和房地产市场资产价格的快速上涨，日本、泰国和我国台湾地区都经历了这样的过程。

统计数据显示：当年日元的每一轮升值都对应着日本股市的持续上升期。整个上升过程，从1972年启动到1989年最后结束，延续了整整17年，涨幅高达19倍。在1972—1989年的18年，日元有13年处于升值状态，其中，升值幅度超过15%的年份有6年。而股市则有15年处于上升状态，其中，升幅超过20%的年份有6年。升幅最大的年份是1972年，此时日元第一次从1∶360的固定汇率调至1∶301，当年日经指数劲升了91.91%；其次则是1986年，即“广场协议”达成后的第1年，日经指数劲升了42.61%。因此，日元升值初期对股市的利好刺激作用最大，对指数推动力度最为显著。

升值受益行业

人民币升值受益者：是那些国内销售或产品国内定价，但成本受国际价格水平影响的公司，如贷款以美元结算、占用外汇量高的企业将收益。人民币升值将使得原材料显得更便宜，一些企业也将从原材料成本下降中获益。

航空：普遍拥有巨额的外币债务，主要是美元或日元，人民币升值将带来比较大的汇兑收益。另外，人民币升值会导致航油、航材的成本相应下降。比如：南方航空外债数额最多，南航的外债以美元为主，折合人民币320亿元。人民币升值2%，公司由于汇兑收益，每股收益增加0.06~0.08元。

房地产：人民币升值将全面提升国内地产资产价值，持续升值预期对房地产价格构成长期利好，而对人民币升值将有更强的预期，必然吸引投机资金继续流入房地产市场，继续加大对我国中心城市商业地产的投资规模。商业地产开发商和商业地产重估概念的零售业公司，更能充分享受到人民币持续升值预期的利好。其中，G 金融街、G 万科可以关注。

造纸：造纸行业用汇量居国内行业第三位，主要包括进口木浆、进口非纸浆、进口废纸。我国造纸行业中的纸浆成本占 70%，而纸浆中的 38% 是进口的。此次汇率调整将直接降低生产成本，提升行业赢利水平。但同时也使得进口成品纸变得便宜，有可能对国内企业形成一定冲击。其中，G 晨鸣、G 华泰可以关注。

商业零售：汇率升值带来财富增加效应，消费者实际购买力增强，促进商品消费增长。国内以出口为导向的消费品生产商将寻求国内渠道作为替代，销售终端对供应商的谈判力也将显著提高，其中受益最大的应该是具有渠道优势的连锁商业。人民币升值也将通过地产价格效应促进商业店铺租金的提高，那些具有商业地产资产的企业也将受益。其中，G 百联、G 新世界、大商股份可以关注。

旅游：人民币升值将提高居民出境旅游消费能力，有出境游资格的旅行社将从中受益。人民币汇率升值对入境旅游市场需求会产生价格效应，由于我国旅游产品和服务价格在全球范围内都是非常便宜的，入境旅游者数量不会因价格效应而明显减少。

电力：升值对电力行业自身的生产经营影响较小，但电力上市公司银行借款金额普遍偏高，其中不乏美元外币借款，当期汇兑损益及以人民币计价的财务费用减少而带来的收益。其中，G 华能、华电国际、G 申能及国电电力外币借款金额较高，但对每股收益的贡献度，则股本较小的 G 建投每股收益提升程度最高。

升值受损的行业

人民币升值的受损者：主要是出口企业。国际销售或产品国际定价，但成本主要由国内价格水平决定的公司，如大宗商品、OEM 生产商，是升值的主要受损者。

纺织：我国是第一大纺织出口国，纺织服装的出口率为 50% ~60%，由于下游谈判能力较弱，出口获利能力低，人民币升值对该行业有较大的负面冲击。

家电、OEM：人民币升值将降低产品出口竞争力，而收到的外币相对贬值相当于变相增加了企业成本。但人民币升值对各子行业的影响程度不同，从轻到重依次是空调、照明、手机和彩电业。

航运：以远洋运输为主的航运企业的收入结构超过 90% 都以美元结算，不可避免将影响到收入。

煤炭：由于煤炭出口比例偏小，整体来看影响程度较轻。G 兖煤出口煤炭比例较高，煤炭出口数量占公司销售总量的 25% ~30%，而其他煤炭上市公司因出口数量极小，基本上不受升值影响。

有利有弊行业

钢铁：随着进口铁矿石总量的逐年提高，人民币汇率的升值将有利于钢铁行业降低生

产成本，进一步提高我国钢铁工业的竞争能力。但人民币升值后，将下拉以本币计价的国内钢材价格，可能导致钢铁行业出口减少、进口钢材数量的增加，导致行业供大于求局面的恶化。

石化：石化行业各产业链的收入构成不一样，其产品价格形成机制不一样，因此升值对石化行业各企业的正负影响程度不一。对石油开采有负面影响，对石油炼制、化工行业有正面影响，对石化一体化公司有正面影响。

汽车：我国目前汽车关键部件（底盘、大马力发动机、变速箱以及关键配套零部件）大多从欧洲和日本进口，而汽车产品出口极少，汇率调整，对以散件组装和关键件需要进口的我国汽车业来说是个利好，有助于降低汽车的生产成本，缓解降价压力。但2%的升值，将导致进口配件和整车价格下降，也将加快国内汽车的降价速度。

银行：升值2%带来的外币折算差异对上市银行的负面影响并不显著，但人民币小幅升值对出口制造型企业和贸易型企业的赢利能力在短期内有或多或少的负面影响，这使银行的资产质量面临压力。而升值预期加大，外汇持续进入，导致资产价格上升，银行资产升值，或者本币投放增多，银行扩张速度提高，效益增加。

机械：工程机械行业中的挖掘机、装载机等的生产均有部分配件采购自国外，升值将降低公司进口采购成本。但对机械行业出口不利，比如：G振华主营集装箱起重机，占全球50%～55%的市场份额，70%以上产品出口；G中集集装箱占主营业务的近90%，且集装箱绝大部分是用于出口。

【案例问题】

（1）根据案例分析，我国人民币升值对股市有什么影响？为什么？

（2）根据案例分析，人民币升值受益行业有哪些？人民币升值受损行业有哪些？人民币升值有利有弊行业有哪些？

（3）根据案例分析，人民币升值会对房地产行业产生什么影响？

（4）根据案例分析，人民币升值会对纺织行业产生什么影响？

（5）根据案例分析，人民币升值会对钢铁行业产生什么影响？

【案例分析】

（1）从历史经验看，一个国家或地区本币升值，该国或地区的股市都将上涨。人民币升值2%，虽然上涨幅度不大，但其背后隐含的趋势：开启了人民币升值的“大门”，人民币就此进入了升值通道。国外热钱对人民币升值的预期，必然吸引投机资金的快速流入，从而推动股票和房地产市场资产价格的快速上涨，日本、泰国和我国台湾地区都经历了这样的过程。

（2）人民币升值受益者是那些国内销售或产品国内定价，但成本受国际价格水平影响的公司，如贷款以美元结算、占用外汇量高的企业将收益。人民币升值将使得原材料显得更便宜，一些企业也将从原材料成本下降中获益。人民币升值受益的具体行业有航空、房地产、造纸、商业零售、旅游、电力行业。

人民币升值的受损者主要是出口企业。国际销售或产品国际定价，但成本主要由国内价格水平决定的公司，如大宗商品、OEM 生产商，是升值的主要受损者。人民币升值受损的具体行业有纺织、家电、OEM、航运、煤炭。

人民币升值有利有弊的行业有钢铁、石化、汽车、银行、机械行业。

（3）人民币升值将全面提升国内地产资产价值，持续升值预期对房地产价格构成长期利好，而对人民币升值将有更强的预期，必然吸引投机资金继续流入房地产市场，继续加大对我国中心城市商业地产的投资规模。商业地产开发商和商业地产重估概念的零售业公司，更能充分享受到人民币持续升值预期的利好。

（4）我国是第一大纺织出口国，纺织服装的出口率为 50% ~60%，由于下游谈判能力较弱，出口获利能力低，人民币升值对该行业有较大的负面冲击。

（5）随着进口铁矿石总量的逐年提高，人民币汇率的升高将有利于钢铁行业降低生产成本，进一步提高我国钢铁工业的竞争能力。但人民币升值后，将下拉以本币计价的国内钢材价格，可能导致钢铁行业出口减少、进口钢材数量的增加，导致行业供大于求局面的恶化。

8.3 宏观经济政策对证券市场影响分析

 案例 8. 3. 1　此次宏观调控正当其时

【案例知识点】宏观经济政策分析

【案例类型】运用案例

【案例来源】新华网

【案例时间】2004 年 9 月

【案例内容】樊纲：经济学博士，中国经济体制改革研究会副会长，中国改革基金会秘书长，国民经济研究所所长。兼北京大学、中国社会科学院研究生院经济学教授；国家级有突出贡献的中青年专家。

记者：对此次宏观调控，有人认为“政府宏观调控得太早了”，你的看法如何？

樊纲：宏观调控的主要任务是缩小波动，所以就是要在经济波动还没有真正起来的时候就采取措施，防患于未然，防止经济大起大落，防止大热后的大萧条，防止通货膨胀之后的通货紧缩。如果等到经济大热，高烧 43℃，就晚了，那就叫政策失败。现在的问题可能是，由于宏观调控是在经济还没有大热的时候就开始了，所以有时看不出宏观调控的这些效果，不会看到经济增长达 15%，通货膨胀到 100% 的情况，而是只看到经济增长被“政策”压下来了。

对于这个问题，我们可以换个角度想想：假如没有宏观调控或宏观调控晚了，那么情况会怎样？18 世纪、19 世纪西方没有宏观调控，每七八年来一次经济危机，是产品过剩

的危机，先是过热，然后是过剩与危机，最早一次是1929年，社会生产能力被强制消灭50%后，企业大量倒闭破产，经济才重新恢复平衡，恢复增长。在那以后才有了西方市场经济的宏观经济调控政策，才有了格林斯潘们不断地对市场进行一些“事先的”微调。宏观调控要做的就是未雨绸缪，向前多看几步，根据经济发展的趋势而非当前的状况，进行反周期调控，使经济保持长期的稳定增长。

有人认为，去年以来即使有一些过热的趋势，但还没有真正过热，不应该太早采取调控政策。我认为，要想使经济波动小一点，就需要动手早一点，在经济还没有过热的时候就要抑制它。2003年6月底，我们开始讨论是否存在经济过热趋势，这引起了一些企业家的反感。他们抱怨说，我们刚过几天好日子，就说什么过热不过热。有的企业说，只要再给他们半年时间，他们就发了，因此不要谈过热，但实际上，如果不进行宏观调控，他们的损失会更大。

真正的问题是：对这些企业家而言，什么是好日子？是在8%～9%的水平上持续增长几十年好，还是以50%的速度增长一两年然后一下子掉下去、砸锅卖铁好？对企业来说，波动较小，发展较好。对于整个经济来说，平稳增长，不大起大落，总的效益比较大，此事绝不能看高涨期一时的热闹。20世纪90年代经济过热那几年，中国每年增加2000万个就业岗位，但随后就急剧下降，最后一算总账，90年代平均每年只创造800万个非农就业。而这两年，中国经济稳定在每年增长8%左右，每年可以创造1200万个就业岗位。所以对于整个经济来说，还是平稳增长好。

这次宏观调控及时，采取得比较早，在经济还没有很热的时候就采取了一定的调控措施，投资增长稳定了下来，经济热度没有达到很高的程度，有望实现可持续的高增长。

记者：看到经济增长缓下来了，一些企业的经营受到影响，于是有人说“宏观调控使企业受到了损失”，你怎样看？

樊纲：如果这种说法指的是宏观调控导致的经济调整过程本身的一些现象，如经济增长率下滑、过剩生产能力显现、企业贷款减少等，却是不对的，是一种概念的混淆。假如没有政府的宏观调控政策，我们当前的经济可能还在高增长，甚至更高地增长，大家也许感觉良好，但这是不可持续的，最多明年或后年，市场本身就要进行强制性地调整经济危机，那时的损失会更大。现在进行正确的、适度的宏观调控，恰恰是在减少大家的损失，甚至是避免许多企业最终的倒闭。现在不进行一些小的调整，将来会受更大的损失。宏观调控恰恰是减少了损失，而不是造成了损失。在我们中国目前的经济条件下，宏观调控有可能是避免了最后的经济危机。无论此时有没有宏观调控，中小企业在经济波动当中，往往是最大的受害者。因为大企业资金雄厚、基础扎实，他们有一百个办法渡过难关，银行也不敢随便从大企业撤资；中小企业就不一样了，他们底子比较薄，一旦出现经济起伏，就会大量破产、倒闭、清盘。相反，早一点调整，热度不高，形成的过剩生产能力不大，企业受到的冲击就会较小，比较容易渡过难关。比如，2003年房地产业对上半年人民银行的一些抑制过热、预防坏账的措施意见很大，但正因为在过热还在初期阶段就提前采取了措施，泡沫就没有真正起来，大家都受到了一点冲击，然后都进行了一点调整，就过去了，进入了平稳发展阶段，没出现大量开发商贱卖楼盘、破产倒闭的现象，这其实恰恰说明了微调、早调的好处。

记者：你认为宏观调控政策下一步应有何调整？

樊纲：此次的宏观调控政府的决策方向是对的，也比较及时。当前要做的我认为是保持政策的稳定，已经出台的措施要继续实施。宏观政策效果往往有一个后滞期，4 月出台的一些有关土地和贷款的政策，效果要到 2004 年四季度以后才能看出。应该看到，现在有人把宏观调控和改革政策混为一谈，希望通过此次宏观调控去解决投融资体制改革、国有银行改革等深层次经济问题。其实，宏观调控的主要目的是在短期内调整总需求，保持经济的稳定增长，它无法替代改革政策，而改革政策才是进行深层次的体制变革。宏观调控和改革政策应该是并行不悖的。由此也看出中国宏观经济学还有待进一步普及，美国 10 万经济学家中有 5 万是在研究宏观经济理论与政策。我们需要从基础理论等多方面、全方位的研究宏观经济学，而非进行一些混淆概念、前提不清的简单争论。

【案例问题】

（1）根据案例分析，宏观调控的任务是什么？宏观调控的目的是什么？

（2）根据案例分析，18 世纪、19 世纪西方没有宏观调控，会出现什么情况？

（3）根据案例分析，宏观调控和改革有什么不同？

【案例分析】

（1）宏观调控的主要任务是缩小波动，所以就是要在经济波动还没有真正起来的时候就采取措施，防患于未然，防止经济大起大落，防止大热后的大萧条，防止通货膨胀之后的通货紧缩。

（2）18 世纪、19 世纪西方没有宏观调控，每七八年会出现一次经济危机，是产品过剩的危机，先是过热，然后是过剩与危机。

（3）宏观调控的主要目的是在短期内调整总需求，保持经济的稳定增长，它无法替代改革政策，而改革政策才是进行深层次的体制变革。宏观调控和改革政策应该是并行不悖的。

案例 8.3.2　央行：2008 年新增贷款超 4 万亿灵活利率

【案例知识点】宏观经济政策分析

【案例类型】运用案例

【案例来源】股票吧

【案例时间】2008 年 11 月

【案例内容】当前落实适度宽松的货币政策，就是要根据形势变化及时适度调整货币政策操作，确保货币信贷稳定增长及金融体系流动性充足，促进经济平稳较快增长，支持扩大内需，维护币值稳定和金融稳定，加大金融对经济增长的支持力度。

2008年7月以来，中国人民银行根据党中央、国务院统一决策部署，针对国际金融危机加剧、国内通胀压力减缓等新情况，统筹兼顾，进一步加强对经济金融运行的监测分析，及时调整金融宏观调控措施，连续三次下调存贷款基准利率，两次下调存款准备金率，取消对商业银行信贷规划的约束，并引导商业银行扩大贷款总量。据统计，1~10月金融机构人民币贷款增加3.7万亿元，其中7~10月增加12万亿元，同比多增2557亿元。

此次美国金融危机迅速演变为大萧条以来最严重的国际金融危机，其来势之猛、波及之广、影响之深超出各方面预料，世界金融体系和实体经济遭到了重大冲击。在全球经济金融一体化条件下，中国必须采取灵活审慎的宏观经济政策，以应对复杂多变的形势。

为抵御国际经济环境不利影响，日前，党中央、国务院决定实行积极的财政政策和适度宽松的货币政策，出台扩大内需、促进经济增长的10项措施。作为负责任的大国和世界第四大经济体，中国经济保持平稳较快发展就是对世界最大的贡献。

当前落实适度宽松的货币政策，就是要根据形势变化及时适度调整货币政策操作，确保货币信贷稳定增长及金融体系流动性充足，促进经济平稳较快增长，支持扩大内需，维护币值稳定和金融稳定，加大金融对经济增长的支持力度。

一是确保金融体系流动性充足。大幅调减公开市场操作力度，除停发3年期央行票据外，1年期和3个月期央行票据发行频率也已降低。此外，针对存款类金融机构新推出短期招标工具（TAF），为流动性出现暂时困难的金融机构提供资金支持。

二是促进货币信贷总量稳定增长，加大银行信贷对经济增长的支持力度。继续根据经济金融形势及CPI涨幅的变化，灵活调整基准利率、存款准备金率等货币政策工具。扩大信贷投放。近期将指导政策性银行在年底前再追加贷款1000亿元，支持重点项目建设及农副产品收购；鼓励商业银行对年底前1000亿元中央投资项目提供配套贷款。

三是加强窗口指导和政策引导，着力优化信贷结构。坚持区别对待、有保有压，鼓励金融机构加大对重点工程建设、中小企业、“三农”、灾后重建、助学、就业等的信贷支持，加大对技术改造、兼并重组、过剩产能转移、节能减排、发展循环经济的信贷支持，有针对性地培育和巩固消费信贷增长点。同时继续限制对“两高”行业和产能过剩行业劣质企业的贷款。

四是进一步发挥债券市场融资功能。大力发展企业债、公司债、短期融资券和中期票据等非金融企业债务融资工具，扩宽企业融资渠道。

五是进一步改进中央银行金融服务。确保扩大内需后增加的现金供应。大力配合积极财政政策，畅通国库资金支付清算渠道，扩大国库直接支付涉农、救灾补贴等政府性补助资金范围，提高社保基金收缴和社会化发放效率，确保各项财政支出资金及时安全拨付到位。

【案例问题】

（1）根据案例分析，2008年7月以来，经济环境发生了什么变化？中国人民银行对货币政策进行了什么调整？具体运用了哪些工具？

（2）根据案例分析，适度宽松的货币政策下，中国人民银行运用哪些手段保持金融体系的流动性充足？

（3）根据案例分析，为落实适度宽松的货币政策，央行从哪些方面进行货币政策操作？

【案例分析】

（1）2008 年 7 月以来，针对国际金融危机加剧、国内通胀压力减缓等新情况，中国人民银行采取了适度宽松的货币政策。具体措施为连续三次下调存贷款基准利率，两次下调存款准备金率，取消对商业银行信贷规划的约束，并引导商业银行扩大贷款总量。

（2）为确保金融体系流动性充足，央行大幅调减公开市场操作力度，除停发 3 年期央行票据外，1 年期和 3 个月期央行票据发行频率也已降低。此外，针对存款类金融机构新推出短期招标工具（TAF），为流动性出现暂时困难的金融机构提供资金支持。

（3）为落实适度宽松的货币政策，央行从五个方面进行货币政策操作：一是确保金融体系流动性充足。二是促进货币信贷总量稳定增长，加大银行信贷对经济增长的支持力度。继续根据经济金融形势及 CPI 涨幅的变化，灵活调整基准利率、存款准备金率等货币政策工具。扩大信贷投放。三是加强窗口指导和政策引导，着力优化信贷结构。坚持区别对待、有保有压。四是进一步发挥债券市场融资功能。大力发展企业债、公司债、短期融资券和中期票据等非金融企业债务融资工具，扩宽企业融资渠道。五是进一步改进中央银行金融服务，确保扩大内需后增加的现金供应。

案例 8.3.3　4 万亿受惠概念股票分析

【案例知识点】宏观经济政策对股市的影响分析

【案例类型】运用案例

【案例来源】财富赢家网

【案例时间】2009 年 3 月

【案例内容】近期内板块方面受经济刺激方案直接影响的建筑板块领涨大盘，水泥、钢铁、建材最为突出，其中水泥板块全线涨停，特别是龙头太行水泥更是连续 4 个涨停，说明水泥板块最受资金关注，遥遥领先于各大板块，雄踞各大板块之首，成为市场一道亮丽的风景线。显然，在全球金融危机愈演愈烈的背景下，扩大内需已经成为我国维持经济良好运行的首要对策，大规模的基建则是扩大内需最直接的手段。因此以水泥为代表的建材板块在目前经济形势下，值得看高一线。回溯历史，我们可以看到前次稳健货币政策与积极财政政策的组合，是 10 年前应对亚洲金融危机而作出的调整。中国当时果断推出的这一对策，为中国抵御亚洲金融危机冲击、保持国内经济增长奠定了重要基础。实际上这样的对策组合本质是扩张性的，也是管理层曾采取的最为积极的宏观对策组合之一。当前媒体报道称在财部内部，也曾讨论明年是否应该实施积极的财策。但实际上，从 2 万亿元

铁路投资、近5万亿元公路投资预案来看，积极财政政策早已实施，没有任何悬念。目前两方面信息在提示我们，加大投资的力度将不断提升超出预期。一是中央可能加大国债发行额度，明年财政赤字也将因此提升3000亿元；二是中央可能允许地方发债，其意图不言而喻。尤其是第二点更是激励基础投资，解决基建资金的关键。毕竟从历史情况来看，地方规划往往占基建规划的主要比例，中央基建和地方基建比一般为1∶3。在周末明确4万亿元刺激经济扩大内需的方案后，预计下一步将在固定资产投资和生两大领域落实宏调新策，包括发改委、央行、财部、商务部等具体部门将出台围绕财税、信贷、外贸三方面的重大策略与措施。据了解，中央经济工作会议定调后，国家发改委紧接着将在12月召开发改委工作会议，将具体执行宏观调控措施、协调经济运行。而当前基本可以确定的基础建设投资领域，主要在2万亿元的铁路投资和5万亿元的公路投资方面。从“十一五”规划区推断，短期内福建、广东、江西、四川等中部省份将是公路投资的主要领域。因此水泥板块成为资金重点关注也不足为奇，而龙头太行水泥连续4个涨停更加证实了水泥板块的龙头地位。

【案例问题】

（1）根据案例分析，中国在1998年为应对亚洲金融危机，采取了什么财政政策和货币政策？这种财政政策和货币政策的组合是扩张性的还是收缩性的政策？当时推出这一政策组合起到了什么作用？

（2）根据案例分析，在全球金融危机愈演愈烈的背景下，我国维持经济良好运行的首要对策是什么？为采取这一对策，最直接的手段是什么？

（3）根据案例分析，受经济刺激方案直接影响的板块是哪个？哪些行业最受益？

（4）根据案例分析，积极财政政策可能从哪些方面实施？

【案例分析】

（1）中国在1998年为应对亚洲金融危机，采取了稳健货币政策与积极财政政策的组合，这种财政政策和货币政策的组合是扩张性的政策。中国当时果断推出的这一对策，为中国抵御亚洲金融危机冲击、保持国内经济增长奠定了重要基础。

（2）在全球金融危机愈演愈烈的背景下，扩大内需已经成为我国维持经济良好运行的首要对策，大规模的基建则是扩大内需最直接的手段。

（3）受经济刺激方案直接影响的建筑板块领涨大盘，水泥、钢铁、建材最为突出。

（4）积极财政政策可能从以下方面实施：一是2万亿元铁路投资、近5万亿元公路投资预案；二是中央可能加大国债发行额度；三是中央可能允许地方发债。

案例8.3.4 分析加息对股市8方面影响：三大行业受冲击最大

【案例知识点】宏观经济政策对股市的影响分析

【案例类型】运用案例

【案例来源】华西都市报

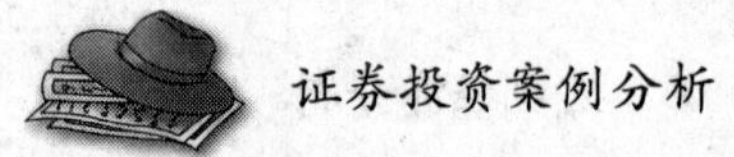

【案例时间】2004 年 10 月

【案例内容】

加息影响·企业利润——不影响企业 2004 年收成

人民币加息，对上市公司 2004 年的业绩和利润总额影响不大。天信证券研究所统计显示，2003 年年末全部 A 股平均有息负债率为 36.31%，加息 27 个 BP 对全年利润总额的影响只有 1%。由于现在已经到了三季度末，加息对今年上市公司利润总额的负面影响将会更小。

但是，此次加息以及可以预见的随后的加息可能，将影响上市公司明年的利润总额，因此，投资者应该适当降低对股市 2005 年的预期。

加息影响·行业冲击——三大行业将受较大冲击

加息对中国经济的影响是全方位的，但是，不同的行业受加息的冲击并不一样。

首先，受加息影响最大的三个行业是房地产、民航、高速公路。由于这些行业都是靠高贷款生存的，因此，利息上涨将直接加重相关企业的利息负担。按去年的数据测算，此次贷款利息上升 27 个 BP，民航业的利润总额将减少 3 成多。

其次，受加息冲击厉害的行业依次是：机场、石化、钢铁、农业、化纤、管道运输等行业。影响最小的是航运业，加息 27 个 BP 对行业利润的影响力只有 0.30%。

短期内，银行、房地产、航空、石化、钢铁、水泥、建材、高速公路、机场等行业上市公司股价将会出现一定的下跌，投资者要注意风险控制。

加息影响·银行收益——上市银行利润增加有限

如果说加息对所有行业的影响都是间接的，那么，加息对银行股的影响就是最直接的，我们认为，本次加息对上市银行股的影响属于中性，可能适当增加上市银行的利息收入。

这次加息，存贷款利率同时提高 27 个 BP，存贷利差没有扩大，对占利润 70% 来源于贷款利息的上市银行来说，这意味着加息无法提高它们的利润。但是，央行此次取消了商业银行贷款利率的上限，虽然高利息的操作难度和风险很大，但这会适当增加上市银行的利息收入。

2004 年 4 月以来，在宏观调控下，贷款额度已明显缩小，这意味着银行的利润会减少。但一直以来降速较快的货币供应量在 2005 年会出现反弹，因此，上市银行 2005 年的利润下降还是非常有限的。

同时，国债市场 2004 年以来的平均收益率已相对于去年上升了 30 个 BP 以上，本次加息对国债市场及投资于国债的上市银行投资收益来说，影响也并不大。

加息影响·股市走势——股市中长期走势趋弱

在加息周期中，股市中长期走势受到抑制。通过我们对 1991 年来利率变动与股市波动的全样本统计分析，利率与股市指数存在弱反向相关，如 1993—1995 年加息周期中，股市出现长周期大幅下跌走势，而在 1996—1999 年的降息周期中，股市牛市行情产生。

利率提高及上市公司业绩增长减缓，将双向推动市盈率降低，并对证券市场将产生持续影响，股市中期走势将因此受到抑制。

加息影响·美国股市——利息与股市大都反向

从美国股市最近两次对加息政策出台的反应来看。2004 年 6 月 30 日，美国第一次加息，由于未被市场充分预期，政策正式出台后，股市出现下跌，当然这其中也有失业率上升、经济复苏势头放缓、美元汇率低迷、石油价格冲关 50 美元等经济基本面因素有关。

8 月 10 日，美国第二次加息，由于市场提前已有充分预期，并且美国经济学家普遍认为，升息政策是经济重新步入增长周期的特定产物，所以，当日股市为此而作出积极反应，在短暂探底回升以后出现大涨。

不过，从美国股市长期历史走势看，股市走势与收益率与利率的负相关性非常明显。通俗地说，加息时，美国中长期走势一般趋弱；减息时，美国股市中长期走势一般比较强。

【案例问题】

（1）根据案例分析，加息对上市公司 2003 年和 2004 年的利润会有什么影响？

（2）根据案例分析，受加息影响最大的是哪些行业？为什么？

（3）根据案例分析，加息对上市银行的利润有什么影响？

（4）根据案例分析，加息对股市的中长期走势有何影响？

（5）根据案例分析，美国股市对最近两次加息有何反应？美国股市中长期走势与加息的关系一般怎样？

【案例分析】

（1）人民币加息，对上市公司 2004 年的业绩和利润总额影响不大。因为根据天信证券研究所的统计，2003 年年末全部 A 股平均有息负债率为 36.31%，加息 27 个 BP 对全年利润总额的影响只有 1%。而且现在已经到了三季度末，加息对 2004 年上市公司利润总额的负面影响将会更小。但是，此次加息以及可以预见的随后的加息可能，将影响上市公司 2005 年的利润总额。

（2）受加息影响最大的 3 个行业是房地产、民航、高速公路。由于这些行业都是靠高贷款生存的，因此，利息上涨将直接加重相关企业的利息负担。按 2003 年的数据测算，此次贷款利息上升 27 个 BP，民航业的利润总额将减少 3 成多。

（3）本次加息对上市银行股的影响属于中性。这次加息，存贷款利率同时提高 27 个 BP，存贷利差没有扩大，对占利润 70% 来源于贷款利息的上市银行来说，这意味着加息无法提高它们的利润；央行此次取消了商业银行贷款利率的上限，虽然高利息的操作难度和风险很大，但这会适当增加上市银行的利息收入；2004 年 4 月以来，在宏观调控下，贷款额度已明显缩小，这意味着银行的利润会减少；国债市场 2004 年以来的平均收益率已相对于 2003 年上升了 30 个 BP 以上，本次加息对国债市场及投资于国债的上市银行投资收益来说，影响也并不大。

（4）在加息周期中，股市中长期走势受到抑制。通过对1991年来利率变动与股市波动的全样本统计分析，利率与股市指数存在弱反向相关。利率提高及上市公司业绩增长减缓，将双向推动市盈率降低，并对证券市场将产生持续影响，股市中期走势将因此受到抑制。

（5）从美国股市最近两次对加息政策出台的反应来看。2004年6月30日，美国第一次加息，由于未被市场充分预期，加上失业率上升、经济复苏势头放缓、美元汇率低迷、石油价格冲关50美元等，政策正式出台后，股市出现下跌；8月10日，美国第二次加息，由于市场提前已有充分预期，并且美国经济学家普遍认为，升息政策是经济重新步入增长周期的特定产物，所以，当日股市为此而作出积极反应，在短暂探底回升以后出现大涨。

不过，从美国股市长期历史走势看，股市走势与收益率与利率的负相关性非常明显。通俗地说，加息时，美国中长期走势一般趋弱；减息时，美国股市中长期走势一般比较强。

案例8.3.5　3年央行票据重启，央行青睐市场化灵活回笼手段

【案例知识点】货币政策工具分析

【案例类型】基础案例

【案例来源】上海证券报

【案例时间】2010年4月

【案例内容】停发了近两年的3年央行票据再度复出。央行在公开市场发行150亿元3年央行票据，令公开市场资金回笼再添深度锁定工具。同时标志着，在二季度内，上调准备金率恐再度被束之高阁。

昨天发布的央行票据发行公告显示，今天央行将在公开市场发行150亿元3年央行票据，并暂定为每两周发行一次。这是自2008年7月暂停发行后，3年央行票据再度复出。

作为公开市场重量级操作工具，3年央行票据的每次推出自然都与银行体系的流动性大量增加有关。在目前市场对升值、加息和准备金率调整的敏感时期，3年央行票据复出还将对未来货币政策的走向有诸多暗示作用。

首先，尽管二季度公开市场到期资金量将达到1.82万亿元，同时可能还将伴有热钱不断流入，但是准备金率的使用概率将被降低。因为，在现有公开市场操作工具中，3年央行票据对准备金率的替换效应最强。早在2004年年底，央行就曾以发行3年央行票据的方式替换准备金率，减少这一“巨斧”型工具对市场的冲击。而今，3年央行票据重启，表明在适度宽松货币政策基调下，央行仍倾向于以温和的市场化手段回笼资金。

其次，利率水平有望继续保持稳定。值得关注的一个细节是，此次3年央行票据发行量为150亿元，首发规模仅为本周一年央行票据的1/4。但是，由于流动性宽裕，商业银行对3年央行票据的需求远不止于此。这一安排表明央行意在稳定利率水平，即在初期，

先通过少量发行测试3年央行票据的利率底线，然后再逐步扩大发行量，以避免发行利率过高，引发包括1年央行票据在内的短期债券利率急升，导致市场产生不必要的升息预期。业内人士预计，短期内3年央行票据收益率或略低于与同期限金融债，大约为2.7%~2.75%。

此外，3年央行票据的重启或与完善人民币汇率形成机制相配套。申万研究所首席宏观经济分析师李慧勇表示，3年央行票据的推出是人民币汇率重启浮动的前奏，这可以使央行掌握足够的工具锁定因升值预期而大量流入的热钱。而兴业银行资深经济学家鲁政委的研究显示，当单月外汇占款稳定在2000亿元左右时，央行会发行1年央行票据；当处于3000亿元左右时，央行就会发行3年央行票据了。而2009年12月和2010年1月，单月外汇占款则已升到了2900亿元左右，表明3年央行票据推出的时机已经成熟。

【案例问题】

(1) 根据案例分析，3年央行票据属于哪种货币政策工具？发行3年央行票据可以起到什么作用？

(2) 根据案例分析，在现有公开市场操作工具中，3年央行票据对哪种工具的替换效应最强？

(3) 根据案例分析，3年央行票据与存款准备金率相比有什么特征？

【案例分析】

(1) 3年央行票据属于一般性政策工具中的公开市场业务。发行3年央行票据可以起到回笼市场资金的作用。

(2) 在现有公开市场操作工具中，3年央行票据对准备金率的替换效应最强。

(3) 以发行3年央行票据的方式替换准备金率，可以减少这一“巨斧”型工具对市场的冲击，可以温和的市场化手段回笼资金。

8.4 股票市场供求关系分析

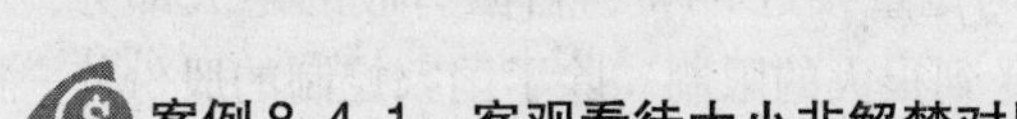

案例8.4.1 客观看待大小非解禁对股市的影响

【案例知识点】证券市场供给的决定因素

【案例类型】运用案例

【案例来源】期货日报

【案例时间】2008年7月

【案例内容】

1. 股改过程的两阶段

2005年5月10日三一重工宣布了股改对价方案，标志着我国A股市场正式进入了股权分置改革的重要历史阶段。到2007年年底，大部分上市公司都已实施了股改对价方案，股权分置改革实现了阶段性胜利。从狭义上理解，股改对价的支付，非流通股获得流通权可以看成是股改的结束，但由于非流通股在二级市场上市前被设置了一个限售期，支付对价与实际流通并不同步，因此股改实际上分为了两个阶段。

股权分置改革的第一个阶段是非流通股向流通股支付对价，获得流通权但被设置了一个限售期，这个阶段大致从2005年开始到2007年结束；第二个阶段则是非流通股的限售期解除，可以在二级市场进行交易的阶段，也称大小非解禁期，该阶段主要在2007年到2010年之间，在所有非流通股都获得了流通权并度过了解禁期后，A股市场正式进入全流通时代。

2. 大小非解禁压力与解禁进度

进入股权分置改革第二阶段以后，A股市场的主要矛盾将集中在大小非减持上。当初在建立内地股票市场时，制度设计者们不仅设置了流通股和非流通股，而且为了保证公有经济的优势，使国有股份占到上市公司股份的绝对多数，造成了国有股一股独大和非流通股份（主要是国家持股和国有法人持股）比重远远超过流通股份的局面，因此在股权分置改革进行的过程中，当原先的非流通股开始结束限售期进行流通时，二级市场面临着巨大的扩容压力。

从限售股市值和流通股市值对比数据来看，流通股的市值占总市值的比重大致在40%，而限售股市值要占到6成左右，全部抛售的极端假设下新增供给达到160%，相当于再造了一个半二级市场；再从资金量角度来衡量大小非抛售所带来的压力。即使采用最乐观的估计，要维持股价水平在2007年10月的高位状态，未来几年需要新增入市资金都要超过上万亿元人民币；再从大小非解禁的时间进度看，2007年10月—2008年3月是一个解禁量较大的时期，接下来是2009年2月—2010年2月，是限售股解禁按数量计算的最高峰，最后在2011年2月前后还会产生一波解禁高峰期。

从以上数据进行判断，限售股解禁带来的压力是十分巨大的，但大小非解禁的到来真的就是洪水猛兽吗？全流通的到来真的会造成二级市场供给急剧放大而压垮A股市场吗？

国家直接和间接持有的股份在限售股中的比重接近80%，占限售股的绝大部分，和其他形式的限售股不同，国家持股的抛售会受到很大的限制；除了国家控制的股份外，比重最大的限售股为各类法人机构（境内法人持股和其他内资法人持股）所持有，从长期来看目前的法人机构的资金一定会留驻在A股市场，即使产生短期抛售最终还是回流到股票市场，目前市场最主要的担忧是在股价经过大幅度上涨后产生了泡沫，大小非有短期套现的冲动，特别有些基本面不是很好的上市公司限售股抛售的动机更大，会导致股价产生大幅的振荡。

3. 全流通过程的市场影响

全流通过程所带来的第一个重要影响是：A股市场定价权产生转变，由前期的完全由金融资本主导转变为由产业资本主导，经过一定时间磨合后金融资本和产业资本会寻求相互促进的道路，A股市场形成较为成熟的投资氛围。在股改之前，二级市场局限在流通股

范围，市场规模相对较小，更主要的是控股股东所持有的非流通股不能参与二级市场交易，股价表现不能与这部分股权的利益挂钩，大股东对上市公司的资产质量和赢利能力不会真正关心，导致了A股市场基础不坚实，参与主体必然是以投机为主要动机。

但在股改第二阶段，由于大小非解禁的到来，二级市场实际上发生了巨大的扩容，流通市场的最大筹码掌握在了产业资本手中，金融资本凭自身的资金和筹码已经无法掌握完全的主导权，如果维持过高的价格延续股市的泡沫化，必然引起产业资本的大量抛售，导致交易损失。

全流通过程带来了金融资本和产业资本的博弈，对于金融资本来说，由于A股目前只能进行单边做多获得收益，所以股价上涨对其有利，但如果过度拉升股票价格会导致产业资本的套现，再次制造泡沫的意愿和实力都降低了，如果推出做空机制，我们认为金融资本具有做空的动力，一是借大小非解禁扩容压力增大，比较容易打压价格，获得做空收益，其次在打压价格的过程中吸引部分大小非抛售，减轻未来再做多时的压力。但从长期来看，金融资本不可能主要依靠做空来获得收益，持续做空意味着不断丧失股票筹码，到一定阶段将无法影响价格，而且长期的下跌会导致股市的运行效率下降并导致参与资金的减少，对金融资本本身发展不利。而对于产业资本而言，无论有无做空机制，股市上涨对其都最有利，主要基于两个方面的原因考虑，一是价格上涨套现收益更大，相反在下跌行情中，即使有做空保值的机制，由于流动性等原因仍然会导致资产市值的缩水和套现价值的减少；二是在上涨行情中，产业资本融资更容易，熊市行情中将会导致融资的困难。

显然从长远来看，金融资本和产业资本都不可能从相互对立中获得最大利益，走向相互促进的道路才是可取的方式。而这个相互促进的道路必然是金融资本和产业资本的合作，促使股市长期稳定的上涨。在这个过程中，主流的金融资本会真正走向价值投资的道路，选择与经营能力强的产业资本合作，购买基本面优质的上市公司股票，即使承接了产业资本部分的解禁筹码，上市公司的成长也足以保障其长期收益。而产业资本也具有动力做大做强上市公司，因为如果赢利能力恶化，会导致金融资本抛售股份，产业资本即使想要套现也没有足够的承接盘。

全流通过程带来的第二个重要影响是A股估值系统将发生深刻变化。金融资本在全流通到来的时期已经无法维持股价的泡沫化，因为过高的价格会导致产业资本的套现，而大小非所持有的股份数量实在过于庞大，其抛售行为将使金融资本难以承受，所以在全流通过程中A股的估值水平会走向理性回归。

第三个影响是A股市场的个股价格走向将产生分化，非系统性风险的管理在股票投资中的重要性会越来越突出。基本面优质的上市公司的股票会受到各类投资者的争相追捧，而经营能力低下赢利水平很差的上市公司，股票价格会不断走低，受到市场的抛弃。原因很简单，基本面差的公司特别是一些根本没有赢利的垃圾股，其大小非股东抛售的意愿必然是非常强烈的，一有投机资金试图拉升价格必然导致产业资本的套现而使价格下挫。投资者一旦认清到这种状况，必然会强烈抛售该类股票，导致价格的委靡不振。

【案例问题】

(1) 根据案例分析，股改分为几个阶段，什么时候中国股市进入全流通时代?

(2) 根据案例分析，大小非减持会对二级市场产生什么影响?

(3) 根据案例分析，全流通过程对股市会产生哪些影响?

【案例分析】

(1) 股权分置改革的第一个阶段是非流通股向流通股支付对价，获得流通权但被设置了一个限售期，这个阶段大致从2005年开始到2007年结束；第二个阶段则是非流通股的限售期解除，可以在二级市场进行交易的阶段，也称大小非解禁期，该阶段主要在2007年到2010年之间，在所有非流通股都获得了流通权并度过了解禁期后，A股市场正式进入全流通时代。

(2) 进入股权分置改革第二阶段以后，A股市场的主要矛盾将集中在大小非减持上。当初在建立内地股票市场时，制度设计者们不仅设置了流通股和非流通股，而且为了保证公有经济的优势，使国有股份占到上市公司股份的绝对多数，造成了国有股一股独大和非流通股份（主要是国家持股和国有法人持股）比重远远超过流通股份的局面，因此在股权分置改革进行的过程中，当原先的非流通股开始结束限售期进行流通时，二级市场面临着巨大的扩容压力。

(3) 全流通过程对股市的影响有：A股市场定价权产生转变，由前期的完全由金融资本主导转变为由产业资本主导，经过一定时间磨合后金融资本和产业资本会寻求相互促进的道路，A股市场形成较为成熟的投资氛围；A股估值系统将发生深刻变化，A股的估值水平会走向理性回归；A股市场的个股价格走向将产生分化。

案例8.4.2　中国平安：压垮大盘的最后一根稻草

【案例知识点】证券市场供给的决定因素

【案例类型】运用案例

【案例来源】中国产经新闻

【案例时间】2008年1月

【案例内容】本来就疲态尽现的股票市场被一根稻草压垮。压垮大盘的最后一根稻草，来自旗帜性的蓝筹股中国平安。中国平安宣布将增发12亿股外加发行400亿元的可转债，筹集规模高达1600亿元，将创下A股历史上最大再融资纪录，此消息导致其股价破位下行并封死跌停板，另外还带动了其他保险股的下挫。

1月20日，中国平安宣布拟公开增发不超过12亿A股，并公开发行不超过412亿元分离交易可转债，融资额粗略计算将近1600亿元。此举引发市场的担忧与恐慌。抛盘从中国平安，迅速蔓延至整个金融板块，并进而带动保险、银行、钢铁、地产、有色金属等蓝筹密集的板块全线大跌。中国平安最终以跌停报收，人寿与太保也受累重创8%以上。连中石油、中石化等指标股也都收出巨阴。在权重指标股的集体打压下，上证综指、深成指当日同时出现了超过5%的罕有跌幅。

1月21日大市方面，沪综指略微高开至5188.79点，最高点位5200.93点转瞬即逝后，随即展开全天的急速下挫走势，最低探至4891.29点，报收4914.44点或暴跌5.14%，收市下跌266.07点；深成指开盘18166.71点，最高18188.72点，最低17133.93点，报收17210.93点，暴跌5.08%，收市下跌920.45点。两市成交量共计2036.4亿元，较上个交易日增加169.8亿元。

平安跌停，金融股、权重股普跌更引发了市场的恐慌性抛盘。导致市场调整的原因，是美国次贷危机引发的全球股市大跌，以及央行再次上调存款准备金率、平安巨额融资等一系列因素的累积。大盘的调整表明，由于美国经济和国内资金面不确定性的增加，使市场上的多空分歧进一步加大。

【案例问题】

（1）根据案例分析，2008年年初压垮大盘的最后一根稻草是什么？

（2）根据案例分析，中国平安提出了什么再融资方案？

（3）根据案例分析，中国平安的再融资对股市产生了什么影响？

（4）根据案例分析，中国平安的再融资为什么会导致股市下跌？

【案例分析】

（1）2008年年初压垮大盘的最后一根稻草是中国平安的巨额再融资方案。

（2）中国平安提出的再融资方案为公开增发不超过12亿A股，并公开发行不超过412亿元分离交易可转债，融资额粗略计算将近1600亿元。

（3）中国平安的再融资引发市场的担忧与恐慌。抛盘从中国平安，迅速蔓延至整个金融板块，并进而带动保险、银行、钢铁、地产、有色金属等蓝筹密集的板块全线大跌。

（4）中国平安的再融资方案导致股市的证券供给短期内大幅增加，进而引起股价下跌。

9 行业分析

9.1 行业一般特征分析

案例 9. 1. 1 资源类行业，垄断优势题材不断

【案例知识点】行业市场结构分析

【案例类型】运用案例

【案例来源】天津中融

【案例时间】2007 年 12 月

【案例内容】广义的资源指人类生存发展和享受所需要的一切物质的和非物质的要素。因此，资源既包括一切为人类所需要的自然物，如阳光、空气、水、矿产、土壤、植物及动物等，也包括以人类劳动产品形式出现的一切有用物，如各种房屋、设备、其他消费性商品及生产资料性商品，还包括无形的资财，如信息、知识和技术，以及人类本身的体力和智力。狭义的资源仅指自然资源。自然资源是指具有社会有效性和相对稀缺性的自然物质或自然环境的总称。自然资源包括土地资源、气候资源、水资源、生物资源、矿产资源、海洋资源、能源资源、旅游资源等。这类行业主要包括有色金属、煤炭、石化、电力等拥有能源，资源储备的行业，以及种植、林业、房地产、旅游景点、水电气等公用事业。从长期来看，中国乃至世界对自然资源的需求非常巨大，在今后很长一段时间内，我国的能源、矿石、土地、水、煤炭、电力等资源都将面临着很大的缺口。而从上市公司业绩来看资源类股票业绩近年一直呈现整体增长，在行业排名中名列前茅，吸引了众多机构资金，成为领跑行情的佼佼者。各类资源的稀缺性赋予了资源类行业及具有独特资源优势的上市公司层出不穷的题材。而有色金属和煤炭板块中拥有矿山资源的各股更具长期投资价值。

高油价时代在短短 3 年的时间内悄然来临，布什政府的高油价策略，美元贬值、OPEC 限产保价等因素助推下高油价成为了一个不争的事实。原油期货市场甚至惊现 200 美元/桶的远期合约。而石油作为重要的消费能源和战略储备，对整个世界经济产生重要影响。以黄金为代表的全球主要金属价格同步上扬。而以中国等发展中国家经济的强劲增长及人民币升值对国际资源的过度需求将使得已然被推高的资源价格在未来继续维持强势

振荡运行格局。国际资本的介入固然是资源类商品期货与股票市场相关品种的外在推动力量，而就其商品属性来看，供求关系是影响价格的根本因素。而经济的长期发展趋势与资源类行业的稀缺性就直接赋予了该类行业的具有资源垄断的上市公司，及在国家经济转型中把握先机的上市公司对资金的天然吸引力。

按自然资源的增殖性能，可分为：①可再生资源。这类资源可反复利用，如气候资源、水资源、地热资源。②可更新资源。这类资源可生长繁殖，其更新速度受自身繁殖能力和自然环境条件的制约，如生物资源。③不可再生资源。这类资源形成周期漫长，如矿产资源、土地资源。其中尤以拥有矿产资源最具长期投资价值。2007 年 11 月，国家对高耗能行业调控力度加大，产能过剩逐渐改善，电力和矿石资源开始成为生产的制约因素。结构性调整将使拥有资源的企业显现优势。资源类上市公司的股价上涨通常跟随现货价格的上涨。由于石油价格高涨，各地煤改油的加快实施，签订的 2008 年重点合同煤价格大幅度上涨，产地和消费地的市场煤价持续上涨，煤炭板块仍然是机构青睐的价值投资板块。我国森林资源丰富，随着消费升级对木材需求的增长，供给偏紧，价格上涨趋势不改。天然林保护资源的实施，使得我国林业成为稀缺资源，拥有林业资源的相关上市公司未来潜力值得挖掘，资源类行业涉及的范围在逐渐扩大，其稀缺性和相对垄断性随着社会经济的转型将更加突出，是二级市场上挖掘不断的题材源泉，其中具有资源优势的优质上市公司将成为二级市场的佼佼者。

【案例问题】

（1）根据案例分析，自然资源涉及的行业主要有哪些？

（2）根据案例分析，自然资源涉及的行业未来投资价值如何？

（3）根据案例分析，按自然资源的增殖性能，自然资源可分成哪些类别？

【案例分析】

（1）自然资源涉及的行业主要包括有色金属、煤炭、石化、电力等拥有能源，资源储备的行业，以及种植、林业、房地产、旅游景点、水电气等公用事业。

（2）从长期来看，中国乃至世界对自然资源的需求非常巨大，在今后很长一段时间内，我国的能源、矿石、土地、水、煤炭、电力等资源都将面临着很大的缺口。而从上市公司业绩来看资源类股票业绩近年一直呈现整体增长，在行业排名中名列前茅，吸引了众多机构资金，成为领跑行情的佼佼者。各类资源的稀缺性赋予了资源类行业及具有独特资源优势的上市公司层出不穷的题材。而有色金属和煤炭板块中拥有矿山资源的各股更具长期投资价值。

（3）按自然资源的增殖性能，可分为：①可再生资源；②可更新资源；③不可再生资源。

案例9.1.2 行业增长类型分析

【案例知识点】行业与经济周期的关系分析

【案例类型】运用案例

【案例来源】百度文库

【案例时间】2007年12月

【案例内容】分析某行业的增长类型，可利用该行业的历年统计资料与国民经济综合指标进行对比。具体做法是取得某行业历年的销售额或营业收入的可靠数据并计算出年变动率，与国民生产总值增长率或国内生产总值增长率进行比较。通过比较，可以作出如下判断：

第一，如果GNP或GDP连续几年逐年上升，说明国民经济正处于繁荣阶段；反之，则说明国民经济正处于衰退阶段。

第二，如果在国民经济繁荣阶段时行业的销售额也逐年同步增长，或是在国民经济处于衰退阶段时行业的销售额也同步下降，说明这一行业很可能是周期性行业。

第三，如果在大多数年份中行业的年增长率都高于GNP或GDP的年增长率，或者行业销售额在GNP或GDP中所占比重逐年上升，说明该行业是增长型行业。

第四，如果行业年增长率较低甚至不增长，说明该行业很可能是防守型行业。

下表列示了某行业发展状况与国民生产总值发展的比较。根据表中数据可以看出，GNP连续几年上升，说明经济处于繁荣阶段；该行业在比较年份的年增长率都高于GNP的增长率，并且行业销售额占GNP的比重逐年上升，该行业很可能是增长型行业。

某行业销售额与国民生产总值比较表

年次	某行业		国民生产总值		某行业销售额占国民生产总值百分比（%）
	销售额（10亿元）	年增长率（%）	金额（10亿元）	年增长率（%）	
1	7.2		105		6.86
2	7.7	6.94	112	6.67	6.88
3	8.25	7.14	120	7.14	6.88
4	8.9	7.88	129	7.50	6.90
5	9.62	8.09	139	7.75	6.92
6	10.41	8.21	150	7.91	6.94
7	11.32	8.74	162	8.00	6.99
8	12.43	9.81	176	8.64	7.06
9	13.87	11.58	192	9.09	7.22
10	15.67	12.98	210	9.38	7.46

【案例问题】

（1）根据案例分析，如果 GNP 或 GDP 连续几年逐年上升，说明国民经济正处于什么阶段？

（2）根据案例分析，如果某个行业与国民经济同步增长或衰退，说明该行业可能是什么行业？

（3）根据案例分析，什么样的行业可能是增长型行业？

（4）根据案例分析，如果行业年增长率较低甚至不增长，说明该行业很可能是什么行业？

（5）根据案例分析，上表列示的行业属于哪种行业？

【案例分析】

（1）如果 GNP 或 GDP 连续几年逐年上升，说明国民经济正处于繁荣阶段。

（2）如果在国民经济繁荣阶段时行业的销售额也逐年同步增长，或是在国民经济处于衰退阶段时行业的销售额也同步下降，说明这一行业很可能是周期性行业。

（3）如果在大多数年份中行业的年增长率都高于 GNP 或 GDP 的年增长率，或者行业销售额在 GNP 或 GDP 中所占比重逐年上升，说明该行业是增长型行业。

（4）如果行业年增长率较低甚至不增长，说明该行业很可能是防守型行业。

（5）该行业在比较年份的年增长率都高于 GNP 的增长率，并且行业销售额占 GNP 的比重逐年上升，该行业很可能是增长型行业。

案例 9.1.3　如何投资周期型、防守型和成长型股票

【案例知识点】行业投资方法

【案例类型】运用案例

【案例来源】中金在线

【案例时间】2010 年 1 月

【案例内容】投资者可以通过调整自己的选股策略，去主动顺应不同的经济和市场状况。事实上，股票市场为投资者提供了丰富的、具有不同特征的股票选择，了解这些股票的“性格”，可以让投资者应对自如，知道在什么时候该把钱投到什么地方去。投资者无法改变宏观经济形势和股票市场的起起落落，但可以通过调整自己的选股策略，去主动顺应不同的经济形势和市场状况。

周期型股票投资策略

绝大多数行业和公司都难以摆脱宏观经济景气周期的影响。虽然作为新兴市场，中国经济预计还要经历 20 年的工业化进程，在此期间经济高速增长是主要特征，出现严重经济衰退或萧条的可能性很低，但周期性特征还是存在。中国的经济周期更多表现为 GDP 增速的加快和放缓，如 GDP 增速达到 12% 以上可以视为景气高涨期，GDP 增速跌落到 8% 以下则为景气低迷期。不同的景气阶段，行业和企业的感受当然会很不一样，在景气

低迷期，经营的压力自然会很大，一些公司甚至会发生亏损。我们国家典型的周期性行业包括钢铁、有色金属、化工等基础大宗原材料行业、水泥等建筑材料行业、工程机械、机床、重型卡车、装备制造等资本集约性领域。当经济高速增长时，市场对这些行业的产品需求也高涨，这些行业所在公司的业绩改善就会非常明显，其股票就会受到投资者的追捧；而当景气低迷时，固定资产投资下降，对其产品的需求减弱，业绩和股价就会迅速回落。此外，还有一些非必需的消费品行业也具有鲜明的周期性特征，如轿车、高档白酒、高档服装、奢侈品、航空、酒店等，因为一旦人们收入增长放缓及对预期收入的不确定性增强都会直接减少对这类非必需商品的消费需求。金融服务业（保险除外）由于与工商业和居民消费密切相关，也有显著的周期性特征。简单来说，提供生活必需品的行业就是非周期性行业，提供生活非必需品的行业就是周期性行业。上述这些周期性行业企业构成股票市场的主体，其业绩和股价因经济周期的变化而起落，因此就不难理解经济周期成为主导牛市和熊市根本原因的道理了。鉴此，投资周期性行业股票的关键就是对于时机的准确把握，如果你能在周期触底反转前介入，就会获得最为丰厚的投资回报，但如果在错误的时点和位置，如周期到达顶端时再买入，则会遭遇严重的损失，可能需要忍受5年，甚至10年的漫长等待，才能迎来下一轮周期的复苏和高涨。

虽然预测经济周期什么时候达到顶峰和谷底，如同预测博彩的输赢一样困难，但在投资实践中还是可以总结出一些行之有效的方法和思路，让投资者有所借鉴。其中利率是把握周期性股票入市时机最核心的因素。当利率水平低位运行或持续下降时，周期性的股票会表现得越来越好，因为低利率和低资金成本可以刺激经济的增长，鼓励各行各业扩大生产和需求。相反，当利率水平逐渐抬高时，周期性行业因为资金成本上升就失去了扩张的意愿和能力，周期性的股票会表现得越来越差。投资者需要注意的是，当央行刚刚开始减息的时候，通常还不是介入周期性股票的最佳时机，此时是经济景气最低迷之际，有些积重难返之势。开始的几次减息还见不到效果，周期性股票还会维持一段时间跌势，只有在连续多次减息刺激后，周期性行业和股票才会重新焕发活力。同理，当央行刚刚开始加息的时候，投资者也不必急于离场，周期性行业和股票还会继续风光一时，只有在利率水平不断上升接近前期高点时，周期性行业才会明显感到压力，这是投资者开始考虑转向的时候。对于市盈率，投资者也不能太迷信了，因为它对于投资周期性股票往往会有误导作用，低市盈率的周期性股票并不代表其具有投资价值，相反，高市盈率也不一定是估值过高。以钢铁股为例，在景气低迷阶段，其市盈率只能保持在个位数上，最低可以达到5倍以下，如果投资者将其与市场平均市盈率水平对比，认为“便宜”后买入，则可能要面对的是漫长的等待，会错过其他投资机会甚至还将遭遇进一步亏损。而在景气高涨期，如2004年上半年，钢铁股市盈率可以达到20倍以上，那个时候如果看到市盈率不断走高而不敢买入钢铁股就会错过一轮上升行情。相对于市盈率，市净率由于对利润波动不敏感，倒可以更好地反映业绩波动明显的周期性股票的投资价值，尤其对于那些资本密集型的重工行业更是如此。当股价低于净资产，即市净率低于1时，通常可以放心买入，不论是行

业还是股价都有随时复苏的极大可能。在整个经济周期里，不同行业的周期表现还是有所差异的。当经济在低谷出现拐点，刚刚开始复苏时，石化、建筑施工、水泥、造纸等基础行业会最先受益，股价上涨也会提前启动。在随后的复苏增长阶段，机械设备、周期性电子产品等资本密集型行业和相关的零部件行业会表现优异，投资者可以调仓买入相关股票。在经济景气的最高峰，商业一片繁荣，这时的上场主角就是非必需的消费品，如轿车、高档服装、奢侈品、消费类电子产品和旅游等行业，换入这类股票可以享受到最后的经济周期盛宴。所以，在一轮经济周期里，配置不同阶段受益最多的行业股票，可以让投资回报最大化。最后，在挑选那些即将迎来行业复苏的股票时，对比一下这些公司的资产负债表，可以帮助你找到表现最好的股票。那些资产负债表健康、相对现金宽裕的公司，在行业复苏初期会有更强的扩张能力，股价表现通常也会更为抢眼。

防守型股票投资策略

顾名思义，防守型股票就是在经济周期处于低谷、股票市场持续不振或因前景不明朗而大幅振荡时投资者用来规避风险的品种。这类股票之所以具有防守能力，是因为其所在行业很少受到经济不景气和宏观经济政策的影响，当周期性行业因需求疲软导致利润滑坡时，防守型行业还能保持原有的利润，是市况不佳时投资者的避风港。典型的防守型行业是公用事业，如供水、供电、供热等行业。需要提示的是，目前中国电力需求的80%以上来自工商企业，只有10%左右来自稳定的居民用电，因此，电力行业的表现也会受到经济周期的影响，防守型特征相对并不明显。另外防守型行业是食品、日用消费品等居民生活必需的商品和服务，比如，不论经济冷暖，当家中灯管不亮时，都需要购买像佛山照明（000541）这样的公司生产的灯管来更换。此外医药行业也具有防守特征，生病就要吃药，人们不会因为GDP增速下降了2%而减少感冒药的消费。由于防守型股票数量相对较少，一旦遇到经济衰退和股市低迷，它们便成为投资者扎堆避险的地方，估值水平会由此上升，被认为是在熊市中可以赚到钱或将损失降到最低的投资品种。但当经济开始复苏、股市走牛的时候，很少有人去投资防守型股票，其表现就会落后于大市。在中国的情况有点特殊，一些防守型行业的公司股票也可以提供成长型股票的投资回报，因为这类公司可以通过持续不断的兼并收购或扩大产能来实现长时间的业绩增长。

成长型股票投资策略

在股市低迷时大多数股票都难以有上佳表现，即便是防守型股票通常也只是相对大盘较强而已，也很难获得相当的投资回报，但成长型股票却不然，它即便在熊市中也能年复一年地创造业绩的增长和股价的上涨，当股市转好时，表现会更加突出。它们的业绩增长和股价上涨通常可以跨越多个经济和股市周期。成长型股票之所以有如此特性，是因为公司找到了未来市场需求不断扩大的新产品或新业务，竞争对手相对较少，有自己的核心竞争力，因此成长型股票多出现在高科技领域，如美国的微软公司通过开发计算机操作系统，其业绩和股价连续20年高增长。此外，在传统行业中，一些公司由于开创了新的业务模式，也可以找到广阔的业务扩张空间，如携程网在国内传统、成熟且又混乱的订票订房市场，通过互联网，线上结合线下模式开创了新的“蓝海”，业务空间大大扩大。由于目前国内企业在科技领域的创新能力方面还相对较弱，A 股市场上的成长型股票更容易出现在对传统行业产品和服务进行改造革新的领域中。虽然成长型股票人人羡慕，却不是每个人都适合参与的。首先，理解这些新的业务模式和专门技术要求很强的专业背景，投资者如果弄不懂这些公司的业务，就很难作出正确的投资判断；其次，成长型公司规模相对较小，其产品和技术还处于不断完善的过程中，同时市场的需求也需要有一个培育的过程，没有人能保证它们将来一定会大获成功，所以投资成长型股票，投资者要承担更多额外的不确定性风险，属于高风险高回报的投资风格。

由此可以看出，应该根据周期的不同阶段作出不同的投资选择。周期性股票是顺势而为的投资品种，一味买入并长期持有并不是最聪明的办法。防守型股票是市况不佳时的最好选择，与周期型股票形成互补。而成长型股票带给投资者的回报最多，但也要相应承担更大的风险，是风险承受能力较强和有专业背景的投资者可以深度介入的品种。

【案例问题】

（1）根据案例分析，按照中国的国情，如何判断中国经济处于繁荣还是衰退？

（2）根据案例分析，在中国，哪些行业属于周期性行业？

（3）根据案例分析，周期型行业如何投资？

（4）根据案例分析，当新一轮经济周期来临，应该如何选股？

（5）根据案例分析，哪些行业是典型的防守型行业？

（6）根据案例分析，成长型行业的股票有何优缺点？适合什么投资者？

【案例分析】

（1）在中国，如 GDP 增速达到 12% 以上可以视为景气高涨期，GDP 增速跌落到 8% 以下则为景气低迷期。

（2）典型的周期性行业包括钢铁、有色金属、化工等基础大宗原材料行业、水泥等建筑材料行业、工程机械、机床、重型卡车、装备制造等资本集约性领域；以及一些非必需的消费品行业如轿车、高档白酒、高档服装、奢侈品、航空、酒店等，以及工商业和居民消费息息相关的金融服务业（保险除外）。

（3）周期型行业如果在周期触底反转前介入，就会获得最为丰厚的投资回报，

（4）当新一轮经济周期来临，可以选择市净率低于 1 的股票；在一轮经济周期里，配置不同阶段受益最多的行业股票；选择那些资产负债表健康、相对现金宽裕的公司。

（5）公用事业、食品行业和医药行业是典型的防守型行业。

（6）成长型股票带给投资者的回报最多，但也要相应承担更大的风险，是风险承受能力较强和有专业背景的投资者可以深度介入的品种。

案例9.1.4　新兴能源产业发展规划下天然气、风电蕴藏巨大发展潜力

【案例知识点】行业的生命周期分析

【案例类型】运用案例

【案例来源】腾讯财经

【案例时间】2010年7月

【案例内容】行业生命周期中的初创期包括新能源在内的各种行业，风能及其他包括太阳能在内的能源将成为中国“十二五”规划的亮点，经济发展新的增长点，相关企业也将成为未来中国证券市场上的新的主流板块之一。

事件：7月底，中国能源产业规划相关文件已经成熟拟公布。该规划提出，从2011—2020年，将累计增加投资5万亿元，每年将可增加产值1.5万亿元。

内容：能源结构优化调整目标：预计2015年我国天然气占一次能源比重提高4.4%，水电和核电占一次能源比重提高1.5%左右，风电、太阳能、生物质能等新能源占一次能源比重提高1.8%，非石化能源占一次能源消费比重将达到11%以上，煤炭占一次能源消费比重可由2009年的70%以上下降为63%左右，将显著改变我国煤炭比重多年来居高不下的局面。

规划部署要求：对先进核能、风能、太阳能、生物质能、地热能、非常规天然气等新能源和可再生能源的开发利用，洁净煤、智能电网、分布式能源、车用新能源等能源新技术的产业化应用的具体实施路径、发展规模以及重大政策举措做了具体部署，对推进新兴能源产业又好又快发展将产生积极的推动作用。新能源中风电、太阳能和生物质能未来的增长：国家能源局预计到2015年，风电、太阳能和生物质能占一次能源的消费由现在的0.8%达到2.6%左右，非水能可再生能源利用规模将达到1.1亿吨标准煤，占一次能源消费总量的比重提高1.8%。到2020年，我国非化石能源占一次能源的消费比重将有望达到11%左右，其他生物质能的利用规模应该达到2.4亿吨标准煤以上。

点评：在规划中不仅包含了先进核电、风能、太阳能和生物质能这些新的能源资源的开发利用，传统能源的升级变革也将成为重头，还包括洁净煤、智能电网、分布式能源、车用新能源等技术的产业化应用的具体实施路径，发展规模和重大政策举措；高达5万亿元的巨额投资将大大推动相关产业的发展，尤其是核能、风能、光伏、洁净煤、智能电网、车用新能源等核心产业将迎来巨大的市场空间。

【案例问题】

（1）根据案例分析，新能源行业属于行业生命周期的哪个时期？

（2）根据案例分析，新能源行业中的哪个行业会成为未来行业的发展重点？

（3）根据案例分析，到2015年，哪种能源的消费比重将降低？

【案例分析】

（1）新能源行业属于行业生命周期的初创期。

（2）在新能源产业的各子行业中，风能和核能及太阳能仍将是未来的发展重点，有望成为中国最具潜力的新能源市场。

（3）煤炭能源消费的比重将降低。

9.2 影响行业的发展因素分析

案例 9.2.1 通信设备：三网融合催生投资新机遇

【案例知识点】行业发展影响因素分析

【案例类型】运用案例

【案例来源】和讯科技

【案例时间】2010 年 9 月

【案例内容】事件：三网融合又指三网合一，即电信网、广播电视网、互联网在技术内容、监管等方面相互渗透和融合，可以相互进入对方经营的领域。发达国家在此方面发展较早，美国电信、广电、互联网运营商为实现优势互补而联合起来，并且已经形成了比较完善的监管体系；日本的三网融合进展较快，目前主要集中在网络、终端、法律等方面的完善；英国的音频、视频、电子邮件等技术都已经实现融合。

内容：三网融合对相关传媒行业的影响。

传媒产业及上市公司收入保持稳定增长。2009 年中国传媒产业总产值为 4908 亿元，同比增长 16.3%，预计 2010 年将达 5620 亿元，同比增长 14.5%。互联网、数字出版、游戏动漫等新媒体成为传媒行业增长的重要推动力，而报刊、出版等传统媒体增长放缓。2010 年上半年，传媒行业上市公司实现营业收入 160.66 亿元，同比增长 27.67%；归属母公司所有者净利润 14.58 亿元，同比增长 13.24%。

（1）有线网络：三网融合下渠道竞争加剧。2010 年上半年，有线网络上市公司实现营业收入 77.83 亿元，同比增长 33.29%，净利润 7.33 亿元，同比下降 33.57%。数字化平移带来的折旧摊销压力仍将抑制业绩的释放，增值业务处于培育期，短期难以贡献较大利润，区域整合将是行业的主要关注点。

（2）出版发行：跨区域整合，跨行业发展。2010 年上半年，出版发行行业公司实现营业收入 27.19 亿元，同比增长 10.38%，净利润 3.12 亿元，同比增长 12.68%。出版行业面临教材教辅收入下滑及新媒体等冲击，销售额年均复合增长率仅为 5% 左右。出版社未来将向跨地域整合和跨媒体、跨行业外延式方向发展，进入到具有广阔前景的动漫、数字出版等相关内容领域。

（3）报刊平面媒体积极转型。2010 年上半年，报纸杂志子行业实现营业收入 33.07 亿元，同比增长 20.69%；净利润 3.41 亿元，同比增长 23.54%，平面媒体的积极转型初见成效。报刊等平面媒体已经没有更多空间可以与网络或电视竞争，报刊的最好策略就是守住主业阵地，并且寻求和新媒体的结合。

（4）广告营销行业保持快速增长。2010 年上半年，广告营销公司实现营业收入 25.35 亿元，同比增长 41.06%；净利润 1.45 亿元，同比增长 19.07%。广告行业受益于消费行业的快速发展、营销费用的不断提高；龙头企业上市后资金实力和品牌影响力大幅提升，整合行业资源奠定了良好的基础。

（5）影视娱乐业将迎来高增长。随着居民消费能力的上升和电影产业的完善，行业高增长将持续 5～10 年。截至 2010 年 6 月，国内票房收入已达 50 亿元，预计全年收入将超过 100 亿元。

【案例问题】

（1）根据案例分析，三网融合的含义是什么？

（2）根据案例分析，三网融合对有限网络行业带来什么影响？

（3）根据案例分析，三网融合对出版发行行业带来什么影响？

（4）根据案例分析，三网融合对报刊平面媒体行业带来什么影响？

（5）根据案例分析，三网融合对广告营销行业带来什么影响？

（6）根据案例分析，三网融合对影视娱乐业带来什么影响？

【案例分析】

（1）三网融合又指三网合一，即电信网、广播电视网、互联网在技术内容、监管等方面相互渗透和融合，可以相互进入对方经营的领域。

（2）三网融合下有线网络渠道竞争加剧。

（3）三网融合下出版发行将跨区域整合，跨行业发展。

（4）三网融合下报刊平面媒体将积极转型。

（5）三网融合下广告营销行业将保持快速增长。

（6）三网融合下影视娱乐业将迎来高增长。

案例 9.2.2　家电行业 2008 年投资策略

【案例知识点】行业发展影响因素分析

【案例类型】运用案例

【案例来源】金融界

【案例时间】2008 年 12 月

【案例内容】我们正尝试建立一套行之有效的方式归类分析家电企业的长短期竞争力及评判其经营战略的优劣。在现实的产业链状态下，我们更看好对下游渠道具备超额议价能力的企业，包括产业链一体化的格力及启动了三四线连锁渠道建设的海尔；单品强势与多元化兼备的小家电龙头品牌企业九阳、苏泊尔。

城市化进程模式将影响子行业景气轮动：我们认为家电子行业景气度与未来城市化发展模式的联系为——大都市模式（空调、平板电视景气），大中型城市繁荣（冰箱景气），农村发展为主（洗衣机、CRT 彩电景气）。短期景气：洗衣机、CRT 彩电；中长期景气：空调、平板电视；景气度稳定：小家电。

行业未来整体趋势研判："扩大内需"已成为国家当前经济工作与未来发展的重中之重，政策面将更加宽松；"家电下乡"作为国家保内需的重要工作之一开展，范围、力度都在不断加大；经济增长放缓导致需求疲软及房地产市场不景气带来配套家电消费不理想等负面因素正逐步兑现；另外从利率（降息）、汇率（贬值）、原料价格（下跌）到劳动力成本（止升）的趋势看，成本面还将受益于要素价格的下降，进而从毛利角度弥补需求的不足。

2009 年度投资策略与节奏：我们认为相对整个市场而言，家电龙头企业的竞争能力与市场调节能力形成于多年的开放竞争环境中，因而更能抵抗周期经受时间的考验。同时作为国家"扩大内需"政策的排头兵，家电行业在未来经济工作中扮演的角色日益重要，上调评级至"推荐"。上半年重点配置受益家电下乡主题的小天鹅、合肥三洋、深康佳 A 及景气度稳定的九阳股份、苏泊尔；下半年重点配置需求增长走出低谷的美的电器、青岛海尔。长期战略性配置格力电器、海信电器。

【案例问题】

（1）根据案例分析，家电行业中哪些企业值得投资？

（2）根据案例分析，未来城市化发展模式对家电行业会产生什么影响？

（3）根据案例分析，家电行业未来的发展趋势如何？

【案例分析】

（1）对下游渠道具备超额议价能力的企业值得投资，包括产业链一体化的格力及启动了三四线连锁渠道建设的海尔；单品强势与多元化兼备的小家电龙头品牌企业九阳、苏泊尔。

（2）家电子行业景气度与未来城市化发展模式的联系为——大都市模式（空调、平板电视景气），大中型城市繁荣（冰箱景气），农村发展为主（洗衣机、CRT 彩电景气）。

（3）"家电下乡"作为国家保内需的重要工作之一开展，范围、力度都在不断加大；经济增长放缓导致需求疲软及房地产市场不景气带来配套家电消费不理想等负面因素正逐步兑现；另外从利率（降息）、汇率（贬值）、原料价格（下跌）到劳动力成本（止升）的趋势看，成本面还将受益于要素价格的下降，进而从毛利角度弥补需求的不足。

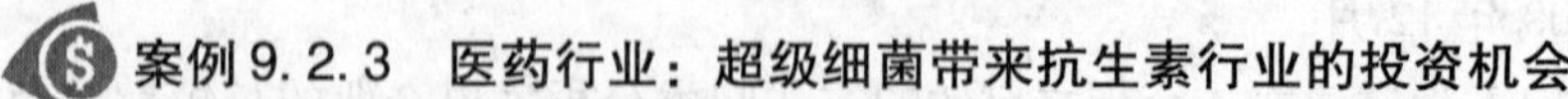

案例 9.2.3　医药行业：超级细菌带来抗生素行业的投资机会

【案例知识点】行业投资策略

【案例类型】运用案例

【案例来源】证券之星

【案例时间】2010 年 10 月

【案例内容】事件：目前全球多个国家均发现超级细菌的病例，而且呈蔓延之势，考虑到超级细菌最大的厉害之处在于其耐药性，而我国抗生素滥用现象尤其严重，因此不排除我国出现超级细菌爆发的可能，至少已经引起了国家相关部门的重视。考虑到近期医药板块经历了一段调整，积累了一定的上行动能，我们认为，这个突发事件很可能会成为医药板块上行的催化剂，尤其将引发相关的抗生素子行业的投资机会。

接下来，具体讨论一下超级细菌带来的投资机会。超级细菌最大的特点是耐药性，尤其是几乎对所有 beta－内酰胺抗菌药物耐药。10 月 9 日卫生部制定下发了《产 NDM－1 泛耐药肠杆菌科细菌感染诊疗指南（试行版）》，指南中提出，轻、中度感染建议单独使用非 beta－内酰胺抗菌药物，并举了氨基糖苷类、喹诺酮类、磷霉素、碳青霉烯类等例子；而重度感染患者建议使用选用替加环素和多黏菌素（包括多黏菌素 B 和黏菌素），并与轻、中度感染建议联合用药。考虑到联合用药的因素，我们认为一旦超级细菌爆发，轻、中度感染建议用药的使用量反而会比重度感染建议用药的使用量还要多。

从具体的上市公司来看，在轻、中度感染建议用药方面：①京新药业是国内最大的喹诺酮类原料药生产企业，同时也销售相关制剂；②东北制药是国内生产磷霉素品种最全、规模最大的生产商；③健康元旗下海滨制药是全球最大的碳青霉烯类制剂生产商，国内原料供应商主要有西南合成和海正药业；④在氨基糖苷类方面，海正药业拥有异帕米星的生产批件，但市场份额不大。

而在重度感染建议用药方面，国内生产替加环素的企业没有，而生产多黏菌素的企业也不多，其中：①上海医药旗下第一生化和即将注入的新先锋药业生产注射用硫酸多黏菌素 B；②联环药业生产硫酸黏菌素片，但指南提到口服不吸收可能导致治疗效果不佳。

此外，广药集团之前公布已启动抗“超级细菌”药物研发项目，可能会利好旗下的抗生素平台白云山，但短期不会有任何收益。

总结一下，我们认为，京新药业、东北制药、健康元和上海医药将会受益较大。

【案例问题】

（1）根据案例分析，什么突发事件很可能会成为医药板块上行的催化剂？

（2）根据案例分析，为什么一旦超级细菌爆发，轻、中度感染建议用药的使用量反而会比重度感染建议用药的使用量还要多？

（3）根据案例分析，哪些上市公司在超级细菌突发事件中将会受益较大？

【案例分析】

（1）超级细菌爆发可能成为医药板块上行的催化剂。

（2）考虑到联合用药的因素，一旦超级细菌爆发，轻、中度感染建议用药的使用量反而会比重度感染建议用药的使用量还要多。

（3）京新药业、东北制药、健康元和上海医药将会受益较大。

案例 9.2.4　海洋工程装备：外延式扩张，挺进产业链高端

【案例知识点】行业发展影响因素分析

【案例类型】运用案例

【案例来源】证券之星

【案例时间】2010 年 10 月

【案例内容】我国原油消费需求旺盛：伴随着中国经济长期高速增长，中国的能源消耗也一直保持快速增长。我国原油需求旺盛，但探明储量近年走低。易于开采的陆地及浅海油气资源日益衰竭，由于不具备深海油气资源勘探开采的能力与装备，导致我国已探明储量逐步降低。而同期国际原油因深海勘探使得探明储量保持增长，中国已探明储量世界占比逐步降低。

我国原油需求长期稳定增长是推动海洋油气业发展的持续动力：虽然全球金融风暴暂时导致海洋石油开发有所减慢。长期来看，未来油气仍将在一次能源需求中居主导地位。陆上石油资源日益匮乏，储量巨大的海洋石油将成为开采的重点区域。据预计 2005—2030 年，深海勘探业务年复合增长率为 10%。

深水设备成为未来海洋油气资源利用的关键点：海洋蕴藏了全球超过 70% 的油气资源，而深水区域是全球海油未来产量和储量的重要区域，深水逐步成为全球油气资源勘探的热点，深水装备市场规模巨大。根据我国海洋石油 2015 年远景规划中，未来 5 年，我国将有 30 多个油田待开发，需建造 70 多座平台，新建和改造 10 多艘 FPSO。而根据规划，“十二五”期间我国海洋石油产量将由目前的 5000 万吨增加到 1 亿吨，整个海工市场总投资将达到 2500 亿 ~ 3000 亿元人民币，而深水区域将成为全球油气资源勘探的热点。

外延式的扩展增强我国海工装备业竞争力逐步增强：我国海洋工程装备业发展整体较为落后，自主设计能力不足。在全球经济尚未完全回暖的背景下，国内企业低价收购具有技术优势的业内公司，积极布局未来经济回暖对海洋工程装备的需求，提升产品附加值，挺进产业链高端，参与国际高端海洋工程装备市场竞争。

海洋工程装备相关公司：国内具备海洋工程装备设计、制造能力的上市公司包括中集集团、振华重工、上海佳豪、中国船舶及中国重工，有望受益于“十二五”规划政策利好。

【案例问题】

（1）根据案例分析，我国原油需求和探明储量如何？

（2）根据案例分析，我国未来什么区域将成为开采的重点区域？

（3）根据案例分析，什么将成为未来海洋油气资源利用的关键点？

（4）根据案例分析，海洋工程装备相关的哪些上市公司有望受益于“十二五”规划政策利好？

【案例分析】

(1) 我国原油消费需求旺盛，但探明储量近年走低。

(2) 海洋石油将成为未来开采的重点区域。

(3) 深水设备成为未来海洋油气资源利用的关键点。

(4) 国内具备海洋工程装备设计、制造能力的上市公司包括中集集团、振华重工、上海佳豪、中国船舶及中国重工，有望受益于“十二五”规划政策利好。

案例 9.2.5 航运业：集装箱航运形势相对较好

【案例知识点】行业发展影响因素分析

【案例类型】运用案例

【案例来源】证券之星

【案例时间】2010 年 10 月

【案例内容】航运业大致可分为干散货航运业、油运业和集装箱航运业三个子行业。

综观 2010 年以来三个子行业的表现，我们发现 2010 年干散货航运业表现为先好后差；油运业市场总体较好，但具体到单个航运公司情况各有区别；集装箱航运业先差后好。就公司而言，中海发展第三季度业绩平稳，与前两个季度相当。中国远洋第三季度赢利与第二季度接近。我们对中海发展和中外运航运评级为“买入”，对中国远洋评级为“优于大市”。

中国的海运需求：铁矿石进口增幅小，原油和煤炭进口增幅大，2010 年前三季度，中国铁矿石进口量为 4.58 亿吨，同比减少 3%；中国煤炭进口量达 1.23 亿吨，同比大幅增长 43%；中国原油进口量达 2.46 亿吨，同比大幅增长 21%。

BDI（国际波罗的海综合运费指数）2010 年在 4000～1800 点大幅波动。回顾今年的 BDI 表现，随着全球经济的逐步复苏，BDI 在 2010 年 6 月超过 4000 点，然后在欧洲债务危机阴影下在 7 月大跌至近 1800 点。随后，BDI 又快速反弹到 2000 点以上。目前在 2500～2700 点波动。我们根据干散货运力供求状况预计 BDI 在第四季度走势平稳。在 2011 年 BDI 可能在 2500～4000 点波动。

集装箱运价：2010 年上半年运价低，下半年强劲上涨。上半年，HRCI 延续 2009 年的弱势。但自 6 月起，主要集装箱航运公司集体提价，HRCI 大幅上升，到目前为止上升 50% 以上。根据运力供求状况，我们初步预计集装箱运价在第四季度小幅下跌，在 2011 年将在 500～700 点波动。

中海发展和中国远洋第三季度业绩平稳。按中国会计准则，中国远洋今年第三季度净利润为 24.5 亿元人民币，与第二季度接近；中海发展第三季度净利润为 4.5 亿元，与前两个季度相当。

【案例问题】

(1) 根据案例分析，航运业大致可分为哪些子行业？

（2）根据案例分析，航运业各子行业的表现如何？

（3）根据案例分析，哪些上市公司适合做“买入”？

【案例分析】

（1）航运业大致可分为干散货航运业、油运业和集装箱航运业三个子行业。

（2）干散货航运业表现为先好后差；油运业市场总体较好，但具体到单个航运公司情况各有区别；集装箱航运业先差后好。

（3）中海发展和中外运航运适合“买入”。

案例 9.2.6　机械行业：“十二五”规划及发展前景展望

【案例知识点】行业发展影响因素分析

【案例类型】运用案例

【案例来源】证券之星

【案例时间】2010 年 10 月

【案例内容】以五年发展规划目标为纲。“十一五”发展目标可规划为宏观经济、产业结构优化和升级、资源利用效率、城乡区域发展、基本公共服务、可持续发展、市场经济体制、人民生活水平、法制文明建设，共 9 个方向。

“战略性新兴产业”体现新方向。“战略性新兴产业”新调入了若干子行业和产品，反映了国家新兴产业战略调整和产业升级的新方向。

“十二五”装备制造业规划将一脉相承。回顾“十一五”至今，装备制造业规划产品类别变化不大，但等级不断提高，反映了“十一五”期间产业和装备制造业升级所取得的成果。

“十二五”规划目标出现重大新动向。相比“十一五”，“十二五”规划建议中，人民生活水平、基本公共服务的重要性明显提升，可持续发展、资源利用效率的重要性有所上升，产业结构优化和升级的重要性不变，城乡区域发展的重要性明显下降。对应着未来 5 年，与消费、医药等第三产业相关的需求有望明显增长，新能源、节能减排、防污染、循环经济需求继续提升，继续支持高端装备制造业发展的方向不变，城镇化、基础设施建设的推动力可能明显减弱。

新动向催生新需求。根据以上分析，在“十二五”期间我们看好的机械子行业包括发电设备、煤炭综采及矿山装备、农用装备、环保及资源综合利用设备、特种铸锻件、海工装备、工业自动化控制系统及装备、医疗器械、军工。预计工程机械、建材装备、冶金装备需求可能出现下降。

【案例问题】

（1）根据案例分析，“十一五”发展目标可规划为哪 9 个方向？

（2）根据案例分析，“十二五”装备制造业规划与“十一五”规划相比，有什么不同？

（3）根据案例分析，“十二五”期间哪些机械子行业前景较好？

【案例分析】

（1）“十一五”发展目标可规划为宏观经济、产业结构优化和升级、资源利用效率、城乡区域发展、基本公共服务、可持续发展、市场经济体制、人民生活水平、法制文明建设，共9个方向。

（2）“十二五”装备制造业规划将一脉相承。装备制造业规划产品类别变化不大，但等级不断提高，继续支持高端装备制造业发展的方向不变。

（3）“十二五”期间发电设备、煤炭综采及矿山装备、农用装备、环保及资源综合利用设备、特种铸锻件、海工装备、工业自动化控制系统及装备、医疗器械、军工等机械子行业前景看好。

案例9.2.7　家纺行业风险机遇并存，公司特点各有千秋

【案例知识点】行业发展影响因素分析

【案例类型】运用案例

【案例来源】证券之星

【案例时间】2010年10月

【案例内容】2010年前三季度无论是营业收入增速，还是净利润（未扣除非经常性损益）增速，“罗莱家纺”分别以56.03%和48.11%的增幅领先其余两家。而且50%以上增速是在2009年同期高基数的背景下实现的，公司在行业内的龙头地位进一步的提升。加盟为主的渠道建设思路以及强大的渠道控制能力是“罗莱”扩张速度持续高增长的最根本原因。“梦洁”第一季度的高增速得益于2009年同期基数偏低。

销售毛利率方面，“富安娜”遥遥领先。在横向比较中，由于“富安娜”的销售渠道以直营为主，因此，前三季度毛利率领先于其他两家公司。而在纵向比较中，由于产品升级换代，新产品提价等因素，三家公司的毛利率较2009年同期都实现了4%左右的增长。由于原材料以及劳动力价格上涨，“罗莱”与“富安娜”毛利率环比呈下降趋势。

净利率方面，“罗莱”相对稳定。在横向比较中，“罗莱”由于费用控制表现优秀，加上以加盟为主的渠道特色，期间费用率在三家公司中最低，因此，“罗莱”的净利率维持在12.5%左右。而“富安娜”尽管毛利率遥遥领先，然而直营为主的渠道特点决定了其“高毛利，高费用”的经营状况。在纵向比较方面，仍是由于费用控制方面的差异，“罗莱”净利率环比回升了0.91%，抵消了毛利率环比下降的影响，而“富安娜”净利率则是延续下降的趋势。由于“梦洁”在三家公司中起点最低，经营管理正在逐步改善，虽然净利率最低，但保持着上升的趋势，距离“富安娜”仅一步之遥。

从三家公司的对比中，我们不难看出，作为龙头企业，“罗莱”规模最大，增速最快，这主要得益于其加盟营销策略：通过对加盟商的扶持，以“轻资产”的方式积极有效的拓展市场。同时，公司还积极进行网络营销，代理不同档次、各种品牌的产品。因

此，凭借渠道快速扩张的能力以及高效的公司管理，“罗莱”的成长速度将会明显高于行业水平。

“梦洁”尽管在三家公司中起点较低，不过，其估值同样也是最低。而目前公司成长速度也与“富安娜”接近，拥有一定的估值优势。

赢利预测及投资建议。目前整个家纺市场尚处于成长期，风险与机遇并存。

(1) 风险：产品同质性较高，品牌效应也要弱于服装市场，家纺行业的增长方式仍主要依赖于外延式的销售渠道终端扩张。因此，通过提价很难成功将成本压力转嫁到消费终端。

(2) 机遇：处于成长期的市场仍拥有大量的“蓝海”空间，并且明显将受益于消费升级，为企业高速成长提供广阔空间。预计“罗莱”2010—2012 年的每股收益分别为 1.52 元、2.05 元和 2.28 元，目前股价（10 月 26 日）所对应的 PE 分别为 46 倍、34 倍和 30 倍，考虑到公司的龙头地位，给予“买入”的评级。

预计“富安娜”2010—2012 年的每股收益分别为 0.85 元、1.12 元和 1.36 元，目前股价（10 月 26 日）所对应的 PE 分别为 47 倍、36 倍和 30 倍，考虑到公司的龙头地位，给予“增持”的评级。

预计“梦洁”2010—2012 年的每股收益分别为 0.955 元、1.242 元和 1.563 元，目前股价（10 月 20 日）所对应的 PE 分别为 44 倍、34 倍和 27 倍，给予“增持”的评级。

风险提示：扩张过程中新开门店边际收益低于边际成本；原材料、劳动力涨价所带来的成本压力。

【案例问题】

(1) 根据案例分析，哪家上市公司为家纺行业的龙头企业？

(2) 根据案例分析，“罗莱”扩张速度持续高增长的最根本原因是什么？

(3) 根据案例分析，家纺行业目前处于行业生命周期的哪个阶段？

(4) 根据案例分析，家纺行业面临的风险和机遇在哪里？

【案例分析】

(1) “罗莱家纺”为家纺行业的龙头企业。

(2) 加盟为主的渠道建设思路以及强大的渠道控制能力是“罗莱”扩张速度持续高增长的最根本原因。

(3) 家纺行业目前处于行业生命周期的成长期。

(4) 家纺行业风险与机遇并存。

①风险：产品同质性较高，品牌效应也要弱于服装市场，家纺行业的增长方式仍主要依赖于外延式的销售渠道终端扩张。因此，通过提价很难成功将成本压力转嫁到消费终端。

②机遇：处于成长期的市场仍拥有大量的“蓝海”空间，并且明显将受益于消费升级，为企业高速成长提供广阔空间。

案例9.2.8 种业行业：进入新阶段，景气持续上升

【案例知识点】行业发展影响因素分析

【案例类型】运用案例

【案例来源】证券之星

【案例时间】2010 年 10 月

【案例内容】《国务院关于加快培育和发展战略性新兴产业的决定》指出要发展七大新兴产业，七大新兴产业之一的生物中指出要促进生物农业发展，着力点是生物育种。生物农业包括生物育种、动物疫苗、生物饲料和生物农药几大领域。

市场新年度种子价格（尤其是优质种子价格）有望继续上行。基于：①种子供求平衡与2010 年相当甚至进一步好转；②需求强劲使我国由玉米净出口国转为净进口国；③龙头企业包装及加工成本上升。

我国加快转基因育种。我国转基因作物种植位于全球第六，自 2008 年以来我国加快转基因育种的政策扶持，虽然转基因育种在短期内难以商业化，具有研发实力的企业仍将在国家扶持中加速转基因研发，因而获得更长进的发展动力。

后续政策展望：我们认为后续政策目标是以下几个方面：①构筑商业化育种体系；②打造一批具有国际竞争力的种业集团；③加强种子生产基地建设；④支持国内企业走出去。国家会在资金、行业准则、税收优惠等方面支持上述的实现。

后续行业竞争格局展望：①好种子跳出供求关系影响，形成品牌，种子间价格及竞争力差异扩大。②行业集中度提高，形成 8～10 家垄断市场的大型种子企业。不排除大型农业集团通过并购进入行业。③商业化育种后，种子企业的研发实力显得更为重要，成为评判种子企业的核心指标。④行业运作越来越规范。

投资建议：我们认为在国家政策大力扶持和指导，业内种子企业逐渐变强的背景下，种子行业进入全新的发展阶段，行业景气度有望持续上升。建议投资者积极关注，分享行业新阶段的成长和价值提升。第三季度是种子行业的淡季，三季报会是业绩低谷，三季报出台时点也会是介入种业的较好时点。我们重点推荐产业布局完善、研发实力最雄厚、报表未能完全体现公司价值的隆平高科（000998）；研发实力雄厚、最先实施营销改革、拥有较多优势品种的登海种业（002041）；管理团队优秀、执行力强、销售网络布局完善的大北农（002385）。建议关注估值相对较低的丰乐种业（000713）。

【案例问题】

（1）根据案例分析，生物农业包括哪几大领域？

（2）根据案例分析，新年度种子价格为什么有望继续上行？

（3）根据案例分析，种业后续政策目标有哪些？

（4）根据案例分析，种业后续竞争格局预计会怎样？

（5）根据案例分析，什么时候是介入种业的好时机？

（6）根据案例分析，哪些种业上市公司值得投资？理由是什么？

【案例分析】

（1）生物农业包括生物育种、动物疫苗、生物饲料和生物农药几大领域。

（2）新年度种子价格有望继续上行。基于：①种子供求平衡与2010年相当甚至进一步好转；②需求强劲使我国由玉米净出口国转为净进口国；③龙头企业包装及加工成本上升。

（3）后续政策目标是以下几个方面：①构筑商业化育种体系；②打造一批具有国际竞争力的种业集团；③加强种子生产基地建设：④支持国内企业走出去。

（4）种业后续行业竞争格局展望：①好种子跳出供求关系影响，形成品牌，种子间价格及竞争力差异扩大；②行业集中度提高，形成8~10家垄断市场的大型种子企业；③商业化育种后，种子企业的研发实力显得更为重要，成为评判种子企业的核心指标；④行业运作越来越规范。

（5）第三季度是种子行业的淡季，三季报会是业绩低谷，三季报出台时点也会是介入种业的较好时点。

（6）种业上市公司中，可以投资的有：产业布局完善、研发实力最雄厚、报表未能完全体现公司价值的隆平高科（000998）；研发实力雄厚、最先实施营销改革、拥有较多优势品种的登海种业（002041）；管理团队优秀、执行力强、销售网络布局完善的大北农（002385）。估值相对较低的丰乐种业（000713）。

案例9.2.9 电子元器件：中小尺寸电容屏引领产业高速成长

【案例知识点】行业发展影响因素分析

【案例类型】运用案例

【案例来源】证券之星

【案例时间】2010年10月

【案例内容】主要观点

触摸屏市场进入增长繁荣期，前景广阔

电容式触摸屏技术发展在与新型电子产品创新的不断互动中，形成了一个高速增长的新兴市场。随着新型电子产品的升级和替换需求激增，以电容屏、中大尺寸为发展趋势的触摸屏技术将引起新一轮的产业发展高潮，预计触摸屏市场将以每年超过18%的增速快速成长。

触屏产业生命周期决定板块将持续走强

当前触摸屏产业在电子设备的渗透率还处于20%~30%，从产业生命周期上来看，尚处于“增长繁荣期I”。预计电容式触摸屏将获得主要的市场份额，年增速将超过30%。根据技术生命周期对行业指数的影响，我们判断触摸屏行业进入“增长繁荣期II”将会有高的发展空间，电容式触摸屏提供商将主要受益，极具投资价值。

中小尺寸电容式触摸屏成为触屏市场的主要亮点

随着触摸屏手机渗透率的提高，以及小尺寸电容屏对电阻屏的替代加快，预计小尺寸电容屏 2011—2012 年年均有 1.5 亿部的需求；在 iPod 的带动下，电容式触摸屏对于电子阅读器、平板电脑的渗透正式启动，5～10 英寸的中尺寸市场将以更快的速度将成长，2012 年保守估计中尺寸电容屏需求将达到 2 亿片。整体电容屏市场增速将达 30% 左右。

投资建议：考虑行业的高成长性，给予“推荐”评级

考虑到触摸屏产业技术生命周期，随着技术渗透率的提高，行业增长潜力在 2016 年之后具备更高的增长空间，总体上我们给予触摸屏行业“推荐”评级。从技术、客户、产能三个角度进行衡量，我们优先推荐莱宝高科，其次超声电子和长信科技，谨慎推荐欧菲光。

主要投资风险

①电子产品需求升级进程缓慢；②替代技术出现并迅速推广；③技术扩散加快，同业竞争加剧。

【案例问题】

（1）根据案例分析，触摸屏市场目前发展如何？

（2）根据案例分析，触摸屏市场当前的主要亮点是哪类产品？

（3）根据案例分析，触摸屏行业哪些上市公司比较有投资价值？

（4）根据案例分析，触摸屏行业主要有哪些投资风险？

【案例分析】

（1）触摸屏市场进入增长繁荣期，前景广阔。

（2）中小尺寸电容式触摸屏成为触屏市场的主要亮点。

（3）莱宝高科、超声电子和长信科技比较具有投资价值。

（4）触摸屏行业的投资风险主要有：电子产品需求升级进程缓慢；替代技术出现并迅速推广；技术扩散加快，同业竞争加剧。

案例 9.2.10 零售行业：着眼长期价值，分享内需增长

【案例知识点】行业发展影响因素分析

【案例类型】运用案例

【案例来源】证券之星

【案例时间】2010 年 10 月

【案例内容】主要观点

零售业将持续分享国内消费市场的快速增长

近期物价指数持续上涨，对消费名义增速的推动明显；扣除物价因素，消费实际增速仍然维持在一个较为稳定的水平。前三季度的较快增速、消费本身的稳定性以及物价指数的助推作用已经奠定了 2010 年全年消费稳定快速增长的基础，零售业作为消费的终端渠

道也将分享国内消费的快速增长。

行业估值合理，价值稳步提升

目前零售板块市盈率（TTM）为39.08倍，为沪深300估值的2.31倍，仍超过历史均值水平1.90倍（2004年至今）；但经短期调整，与前期相比零售板块估值溢价已从高位有所回落。我们认为零售板块的估值水平仍处于合理范围，且经调整后风险有所释放。随着2010年最后两个月的到来，对于公司的估值将逐步过渡到以2011年业绩为基准，零售类公司稳步的业绩增长也将使其合理价格稳步提升。

投资建议：未来12个月内，零售业有吸引力。

延续我们对于零售业一贯的观点：零售业的投资应着眼于长远，行业将分享内需市场持续增长的盛宴，维持行业“有吸引力”评级。对于零售业公司的选择，我们仍持续关注区域成长性佳的中西部零售业龙头：

（1）西部零售龙头：新华百货、成商集团、重庆百货、友好集团等；

（2）中部零售龙头：合肥百货、鄂武商A、武汉中百、友阿股份等。

【案例问题】

（1）根据案例分析，哪些因素奠定了2010年全年消费稳定快速增长的基础？

（2）根据案例分析，零售业为什么能分享国内消费的快速增长？

（3）根据案例分析，投资零售业，可选择哪些上市公司？

【案例分析】

（1）前三季度的较快增速、消费本身的稳定性以及物价指数的助推作用已经奠定了2010年全年消费稳定快速增长的基础。

（2）零售业作为消费的终端渠道，能分享国内消费的快速增长。

（3）零售业公司可关注区域成长性佳的中西部零售业龙头：①西部零售龙头：新华百货、成商集团、重庆百货、友好集团等；②中部零售龙头：合肥百货、鄂武商A、武汉中百、友阿股份等。

10 公司分析

10.1 公司基本面分析

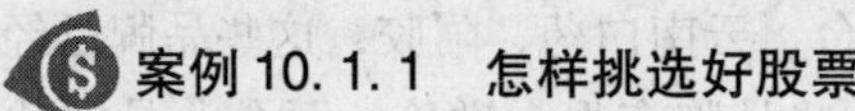

案例 10.1.1 怎样挑选好股票

【案例知识点】公司基本面分析

【案例类型】运用案例

【案例来源】理财教室

【案例时间】2006 年 12 月

【案例内容】面对上千只股票到底该用什么标准去筛选呢？该选什么样的股票？选什么样的公司呢？有人采访美国著名的房地产大亨特朗普，问："你经营房地产的诀窍是什么？"特朗普说："好地段，好地段，好地段。"那么老百姓买股票应该遵循什么原则？那也是三句话："好企业，好企业，好企业！"

买股票先选好企业，再选小盘的、选有庄的、选资产重组的等。

那么，到底什么样的企业才算是好企业？

2001—2005 年这么大一个熊市，很多好企业的股票已经翻了三四倍了。那么现在从1000 多点涨到三千五六百点了，很多企业还是没涨，为什么？要破产了，能涨吗？所以，要选就要选确定性高的，能够不断给股东回报的，不断赢利的，持续发展的企业。这就是好企业。

选龙头好企业

如果一个企业的产品根本就没见到，这个企业的股票最好不要染指。为什么？买一只股票不了解它，它突然跌了两个跌停板怎么办？一般人只有割肉跑，因为不知道出了什么事？但是如果这个企业你了解，到市场上看得到这个企业的产品，你就会认为企业股价跌一点非常正常，这就是确定性。

炒股如果不抓住最优秀的企业，在 2020 年的时候，无论是 5000 点还是 10000 点，你照样会赔钱。优势的企业是因为管理优秀、品牌优秀、领导人能干才不断地向前发展。

英国有一个非常著名的基金经理叫陶布，他说，自己投资非常简单，把英国可以做到世界上最好的那些企业一网打尽就行了，英国哪些企业是做到世界最好的呢？①三五香烟；②苏格兰威士忌；③联合利华；④希思罗机场；⑤保诚保险公司。陶布说："我的投资组合非常简单，就是把这些东西变成一个投资组合。效果相当好，25年翻了54倍！为什么？因为这些好企业越来越长大。"

选垄断稀缺企业

首先，现在很多投资者投资时，愿意受别人鼓动。比如，人家说这个企业是茅台第二，茅台涨多高它也能涨多高；说那个企业是第二个招商银行，买它比招商银行好，因为招商银行价格太高，它低，潜力非常大；这个企业是第二个五粮液，这个企业是第二个……很多投资者就愿意贪这个便宜，就去买第二个"茅台"、第二个"招商银行"、买第二个"苏宁电器"，这都是些概念，好的永远是稀缺的，而且这些好的都是垄断的、稀缺的、不可再生的，长期持有问题不大，而且管理的风险也不太大。其次，选那些品牌卓著的，比如，可口可乐，再比如，同仁堂、贵州茅台、云南白药、阿胶，这些品牌已经存在了几百年了，再存在个二三十年也不用担心，这些品牌有很大溢价，而企业是文化的载体。

每个行业都会有自己的龙头企业，那么是不是每个行业都值得同样关注呢？不是。要选优势行业。什么叫优势行业？就是要做精而不要做得太广泛。香港在20世纪70年代，当时李嘉诚身价才几千万港币，而包玉刚是世界船王，身价更高，一个油轮等于岸上好几栋大楼呢，但现在谁有钱？李嘉诚，他已经是华人首富了。为什么？看看李嘉诚的资产配置就知道了，当包玉刚是船王的时候，李嘉诚就在买码头，所以李嘉诚现在旗下不管是长江实业、和记黄浦，主要的投资就是码头、货柜码头、高速公路、电力、机场、商业零售，还有香港的电讯、欧洲的电讯，他买这样的收费口行业，才使得他的资产往上走。对于老百姓而言，就买收费口行业、稳健的行业最适合。

除了"收费口"行业之外，还有哪些行业也值得留意呢？中国品牌的白酒、医药、旅游区、铁路、公路、机场这些东西，别人复制不出来的这些东西也是应该重点关注的。

选快速成长企业

什么行业能不断长大？选全球商业周刊的企业前五十家，就知道选什么行业了。一是金融，金融里边有证券保险银行，有花旗银行、摩根大通、富国银行、哈撒威保险、美林高盛证券；二是科技，有微软、思科、戴尔、英特尔；三是消费品，有雀巢、可口可乐、百事可乐、万宝路；四是医药行业，有辉瑞制药、默克制药、葛兰素史克；五是沃尔玛、家乐福、家得宝这样的商业巨头；六是壳牌石油、美孚石油这样大的能源巨头；七是通用电器、丰田汽车。这些说明了什么行业能长大，什么行业长不大，挤不到前五十家。

中国的崛起大致分为三个层次：第一个层次是制造业的崛起，我们可以纺世界上最好的布，制造世界上最好的鞋，做世界上最好的电冰箱，制造世界上最好的微波炉；第二个层次是服务业，金融资本市场的崛起，带动消费的服务行业的全面发展；第三个层次是整个文明的崛起，是文化的复兴，这也是最高一个层次，那么很多品牌的、承载着中华民族优秀文化瑰宝的东西，未来就会非常有前途。所以，要选择这样的行业、企业，作为长期关注、投资的一个重点。沈春宁整理下期预告：选择优势行业中的龙头企业，是目前中国经济面临腾飞的背景之下，最适合于普通投资人的选股方法。

【案例问题】

（1）根据案例分析，普通投资者选股要遵循什么原则？

（2）根据案例分析，什么样的企业才算是好企业？

（3）根据案例分析，垄断稀缺企业指的是哪些企业？

（4）根据案例分析，每个行业都会有自己的龙头企业，那么是不是每个行业都值得同样关注呢？

（5）根据案例分析，国内哪些行业属于优势行业？

（6）根据案例分析，根据全球商业周刊的企业前五十家分析，快速成长的企业包括哪几类？

【案例分析】

（1）普通投资者选股要选择好企业。

（2）好企业指的是龙头好企业、垄断稀缺企业、快速成长企业。

（3）垄断稀缺企业指的是拥有稀缺的、不可再生的资源的企业，以及品牌卓著的企业。

（4）不是。要选优势行业。

（5）优势行业包括码头、高速公路、电力、机场、商业零售，电讯这样的收费口行业，还有中国品牌的白酒、医药、旅游区、铁路、公路、机场等别人复制不出来的行业。

（6）根据全球商业周刊的企业前五十家分析，快速成长的企业包括金融、科技、消费品、医药行业、商业巨头、能源巨头等。

案例 10.1.2　股神巴菲特给我们的四点启示

【案例知识点】公司基本面分析

【案例类型】运用案例

【案例来源】理财教室

【案例时间】2007 年 6 月

【案例内容】大家都知道巴菲特是一位股神，为什么这么说呢，因为巴菲特创造了三个神话，第一个是投资神话，从 1965—2000 年，巴菲特投资收益超过 3650 倍，也就是说只要给巴菲特 1 万块钱，过 40 年，巴菲特就还给 3600 多万元；第二个是财富，巴菲特 1956 年从 100 美元起家，到现在积累了 500 多亿美元的财富，也接近 4000 亿元人民币，是仅次于比尔·盖茨的富翁；第三个是巴菲特宣布将个人资产的 85% 也就是 400 多亿美元全部捐献给慈善事业。

巴菲特从 1956 年开始到现在已经做了 50 多年股市，一生经历过无数次的牛市和熊市。有人说一生中经历一次大牛市就是幸运，而巴菲特一生经历了 4 次大牛市，巴菲特在这4次大牛市中，他是如何正确应对，保证了自己取得长期稳定的业绩呢？

从1956年开始到1966年这10年，巴菲特收益是11倍，而这10年美国大盘的涨幅是1.26%，也就是说巴菲特投资收益远远超过大盘。这时候巴菲特就迎来了自己人生的第一次收益。从1967—1980年，美国股市大幅度上涨，涨了40%，突破了1000点大关，交易量也是大幅度上升，日平均交易量比10年前猛涨了6倍。当时的股市也是非常的疯狂，疯狂到什么地步，收益率都很高，例如，IBM收益率高达39倍，雅芳高达96倍。这时候的巴菲特非常痛苦，也非常苦恼，因为当时股票收益率非常高，要找便宜的股票找不到，他想买，但是买不到便宜的股票。他就在家里面左思右想，整整想了半年，他说股市太高了，尽管每天股票都在狂涨，买哪一只股票都会赚钱，但是这种方式短期是可以的，但长期肯定会亏本，这种方式不是我很擅长的驾驭方式，当市场以我所擅长的方式运转，我就可以操作。所以他就和他的投资合伙人说："我要解散公司，你们委托我管理的股票，我要退出交易市场，现在的市场环境我根本无法预计，我无法以不擅长的方式来经营，我不想让以前10年创下的辉煌业绩受到损坏。"所以巴菲特就把公司解散了，可以说他的决策非常的果断，因为从下半年开始大盘就从1000点跌到了800点，第二年大盘又继续下跌，最后是跌幅过半。那么巴菲特在大盘暴涨的时候退出股市给我们什么样的启示呢，两个字"反贪"，因为在当时人人都在不同程度的买入，而巴菲特呢，不贪，不赚到最后一块钱。他没有到最高位，而是在之前就已经考虑到。巴菲特为什么在别人贪的时候，他反而没有一丝恐惧的心呢，为什么在别人贪婪的时候，而巴菲特反贪呢，因为贪婪必定导致灭亡，上帝要想你灭亡，首先就是要你疯狂，疯狂必定是每个人都很贪婪。巴菲特喜欢给大家讲这样一个故事，说是有一个炒股高手，走到天堂门口，上帝对他说："对不起，现在天堂里面分给股票投资高手的房间已经被占满了，你先请回去吧。"这个人想想了说："上帝我有一个请求，我能不能到天堂和我的同行们说一句话。"上帝说："行呀"。于是这个人就来到天堂里面股票投资高手住的院子里面大喊了一声："地狱发现大牛股，"紧接着所有的投资高手纷纷投奔而出，向地狱跑去，上帝这时候说："你高，现在你随便进吧。"这个人摇了摇头说：”他们去地狱这么久了还没有回来，说不定地狱真的有大牛股呢，我也去。"请注意了，为什么那么多人会跟着去呢，因为贪婪。

巴菲特又遇到了第二次大牛市，其实这个大牛市是第一次大牛市的延续，在1970年大盘迅速下跌以后，到1971年、1972年大盘仍然是联系大幅上涨，上涨到什么程度？当时有所谓的漂亮股，就是说这个股票的收益率高达80倍，就是说投资这个股票要过80年才能收益，巴菲特1966年解散公司以后，他手中只持有一家公司的股票，他是这家公司的第一大股东，巴菲特所有的身家都投到这家公司里面，他手头全部是现金，基本上没有什么股票，当时巴菲特手里面16%都是股票，84%都是现金和债券，到最后都找不到股票，巴菲特就像好色的小伙子来到一个荒芜无人的荒岛，想买股票，就是买不到，巴菲特还是想买股票，他就一直忍着等待机会，结果到1973年，当时所有的漂亮股票开始大幅度的下跌，股票从1000点跌到800多点。1974年，两年时间大盘跌了40%，从最高的

1000点跌到580点，跌幅高达40%，这时候所有的华尔街没有人愿意买股票，大多数人在抛股，这时候从1966年退出股市的巴菲特，1970年没有事干，1971年没有事干，1972年没有事干，连续3年什么事都没有干的巴菲特回来了，这时候华尔街上很多股票的收益率只有个位数或者说十位数。巴菲特说，他就像好色的小伙子来到女儿国一样，买股票的好机会到了，巴菲特大量买入，接下来大盘迅速上涨，大盘涨了60%，巴菲特赚了80%，为什么巴菲特赚得比大盘多得多呢？第二次大牛市给巴菲特什么启示呢，因为他认为大盘肯定会有大调，在大跌跌到最低的时候，跌到人人都不敢买股票的时候，我们应该做什么呢，就是买入，在非常便宜的时候买进，这时候一旦大盘反弹，就会赚很多，这是巴菲特第二次大牛市给我们的启示。

那么又过了十来年，巴菲特遇见了第三次大牛市，第三次大牛市是在1987年，1984—1986年美国股市狂涨，为什么这么说呢，涨了2.46倍，而且1984年前面8个月，大盘又上涨了40%，这时候人人都知道股票高，但还在买股票，有钱不赚是傻蛋。这时候巴菲特就非常的冷静，他分析说："现在的大牛市即使下跌50%也不稀奇，这是正常。"巴菲特从1984年，就是大牛市建立的前两年，就开始抛股票，到1987年大牛市建立起来，巴菲特基本上把所有的股票都抛掉，全部抛掉，一股不留，除了3只股票之外，这3只股票是永远都不卖，就像我们股市流传的一首歌一样"死了都不卖"，这3只股票是美国广播公司股票，××保险公司的股票和华盛顿邮报的股票，1987年10月19日，大盘一夜之间下跌了500多点，跌幅高达22.6%，相当于我们现在的股市一天下跌1000点，巴菲特的情况如何，巴菲特一天损失了3.42亿美元，相当于人民币25亿元。他手下的员工在那一天看到巴菲特静静坐在办公室里面看资料，非常的平静，只是中间出来了一次告诉他的下属该干什么就干什么，接着回办公室继续看资料。可以说巴菲特是整个美国唯一没有关注大盘大跌的人，让大家没有想到的是10月刚刚出现大跌，到年底的时候，大盘又迅速反弹，这一年下来，大盘还上涨了5%，而巴菲特赚了多少呢，是20%，又是远远高于大盘，在接下来的1982—1985年美国股市上涨了48%，而巴菲特的业绩是64%，都远远战胜大盘，这就是因为他的三只重仓股一次都没有动过。巴菲特遇见到第三次大牛市给我们什么启示就两个字："反动"，就是说在大牛市里面不能看有的股票涨的最快，就买哪个，也不能说股票大跌，就抛，就是说对有些股票要一动不动。巴菲特为什么对这些股票长期持有一动不动呢，因为要想长期的拥有它，就是要长期持有业内非常优秀、竞争优势比较好的好公司的股票。巴菲特说投资的秘诀可以归结于一句话：选好一家竞争优势非常强的具有长期竞争优势的公司，长期持有。巴菲特另外说的一句话，我喜欢持有一只股票的时候是永远，为什么呢？因为巴菲特自己发现过，我用屁股赚的钱比我用脑袋赚的钱更多，这时候有人就笑了。但是各位想想，在过去中国股市五六年里面，从2000年开始是大熊市，到现在前面两年又是大熊市，大家肯定是买了这只股票，卖了那只股票，每天都是绞尽脑汁买来买去，如果你买了茅台，就坐在这些大牛股上面，一动不动，要比你绞尽脑汁赚得多得多呢，这时候是不是屁股赚的钱比脑袋赚得钱多呢，这是巴菲特在第三次大牛市给我们的启示，就是反动。

接下来巴菲特又遇到了第四次大牛市，就是离我们最近的一次大牛市，就是1999年，从1994—1998年美国股市上涨了2.5倍，这波大牛市，最主要的推动力是网络股、科技股，那时候网络股的收益率高得不得了，一上去就涨很多倍。这时候牛市达到顶峰，就是说1999年大盘上涨了2.1%，而巴菲特他的收益率是多少呢，只有0.5%，这是巴菲特历史上投资业绩最差的一次，为什么呢，因为巴菲特他的股票是可口可乐这些传统行业股，巴菲特的网络股、科技股一只都没有买，这时候他的股东开股东大会纷纷指责他，你为什么不买科技股呢，很多报刊都在批评他，说巴菲特过时了，不灵了。巴菲特听到批评和置疑的时候，一动不动，结果到2000年美国股市开始下跌，2001年股市继续下跌，2003年继续下跌，连续3年股市跌幅超过一半，而巴菲特这3年赚了10%，也就是说他以60%的优势高于大盘，原来网络股、科技股泡沫出现了，而巴菲特重仓持有的股票，由于业绩稳定，股价重新得到市场的认可，股价反而得到了提升。巴菲特后来又解释到，在大牛市里面网络股、科技股，他为什么一股都不买呢，他说他的投资策略就是持有具有长期经营优势的超级明星公司股票，才能长期赚钱，而能够具有长期竞争优势的公司极少，那些网络股、科技股能够改变人类和社会的命运，但是我无法确定网络公司、科技公司未来的竞争优势如何？10年之前，你能想到电脑是现在的VIP吗，10年之前你能想到网络能这么发达吗？所以巴菲特管理的公司，一股科技股都没有买，不过他自己破例买了100股微软公司的股票。比尔盖茨是第一首富，巴菲特是第二首富，两人年纪差了很多，但是两个人是好朋友。有一天比尔·盖茨问巴菲特，我的公司业绩这么好，为什么我的股票你一股也不买？巴菲特就说，我想问一下，你能确定再过10年软件会是什么样呢，你能确定再过10年网络是什么样的，你能确定再过10年电脑是什么样子吗？比尔·盖茨说，我也不能确定，因为这个行业发展太快了，巴菲特说你既然无法预测，我为什么能相信你的公司呢，我不敢购买你公司的股票，但是咱俩是好朋友，我个人可以买。那么总结巴菲特遇到的第四次大牛市，他给我们什么启示呢，还是反动。即使在大牛市里面，你不要去买那些没有把握的股票，不能长期持有没有信心的股票，只有你比较有把握的股票才能长期持有。

那么我们回头总结一下，巴菲特碰到第四次大股市时给我们的投资启示，第一点是在大牛市过于贪婪的时候，我们大家反而要反贪。第二点是在大牛市之后，大调整，当别的股民不敢买股票的时候，我们要买入，在第三次和第四次大牛市的时候，我们认为有把握有信心的股票，要长期持有，一点不动。那么巴菲特既反贪，又反恐，又反动，为什么他总是能做到这三反，是完全相反的途径，有三个原则，可以给大家总结一下：第一条是巴菲特有一个坚定的心跳，我们每个人买股票的时候，看到这个股票在涨，我就买，那个股票在跌，我就抛，巴菲特又反贪，又反恐，他判断的不是价格，而是这家公司的价值，对于股价明显过高的股票，就是不买，对于股价很低的股票，就是没有人买，巴菲特也坚决买入，这就是反扑，对自己有信心，未来能连续上涨几十倍的股票，因为这个股票还没有

涨到位，这就是反动。第二条巴菲特他不做短线，我们是做短线投资，而巴菲特是长线投资。巴菲特持有的股票只有30年，大家知道赚了多少钱吗？200多倍。所以要做长线，不要频繁买卖。第三条不要盲目跟从，要独立思考，我们很多人都希望看别人怎么办，我们怎么办。我们喜欢的是成功，而我们很多父母都教育子女：你看人家怎么样，站在大多数人这边是肯定没有错的。有时可能站在大多数人这边是正确的，但是也有时站在大多数人这边也会错误。我给大家举一个例子，就是巴菲特讲过这样一个故事，旅鼠的故事。旅鼠是生活在靠近北极村这一代的鼠类动物，这种旅鼠有一个特点，一窝能生十三四个，而且这些小老鼠再过三四个月又能生一窝小老鼠，而在北极村老鼠太多了，这些旅鼠就从下面迁徙，从北极村跑到冰山悬崖的边缘，前面的老鼠就纷纷往大海里面跳，后面的老鼠也跟着前面的老鼠往大海里面跳，你就会看到茫茫的大海一大片雪，一大群老鼠往大海里面跳。巴菲特告诉我们，在大牛市，你盲目跟着前面的人就是投海自尽而已。

巴菲特在大牛市反贪、反恐、反动，因为他总是可以独立思考，能够做到反扑。

【案例问题】

（1）根据案例分析，巴菲特在哪三个方面创造了神话？

（2）根据案例分析，巴菲特一生经历了几次牛市？

（3）根据案例分析，巴菲特经历的第一次大牛市带给我们什么启示？

（4）根据案例分析，巴菲特经历的第二次大牛市带给我们什么启示？

（5）根据案例分析，巴菲特经历的第三次和第四次大牛市带给我们什么启示？

【案例分析】

（1）巴菲特在投资、财富和捐赠方面创造了神话。

（2）巴菲特一生经历了四次牛市。

（3）巴菲特经历的第一次大牛市告诉我们，在大牛市过于贪婪的时候，我们大家反而要反贪。

（4）巴菲特经历的第二次大牛市告诉我们：在大牛市之后，必有大调整，当别的股民不敢买股票的时候，我们要买入。

（5）巴菲特经历的第三次和第四次大牛市告诉我们：要长期持有业内非常优秀、竞争优势比较好的好公司的股票；即使在大牛市里面，也不要去买那些没有把握的股票，不能长期持有没有信心的股票。

案例10.1.3 中石油首次公开发行A股股票招股意向书摘要

【案例知识点】公司基本面分析

【案例类型】运用案例

【案例来源】金融界

【案例时间】2007年10月

【案例内容】

（一）概述

中国石油是我国油气行业占主导地位的最大的油气生产和销售商，是我国销售收入最大的公司之一，也是世界最大的石油公司之一。在由全球能源领域权威机构普氏能源公布的“2006年全球能源企业250强”中，本公司名列第六位，连续五年居亚太区第一位；在由美国《石油情报周刊》公布的“2005年世界最大50家石油公司”中综合排名第七位；在由《商业周刊》公布的2006年度“《商业周刊》亚洲50强”企业中排名第一位；并当选《亚洲金融》杂志公布的“2006年亚洲最赢利公司（第一名）”。本公司致力于发展成为具有较强竞争力的国际能源公司，成为全球石油石化产品重要的生产和销售商之一。

本公司是根据《公司法》和《国务院关于股份有限公司境外募集股份及上市的特别规定》，由中国石油集团独家发起设立的股份有限公司，成立于1999年11月5日。本公司于2000年4月完成了境外H股发行，并在香港联交所和纽约证交所上市。截至本招股意向书签署日，本公司总股本为179020977818股，其中发起人中国石油集团持有157922077818股，占总股本的88.21%，为控股股东；境外上市的H股共有21098900000股，占总股本的11.79%。

（二）业务

本公司广泛从事与石油、天然气有关的各项业务，主要包括：原油和天然气的勘探、开发、生产和销售；原油和石油产品的炼制、运输、储存和销售；基本石油化工产品、衍生化工产品及其他化工产品的生产和销售；天然气、原油和成品油的输送及天然气的销售。

本公司是我国最大的原油和天然气生产商。本公司的油气资源在国内占显著优势地位，拥有大庆、辽河、新疆、长庆、塔里木、四川等多个大型油气区，其中大庆油区是我国最大的油区，也是世界最高产的油气产地之一。截至2006年12月31日，本公司的原油和天然气已探明储量分别为116.2亿桶和15140.6亿立方米，分别占我国三大石油公司合计的70.8%和85.5%。2006年本公司的原油和天然气产量分别为8.3亿桶和449.5亿立方米，分别占我国三大石油公司合计的66.4%和78.5%。2007年前6个月，本公司的原油产量和天然气可销售量分别为4.2亿桶和226.0亿立方米。

本公司是我国最大的石油产品生产和销售商之一。本公司已形成了多个大规模的炼厂，其中包括3个千万吨级炼厂，并具有覆盖全国的成品油终端销售网络。截至2006年12月31日，本公司一次蒸馏总能力为9.4亿桶，占全国的37.7%；2006年，本公司生产的汽油、柴油和煤油约为6831.8万吨，占全国的38.6%，并销售7490.4万吨以上产品，约占全国的43%。2007年前6个月，本公司共生产3554.5万吨汽油、柴油和煤油，并销售4093万吨以上产品。截至2007年6月30日，本公司拥有并经营、特许经营以及中国石油集团拥有或与第三方共同拥有的由本公司提供监督支持的加油站共18630座。近年来，本公司的成品油零售市场份额不断上升。2004 年、2005 年和 2006 年，本公司成品油零售量的市场份额分别为 29.0%、31.8% 和 34.7%。

本公司是我国主要的化工产品生产和销售商之一。本公司的化工厂绝大多数为炼化一体化企业，这有利于确保原材料供应，提高生产效率，加强生产的灵活性，从而增强成本竞争力。本公司生产的乙烯、合成树脂等化工产品在我国占据重要的市场份额。截至 2006 年 12 月 31 日，本公司的乙烯产能为 263.0 万吨，占全国的 26.6%；2006 年本公司的乙烯产量为 206.8 万吨，占全国的 22.0%。2007 年前 6 个月本公司生产乙烯 130.5 万吨。

本公司是我国最大的天然气运输和销售商。本公司拥有显著的资源优势，在我国天然气市场中占有主导地位，基本形成了覆盖广泛的天然气骨干管网，在我国西北、西南、华北、华中和长江三角洲地区形成了区域天然气供应网络，有利于抓住我国天然气市场迅速增长的市场机遇。截至 2006 年 12 月 31 日，本公司拥有并经营的天然气管道长度为 20590 千米，占全国的 77.8%。2006 年，本公司天然气销售量约 384.2 亿立方米，较 2005 年增长 29.0%，占全国的 73.6%。2007 年前 6 个月，本公司天然气销售量约 223.0 亿立方米，比 2006 年同期增长 20.5%。此外，本公司在原油和成品油管道运输方面也处于市场领导地位。截至 2006 年年底，本公司拥有并经营的原油和成品油管道长度分别为 9620 千米和 2413 千米。

本公司海外战略已取得很大的进展，截至 2007 年 6 月 30 日，本公司在海外 11 个国家和地区经营油气勘探与生产业务。截至 2006 年 12 月 31 日，本公司境外原油和天然气探明储量分别占本公司的 5.5% 和 1.5%，2006 年境外油气产量分别占本公司的 6% 和 3%。

本公司的经营涵盖石油石化行业的各个关键环节，从上游的原油天然气勘探生产到中下游的炼油、化工、管道输送及销售，形成了优化高效、一体化经营的完整业务链，极大地提高了本公司的经营效率，降低了成本，增强了公司的核心竞争力和整体抗风险能力。

（三）竞争优势

本公司拥有以下主要竞争优势：

（1）是我国油气行业占主导地位的最大的油气生产和销售商，油气资源在国内占显著优势地位。

（2）拥有领先的油气勘探与开发技术，进一步巩固了在行业内的领先优势。

（3）在规模巨大并持续快速增长的市场中是我国最大的石油产品生产和销售商之一。

（4）拥有国内最大规模和最广泛的油气输送管网，强化了市场影响力和渗透力。

（5）优化高效的上下游一体化业务链有利于抵御行业波动风险，提高经营效率。

（6）国际化的战略布局有利于获取可持续的油气资源，提高长远竞争力。

（7）拥有雄厚的财务实力和稳健的财务结构。

（8）拥有经验丰富的管理团队和良好的公司治理结构。

(9) 拥有享誉海内外的品牌、声誉和市场形象。

中石油首次公开发行 A 股股票招股意向书重大事项提示：

(1) 原油及石油产品价格波动可能产生的风险：作为我国最大的原油生产及销售商，原油勘探与生产业务在本公司占据重要地位，是本公司最主要的赢利来源。因此，原油价格的波动可能对本公司的经营业绩和财务状况产生较大影响。此外，成品油也是本公司销售的主要产品之一，成品油价格的波动可能会直接影响本公司的业绩。

(2) 油气资源接替的风险：尽管近年来本公司的原油探明储量稍有增加，但无法保证将来能够通过勘探活动增加或保持本公司的油气储量水平。如果不能成功获得足够的接替油气资源，本公司的经营业绩、财务状况可能会受到不利的影响。

(3) 境内外披露的财务数据和格式等方面存在差异：本公司于 2000 年 4 月在香港联交所及纽约证交所上市，本公司须按照境外上市地的会计准则和监管要求披露相关数据和信息。由于境内外会计准则和监管要求存在差异，本招股意向书与本公司已在境外披露的年度报告、中期报告等文件在内容和格式等方面存在若干差异。本招股意向书第十节披露了中国会计准则与国际财务报告准则差异说明。

(4) 2007 年度中期股利：根据公司 2007 年 8 月 23 日召开的第三届董事会八次会议决议，公司将向 2007 年 9 月 13 日登记在册的股东按每股 0. 205690 元派发中期现金股利，股利总金额为 368. 23 亿元，该中期股利于 2007 年 9 月 28 日派发完毕。扣除 2007 年度中期股利后，本公司 A 股发行前未分配的滚存利润，由中国石油集团、公司 H 股股东及本次 A 股发行后的 A 股股东共同享有。

(5) 由于本公司炼油与销售板块所用原油的绝大部分为勘探与生产板块按照市场价格供应，所炼制的成品油是以国家发改委规定的价格对外进行销售，而 2005 年及 2006 年原油价格高，虽然国家发改委多次提高成品油的价格，炼油与销售板块实现的收入仍低于其营业成本及相关费用的支出，从而导致本公司炼油与销售板块分部利润 2005 年与 2006 年分别亏损 190. 51 亿元和 267. 89 亿元。

【案例问题】

(1) 根据案例分析，中石油主要可能存在哪些风险？

(2) 根据案例分析，中石油主要经营哪些业务？

(3) 根据案例分析，中石油具有哪些竞争优势？

【案例分析】

(1) 中石油可能存在以下风险：原油及石油产品价格波动可能产生的风险、油气资源接替的风险、境内外披露的财务数据和格式等方面存在差异、炼油与销售板块售价与原油价格倒挂导致的亏损。

(2) 中石油广泛从事与石油、天然气有关的各项业务，是我国最大的原油和天然气生产商；是我国最大的石油产品生产和销售商之一；是我国主要的化工产品生产和销售商之一；是我国最大的天然气运输和销售商。

(3) 中石油具有垄断优势、技术优势、行业优势、经营优势、财务优势、管理优势、品牌优势等。

案例 10.1.4 海螺水泥经营区域分析

【案例知识点】公司基本面分析

【案例类型】运用案例

【案例来源】天相投顾

【案例时间】2008 年 9 月

【案例内容】海螺水泥主要从事水泥及商品熟料的生产和销售，产销量已连续 11 年位居全国第一，是目前亚洲最大的水泥、熟料供应商。公司拥有较强的品牌优势，“海螺”品牌不仅荣获“中国驰名商标”称号，还被评为中国首批 300 家“全国重点保护品牌”之一，在全国最具价值商标 500 强中列 23 位。截至 2007 年年底，公司拥有 57 家控股子公司、3 家参股公司。公司实际控制人为海螺集团，持股 62996 万股，持股比例为 40.22%。

2007 年年末，公司熟料产能 6900 万吨，水泥产能 8100 万吨；全年实现熟料产量 6987 万吨，同比增长 15.76%，水泥产量 6410 万吨，同比增长 12.59%；水泥熟料综合销量 8652 万吨，同比增长 14.57%。

1. 东部区域：需求仍将增加

东部区域是公司收入的主要贡献点，2007 年贡献率为 39%，目前主要集中在江苏、浙江、上海，同时辐射福建等地区。

供大于求状态将得到改善。①在国家宏观政策的导向下，东部地区的投资增速将低于中西部，且短期内增速存在呈下滑风险；但由于该地区的投资基数较大，即使小幅增长也会带来可观的消费增量。②该地区水泥企业众多，竞争激烈；除福建省外，其他地区新型干法比例高于全国水平，预计未来该地区新增产能速度将放缓，行业供给有所改善。

区域整合推动下，竞争结构向好。2007 年中国建材在该地区成立南方水泥，对浙江、江西的水泥市场进行整合，旨在谋求华东地区水泥市场的话语权。这一举措，将有效改善区域竞争状况，有利于水泥价格的稳步提升。

总体来看，华东地区将维持供大于求的状态，但随着行业整合及落后产能的退出，供需关系有望好转，行业集中度的提高也将有力的支持该区域的水泥价格，华东区域的行业发展将主要取决于需求的增加和行业的整合。

区域战略：公司目前在东部区域的市场占有率为 30% 左右，将直接受益于该区域的经济增长。公司未来将在该区域沿海地区重点增加水泥粉磨产能，未来 3 年计划新增粉磨产能 80% 左右，利用长江水道运输熟料，在当地进行粉磨，将具有明显的成本优势。随着公司在该区域的产能进一步扩张，公司在华东市场份额将达到 40% 以上，公司的市场控制力也将进一步增加。

2. 中部区域：需求稳定增长

中部地区是未来水泥行业发展潜力最大的区域之一，公司目标市场主要集中在安徽、湖南、江西，并拟进入湖北。2007 年，中部地区的收入贡献比例为 25%，同比提高 5%。

旺盛的需求和高比例的落后产能淘汰，催生水泥投资机会。受“中部崛起”政策的推动，该区域经济得到快速发展，固定资产投资增幅较大，带动水泥需求旺盛；长株潭经济圈的建设是区域内重要的投资亮点。湖南省落后水泥产能比例较高，随着淘汰工作的推进，将留下大量市场空白，为优秀企业提供良好的发展机会。

区域战略：公司将在巩固安徽市场的基础上，积极拓展湖南及湖北市场，随着在建生产线的投产，公司在中部区域的市场份额将继续扩大。未来 3 年，公司在中部区域的产能有望翻番，市场占有率达到 30%。

3. 南部区域：市场处于复苏期

2007 年，公司在南部区域的收入占比提升到 20%。其主要原因是公司在华南的生产线逐步投产，目前公司在该区域已有和新建产能达 2000 万吨左右，南部区域市场的拓展为公司成长作出了较大贡献。

目前公司在南部区域市场主要以广东、广西为主。该区域的固定资产投资增速均高于苏浙沪地区。广西未来水泥需求仍将保持快速增长。广东地区投资增速低于全国水平，但仍与苏浙沪地区基本持平，由于其较大的基数水平，未来仍将带来较大的消费增量，随着广东地区落后产能的淘汰，市场前景仍将看好。

从行业供给角度看，近年来该区域新增产能较多，而落后产能没有及时退出，落后产能占比较大造成产能过剩，供需结构失衡。该地区新型干法比例低于全国水平，未来新干法产能存在较大发展空间，落后产能的淘汰将为优势企业腾出更多的市场空间。因此该区域的成长性要好于东部区域，但发展的关键在于新增产能的建设要与落后产能淘汰的时间和规模相适应。

总体来看，华南区域成长空间大于华东区域，需求仍将保持增长。公司目前在华南区域的市场占有率为 10% 左右，随着公司产能的进一步扩大，公司计划将占有率提升至 25%，公司很可能在华南水泥市场获得龙头地位。

4. 西部区域：市场潜力巨大

公司最新公告拟在甘肃平凉、四川达州、重庆忠县、贵州遵义等处规划建设 11 条 5000 吨/天新型干法水泥熟料生产线，“西部战略”的序幕正式揭开。

旺盛需求与大量落后产能淘汰，催生巨大市场空间。

（1）在国家“西部大开发”战略的带动下，近年来西部区域的固定资产投资快速增长，区域内水泥需求将长期保持较快增长。在大量基础设施建设的推动下，高标号水泥需求旺盛；同时西部区域相对市场比较封闭，因此造成区域内的水泥价格一直保持在高位运行。

（2）西部区域各省份目前新型干法水泥比例较低，有大量的落后产能需要淘汰，因此该区域具有良好的成长性。

区域发展规划。公司通过合理的产业布局，实现了区域内的相对垄断。目前该区域内尚未有其他大型水泥企业进入，而且公司已与当地政府签订了排他性协议，因此在一定时期内公司将在该区域内占据领导地位，先发优势十分明显。根据公司规划，未来3年将在西部地区新增产能1500万吨，远期规划则达到5000万吨。

5. 出口业务：调节国内市场的阀门

由于水泥产品本身存在运输半径，同时国内经济的高速增长也带动了大量的水泥需求，因此我国水泥及熟料的历年出口比例都较低，近10年来都保持在3%以下。2007年7月，国家取消了水泥产品的出口退税，受出口退税率取消的影响，2007年出口水泥的数量及金额均有大幅下降，分别同比减少了22%和17%。从出口比例来看，只占到2007年水泥产量的1%左右。由于比例较低，因此对水泥行业整体不会造成大的影响。

2007年，公司的出口水泥约为1400万吨，基本与2006年持平。在公司整体的经营规划中，将出口业务作为调节国内和国外两个市场的阀门，即在国内水泥市场状况不好时，公司相应扩大出口业务，这样将会改善国内水泥供给情况。而当国内市场旺盛时，则会相应减少出口量。我们预计公司未来水泥出口量将会基本维持在目前的水平，随着公司业务规模的扩大，出口所占的比例将逐步降低，因此出口业务对公司的影响较小。未来国内旺盛的需求将会消化公司由于退税率降低而减少的水泥出口。

【案例问题】

（1）根据案例分析，海螺水泥主营业务是什么？该公司在行业中处于什么地位？

（2）根据案例分析，海螺水泥在各区域的经营分别有什么特点？

（3）根据案例分析，华东地区的水泥行业整体情况如何？

（4）根据案例分析，海螺水泥在华东地区目前的市场占有率有多少？海螺水泥计划在该地区采用什么战略？

【案例分析】

（1）海螺水泥主要从事水泥及商品熟料的生产和销售，在行业中处于龙头地位。

（2）海螺水泥在东部区域的需求仍将增加；在中部区域的需求稳定增长；在南部区域的市场处于复苏期；在西部区域的市场潜力巨大；出口业务是调节国内市场的阀门。

（3）华东地区将维持供大于求的状态，但随着行业整合及落后产能的退出，供需关系有望好转，行业集中度的提高也将有力的支持该区域的水泥价格，华东区域的行业发展将主要取决于需求的增加和行业的整合。

（4）公司目前在东部区域的市场占有率为30%左右，公司计划在该区域沿海地区重点增加水泥粉磨产能，利用长江水道运输熟料，在当地进行粉磨，降低成本。

案例 10.1.5　海螺水泥投资亮点及市场担忧因素分析

【案例知识点】公司基本面分析

【案例类型】运用案例

【案例来源】天相投顾

【案例时间】2008 年 9 月

【案例内容】

1. 公司投资亮点

优秀的管理能力，是投资者长期看好海螺水泥的关键因素。

（1）借助较高的市场占有率和品牌优势，海螺水泥多年来推行现款现货的货款结算方式，应收账款周转率远高于行业平均水平。

（2）公司积累了丰富的运营经验，成本、费用控制非常好，期间费用率远低于行业均值。

产能快速扩张，演绎大象的舞蹈。

（1）目前公司水泥产能 8100 万吨，是国内绝对的龙头企业。公司充分利用当前良好的市场环境加快产能扩张，2008 年公司资本性支出将达 70 亿元，未来几年资本性支出将继续增加；公司年新增产能将由目前的 1500 万吨提高到 2000 万～3000 万吨。借助雄厚的资金实力和优秀的管理能力，公司有能力在 3～5 年内再造一个海螺。

（2）从产能扩张的区域来看，公司在完成了东部沿海地区的产业布局后，积极向南部、中部和西部扩张，未来区域布局将更加合理。募投项目中有 7 条生产线分布在南部、中部地区，近日发布的拟建项目中，公司西部扩张规划隆重登场。

毛利率处于历史相对低位，未来有望稳步提升。2005 年在国家宏观调控和行业竞争加剧的情况下，公司毛利率处于历史最低水平；经过 2006 年稳步提升，2007 年公司毛利率达到 31.5%，处于行业一流水平。然而，与 2002—2004 年相比，公司毛利率处于历史较低阶段。随着公司区域控制力的增强、余热发电项目投产，毛利率存在较大上升空间。

余热发电是对抗成本上涨的利器。在目前煤电能源价格大幅上涨的情况下，公司生产成本迅速增加，而余热发电将有效降低这一压力。公司目前有 11 套余热发电机组投入运行，总装机容量达 16.89 万千瓦，约占全国水泥行业余热发电总装机容量的 31%。公司吨熟料发电量达到 40 度左右，处于国内一流水平。

2. 市场担忧因素分析

（1）固定资产投资尤其是房地产开发投资的波动，可能会增加公司业绩的不确定性。据了解，公司水泥产品约 35% 销往农村市场，35% 销往重点工程与基础设施建设项目，30% 销往城市建设项目，其中房地产项目占比仅为 15% 左右。产品市场的多元化使得公司对于房地产开发的水泥需求量波动有一定的防御性；未来新农村建设、重点工程及基础设施建设进程加快，带动该市场水泥需求增加，在一定程度上平滑了房地产水泥需求的变化。

（2）煤电价格上涨将大幅提高行业的生产成本。煤电等能源成本在水泥总成本中占相当大的比重，由于煤炭价格上涨，煤电成本占比由2006年的62.30%提高到66.37%。但在这一负面影响中，公司拥有明显的成本差异优势。公司的煤电能耗是行业中最低的，在成本上涨的情况下公司提高水泥价格，其他公司在成本压力下只能采取价格跟进战略，因此公司提价阻力较小；在整体提价情况下，公司因较高的市场占有率将成为最大的受益者。公司的余热发电规模与吨熟料发电量在行业中处于优秀水平，随着2008年余热发电项目的大规模投产，余热发电成本节约额度有望抵消煤电成本上涨额度。

【案例问题】

（1）根据案例分析，海螺水泥有哪些投资亮点？

（2）根据案例分析，海螺水泥有哪些市场担忧因素？

（3）根据案例分析，海螺水泥如何应对市场担忧因素？

【案例分析】

（1）海螺水泥的投资亮点有优秀的管理能力、产能快速扩张、毛利率未来有望逐步上涨、余热发电是对抗成本上涨的利器。

（2）海螺水泥的市场担忧因素有：固定资产投资尤其是房地产开发投资的波动，可能会增加公司业绩的不确定性；煤电价格上涨将大幅提高行业的生产成本。

（3）海螺水泥通过产品市场的多元化应对固定资产投资的波动；通过调价和余热发电消除成本的上升。

10.2 公司财务分析

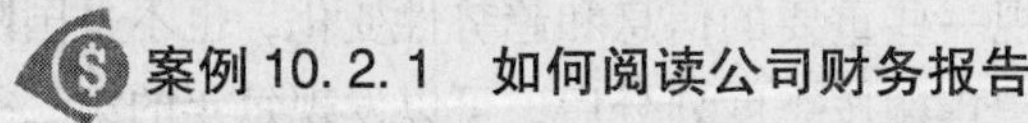

案例10.2.1 如何阅读公司财务报告

【案例知识点】公司财务分析

【案例类型】运用案例

【案例来源】从新手到高手

【案例时间】2007年7月

【案例内容】上市公司的财务报告是投资者了解公司运营最直接、透明，最客观的信息来源，它是我们正确选股的第一步。分析财务报告的重点，一是了解公司的营收和获利情况；二是对资产负债表的分析；三是查看公司的现金流量是否正常。上市公司每个季度披露的财务报告是投资者了解公司运营最直接透明、也是最客观的信息来源，很难想象用正确的投资理念做股票可以忽视对财务报告的仔细研读和分析。像巴菲特这样市场信息灵通的投资大师，其大部分的工作时间也是用在研读大量的公司财务报告上，分析公司财务报告是正确选股的第一步。一家公司从事的业务和生产的产品、销售额和利润率、营运资金状况和资产质量等，都可以从财务报告披露的信息中获得。在此基础上，再结合对公司业务及行业成长性前景的判断，以及公司股票当前估值与合理估值水平之比，才能作出正确的投资决定。如果忽视了对于公司财务状况的把握，很容易产生脱离公司实际能力的乐观判断，导致投资的预期目标难以实现。所以，阅读财务报告和进行财务分析是投资者的基本功，是合格投资者必须掌握的技能。对财务报告进行分析的重点或者说目的有三个。首先，了解公司的营收和获利情况，公司的销售额是否增长及增长幅度、毛利率的变动、管理和销售等费用是否合理，这些因素决定了在正常情况下公司运营总成绩单的最后得分，即业绩。其次，也是容易被忽视的，是对资产负债表的分析，目的是判断公司的资产质量和财务状况，这是支持公司业绩扩张和业绩可信度的基础。如果一家公司过去的业绩成长性和利润率都很好，但应收账款过多，或负债率过高，这样的公司股票最好也别碰。最后，也是比较简单的，是查看公司现金流量是否正常，最重要的是经营性现金流（CF-FO）是正还是负，如果 CFFO 长期低于净利润，甚至为负数，这就是一个危险的信号，说明公司只产生了账面利润而没有收回真金白银。财务分析除了主要看这三张财务报表外，财务附注里的数据和文字说明有时同样至关重要，经常可以揭示出报表里反映不出来的有用信息。此外，仅分析单家公司的报表还不够，还需看同行业其他有可比性公司的情况，对比得出哪家公司赢利能力最好、资产质量最高。

以下我们选一家公司——格力电器（000651）2006 年中期财务报告作一个案例分析。之所以选这家公司，一是因为目前 A 股市场中 80% 以上的公司均为制造业，因此分析一家制造业公司的财报可以总结出一些有代表性的分析要点；二是因为格力电器是行业龙头，有助于投资者参考判断其他家电及消费类公司的财务和运营状况；三是因为格力电器的产品和业务单一，几乎 100% 的收入来自空调销售，是理想的分析样本。首先来看损益表。国内公开发布公司研究报告的券商的分析员几乎都不对公司业绩按季度来进行分析，这种只分析半年度和年度业绩的做法容易忽视一些重要的信息和趋势性变化，也不是国际通行做法。我们把格力电器公司过去几年的销售额按季度划分后，可以发现每年的第二季度和第四季度为销售旺季，在通常情况下，股价在旺季应该有更好的表现。此外，一些比率指标的季度变化也很有意义。如格力电器 2006 年上半年的毛利率较 2005 年同期减少了 1.7 个百分点，看似不多，但按季度来看，过去连续 4 个季度的公司毛利率下滑达到 4.54 个百分点，且呈持续滑坡趋势，到 2006 年第二季度时毛利率仅有 15.86%，显示出比较严峻的成本上涨和产品价格下滑的压力。如果这一势头不能得到有效遏制，即便公司市场份额和销售额继续扩大，最终也很难为投资者提供满意的利润增长回报。格力电器公司损益表揭示的另一个深层次的经营性信息来自营业和管理费用（SG&A），虽然 SG&A 占销售收入比率在 2006 年第二季度时降到过去六个季度以来的最低值，为 13.45%，但并没有发生实质性的改变。如果剔除靠自产零部件外销和处理残废品带来的其他业务收入（财务报表附注中有详细数据），SG&A 和主营业务成本占销售收入比重在 98% 以上，也就是说，销售空调产生的营业利润率不足 2%，这是非常微薄的利润率，会让投资者失去

兴趣。导致格力电器SG&A费用高企的重要原因是其众所周知的自建营销体系所发生的巨大费用支出，这一销售模式虽然可以很好地控制回款并能有效扩大市场份额，但所消耗的成本巨大。过去波导股份（600130）就是因为不堪自建营销体系的重负，在市场增长放缓后被拖入亏损境地。其次来看资产负债表。格力电器自建营销体系和市场龙头的地位给公司带来了很健康的资产负债表，2006年第二季度应收账款周转率达到7.6%（全年应该在15%以上），在制造业中十分突出。对于账龄的分析显示，91%以上的应收账款的期限在1年以内，坏账的风险很低，而且公司还没有让人讨厌的大额其他应收账款。但是公司存货周转率并不理想，2006年第二季度存货周转率进一步下降到3.28%，这是一块需要改进的地方。由于格力电器凭借其巨大的采购能力，可以大量依赖供应商融资，表现为巨额应付账款和应付票据，使公司的经营并不需要依靠银行贷款，有很强的财务扩张能力。再看现金流方面。格力电器在此方面表现非常优秀，长期保持经营性现金流（CFFO）与利润相匹配的状态，反映在销售回款上很顺畅。2006年第二季度的CFFO更是较第一季度猛增3.4倍，主要是受加大供应商应付账款额的影响和减少现金支出所致。对格力电器财务报表分析的结论是：投资者不必担心公司会有来自资产负债表的风险，也不必担心公司销售额是否能够快速增长，因为不论是大力开拓海外市场，还是国内市场的集中度提高，都会推动公司销售收入的增长。但是格力微薄的赢利率很难激起投资者的投资兴趣，而且净利润增长也不是很突出。像格力电器这样的公司，已经取得了市场第一的地位，而且做得很专一，就是专业生产空调，其业绩和股价若想有良好的表现，就必须要在内部运营和管理效率上下工夫。通过以上简略的财务分析，可以显示出格力电器还是有很多可以改进的地方和空间的。

【案例问题】

（1）根据案例分析，财务报告分析的重点有哪些？

（2）根据案例分析，为什么格力电器适合作为财务报告分析对象？

（3）根据案例分析，格力电器销售空调的营业利润率为多少？格力电器的营业利润率为什么会这么低？

（4）根据案例分析，格力电器财务报表分析的结论是什么？

【案例分析】

（1）财务报告分析的重点：一是了解公司的营收和获利情况；二是对资产负债表的分析；三是查看公司的现金流量是否正常，还有财务报表附注和同行业其他有可比性公司的情况。

（2）格力电器之所以适合作为财务报告分析对象，一是因为目前A股市场中80%以上的公司均为制造业，因此分析一家制造业公司的财报可以总结出一些有代表性的分析要点；二是因为格力电器是行业龙头，有助于投资者参考判断其他家电及消费类公司的财务和运营状况；三是因为格力电器的产品和业务单一，几乎100%的收入来自空调销售，是理想的分析样本。

(3) 格力电器销售空调产生的营业利润率不足2%。导致格力电器营业利润率过低的原因是营业和管理费用（SG&A 费用）高，即自建营销体系所发生的巨大费用支出，这一销售模式虽然可以很好地控制回款并能有效扩大市场份额，但所消耗的成本巨大。

(4) 对格力电器财务报表分析的结论是，投资者不必担心公司会有来自资产负债表的风险，也不必担心公司销售额是否能够快速增长。但是格力微薄的赢利率很难激起投资者的投资兴趣，而且净利润增长也不是很突出。其业绩和股价若想有良好的表现，就必须要在内部运营和管理效率上下工夫。

案例 10.2.2 如何分析资产负债表

【案例知识点】公司财务分析

【案例类型】运用案例

【案例来源】从新手到高手

【案例时间】2007 年 7 月

【案例内容】许多投资者仅将目光集中在损益表上，而忽略了对资产负债表的分析。事实上，利润表只是反映表面现象，是成绩单，公司真正的功夫和实力要在资产负债表中才能体现出来。

一份“体检表”

资产负债表是反映公司在某个时点上，比如，季度最后一天或年度最后一天的财务状况。通过这张表，可以知道公司在某一时点上拥有多少资产，又欠别人多少钱，即有多少负债，以及所有资产减去负债后股东拥有多少净资产。投资者可以通过分析资产负债表全面了解公司的健康状况，是否“超重”——欠银行和供应商太多的钱，是否“贫血”——账面上的现金和现金等价物是否过低，以及“新陈代谢”是否正常——存货和应收账款周转是否过大，这些反映公司健康状况的指标都可以在资产负债表中找到答案。如果公司的财务状况不健康，就失去了提供业绩持续增长的基础，当前的业绩再出众，也不能给予投资者充分的信心；只有那些拥有一张强健资产负债表的公司，其发展的前景才充满希望。

三大构成

资产负债表由三大类科目构成，即资产项、负债项和股东权益项。资产项又分为流动资产和固定资产，其中流动资产理论上是指可以在 12 个月内变现的资产，需要重点分析的是现金及现金等价物、应收账款和存货指标。投资者对于公司账上到底有多少现金，包括可以随时变现的短期资产是非常关注的，因为这对于公司能否正常经营是至关重要的。它不仅可以帮助公司渡过困难时期，也是未来支持业务增长最直接的财务资源。所以，当现金储备快速下降，且长期保持低位的话，从财务角度讲，这样的公司就很难实现扩张，即便市场有机会也无法把握住。然而，公司现金储备过多，且长期保持高位，也会引起投资者的不满，因为这很可能意味着公司找不到好的投资项目，未来的成长性同样难以期

待。应收账款是公司客户收到货物或接受服务但未支付给公司的货款。很显然，如果公司的产品和服务很受市场欢迎，其应收账款规模就不会太高，客户会非常愿意及时付清货款。而应收账款规模不断扩大时，很有可能预示着公司的销售不畅，虽然损益表上的账面收入和利润在增长，但未来销售可能会下降，并加大了坏账风险，公司业绩可能会发生不测。存货是公司库存的尚未销售出去的商品、半成品和原材料，是公司潜在的收入来源。但如果存货规模增长势头超过主营业务成本增长，投资者就要警惕是否出现了货物销售不畅的情况，这时需要到公司财务报表附注中检查存货构成情况。如果发现存货规模扩大是由产成品增多导致的，很有可能表明销售出了问题；但若是原材料的快速增长，通常是件好事，可能预示着下游需求旺盛，所以公司大举采购原料，未来销售就有可能实现快速增长。负债项目与资产分为流动资产和固定资产一样，负债也是根据能否在 12 个月内偿还而分为流动负债和长期负债。流动负债主要包括银行短期借款，这些借款主要用于补充营运资金，只可用于短期用途，如果发现短期借款被用做长期用途，例如，购置设备或进行固定资产投资，即所谓的短债长用，就可能加大公司的财务压力。流动负债中另一项需要重点关注的科目是应付账款，这是公司拖欠上游供应商的货款。如果应付账款规模比较大，说明公司在生产经营上的主动性较强，占用供应商的资金，从一个侧面反映了公司在市场上的强势地位。流动负债中的预收账款是公司预收下游客户的预付款或定金，预收账款出现快速增长，也往往预示着未来销售收入和业绩会快速增长，这是判断短期业绩变化的重要指标。负债科目中最主要的构成是需要支付利息的债务，即有息负债，包括短期借款和长期借款。通常投资者偏好那些有息负债率不高的公司，因为这样的公司财务负担不重，财务资源相对丰富，有利于支持公司未来的业务扩张。而那些负债规模过大的公司则会引起投资者的担忧，一旦公司业务状况恶化，银行等债权人催债就会导致公司发生严重的偿债风险，造成资金链断裂，甚至引发公司破产。股东权益项目。公司的总资产减去总负债就是股东权益，反映总资产中除了归债权人所有的部分外，还有多少归股东所有，所以股东权益又称为所有者权益和净资产。由于股东权益中总股本部分一般变动不大，投资者更多关注的是留存收益的变化，这部分的净资产是历年来公司赢利的积累，可以用做再投资和作为利润分配。留存收益越多的公司，财务资源越有保证，可以不必依赖债务或股东继续注资来实现业务的扩展，也更有实力大举分红。

【案例问题】

（1）根据案例分析，通过资产负债表这份“体检表”，可以检查企业的什么问题？

（2）根据案例分析，企业现金储备过多或过少反映出什么问题？

（3）根据案例分析，企业应收账款规模是越大越好还是越小越好？应收账款规模过大反映出什么问题？

（4）根据案例分析，如果企业存货规模扩大是由产成品增多导致反映出什么问题？如果企业存货规模扩大是由原材料增长导致反映出什么问题？

（5）根据案例分析，如果短期借款被用做长期用途，可以说明什么问题？

（6）根据案例分析，应付账款和预收账款可以说明什么问题?

【案例分析】

（1）通过资产负债表这份“体检表”，可以看出企业是否“超重”——欠银行和供应商太多的钱，是否“贫血”——账面上的现金和现金等价物是否过低，以及“新陈代谢”是否正常——存货和应收账款周转是否过大。

（2）当企业现金储备快速下降，且长期保持低位的话，从财务角度讲，这样的公司就很难实现扩张，即便市场有机会也无法把握住。然而，公司现金储备过多，且长期保持高位，也会引起投资者的不满，因为这很可能意味着公司找不到好的投资项目，未来的成长性同样难以期待。

（3）应收账款规模越小越好。应收账款规模不断扩大时，很有可能预示着公司的销售不畅，虽然损益表上的账面收入和利润在增长，但未来销售可能会下降，并加大了坏账风险，公司业绩可能会发生不测。

（4）如果存货规模扩大是由产成品增多导致的，很有可能表明销售出了问题；但若是原材料的快速增长，通常是件好事，可能预示着下游需求旺盛，未来销售就有可能实现快速增长。

（5）如果企业的短期借款被用做长期用途，例如，购置设备或进行固定资产投资，即所谓的短债长用，就可能加大公司的财务压力。

（6）如果应付账款规模比较大，说明公司在生产经营上的主动性较强，占用供应商的资金，从一个侧面反映了公司在市场上的强势地位。预收账款出现快速增长，也往往预示着未来销售收入和业绩会快速增长。

案例 10.2.3　海螺水泥财务分析

【案例知识点】公司财务分析

【案例类型】运用案例

【案例来源】天相投顾

【案例时间】2008 年 9 月

【案例内容】

1. 营运能力分析

公司资金周转较快，利用率较高，近 3 年应收账款周转率、存货周转率和总资产周转率均高于行业平均水平，显示公司良好的营运能力。其中，2007 年公司应收账款周转率为 60.36 次，远高于行业均值 16.16 次，原因在于公司坚持执行现款现货的销售结算政策；存货周转率为 9.12 次，远高于行业均值 5.60 次，原因在于公司日益成熟的销售网络。

2. 赢利能力分析

公司近 3 年主营业务利润率、期间费用控制指标等均优于行业平均水平，显示公司良好的营运能力。近3年公司主营业务利润率呈稳步上升趋势，主要原因在于行业景气度提升、公司加强成本采购管理以降低原煤采购价、余热发电项目投产降低电耗等因素。期间费用率基本保持稳定，显示出公司良好的内部管理及控制能力。

3. 偿债能力分析

整体来看，公司流动比率、速动比率基本与行业持平，处于合理水平。资产负债率高于同行业平均水平，原因在于公司为扩大产能不断增加资本性支出；利息保障倍数远高于同行业上市公司平均水平，并呈稳步上升态势，表明公司具有较强的长期偿债能力。

【案例问题】

（1）根据案例分析，海螺水泥营运能力如何？是什么原因导致海螺水泥目前的营运能力状况？

（2）根据案例分析，海螺水泥赢利能力如何？是什么原因导致海螺水泥目前的赢利能力状况？

（3）根据案例分析，海螺水泥偿债能力如何？是什么原因导致海螺水泥目前的偿债能力状况？

【案例分析】

（1）海螺水泥营运能力良好，原因在于公司坚持执行现款现货的销售结算政策和拥有日益成熟的销售网络。

（2）海螺水泥主营业务利润率呈稳步上升趋势，主要原因在于行业景气度提升、公司加强成本采购管理以降低原煤采购价、余热发电项目投产降低电耗等因素。

（3）海螺水泥流动比率、速动比率合理，资产负债率高于同行业平均水平，原因在于公司为扩大产能不断增加资本性支出，利息保障倍数远高于同行平均水平。

案例 10.2.4 海螺水泥风险分析和投资价值评价

【案例知识点】公司财务分析

【案例类型】运用案例

【案例来源】天相投顾

【案例时间】2008年9月

【案例内容】海螺水泥面临的风险主要有：

（1）政策风险：水泥行业对宏观经济周期变化较为敏感。一旦国家采取紧缩的宏观经济调控政策，压缩固定资产和基础设施投资规模，导致宏观经济周期出现波动，则可能对公司生产经营及市场营销产生不利影响。

（2）产品价格变动风险：2007年年底到2008年以来出台的水泥行业政策都旨在提高行业集中度和改善行业产品结构，随着行业政策的进一步落实实施，行业供需结构进一步改善，水泥价格也从2008年年初开始保持了上升的态势。水泥价格的稳定有赖于行业政策的贯彻落实，落后产能的退出与新增产能的进入在时间和数量上要相互匹配。而以上因素并非完全可以准确预测。水泥产品价格的变动也将影响到对公司前景的判断。

（3）募集项目风险：公司此次拟建设的项目均需要大量的资金。项目建设时间较长，若受宏观经济周期波动、固定资产投资规模减少等因素的影响，水泥市场整体需求状况出现不利变化，则会给公司实现拟投资项目预期收益带来一定风险。

预计公司2008—2009年摊薄后EPS分别为2.23元、3.17元，作为一家稳健成长的行业龙头企业，同时，考虑到公司未来产能快速扩张、不可复制的核心竞争优势，维持公司“增持”评级。

【案例问题】

（1）根据案例分析，水泥行业面临什么政策风险？

（2）根据案例分析，哪些因素会影响水泥价格，进而影响海螺水泥公司前景？

（3）根据案例分析，海螺水泥募集项目面临什么风险？

（4）根据案例分析，海螺水泥是否值得投资？为什么？

【案例分析】

（1）水泥行业对宏观经济周期变化较为敏感。一旦国家采取紧缩的宏观经济调控政策，压缩固定资产和基础设施投资规模，导致宏观经济周期出现波动，则可能对公司生产经营及市场营销产生不利影响。

（2）提高行业集中度和改善行业产品结构的行业政策的落实实施，以及落后产能的退出与新增产能的进入在时间和数量上的匹配会影响水泥价格。

（3）海螺水泥募集项目面临宏观经济周期波动风险。

（4）海螺水泥值得投资，因为它是一家稳健成长的行业龙头企业，而且公司未来产能快速扩张，具有不可复制的核心竞争优势。

案例 10.2.5　蓝田股份会计造假案例

1. 蓝田股份的绩优神话

蓝田股份作为一家从农业为主的综合性经营企业，自1996年6月上市以来的业绩增长令人惊叹，该公司1995年净利润2743.72万元，1996年上市当年翻番实现5927万元，1997—1999年3年分别为14261.87万元、36472.34万元和54302.77万元。蓝田股份的业绩几乎年年实现翻番增长，直到2000年后才出现萎缩，降至43162.86万元。其1996—2000年的每股收益分别达到了0.61元、0.64元、0.82元、1.15元和0.97元。从2000年的年报看，其4.31亿元的净利润绝大部分均来自主营，摊薄后19.81%的净资产收益率以及每股经营活动产生的1.76元的现金流量额都表现出蓝田通过大力开发高科技农业而产生了实实在在的稳定回报。从财务角度看，其流动比率为0.77，速动比率为0.27，资金运用较充分，短期偿债能力虽由于存货较大而略有不足，但提了4296万元的存货跌价准备还是比较稳健的，另外只有23.18%的资产负债率也说明了其稳定的财务结构。

2. 蓝田股份绩优神话的终结

2002 年元月 21 日、22 日，生态农业（原蓝田股份 600709）的股票突然被停牌，市场目光再次聚焦到这只曾经备受关注的“绩优神话股”。蓝田股份绩优神话的终结源于一篇文章。2001 年 10 月 26 日，北京某财经大学一位刘姓研究员在一份内部刊物上发表文章，呼吁“应立即停止对蓝田股份发放贷款”，引起银行高层的关注。不久，相关银行即停止对蓝田发放新的贷款，蓝田股份的资金链断裂。

3. 蓝田股份的财务之谜

蓝田股份的主要疑点有：

（1）应收账款之迷解释离奇

蓝田股份 2000 年主营业务收入 18.4 亿元，而应收账款仅 857 万元。公司方面称，由于公司基地地处洪湖市瞿家湾镇，占公司产品 70% 的水产品在养殖基地现场成交，上门提货的客户中个体比重大，当地银行没有开通全国联行业务，客户办理银行电汇或银行汇票结算货款业务，必须绕道 70 千米去洪湖市区办理，故采用“钱货两清”方式结算成为惯例，造成应收账款数额极小。该公司在上市公司中又创一项奇迹，即近 18 亿多元主营业务收入主要靠现金交易完成。稍懂财会知识的人士，势必对蓝田股份“钱货两清”方式结算下的销售收入确认产生怀疑。另外，蓝田股份 2000 年野藕汁、野莲汁等饮料销售收入达 5.29 亿元，难道饮料销售是因市场供不应求而未出现应收账款吗？

（2）鱼塘里的业绩神话

蓝田股份的业绩主要来自“神奇”的鱼塘效益，公司称，几年来产品始终处于不愁销的状态。洪湖有 100 万亩水面可以开发，蓝田股份现在只开发了 30 万亩，而高产值的特种养殖鱼塘面积只有 1 万亩，这种精养鱼塘每亩产值可达 3 万元，是粗放经营的 10 倍。据有关报道称，蓝田股份在精养鱼塘推行高密度鱼鸭配套养殖技术，每亩平均产成鱼由 350 千克提高到 1000 千克，加上养鸭收入，每亩平均收入由 1400 元提高到近万元，养殖成本降低 20%。而同样是在湖北养鱼，2000 年上市的武昌鱼在招股说明书中称，公司 6.5 万亩鱼塘的武昌鱼，养殖收入每年五六千万元，单亩产值不足 1000 元。蓝田股份创造了武昌鱼 30 倍的鱼塘养殖业绩。

（3）饮料毛利不可思议

按照蓝田股份披露的和蓝田总公司的结算价格为 46.8 元/箱（24 罐）（其中野莲汁为 46.8 元每箱，野藕汁为 44.2 元每箱）。按照市场上常见的蓝田野莲汁、野藕汁包装估算，假设每 3 罐野莲汁、野藕汁为 1 千克（每罐蓝田饮料为 350 毫升）大概每千克饮料蓝田股份获得 5.85 元的销售额。按上述的计算，每千克饮料实现利润 2.42 元。如果按照 33% 的所得税，蓝田股份每千克饮料实现的 2.42 元净利润（税后）至少需要 2.42 ÷ 0.67 = 3.61（元）的所得，也就是说蓝田股份靠每千克 5.85 元的销售额至少实现了 3.61 元的利润，利润率为 61.71%，在竞争激烈的饮料行业能够实现这种利润吗？

（4）可疑的会计科目

蓝田股份几个可疑的会计科目如下表所示。

蓝田股份可疑的会计科目表 单位：万元

会计科目	1999－12－31	2000－12－31	2001－6－30
应收账款	1242	857	3434
存货	26614	27934	44715
其中：在产品	21230	22974	36483
固定资产	131438	214254	215335
在建工程	43510	22514	31954
应交税金—营业税	15	4	10
应交税金—增值税	22	28	48

资料来源：蓝田股份2000年报（已审）2001年中报（未审）。

应收账款的疑问前已述及，存货的疑问在于其主要构成是在产品，由于在鱼塘里，我们根本不清楚其实际的品种、数量和重量；固定资产及在建工程的疑问与存货的疑问是一样的，蓝田股份主要固定资产和在建工程都在水里面，谁也搞不清楚水里面有多少“宝贝”。

蓝田股份2000年主营收入是18亿元，2001年上半年是8亿元，也就是说每个月收入是1.5亿元，蓝田股份增殖税率是13%～17%，营业税率是5%，可是它一个月只要提4万元的营业税和28万元的增值税，这样的纳税额比一家年收入5000万元的企业还少，这税是不是交得太少了，还是根本就没有那么多的收入？

【案例问题】

（1）根据案例分析，蓝田股份为什么可以被称为“绩优神话”？

（2）根据案例分析，蓝田股份的应收账款存在什么问题？

（3）根据案例分析，蓝田股份的饮料毛利存在什么问题？

（4）根据案例分析，蓝田股份的存货、固定资产及在建工程的问题为什么难以被发现？

【案例分析】

（1）因为蓝田股份的业绩几乎年年实现翻番增长。

（2）蓝田股份的应收账款与主营业务收入相比几乎可以忽略不计，公司对此解释为公司养殖业以“钱货两清”方式交易。

（3）按照估算，蓝田股份靠每千克5.85元的销售额至少实现了3.61元的利润，利润率达到不可思议的61.71%，

（4）因为蓝田股份的存货、固定资产及在建工程都在水里面，难以评估其价值。

11 技术分析

11.1 K线分析

案例 11.1.1 诚志股份 K 线图的画法

【案例知识点】K 线的画法

【案例类型】运用案例

【案例来源】通达信行情软件

【案例时间】2010 年 7 月

【案例内容】诚志股份（000990）2010 年 4 月 27 日的开盘价为 16.75 元，收盘价为 17.07 元，最低价为 16.12 元，最高价为 17.23 元。

【案例问题】

（1）根据案例分析，2010 年 4 月 27 日诚志股份的 K 线图是阳线还是阴线？

（2）根据案例分析，画出 2010 年 4 月 27 日诚志股份的 K 线图。

【案例分析】

（1）因为收盘价高于开盘价，所以 2010 年 4 月 27 日诚志股份的 K 线图是阳线。

（2）诚志股份 2010 年 4 月 27 日的 K 线图如图 11－1 所示。

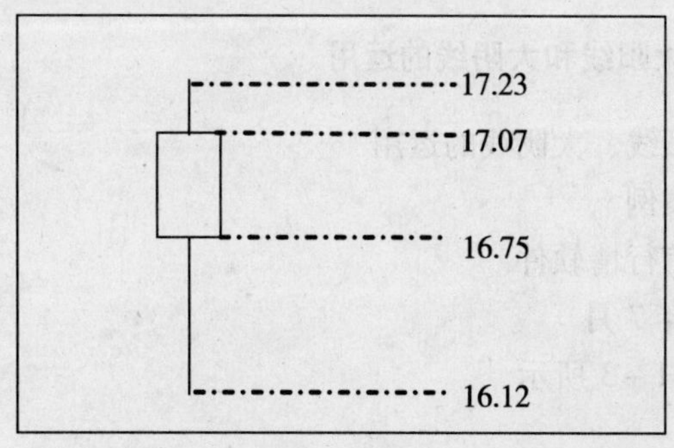

图 11－1　诚志股份 2010 年 4 月 27 日的 K 线图

案例 11.1.2 中国平安 K 线图画法

【案例知识点】K 线的画法

【案例类型】练习案例

【案例来源】通达信行情软件

【案例时间】2010 年 7 月

【案例内容】中国平安（601318）2008 年 4 月 21 日的开盘价为 70.40 元，收盘价为 67.66 元，最低价为 66.20 元，最高价为 70.40 元。

【案例问题】

（1）根据案例分析，2008 年 4 月 21 日中国平安的 K 线图是阳线还是阴线？

（2）根据案例分析，画出 2008 年 4 月 21 日中国平安的 K 线图。

【案例分析】

（1）因为收盘价低于开盘价，所以 2008 年 4 月 21 日中国平安的 K 线图是阴线。

（2）中国平安 2008 年 4 月 21 日的 K 线图如图 11－2 所示。

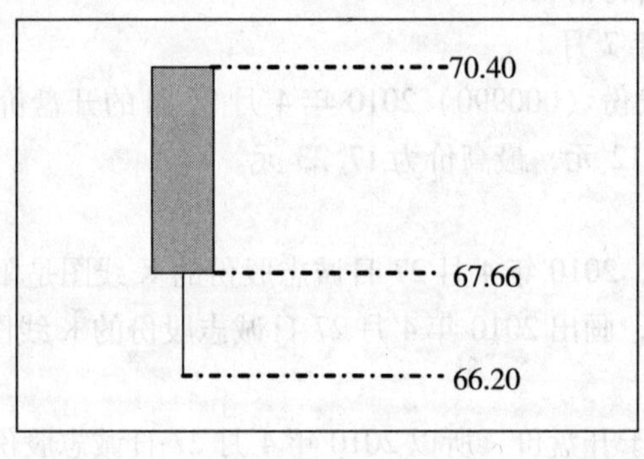

图 11－2　中国平安 2008 年 4 月 21 日的 K 线图

案例 11.1.3 大阳线和大阴线的运用

【案例知识点】大阳线、大阴线的运用

【案例类型】运用案例

【案例来源】通达信行情软件

【案例时间】2010 年 7 月

【案例内容】如图 11－3 所示

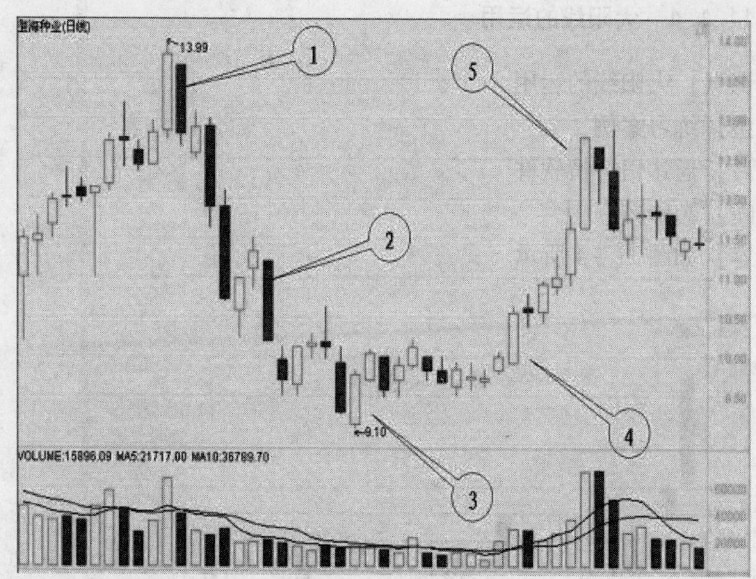

图11-3 登海种业（002041）在2007.5.24—2007.8.9的K线图

【案例问题】

（1）根据案例分析，一般情况下，阳线的实体越长，越有利于上涨还是下跌?

（2）根据案例分析，阴线①的出现预示后市是涨还是跌?

（3）根据案例分析，阴线②的出现预示后市是涨还是跌?

（4）根据案例分析，阳线③的出现预示后市是涨还是跌?

（5）根据案例分析，阳线④的出现预示后市是涨还是跌?

（6）根据案例分析，阳线⑤的出现预示后市是涨还是跌?

【案例分析】

（1）一般地，阳线实体越长，表示当天多头取得了决定性的胜利，后续股价惯性上涨的可能性大。

（2）下跌初期出现大阴线①，表示恐慌情绪开始蔓延，获利盘纷纷涌出，股价迅速下跌，空头已取得决定性胜利，后市下跌趋势形成。

（3）下跌过程中出现大阴线②，是继续下跌的信号。

（4）下跌过程中出现大阳线③，表示空方动能基本耗尽，后市止跌或见底的可能性大。

（5）股价在构筑底部时突然走出一根大阳线，表示多头已经取得决定性的胜利，后市上涨趋势明显。

（6）在加速上涨以后出现大阳线，表示多方能量已经耗尽，后市将见顶回落。

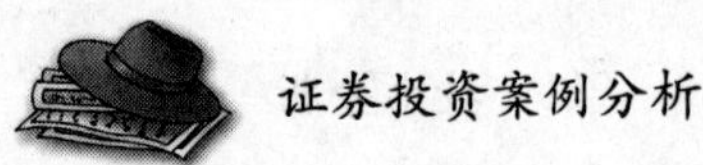

案例 11.1.4　大阳线的运用

【案例知识点】大阳线的运用
【案例类型】练习案例
【案例来源】通达信行情软件
【案例时间】2010 年 7 月
【案例内容】如图 11－4 所示

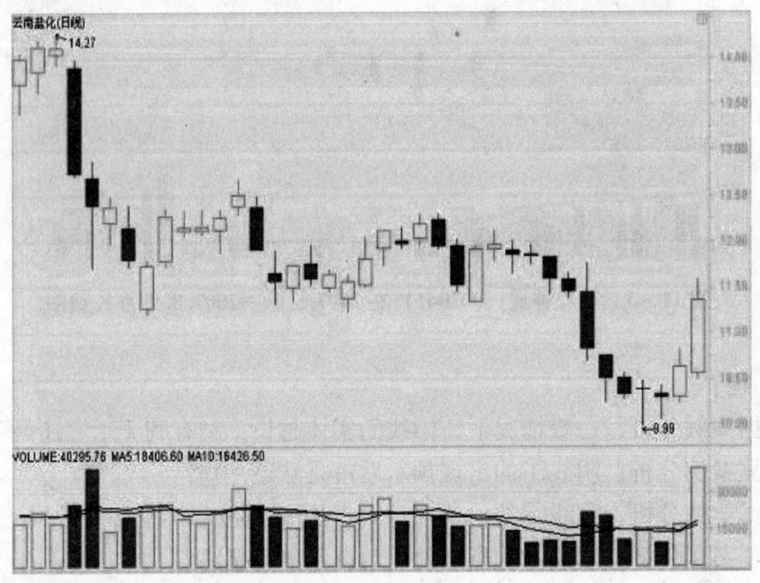

图 11－4　云南盐化（002053）在 2010.5.12—2010.7.6 的 K 线图

【案例问题】
根据案例分析，预测该股后市走势。
【案例分析】
底部出现大阳线，成交量成倍放大，资金流入明显，后市看涨。

案例 11.1.5　大阴线的运用

【案例知识点】大阴线的运用
【案例类型】练习案例
【案例来源】通达信行情软件
【案例时间】2010 年 7 月
【案例内容】如图 11－5 所示

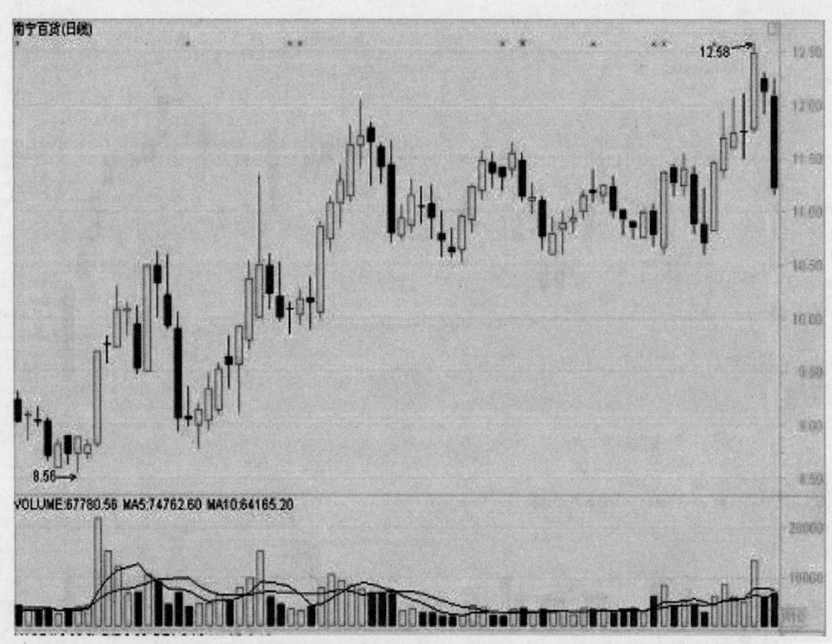

图 11-5 南宁百货（600712）在 2010.1.4—2010.4.29 的 K 线图

【案例问题】

根据案例分析，预测该股后市走势。

【案例分析】

该股在加速上涨后，出现大阳线，多方能量消耗过多。近期股价开始下跌。且在下跌初期出现大阴线，后市下跌的可能性非常大。

案例 11.1.6 长上影线的运用

【案例知识点】上影线的运用

【案例类型】运用案例

【案例来源】通达信行情软件

【案例时间】2010 年 7 月

【案例内容】如图 11-6 所示

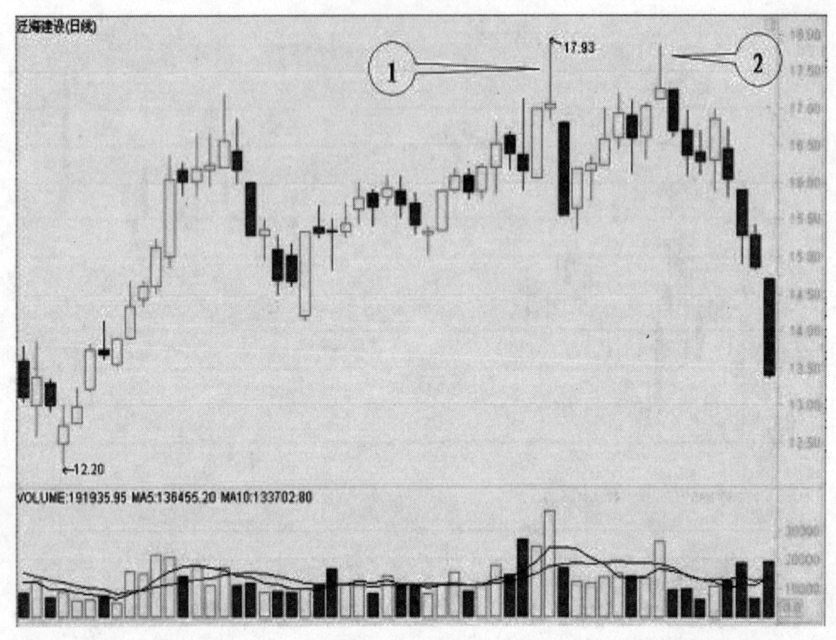

图 11－6　泛海建设（000046）在 2009. 9. 23—2009. 12. 18 的 K 线图

【案例问题】

根据案例分析，图 11－6 的两根长上影线是否为该股近期下跌的信号？

【案例分析】

该股在经历一波大幅上涨以后，积累了大量的获利盘。在出现长上影线的当天，成交量急剧放大，说明在上涨到高位以后获利投资者兑现意识非常强烈，空头力量远远超过多头力量。后市股价走低的可能性大。

案例 11. 1. 7　长下影线的运用

【案例知识点】下影线的运用

【案例类型】练习案例

【案例来源】通达信行情软件

【案例时间】2010 年 7 月

【案例内容】如图 11－7 所示

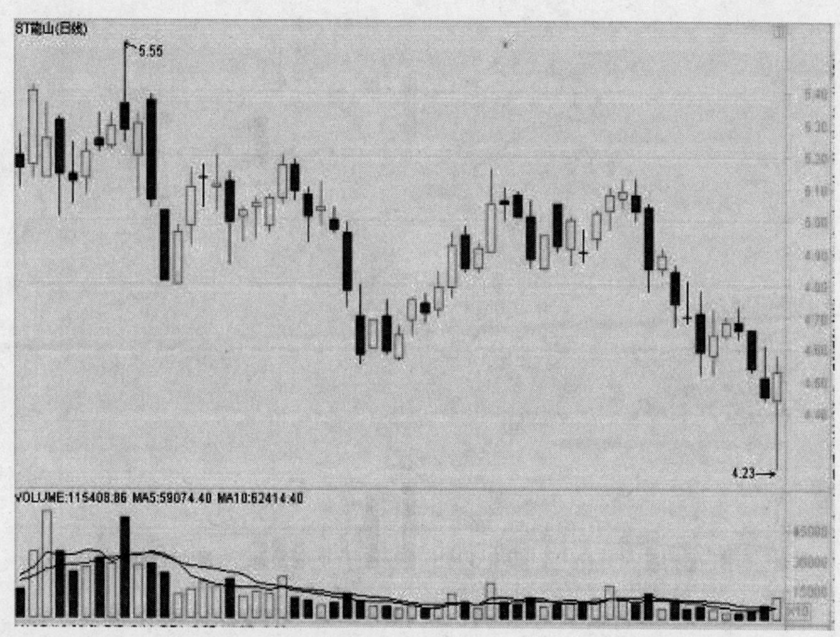

图 11－7　ST 能山（000046）在 2009.11.10—2009.2.3 的 K 线图

【案例问题】

根据案例分析，预测该股后市走势。

【案例分析】

该股在经历一波大幅下跌以后，先知先觉的资金已经开始进场。在出现长下影线的当天，成交量明显放大，说明多方大举买入该股，将股价从低位拉起。该股后市上涨的可能性大。

案例 11.1.8　光头阳线和光脚阳线的运用

【案例知识点】光头阳线、光脚阳线的运用

【案例类型】运用案例

【案例来源】通达信行情软件

【案例时间】2010 年 7 月

【案例内容】如图 11－8 所示

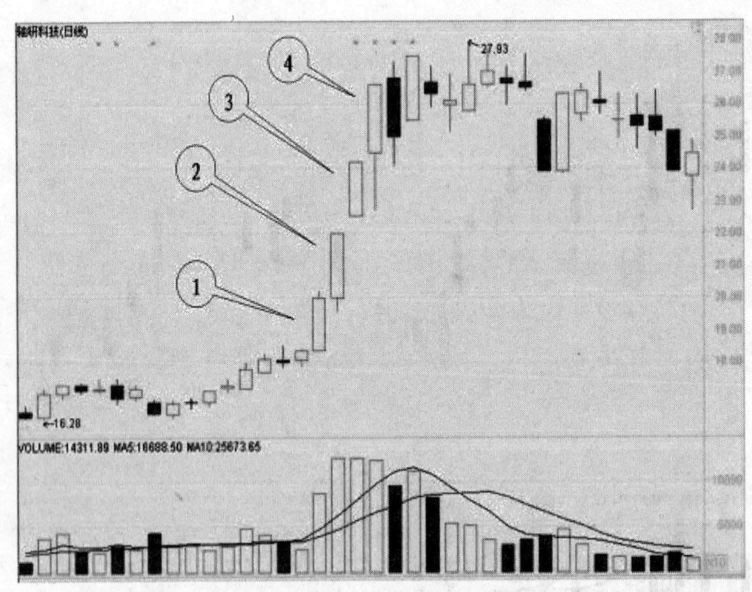

图 11－8　轴研科技（002046）在 2009.3.15—2009.5.13 的 K 线图

【案例问题】

（1）根据案例分析，K 线①是什么类型的 K 线？通常预示上涨信号还是下跌信号？

（2）根据案例分析，K 线②、③、④是什么类型的 K 线？通常预示上涨信号还是下跌信号？

（3）根据案例分析，为什么 K 线④出现以后，股价开始调整？

【案例分析】

（1）K 线①属于光脚阳线。光脚阳线表示当天开盘后，股价即被多头推高，虽然受空头抵抗，收盘有所收低，但是整日走势显示多头力量强于空头力量，后市看涨的可能性较大。

（2）K 线②、③、④属于光头阳线。光头阳线表示当天股价一度被空头往下打压，但是在多头的推动下，强势上扬，最终以最高价收盘，说明多头的力量明显强于空头，后市看涨。

（3）光头阳线④属于加速上涨后出现的光头大阳线，表示多头力量大量被消耗。在经过前期的暴涨过后，盘中积累大量的获利盘，卖盘增加，后市调整压力增加。

案例 11.1.9　光脚阴线和光头阴线的运用

【案例知识点】光脚阴线、光头阴线的运用

【案例类型】练习案例

【案例来源】通达信行情软件

【案例时间】2010 年 7 月

【案例内容】如图 11 -9 所示

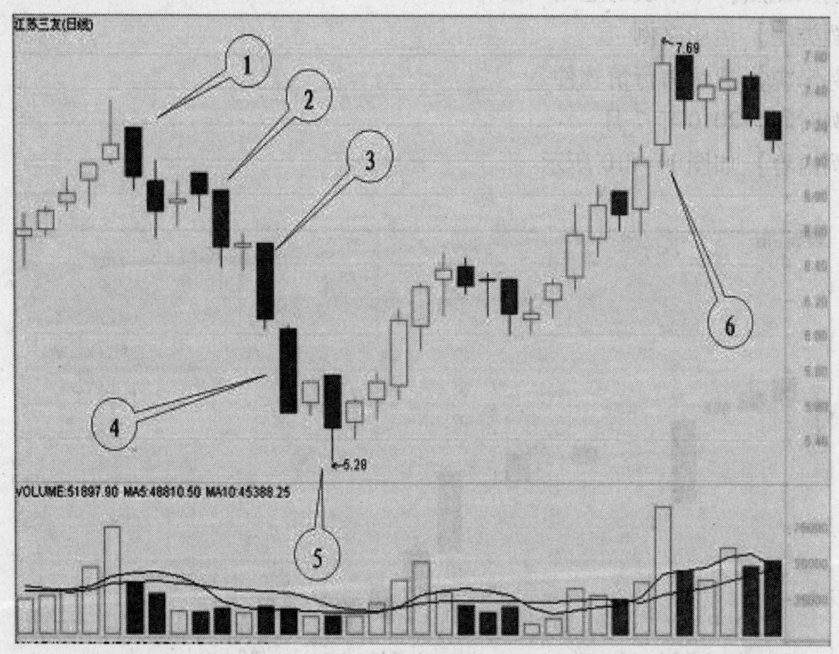

图 11 -9　江苏三友（002044）在 2009. 7. 30—2009. 9. 16 的 K 线图

【案例问题】

（1）根据案例分析，K 线①、②、③、⑤是什么类型的 K 线？通常预示上涨信号还是下跌信号？

（2）根据案例分析，K 线④是什么类型的 K 线？通常预示上涨信号还是下跌信号？

（3）根据案例分析，为什么 K 线⑤出现以后，股价开始上涨？

（4）根据案例分析，为什么 K 线⑥出现以后，股价开始调整？

【案例分析】

（1）K 线①、②、③、⑤属于光头阴线。光头阴线表示当天开盘后，股价即被空头往下打压，虽然受多头抵抗，收盘有所反弹，但是整日走势显示空头力量强于多头力量，后市看跌的可能性大。

（2）K 线④属于光脚阴线。光脚阴线表示当天股价一度被多头往上推高，但是在空头的打压下，大幅下跌，最终以最低价收盘，说明空头的力量明显强于多头，后市看跌。

（3）K 线⑤虽然属于光头阴线，但是其下影线较长，说明盘中或尾盘有资金介入，将股价从一个很低的位置拉起，多头力量在增加，后市有止跌的可能性。

（4）K 线⑥属于加速上涨后的大阳线，显示多头力量消耗过多，后市调整压力大。

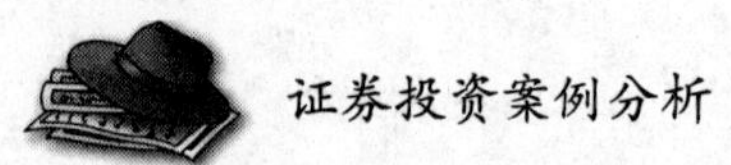

案例 11.1.10　十字线的运用

【案例知识点】十字线的运用

【案例类型】运用案例

【案例来源】通达信行情软件

【案例时间】2010 年 7 月

【案例内容】如图 11－10 所示

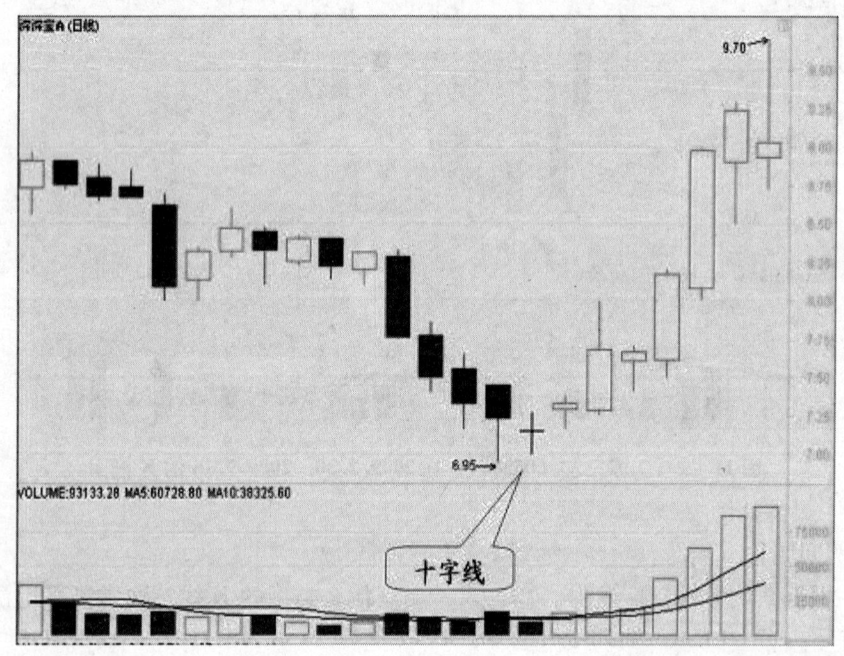

图 11－10　深深宝 A（000019）在 2009.6.9—2009.7.14 的 K 线图

【案例问题】

（1）根据案例分析，图 11－10 的十字线出现之前多头和空头的力量孰强孰弱？

（2）根据案例分析，十字线显示多头和空头的力量孰强孰弱？

（3）根据案例分析，为什么图 11－10 的十字线出现以后，行情止跌并反转往上走？

【案例分析】

（1）图 11－10 的十字线出现之前股价走出了四连阴的走势，显示空头明显强于多头，但是十字线前一天的光头阴线下影线比较长，显示买盘在增加。

（2）十字线当天盘空双方斗争激烈，但是最后打成平手，以开盘价收盘，表明双方势均力敌。

（3）图 11－10 的十字线出现之前基本上空头的力量占绝对性优势，但是十字线的出现意味着多头的力量已经积聚到足以和空头抗衡，按照惯性发展，后市多头力量会强于空头力量，股价上涨可能性大。

案例 11.1.11 一字形 K 线的运用

【案例知识点】一字形 K 线的运用

【案例类型】运用案例

【案例来源】通达信行情软件

【案例时间】2010 年 7 月

【案例内容】ST 金泰（600385）在 2007.7.9—2009.9.5 连续 42 个涨停，且 K 线图以一字形 K 线为主（如图 11－11 所示）

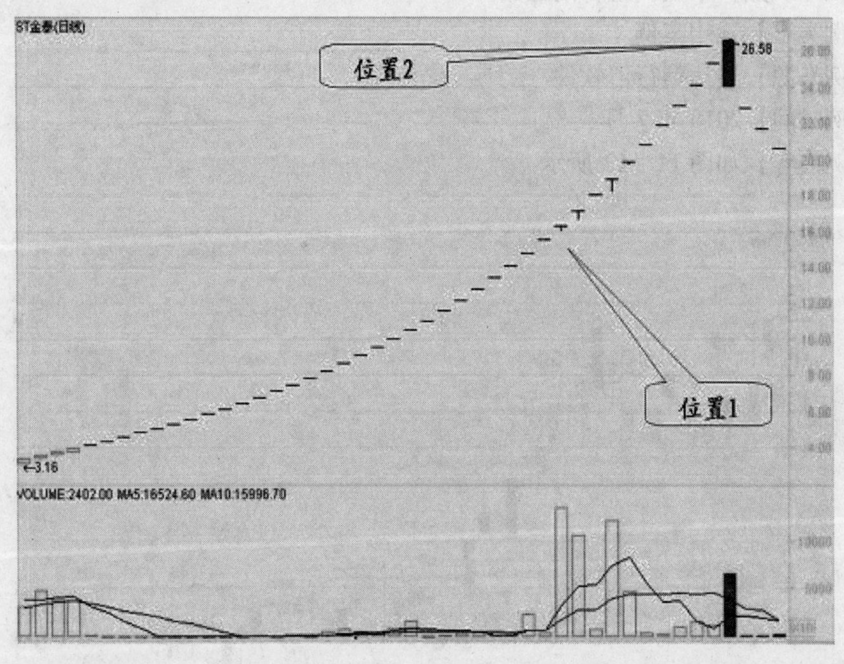

图 11－11 ST 金泰（600385）在 2007.7.9—2009.9.5 的 K 线图

【案例问题】

（1）根据案例分析，一字形 K 线的开盘价、收盘价、最低价和最高价是什么关系？

（2）根据案例分析，开盘即涨停，且牢牢封死在涨停板上的股票在收盘前将其卖出是否合算？

（3）根据案例分析，在实际操作时可在什么位置卖出 ST 金泰？

【案例分析】

（1）一字形 K 线一天只有一个价格，开盘价、收盘价、最低价和最高价相等。

（2）开盘即涨停，且牢牢封死在涨停板上的走势，多数是因为受利好消息的影响，买盘云集，而持有者惜售，成交稀少。在当日没有成功买入的投资者会在次一交易日继续挂涨停价买入，所以次一交易日高开的可能性非常大。持有者不必急于在当天卖出，应等待其在次一交易日高开后卖出，若次一交易日继续一字形涨停，可继续推迟卖出时间。

（3）稳健型投资者可在位置 1 卖出，因为在此日，盘中涨停被打开，成交量放大，说明大量的获利筹码在兑现，卖压很大。激进型投资者可选择在位置 2 卖出，因为当日获利筹码蜂拥而出，股价下跌明显。为了先行卖出手中的已获利筹码，大部分投资者不惜以跌停价卖出，恐慌情绪蔓延，若不在此位置卖出，后市将面临连续跌停的危险。

案例 11. 1. 12　K 线组合分析 1

【案例知识点】平底线组合的运用

【案例类型】运用案例

【案例来源】通达信行情软件

【案例时间】2010 年 7 月

【案例内容】如图 11 – 12 所示

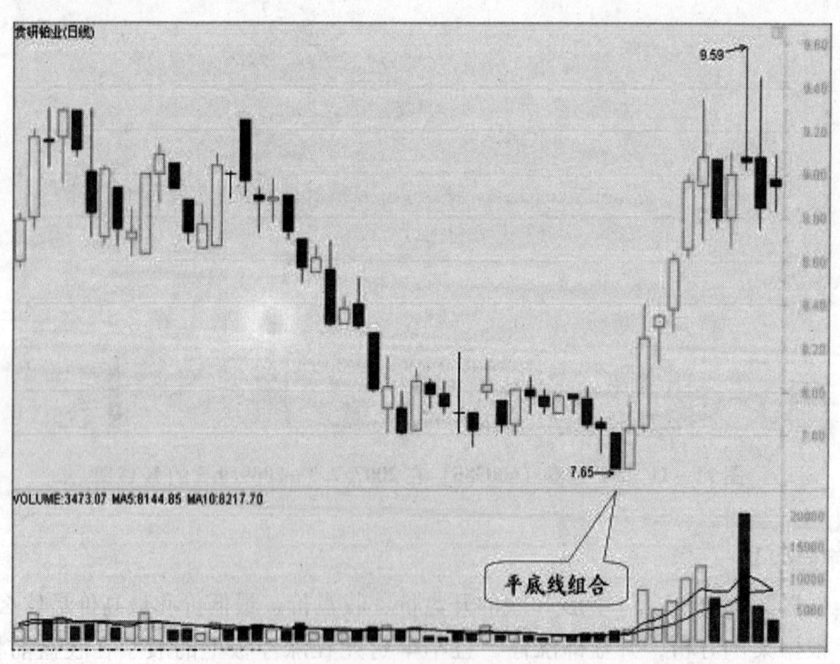

图 11 – 12　贵研铂业（600459）在 2004. 8. 5—2004. 9. 23 的 K 线图

【案例问题】

（1）根据案例分析，在最近的底部出现的两根 K 线有什么共同特征？

（2）根据案例分析，为什么这两根 K 线组合出现以后，股价开始反转往上走？

【案例分析】

（1）两根 K 线的最低价相等。最低价相等的两根 K 线组合通常叫平底线组合。

（2）低位出现平底线组合，表明股价连续两次都不能往下突破此价位，一旦跌至此价位就有大量买盘出现，投资者对此位置的认可度高，后市跌破此位置的概率很低。

案例 11. 1. 13　K 线组合分析 2

【案例知识点】双针探底的运用

【案例类型】练习案例

【案例来源】通达信行情软件

【案例时间】2010 年 7 月

【案例内容】如图 11－13 所示

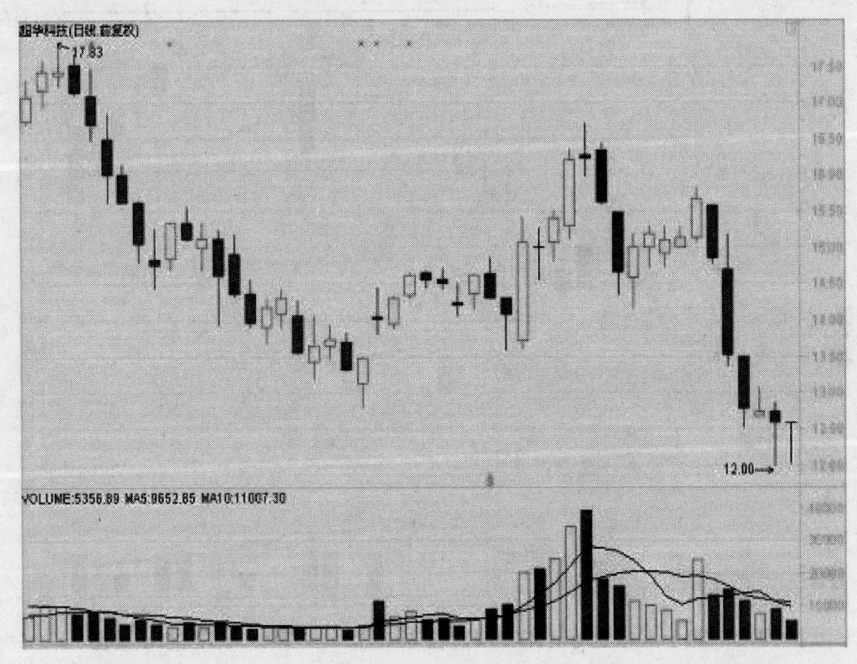

图 11－13　超华科技（002288）在 2010. 4. 21—2010. 7. 5 的 K 线图

【案例问题】

根据案例分析，预测该股后市走势。

【案例分析】

该股目前处于下跌过程中，但是跌势趋缓。倒数第二个交易日 K 线有长长的下影线，有止跌迹象。最后一个交易日 K 线是 T 字形，也有长长的下影线，且两根 K 线的最低价相等，表示此低位得到投资者的认可。种种迹象表明，后市上涨的可能性比较大。

11.2 切线分析

案例 11.2.1 压力线连续两次未被突破

【案例知识点】压力线的运用

【案例类型】运用案例

【案例来源】通达信行情软件

【案例时间】2010 年 7 月

【案例内容】如图 11－14 所示

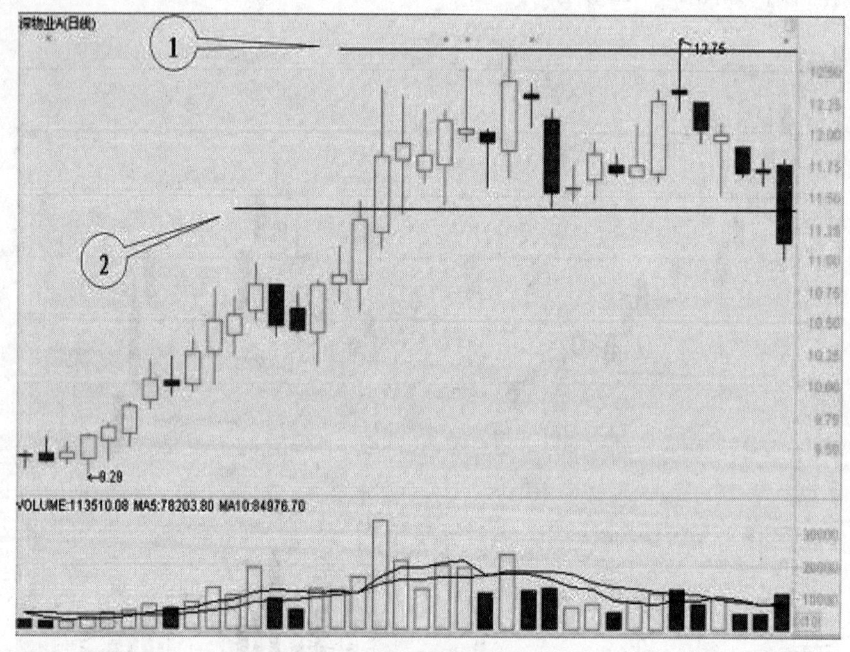

图 11－14 深物业 A（000011）在 2010. 2. 10—2010. 4. 12 的 K 线图

【案例问题】

（1）根据案例分析，运用 K 线理论分析预测该股后市走势。

（2）根据案例分析，运用切线理论分析预测该股后市走势。

【案例分析】

（1）下跌初期出现大阴线，强烈看跌。

（2）股价连续两次在同一位置遇到压力（压力线①），表示股价近期往上突破压力线

①有一定的难度，而股价往下突破支撑线②，则表明股价往下走的可能性比较大。

案例 11.2.2 支撑线连续两次未被击穿

【案例知识点】支撑线的运用

【案例类型】练习案例

【案例来源】通达信行情软件

【案例时间】2010 年 7 月

【案例内容】如图 11－15 所示

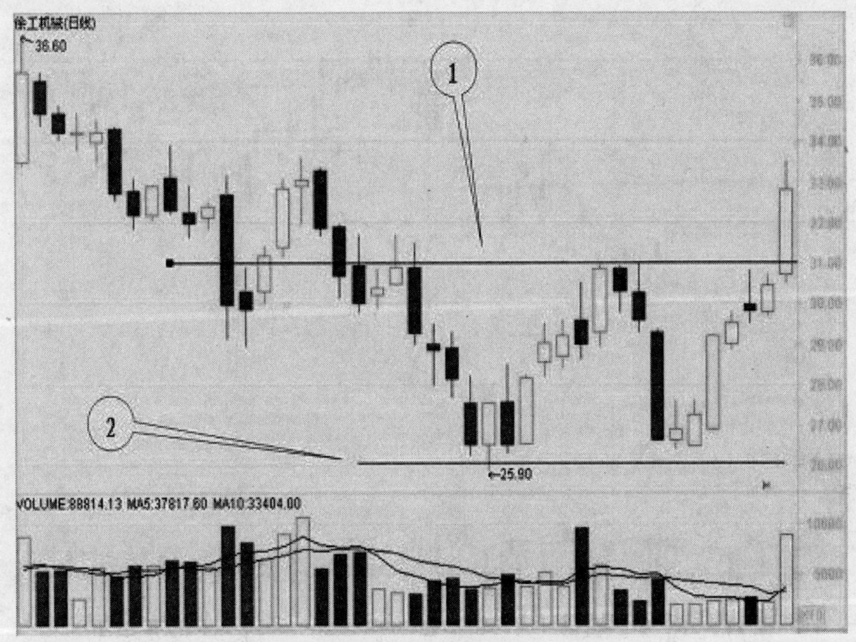

图 11－15 徐工机械（000425）在 2009. 7. 14—2010. 9. 9 的 K 线图

【案例问题】

（1）根据案例分析，运用 K 线理论分析预测该股后市走势。

（2）根据案例分析，运用切线理论分析预测该股后市走势。

【案例分析】

（1）上涨过程中出现大阳线，且成交量放大，后市强烈看涨。

（2）股价连续两次在同一位置遇到支撑（支撑线②），表示股价近期往下击穿支撑线②有一定的难度，而股价往上突破前期压力线①，则表明股价往上走的可能性比较大。

案例 11.2.3　压力线的突破

【案例知识点】压力线和支撑线的相互转化

【案例类型】运用案例

【案例来源】通达信行情软件

【案例时间】2010 年 7 月

【案例内容】如图 11－16 所示

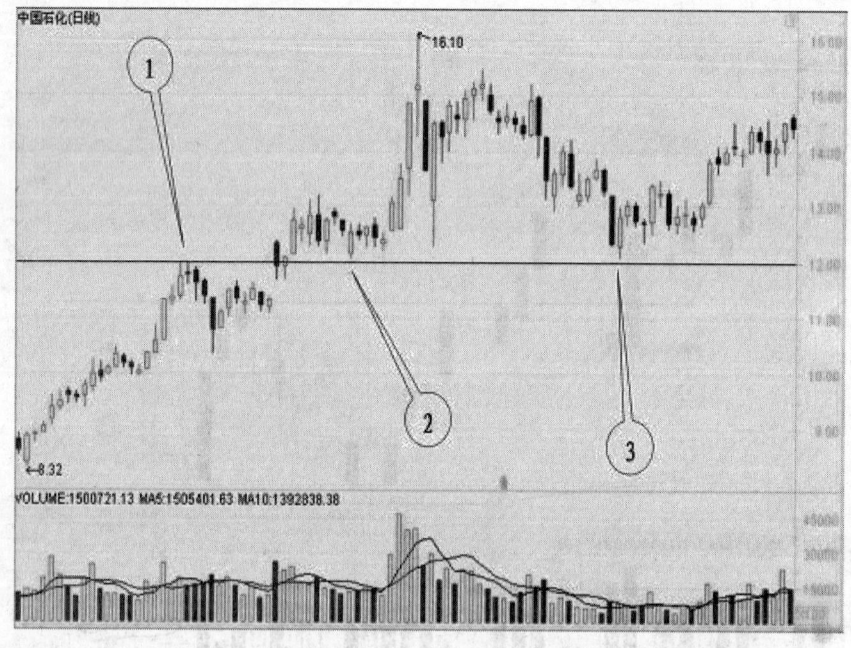

图 11－16　中国石化（600028）在 2007.3.16—2010.8.6 的 K 线图

【案例问题】

（1）根据案例分析，图 11－16 的水平线在位置①起压力作用还是支撑作用？

（2）根据案例分析，上述水平线在被往上突破以后，性质是否发生了变化？

【案例分析】

（1）图 11－16 的水平线在位置①起压力作用。

（2）该水平线被往上突破以后，在位置②和③连续两次对股价构成支撑作用，表明该线已经由压力线转化为支撑线了。

案例 11.2.4 上升趋势线被突破

【案例知识点】趋势线和轨道线的运用
【案例类型】运用案例
【案例来源】通达信行情软件
【案例时间】2010 年 7 月
【案例内容】如图 11 - 17 所示

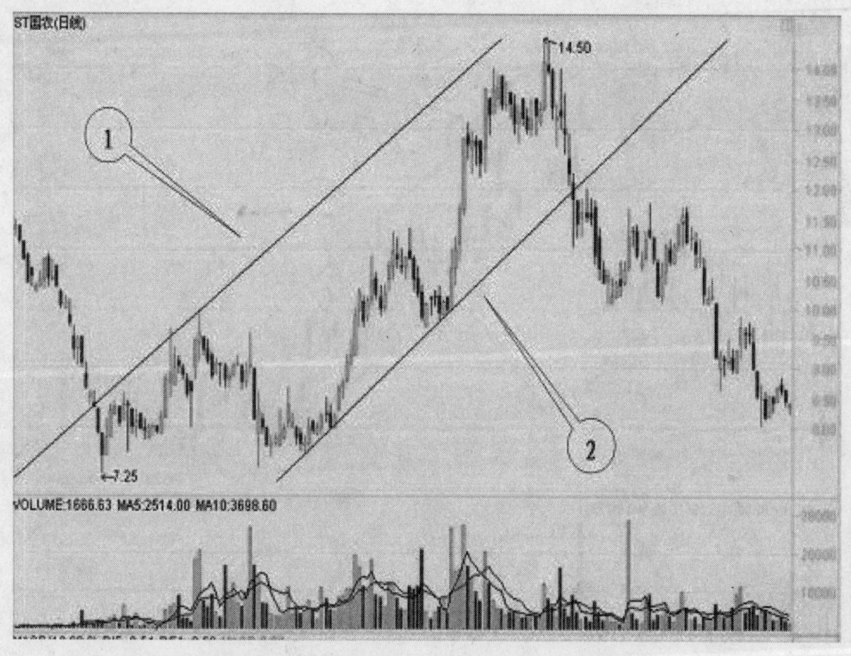

图 11 - 17 ST 国农（000004）在 2003. 11—2004. 6 的 K 线图

【案例问题】
(1) 根据案例分析，线①属于趋势线还是轨道线？对股价起压力作用还是支撑作用？
(2) 根据案例分析，线②属于趋势线还是轨道线？对股价起压力作用还是支撑作用？
(3) 根据案例分析，线②被突破以后，股价如何发展？

【案例分析】
(1) 线①属于上升轨道线，对股价起压力作用。
(2) 线②属于上升趋势线，对股价起支撑作用。
(3) 线②被突破以后，股价失去支撑，趋势反转。

案例 11.2.5 下降趋势线被突破

【案例知识点】趋势线和轨道线的运用

【案例类型】练习案例

【案例来源】通达信行情软件

【案例时间】2010 年 7 月

【案例内容】如图 11－18 所示

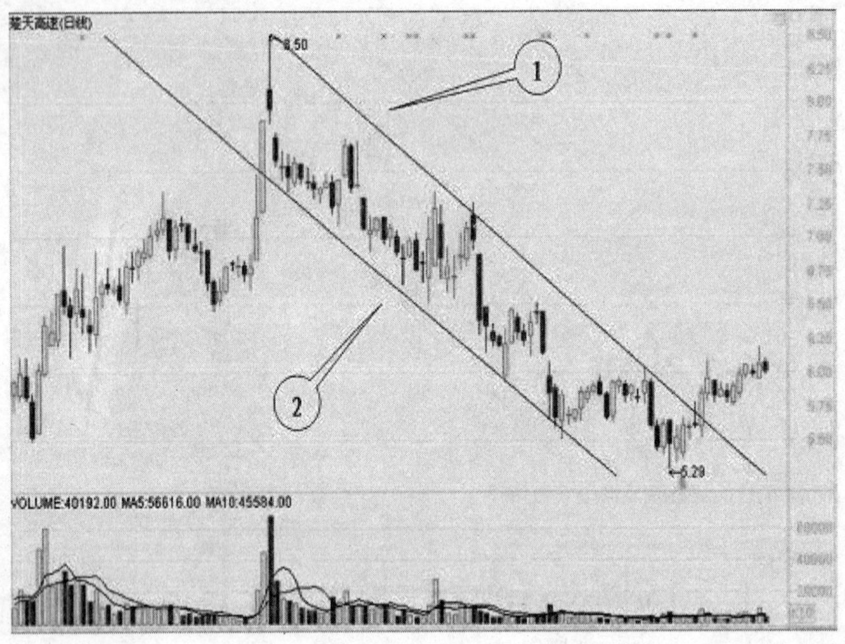

图 11－18 楚天高速（600035）在 2010.1.25—2010.7.12 的 K 线图

【案例问题】

（1）根据案例分析，线①属于趋势线还是轨道线？对股价起压力作用还是支撑作用？

（2）根据案例分析，线②属于趋势线还是轨道线？对股价起压力作用还是支撑作用？

（3）根据案例分析，预测该股后市走势。

【案例分析】

（1）线①属于下降趋势线，对股价起压力作用。

（2）线②属于下降轨道线，对股价起支撑作用。

（3）下降趋势线被突破是趋势有变信号，股价反转形成上升趋势的可能性大。

案例 11.2.6 上升轨道线被突破

【案例知识点】趋势线和轨道线的运用
【案例类型】运用案例
【案例来源】通达信行情软件
【案例时间】2010 年 7 月
【案例内容】如图 11－19 所示

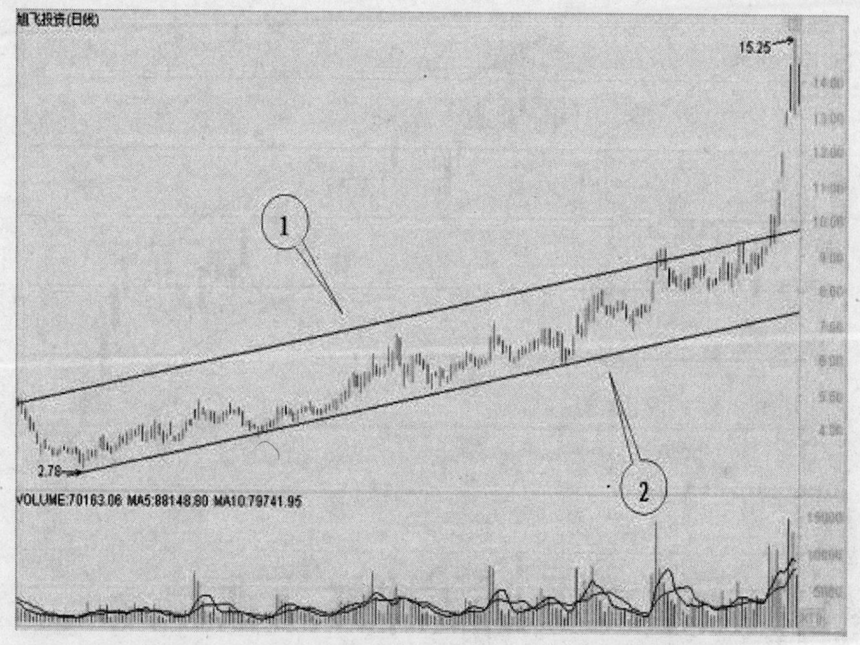

图 11－19 旭飞投资（000526）在 2008.10—2009.7 的 K 线图

【案例问题】
（1）根据案例分析，线①属于趋势线还是轨道线？对股价起压力作用还是支撑作用？
（2）根据案例分析，线②属于趋势线还是轨道线？对股价起压力作用还是支撑作用？
（3）根据案例分析，线①被突破以后，股价如何发展？
【案例分析】
（1）线①属于上升轨道线，对股价起压力作用。
（2）线②属于上升趋势线，对股价起支撑作用。
（3）线①被突破以后，股价的上涨压力暂时消失，股价加速上涨。

案例 11.2.7　下降轨道线被突破

【案例知识点】趋势线和轨道线的运用

【案例类型】练习案例

【案例来源】通达信行情软件

【案例时间】2010 年 7 月

【案例内容】如图 11－20 所示

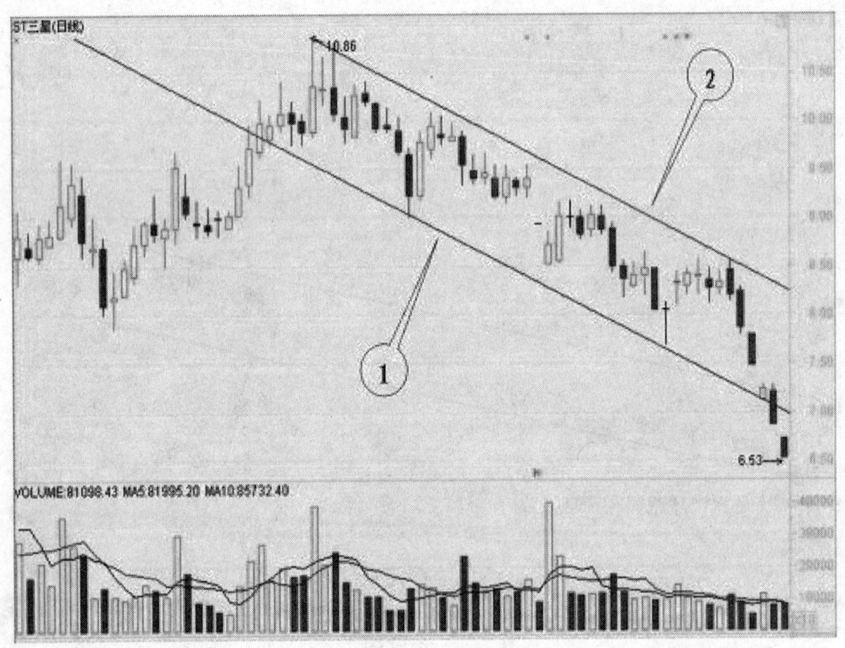

图 11－20　ST 三星（000068）在 2010.1—2010.5 的 K 线图

【案例问题】

(1) 根据案例分析，线①属于趋势线还是轨道线？对股价起压力作用还是支撑作用？

(2) 根据案例分析，线②属于趋势线还是轨道线？对股价起压力作用还是支撑作用？

(3) 根据案例分析，预测该股后市走势。

【案例分析】

(1) 线①属于下降轨道线，对股价起支撑作用。

(2) 线②属于下降趋势线，对股价起压力作用。

(3) 下降轨道线被突破，股价将加速下跌。

11.3 形态分析

案例 11.3.1 W 底形态的特征

【案例知识点】W 底形态的特征
【案例类型】运用案例
【案例来源】通达信行情软件
【案例时间】2010 年 7 月
【案例内容】如图 11 - 21 所示

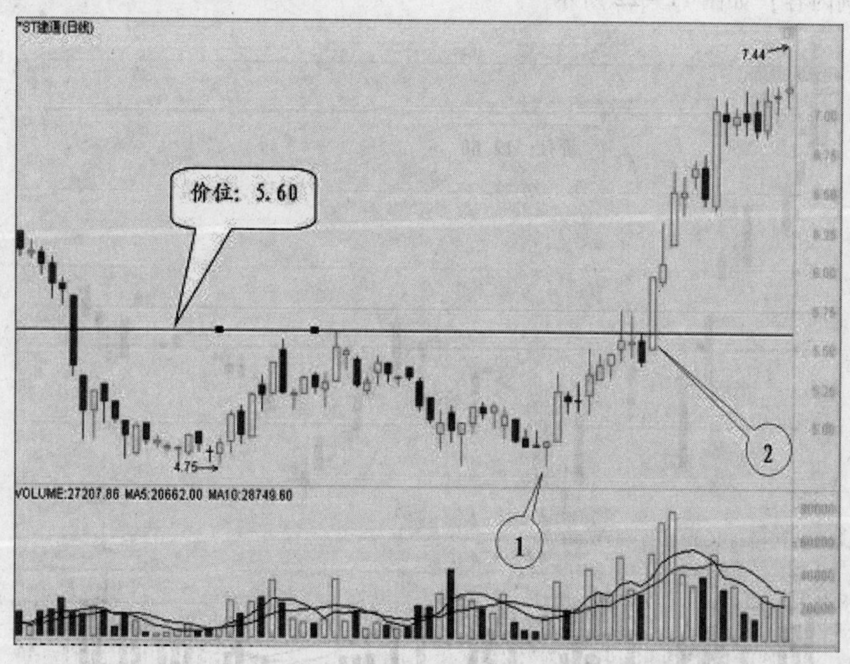

图 11 - 21 *ST 建通（600149）在 2003. 10—2004. 2 的 K 线图

【案例问题】
(1) 根据案例分析，图 11 - 21 的水平直线叫什么名字？起压力作用还是支撑作用？
(2) 根据案例分析，图 11 - 21 的形态叫什么名字？
(3) 根据案例分析，计算形态高度。
(4) 根据案例分析，在实际操盘过程中，应该在位置①买入还是位置②买入？
【案例分析】
(1) 图 11 - 21 的水平直线叫颈线，起压力作用。

（2）图 11－21 的形态可看成是三重底或者复合双重底。

（3）形态高度＝颈线价位－底部价位＝5.60－4.75＝0.85（元）。

（4）可以分两步买入，在位置①买入少量，然后待颈线被突破后，在位置②大量买入。

案例 11.3.2　运用 W 底形态预测股价

【案例知识点】W 底的运用

【案例类型】练习案例

【案例来源】通达信行情软件

【案例时间】2010 年 7 月

【案例内容】如图 11－22 所示

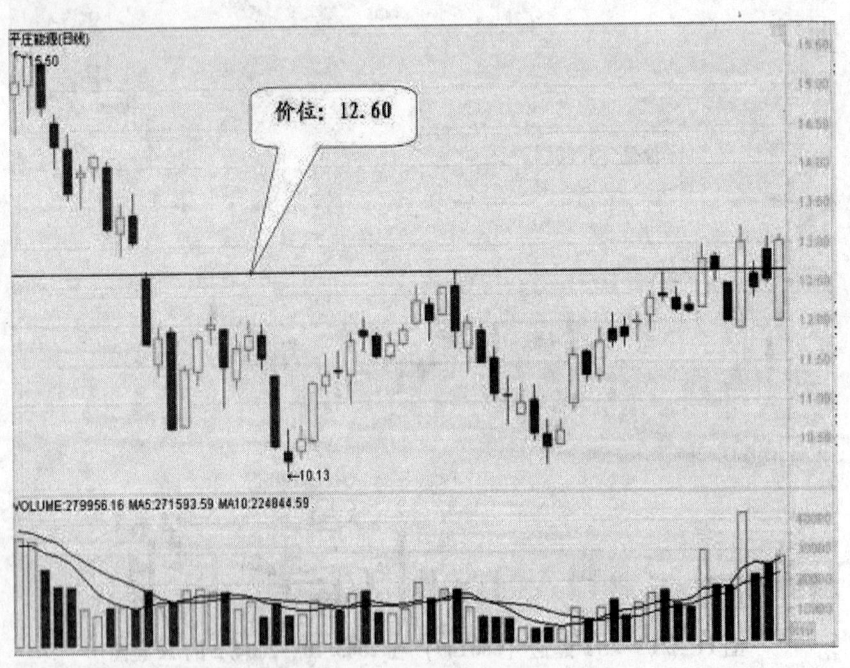

图 11－22　平庄能源（000780）在 2009.8—2009.11 的 K 线图

【案例问题】

（1）根据案例分析，计算形态高度。

（2）根据案例分析，预测该股后市走势。

【案例分析】

（1）形态高度＝12.60－10.13＝2.47（元）。

（2）该形态属于 W 底，股价往上突破颈线，后市上涨幅度至少要达到一倍形态高度，目标价在 15 元以上。

案例 11.3.3　M 头形态的特征

【案例知识点】M 头形态的特征
【案例类型】运用案例
【案例来源】通达信行情软件
【案例时间】2010 年 7 月
【案例内容】如图 11－23 所示

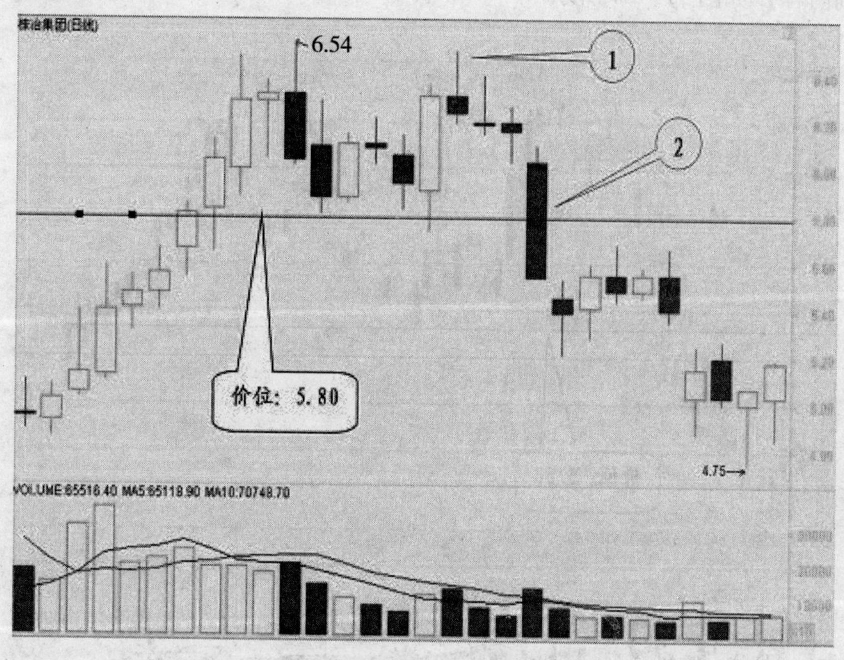

图 11－23　株冶集团（600961）在 2004.9—2004.11 的 K 线图

【案例问题】
（1）根据案例分析，图 11－23 的水平直线叫什么名字？起压力作用还是支撑作用？
（2）根据案例分析，图 11－23 的形态叫什么名字？
（3）根据案例分析，计算形态高度。
（4）根据案例分析，在实际操盘过程中，应该在位置①卖出还是位置②卖出？
【案例分析】
（1）图 11－23 的水平直线叫颈线，起支撑作用。
（2）该形态两顶同高，股价往下突破颈线。属于 M 头或双重顶形态。
（3）形态高度＝头部价位－颈线价位＝6.54－5.80＝0.74（元）。

(4) 可以分两步卖出，在位置①卖出少量，然后待颈线被突破后，在位置②全部卖出。

案例 11.3.4　运用 M 头形态预测股价

【案例知识点】M 头形态的运用

【案例类型】练习案例

【案例来源】通达信行情软件

【案例时间】2010 年 7 月

【案例内容】如图 11－24 所示

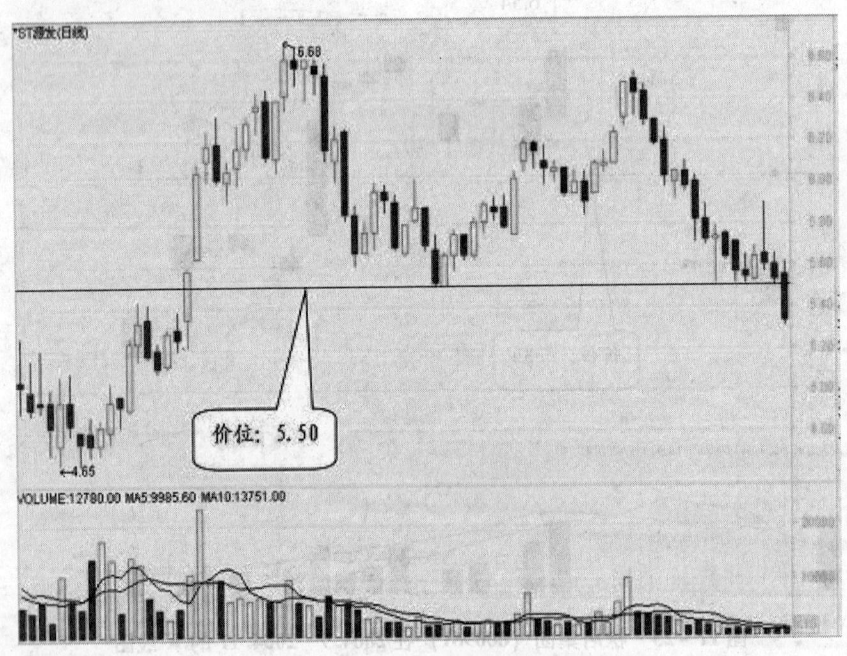

图 11－24　ST 源发（600757）在 2003.12—2004.4 的 K 线图

【案例问题】

(1) 根据案例分析，计算形态高度。

(2) 根据案例分析，预测该股后市走势。

【案例分析】

(1) 形态高度 =6.68－5.50=1.18（元）。

(2) 该形态属于 M 头，股价往下突破颈线，后市下跌幅度至少要达到一倍形态高度，目标价在 4.32 元以下。

案例 11.3.5 三重顶形态的特征

【案例知识点】三重顶形态的特征

【案例类型】运用案例

【案例来源】通达信行情软件

【案例时间】2010 年 7 月

【案例内容】如图 11－25 所示

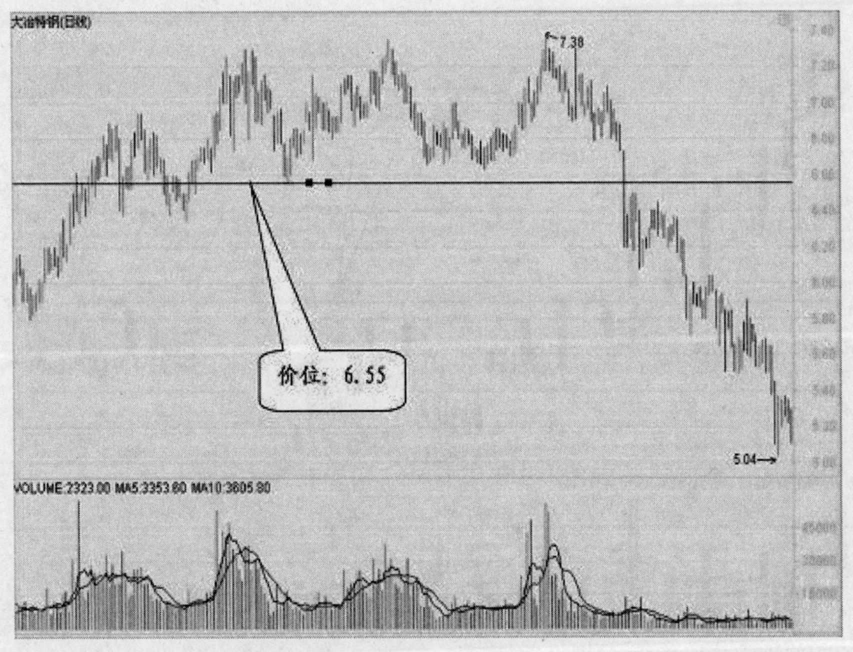

图 11－25 大冶特钢（000708）在 2001.1—2001.9 的 K 线图

【案例问题】

（1）根据案例分析，图 11－25 的水平直线叫什么名字？起压力作用还是支撑作用？

（2）根据案例分析，图 11－25 的形态叫什么名字？

（3）根据案例分析，计算形态高度。

【案例分析】

（1）图 11－25 的水平直线叫颈线，起支撑作用。

（2）图 11－25 的形态三个头部等高，股价往下突破颈线，属于三重顶形态。

（3）形态高度＝头部价位－颈线价位＝7.38－6.55＝0.83（元）。

案例 11.3.6　运用三重底形态预测股价

【案例知识点】三重底形态的运用
【案例类型】练习案例
【案例来源】通达信行情软件
【案例时间】2010 年 7 月
【案例内容】如图 11 - 26 所示

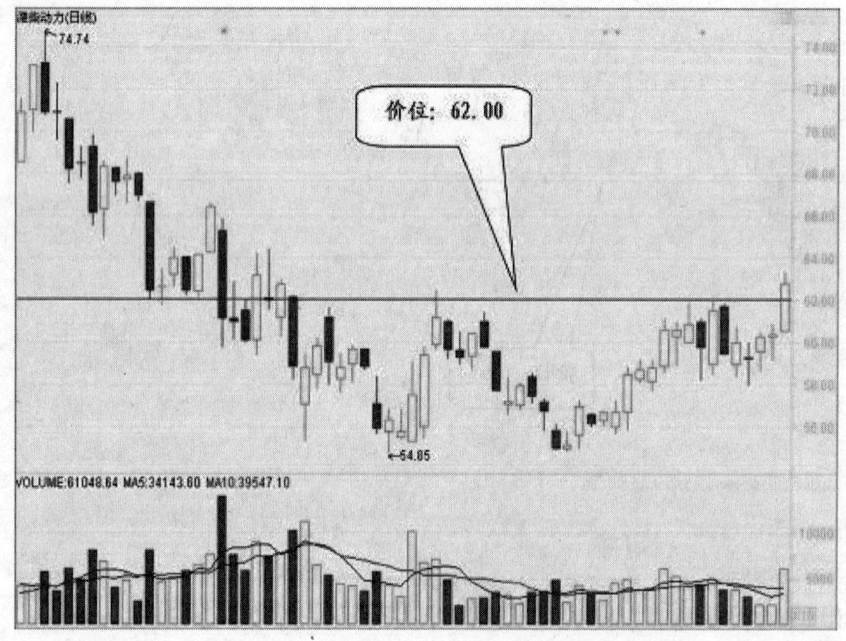

图 11 - 26　潍柴动力（000338）在 2010.4—2010.7 的 K 线图

【案例问题】

（1）根据案例分析，计算形态高度。

（2）根据案例分析，预测该股后市走势。

【案例分析】

（1）形态高度 = 62.00 - 54.85 = 7.15（元）。

（2）该形态属于三重底，股价往上突破颈线，后市上涨幅度至少要达到一倍形态高度，目标价在 69.15 元以上。

案例 11.3.7 头肩顶形态的特征

【案例知识点】头肩顶形态的特征

【案例类型】运用案例

【案例来源】通达信行情软件

【案例时间】2010 年 7 月

【案例内容】如图 11－27 所示

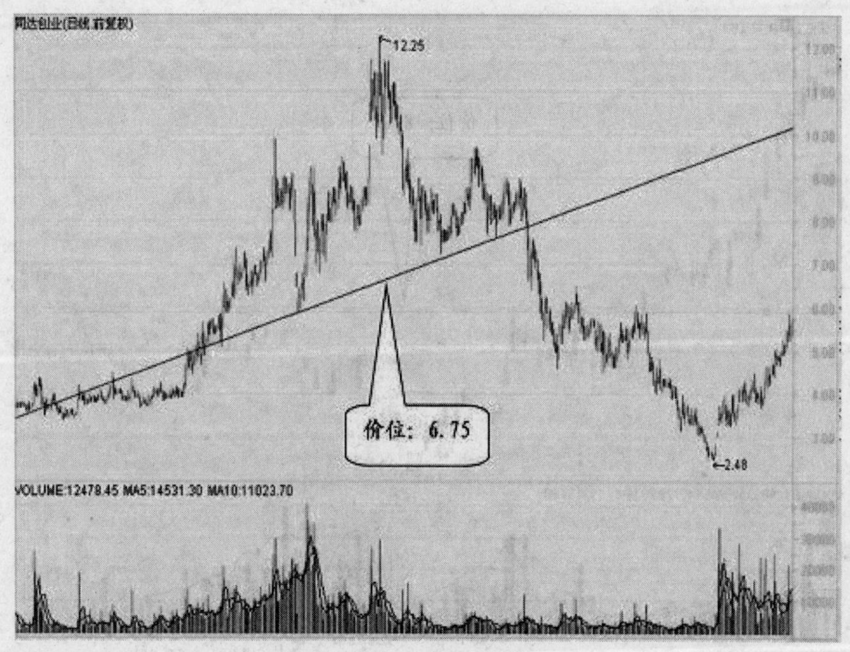

图 11－27 同达创业（600649）在 2006.9—2008.11 的 K 线图

【案例问题】

（1）根据案例分析，图 11－27 的斜线叫什么名字？起压力作用还是支撑作用？

（2）根据案例分析，图 11－27 的形态叫什么名字？

（3）根据案例分析，计算形态高度。

【案例分析】

（1）图 11－27 的斜线叫颈线，起支撑作用。

（2）图 11－27 的形态中间头部突出，左右两肩齐平，股价往下突破颈线，属于头肩顶。

（3）形态高度 = 中间头部价位 － 颈线价位 = 12.25 － 6.75 = 5.50（元）。

案例 11.3.8 运用头肩底形态预测股价

【案例知识点】头肩底形态的运用

【案例类型】练习案例

【案例来源】通达信行情软件

【案例时间】2010 年 7 月

【案例内容】如图 11－28 所示

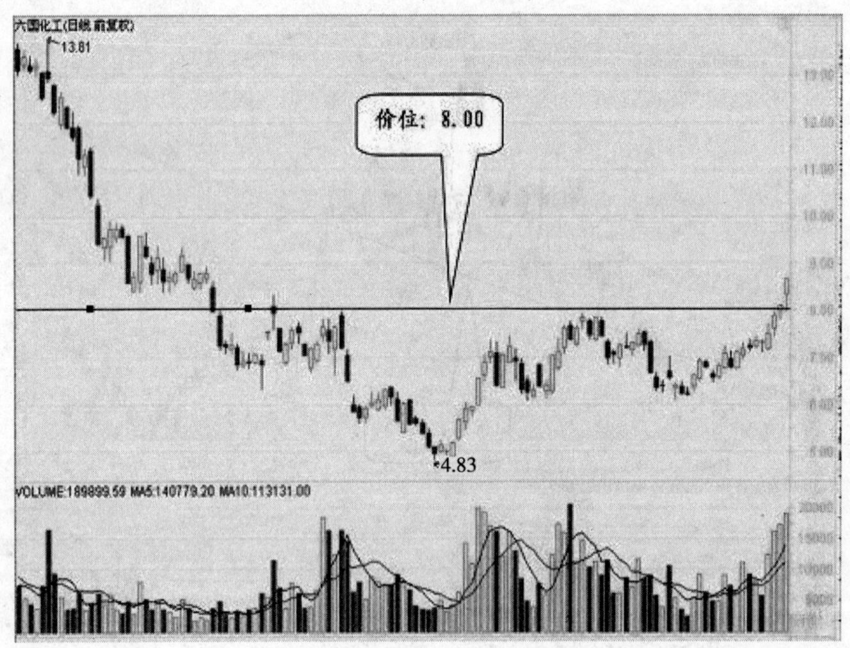

图 11－28 六国化工（600470）在 2008.7—2009.2 的 K 线图

【案例问题】

（1）根据案例分析，计算形态高度。

（2）根据案例分析，预测该股后市走势。

【案例分析】

（1）形态高度＝8.00－4.83＝3.17（元）。

（2）该形态属于头肩底，股价往上突破颈线，后市上涨幅度至少要达到一倍形态高度，目标价在 11.17 元以上。

案例 11.3.9 矩形形态的特征

【案例知识点】矩形形态的特征
【案例类型】运用案例
【案例来源】通达信行情软件
【案例时间】2010 年 7 月
【案例内容】如图 11－29 所示

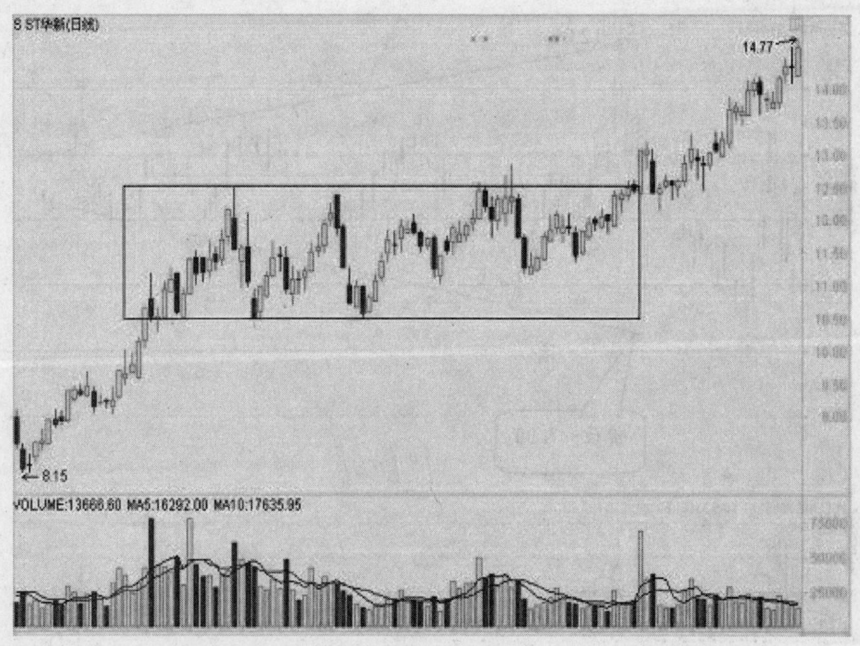

图 11－29 SST 华新（000010）在 2009.9—2010.4 的 K 线图

【案例问题】

（1）根据案例分析，图 11－29 的形态叫什么名字？

（2）根据案例分析，在图 11－29 中，股价往上突破形态的上轨时有没有大的成交量配合？

（3）根据案例分析，在图 11－29 中，股价突破以后是趋势反转还是维持原有趋势？

【案例分析】

（1）图 11－29 的形态叫矩形。

（2）一根大阳线往上突破上轨，伴随着成交量的急剧放大。

（3）矩形形态是持续整理形态，股价突破以后，维持原有的上涨趋势。

案例 11.3.10　对称三角形形态的特征

【案例知识点】对称三角形形态的特征
【案例类型】运用案例
【案例来源】通达信行情软件
【案例时间】2010 年 7 月
【案例内容】如图 11－30 所示

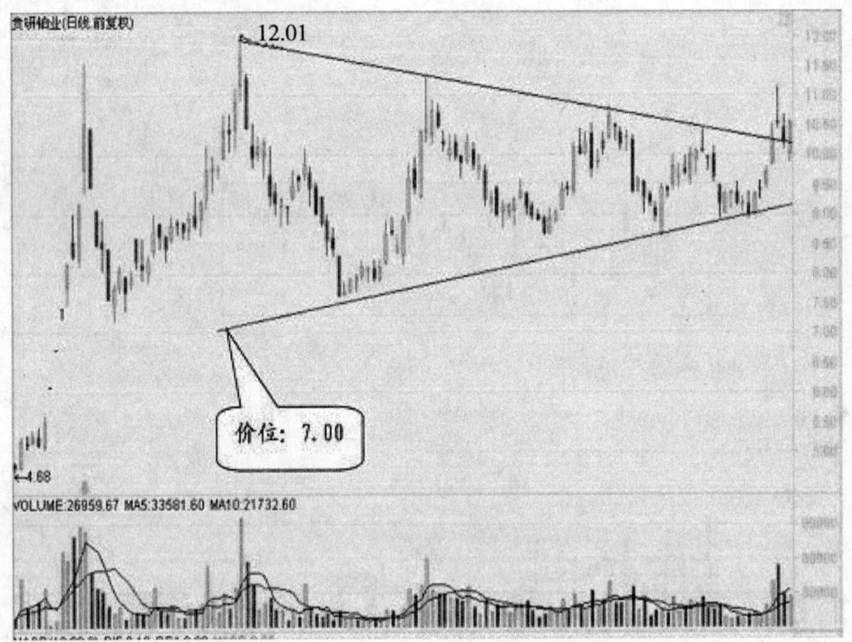

图 11－30　贵研铂业（600459）在 2006.4—2006.11 的 K 线图

【案例问题】

（1）根据案例分析，图 11－30 的形态叫什么名字?

（2）根据案例分析，计算形态高度。

（3）根据案例分析，预测该股后市走势。

【案例分析】

（1）图 11－30 的形态叫对称三角形。

（2）形态高度＝12.00－7.00＝5（元）。

（3）对称三角形形态是持续整理形态，股价突破以后，维持原有趋势。预计后市至少要上涨一倍形态高度，目标价在 15 元以上。

案例 11.3.11 运用下降三角形形态预测股价

【案例知识点】下降三角形形态的运用

【案例类型】运用案例

【案例来源】通达信行情软件

【案例时间】2010 年 7 月

【案例内容】如图 11－31 所示

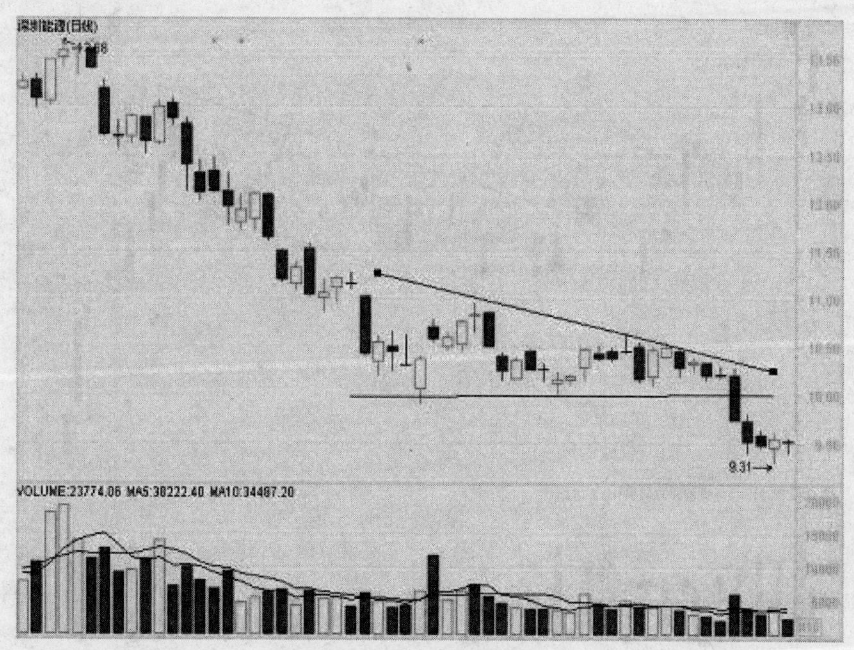

图 11－31 深圳能源（000027）在 2010.4—2010.6 的 K 线图

【案例问题】

（1）根据案例分析，图 11－31 的形态叫什么名字？

（2）根据案例分析，预测该股后市走势。

【案例分析】

（1）图 11－31 的形态叫下降三角形。

（2）下降三角形属于持续整理形态，股价突破以后，维持原有趋势。图 11－31 的股价呈现明显的下跌趋势，后市继续看跌。

案例 11.3.12　运用楔形形态预测股价

【案例知识点】楔形形态的运用

【案例类型】运用案例

【案例来源】通达信行情软件

【案例时间】2010 年 7 月

【案例内容】如图 11－32 所示

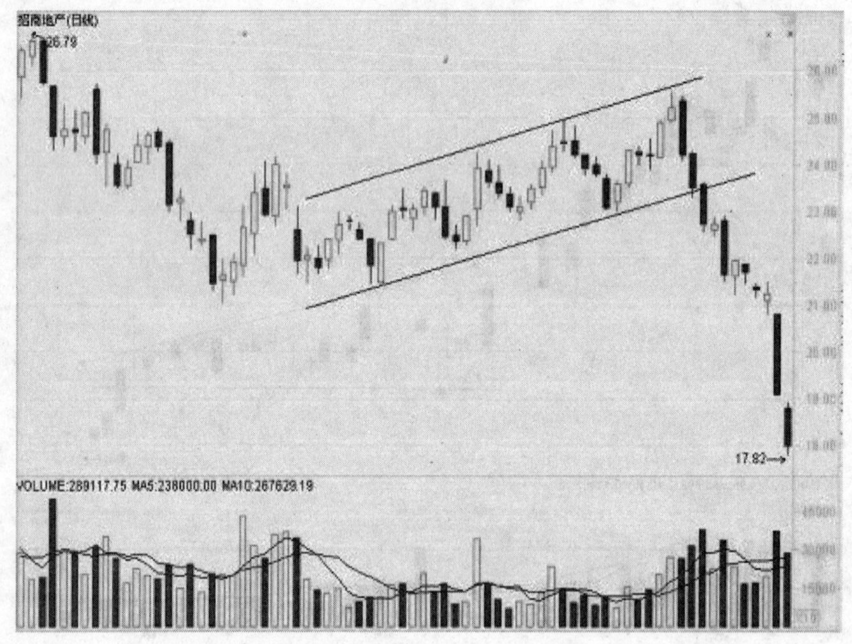

图 11－32　招商地产（000024）在 2010.1—2010.4 的 K 线图

【案例问题】

（1）根据案例分析，图 11－32 的形态叫什么名字？

（2）根据案例分析，为什么股价突破下轨以后，继续下跌？

【案例分析】

（1）图 11－32 的形态叫楔形。

（2）图 11－32 中楔形的下轨对股价其支撑作用，股价突破下轨以后，失去支撑，股价将加速下跌。

11.4 指标分析

案例 11.4.1 移动平均线的支撑作用

【案例知识点】MA 的支撑和压力特征

【案例类型】运用案例

【案例来源】通达信行情软件

【案例时间】2010 年 7 月

【案例内容】如图 11－33 所示

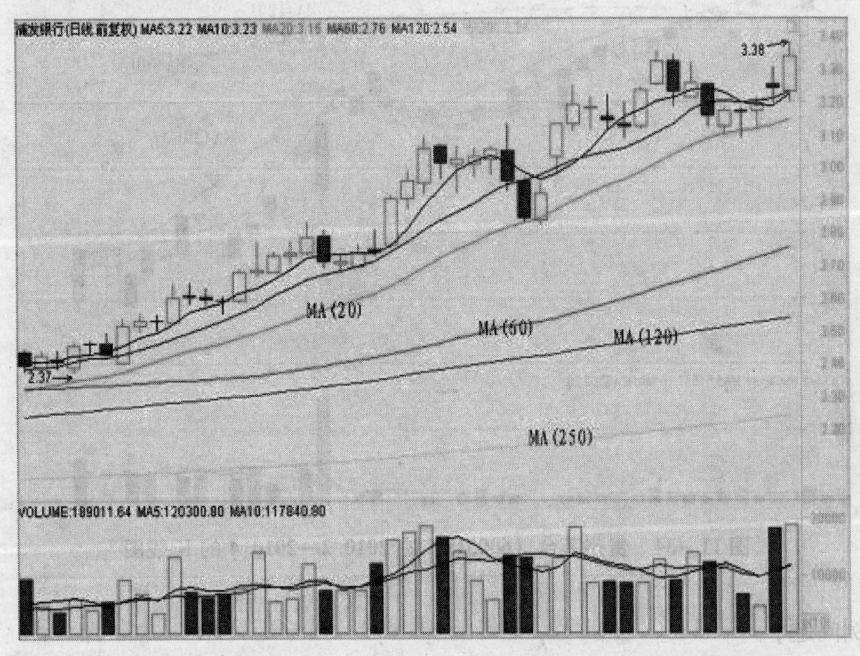

图 11－33 浦发银行（600000）在 2005.12—2006.2 的 K 线图

【案例问题】

（1）根据案例分析，图 11－33 的均线对股价起支撑作用还是压力作用？

（2）根据案例分析，预测该股后市走势。

【案例分析】

（1）在上升趋势中，均线在股价下面，支撑着股价往上走。

（2）继续上涨。目前均线形成多头排列，对股价构成层层支撑。最近的股价回调到 20 日均线处便开始反弹，表明 20 日均线支撑依然牢固。

案例 11.4.2 移动平均线的压力作用

【案例知识点】MA 的支撑和压力特征

【案例类型】练习案例

【案例来源】通达信行情软件

【案例时间】2010 年 7 月

【案例内容】如图 11－34 所示

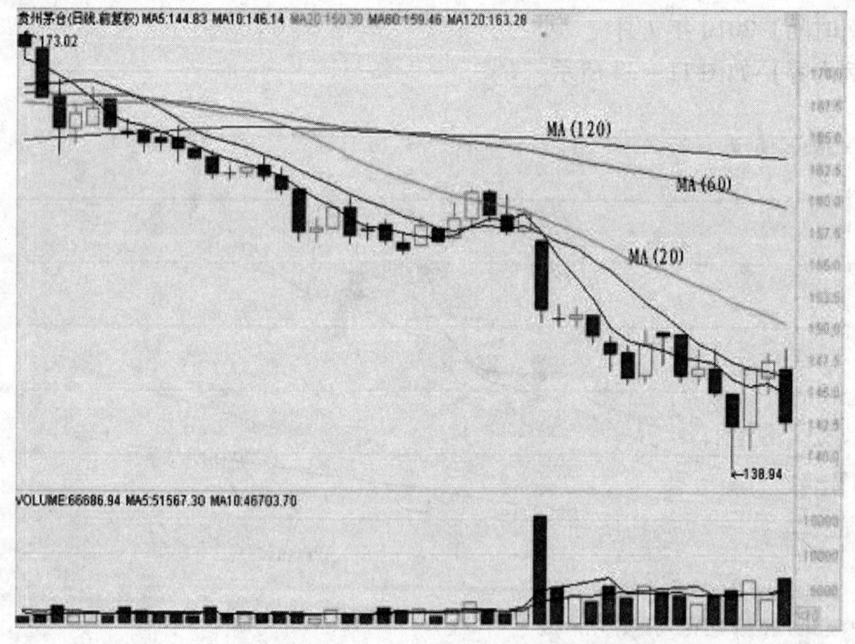

图 11－34 贵州茅台（600519）在 2010.2—2010.4 的 K 线图

【案例问题】

（1）根据案例分析，图 11－34 中，均线起支撑作用还是压力作用？

（2）根据案例分析，预测该股后市走势。

【案例分析】

（1）在下降趋势中，均线在股价上面，压着股价往下走。

（2）继续下跌。目前均线形成空头排列，对股价构成层层压力，股价短时间内难以往上突破。

案例 11.4.3 葛兰威尔法则的运用 1

【案例知识点】葛兰威尔法则的运用

【案例类型】运用案例

【案例来源】通达信行情软件

【案例时间】2010 年 7 月

【案例内容】如图 11－35 所示

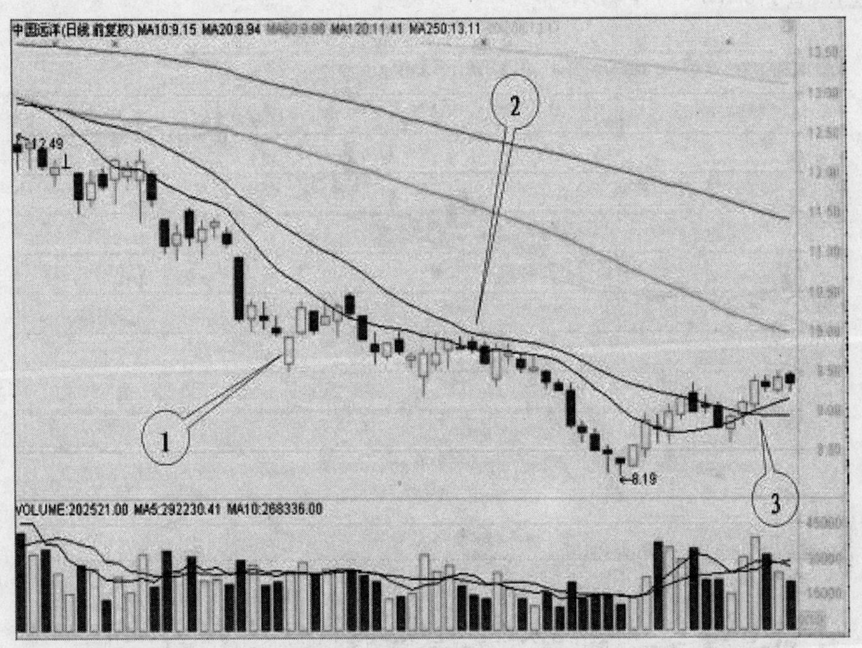

图 11－35 中国远洋（601919）在 2010.4—2010.7 的 K 线图

【案例问题】

（1）根据案例分析，按照葛兰威尔法则，在位置①如何操作？

（2）根据案例分析，按照葛兰威尔法则，在位置②如何操作？

（3）根据案例分析，按照葛兰威尔法则，在位置③如何操作？

【案例分析】

（1）根据葛兰威尔法则第四条：股价跌破平均线，突然暴跌，远离平均线，在位置①可适当买入，参与反弹。

（2）根据葛兰威尔法则第七条：股价在平均线之下，且朝着平均线方向上升，但未突破平均线又开始下跌，表示均线对股价的压力依然强劲，下跌继续，②可卖出。

（3）根据葛兰威尔法则第一条：平均线从下降开始走平，股价从下上穿平均线，可能是趋势反转往上的信号，③可买入。

案例 11.4.4 葛兰威尔法则的运用 2

【案例知识点】葛兰威尔法则的运用

【案例类型】练习案例

【案例来源】通达信行情软件

【案例时间】2010 年 7 月

【案例内容】如图 11 －36 所示

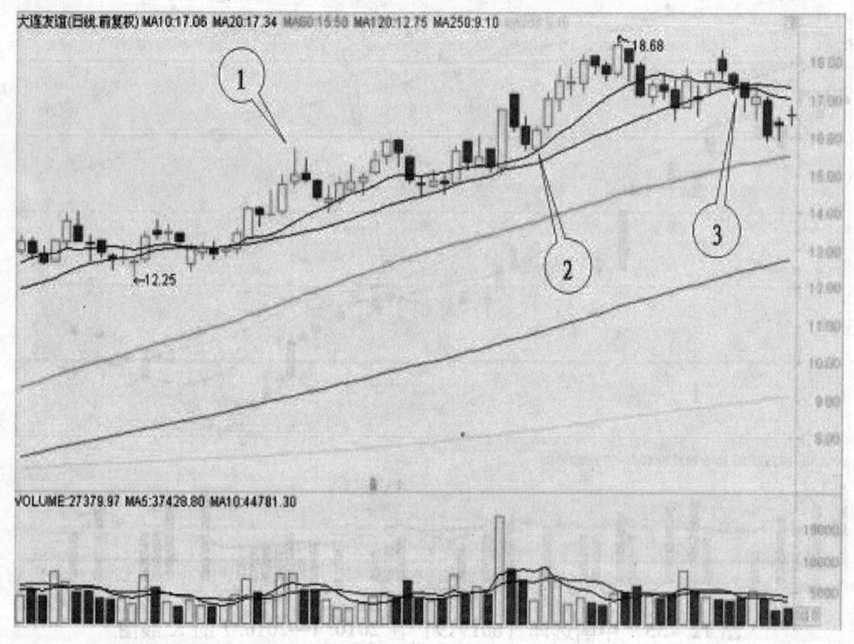

图 11－36 大连友谊（6000679）在 2009.5—2009.8 的 K 线图

【案例问题】

（1）根据案例分析，按照葛兰威尔法则，在位置①如何操作？

（2）根据案例分析，按照葛兰威尔法则，在位置②如何操作？

（3）根据案例分析，按照葛兰威尔法则，在位置③如何操作？

【案例分析】

（1）根据葛兰威尔法则第五条：股价突然暴涨，远离平均线，暴涨之后必有暴跌，①可卖出。

（2）根据葛兰威尔法则第三条：股价上升到一定高度，突然下跌，但是在平均线附近获得支撑，股价将继续上涨，②可买入。

（3）根据葛兰威尔法则第六条：平均线从上升转为盘局或下跌，而股价向下跌破平均线，可能是趋势有变的信号，③可卖出。

案例 11.4.5 黄金交叉的运用

【案例知识点】黄金交叉的运用

【案例类型】运用案例

【案例来源】通达信行情软件

【案例时间】2010 年 7 月

【案例内容】如图 11－37 所示

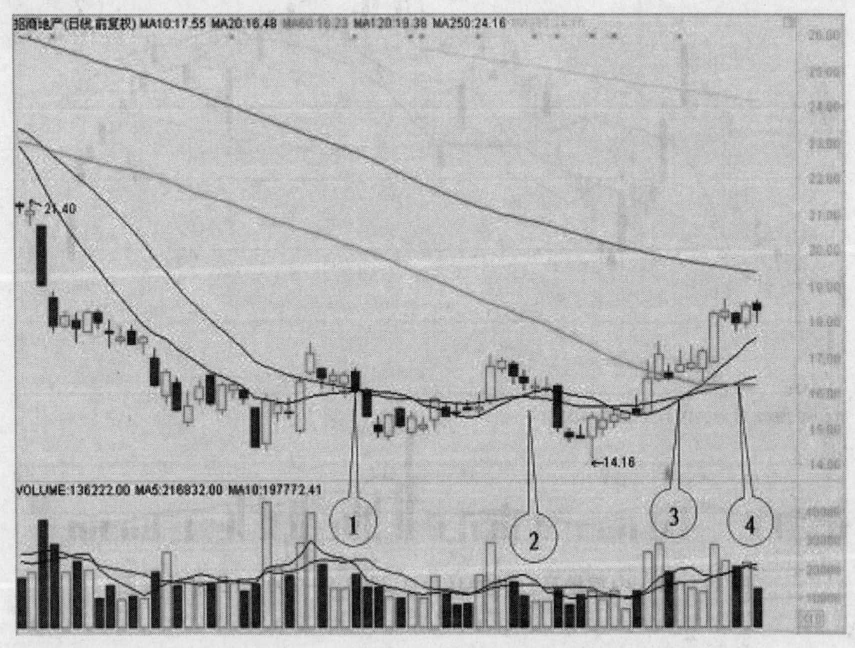

图 11－37 招商地产（000024）在 2010.4—2010.7 的 K 线图

【案例问题】

（1）根据案例分析，预测该股后市走势。

（2）根据案例分析，在①、②、③、④处的黄金交叉中，哪一个更有效？

【案例分析】

（1）根据形态理论，股价最近走出了三重底的形态，且往上突破了颈线，上涨趋势明显。黄金交叉的出现也显示强烈的上涨信号。

（2）④处的黄金交叉属于 10 日均线与 20 日均线的金叉，比前面几处的 5 日均线与 10 日均线金叉效果要好。

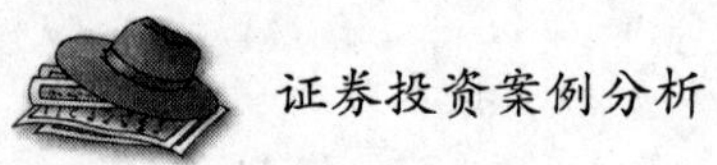

案例 11.4.6 死亡交叉的运用

【案例知识点】死亡交叉的运用

【案例类型】练习案例

【案例来源】通达信行情软件

【案例时间】2010 年 7 月

【案例内容】如图 11－38 所示

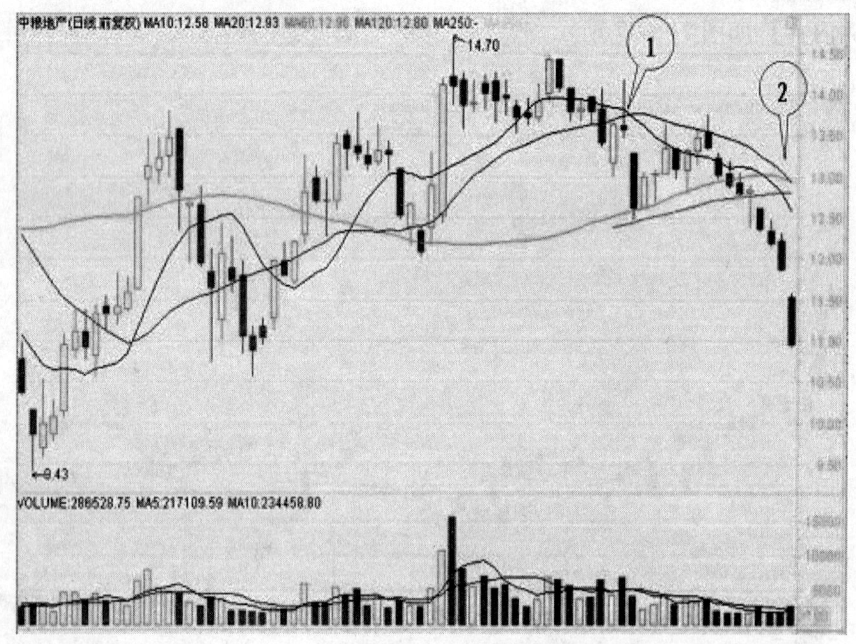

图 11－38 中粮地产（000031）在 2009.9—2009.12 的 K 线图

【案例问题】

（1）根据案例分析，预测该股后市走势。

（2）根据案例分析，在①、②处的死亡交叉中，哪一个效果更好？

【案例分析】

（1）在②处，20 日均线同时与 60 日和 120 均线死亡交叉，是中期下跌的信号。

（2）在②处出现更长期均线的死亡交叉，效果好于①处的死亡交叉。

案例 11.4.7 MACD 指标的运用 1

【案例知识点】MACD 指标的运用
【案例类型】运用案例
【案例来源】通达信行情软件
【案例时间】2010 年 7 月
【案例内容】如图 11－39 所示

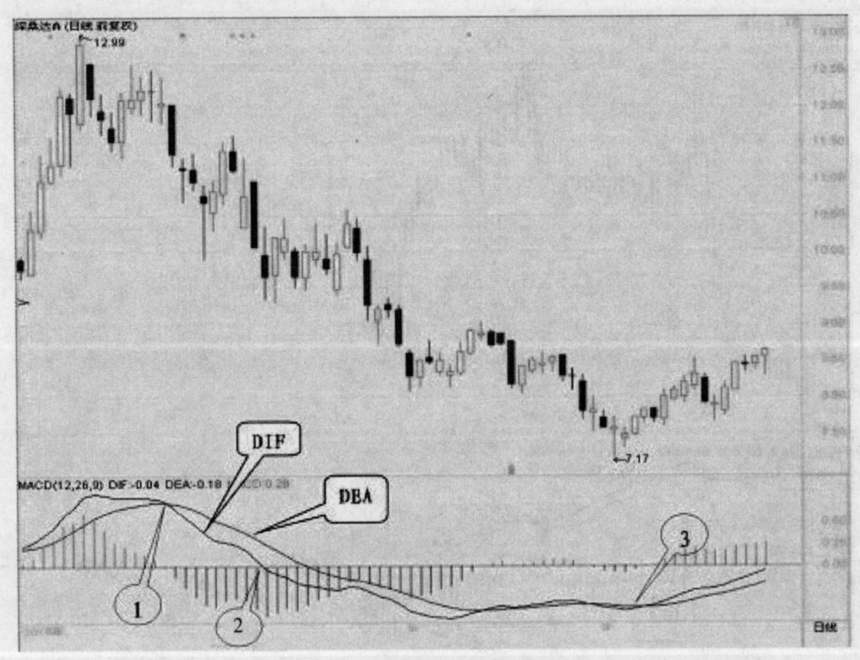

图 11－39 深桑达 A（000032）在 2010.4—2010.7 的 K 线图

【案例问题】
（1）根据案例分析，在①处，应该买入还是卖出？
（2）根据案例分析，在②处，应该买入还是卖出？
（3）根据案例分析，在③处，应该买入还是卖出？
【案例分析】
（1）在①处，DIF 在零轴上方向下突破 DEA，是股价回调信号，可做获利了结。
（2）在②处，DIF 往下突破零轴，卖出股票。
（3）在③处，股价创新低，而 DIF 却没有创新低，出现底背离，可买入。

案例 11.4.8 MACD 指标的运用 2

【案例知识点】MACD 指标的运用
【案例类型】练习案例
【案例来源】通达信行情软件
【案例时间】2010 年 7 月
【案例内容】如图 11－40 所示

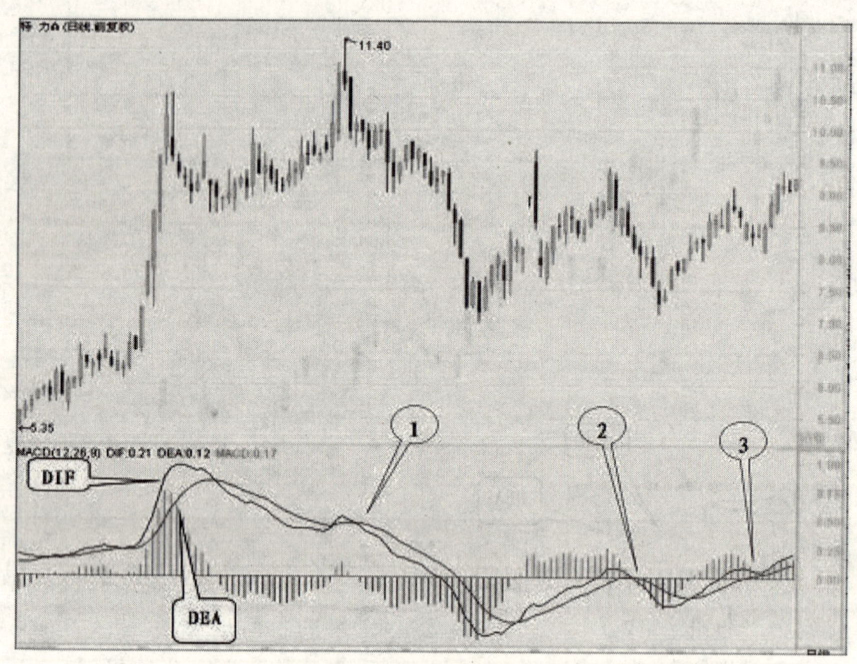

图 11－40 特立 A（000025）在 2009.4—2009.11 的 K 线图

【案例问题】

（1）根据案例分析，在①处，应该买入还是卖出？
（2）根据案例分析，在②处，应该买入还是卖出？
（3）根据案例分析，在③处，应该买入还是卖出？

【案例分析】

（1）在①处，DIF 出现顶背离，卖出股票。
（2）在②处，DIF 在零轴以下与 DEA 死亡交叉，卖出股票。
（3）在③处，DIF 回到零轴上方，买入股票。

案例 11.4.9　KDJ 指标的运用 1

【案例知识点】KDJ 指标的运用

【案例类型】运用案例

【案例来源】通达信行情软件

【案例时间】2010 年 7 月

【案例内容】如图 11－41 所示

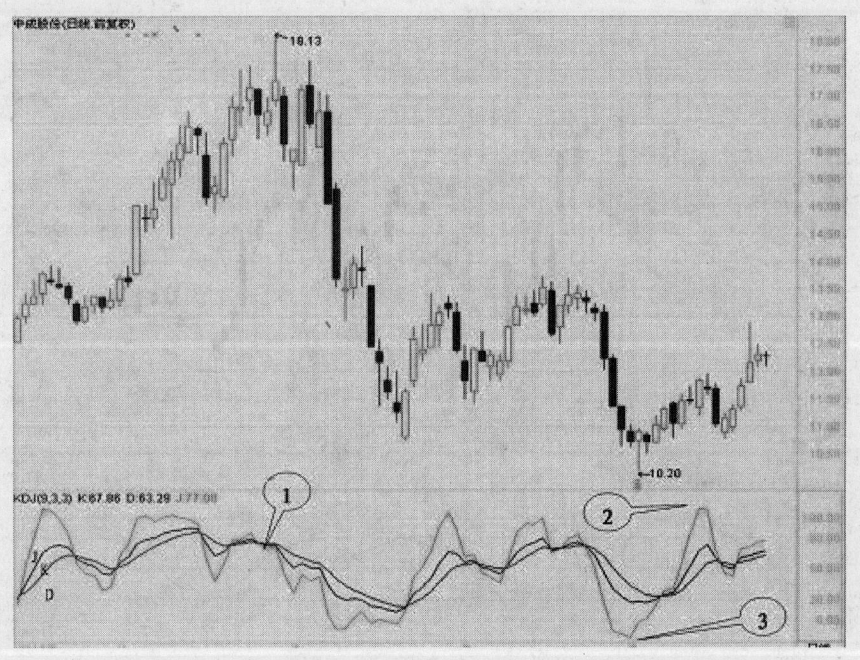

图 11－41　中成股份（000151）在 2010.3—2010.7 的 K 线图

【案例问题】

（1）根据案例分析，在①处，应该买入还是卖出？

（2）根据案例分析，在②处，应该买入还是卖出？

（3）根据案例分析，在③处，应该买入还是卖出？

【案例分析】

（1）在①处，KD 指标出现顶背离，卖出股票。

（2）在②处，J 指标高于 100，卖出股票。

（3）在③处，J 指标低于 0，买入股票。

案例 11.4.10　KDJ 指标的运用 2

【案例知识点】KDJ 指标的运用
【案例类型】练习案例
【案例来源】通达信行情软件
【案例时间】2010 年 7 月
【案例内容】如图 11－42 所示

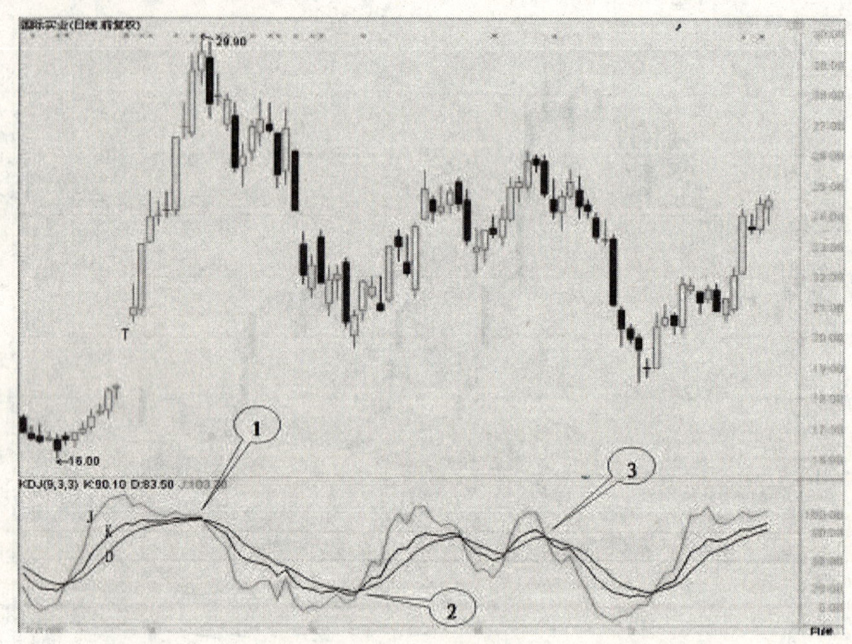

图 11－42　国际实业（000159）在 2010.3—2010.7 的 K 线图

【案例问题】
（1）根据案例分析，在①处，应该买入还是卖出？
（2）根据案例分析，在②处，应该买入还是卖出？
（3）根据案例分析，在③处，应该买入还是卖出？
【案例分析】
（1）在①处，K 线与 D 线在高位出现死亡交叉，卖出股票。
（2）在②处，K 线与 D 线在低位出现黄金交叉，买入股票。
（3）在③处，KD 指标形成 M 头形态，卖出股票。